U0617967

卷首语

一

如果把历代世界上各地各段长短不一的“海上丝绸之路”接驳起来，将是一条极长的航线。“海上丝绸之路”的历史也比“陆上丝绸之路”的历史久远。在“陆上丝绸之路”出现之前，“海上丝绸之路”的航线就已存在（当然那时候还没有“丝绸之路”的说法）。按照笔者的看法，古代“海上丝绸之路”主要包括南海航路、联通中国西南地区的中南半岛出海水道、东海航路、太平洋航路和印度洋大西洋航路，虽然这些航路各自出现的准确时间难以确定，但大致上可以确定哪个早、哪个晚。然而，不论早晚，这些航路在不同程度上都对中外物质文化交流发挥了重要作用。中国人在前三条航路占据主导地位，运销的主要商品来自中国，是标准的“中华丝路”；后两条航路是15世纪“地理大发现”的产物，虽然分别由西班牙人和葡萄牙人主导，但中国人积极参与其中，运销的中国商品占了很大一部分，两条航路都联通拉丁美洲（局部也延伸到欧洲和北美），不妨称之为“拉美丝路”。

从全球化角度看，如果局限于传统的“海上丝绸之路”来谈论问题，很难清晰而全面地阐析“海上丝绸之路”的历史。把上述航路串联在一起进行阐析，才可能以更宽宏的视野更为全面系统地理解“海上丝绸之路”这个中华文明的古代传播网络。实际上，在18世纪80年代以前的数个世纪，中国人在全球商业中就已十分活跃。中国帆船在相关海域（特别是亚洲海域）都很活跃，中国商人主导了很多地方的贸易。同时，欧洲人也加入这一贸易体系。在马尼拉和澳门，虽然很多葡萄牙人和西班牙人的船只以之为据点四处开展贸易，但中国商人也密切参与。当然，“中华丝路”与“拉美丝路”存在明显的差异，主要表现在前者的主导者是中国人，后者的主导者为葡萄牙人和西班牙人。

如同后面还要论述的那样，能够被看作“海上丝绸之路”的中国古代航路出现时间较早、运营时期较长固然是重要方面，但更重要的是其中蕴含的“中国元素”。“中国元素”中有两点尤为重要：一是航路上中国人的构成，二是航路上中国商品的构成。单就中国人的构成来说，主要指中国人在航路上是否占据主导性地位和发挥主导性作用。比如，在欧洲人主导的一些贸易船上，中国人担任水手。据说18世纪80年代前后，中国水手就开始到西方船只上寻找工作，并且数量急剧上升。到1800年，世界上几乎没有哪个港口看不到中国水手的身影。1816～1817年，英国东印度公司的“阿米莉娅公主号”从伦敦前往中国，船上就搭载了380名“乘客”身份的中国水手。[①]实事求是地说，在以商品贸易为目的的远洋航路上，中国水手的作用是难以跟掌控大量商品的中国商人的作用相比的。因此，尽管来到东方的欧洲人航船上有不少中国水手，但由于主掌贸易的不是中国商人而是欧洲商人，故很难称这些航路为“海上丝绸之路”。到了晚清，北美洲航线、俄罗斯航线和大洋洲航线等相继开辟。1840年，鸦片战争爆发。英国侵占香港后，又开通了从香港开往欧美一些港口的航

① 参见范岱克、张楚楠《满载中国乘客的船只——1816～1817年“阿米莉娅公主号”从伦敦到中国的航行》，《海洋史研究》2020年第2期。

目录

The Maritime Silk Road

海上丝绸之路

航线、华商与华工

Routes, Chinese Merchants and Workers

高伟浓 著

作者简介

高伟浓 历史学博士、暨南大学教授（1995年起）、博士生导师（1996年起），长期从事华侨华人、国际关系和中外关系史研究。曾担任暨南大学历史系主任、教育部人文社会科学重点研究基地（华侨华人研究）主任以及多个全国性和省市学会（研究会）领导职务，曾在多个国内大学和研究机构担任兼职教授/研究员；曾做美国加利福尼亚大学伯克利分校高级访问学者（2005～2006年），在新加坡、马来西亚、韩国、越南和巴西等多个国家的大学或研究机构做过访问学者。已出版的学术著作有（除注明外皆为独著）：《走向近世的中国与“朝贡”国关系》（广东高等教育出版社，1993）、《亚太国家的石油天然气勘探开发》（广东高等教育出版社，1994）、《更变千年如走马：古代中国人阿拉伯人眼中的“黄金半岛”》（学林书局，1995）、《菲律宾》（编著，广西人民出版社，1995）、《国际海洋法与太平洋地区海洋管辖权》（广东高等教育出版社，1999）、《下南洋：东南亚丛林淘金史》（南方日报出版社，1999）、《东南亚华人信仰诸神考说：泰国的个案研究》（曼谷大通出版有限公司，2001）、《韩山拾得：韩国古代文化与中国的影响》（中国华侨出版社，2002）、《中国的华侨华人研究（1979～2000）：对若干华侨华人研究期刊载文的摘评》（合著，中国华侨出版社，2002）、《国际移民环境下的中国新移民》（合著，中国华侨出版社，2003）、《粤籍华侨华人与粤地对外关系史》（合著，中国华侨出版社，2005）、《二十世纪初康有为保皇会在美国华侨社会中的活动》（学苑出版社，2009）、《软实力视野下的海外华人资源》（学林书局，2010）、《委内瑞拉华侨史略》（学林书局，2011）、《拉丁美洲华侨华人移民史、社团与文化活动远眺》（上下册，暨南大学出版社，2012）、《清代华侨在东南亚：跨国迁移、经济开发、社团沿衍与文化传承新探》（暨南大学出版社，2014）、《世界华侨华人通史·东南亚卷》（上下卷，中国华侨出版社，2019）、《世界华侨华人通史·美洲卷》（上下卷，中国华侨出版社，2019）、《在海之隅：委内瑞拉与荷属加勒比地区的华侨》（上下卷，暨南大学出版社，2019）。另在多部与他人合撰的著作中撰有专门章节，发表论文100多篇，还有多部关于华侨华人的系列专著待出版。此外，在海外出版中国古体诗词集九部，均已汇编成《黄云万里动风色：华侨华人研究与海内外调研日记诗词汇编》单卷本，由暨南大学出版社于2022年出版。主持或承担一系列国家重大项目和一般项目、部（省）级研究项目，多项成果获奖。多年来在很多国家的重要侨社进行调研，对海外侨情有深入了解。

线。在晚清华侨开通的航线中，最引人注目的是1902年香港商人伍学焜、梁锦明集股组织成立的“中华轮船公司”开通了从香港到美国旧金山的海运航线。当时该公司开通的航线有8条之多①，在某种意义上可以看作华侨在海外居住地开辟的近代版“海上丝绸之路”，是中华民族在异国他乡的“海上丝绸之路”实践。这样，北美地区便可以更便捷地与家乡实现人和货物的自由往来，对当时华侨在中国与北美之间开展投资和经贸活动的意义及作用是不可低估的。当然，由于海路遥远、票价昂贵，又耗费时日，这些航线主要还是为那些已经富裕起来的华侨中产阶级开展投资和经贸活动提供便利。不过，对普通华侨来说也并非毫无用处，至少可以通过从这些航线返乡的乡亲与家乡的亲人互通信息，以慰乡思。然而，这些航线出现在清朝落幕前不久，与历史悠久的“海上丝绸之路”自然不可同日而语。在对人类物质文化交流的贡献方面，这些航线也无法与“海上丝绸之路”等量齐观，因此本书就不对这些航线进行论述了。

“海上丝绸之路”属于古代史范畴，今天要厘清“海上丝绸之路”的上限仍很困难，只能笼统地说“海上丝绸之路”形成于秦汉时期。实际上早在先秦至南越国时期，后来被称为“海上丝绸之路”的航线就已经在岭南地区逐渐形成。通过对海船、陶器、有肩有段石器、铜鼓和铜钺等地下遗存的考古和研究，可知先秦时期的岭南沿海先民已可穿梭于南海，甚至可以远航到南太平洋沿岸及岛屿。那时候中国沿海已有海上交通和捕捞等活动，当然经常性国际贸易活动的出现尚需时日。最初，船只只能在近海活动，往还无固定航线，后来船

① 从光绪二十八年（1902）三月廿七日的美国旧金山《中西日报》刊登的一张船期表来看，“中华轮船公司”的8条航线分别是来往于大埠（旧金山）与香港之间的两条航线，往域多利（加拿大维多利亚）等地一条航线，往天季加（今地待考）一条航线，往山姐姑（今地待考）一条航线，往墨西哥（具体口岸不详）等地一条航线，往钵仑等地一条航线，往檀香山一条航线。

走得多了，越走越远，便有了航路。这个过程就是“海上丝绸之路”前期的航路探索。

如今，大多数人认为“海上丝绸之路”形成于汉代。两汉时期，南海贸易的重要性已逐渐凸显。主要的贸易港口有番禺（今广州）和徐闻（今徐闻）。华南沿海地区在这个“世界局部体系”中扮演着举足轻重的角色。贡德·弗兰克指出：“到基督教纪元初期，这些贸易路线继续延长，把原先东南亚各地孤立的交易体系联结起来，纳入一个巨大的网络，这个网络从西欧通过地中海盆地、波斯湾和红海延伸到印度、东南亚和中国……这个网络被人们称为世界体系。”① 据史籍记载，那时候中国的输出品主要是漆器、丝织品、陶器和青铜器等，输入品则有珠玑、犀（牛）、玳瑁、果、布等。

“海上丝绸之路”的兴起得益于汉王朝的勃兴，汉代是中国历史上国力强盛、声名远播的时期。“海上丝绸之路”的兴起还得益于欧洲出现了国势昌盛、经济发达的大秦（罗马帝国）。尽管汉王朝与罗马帝国之间关山阻隔，荒漠辽阔，水路迢遥，但商品与市场的力量使两者联系在一起，于是东西方经济文化交流的帷幕徐徐拉开。公元前139年，张骞首次出使西域（到达了中亚），十多年后再度出使西域（其副使还到达安息），悠悠的驼铃声在历史长廊中久久回荡。更重要的是，在中国南海方向上，汉廷派出的使者行至黄支国（位于南印度）。汉廷使者此行历史意义重大，标志着始自徐闻（位于今广东雷州半岛）、合浦（位于今广西）的这条中国南方远洋航线即“海上丝绸之路”南海航路的开通与定型。这也是一条在中国南海与印度洋之间水陆兼程、辗转往还的航线。汉代，南越（今广东广西）人精于造船，擅长航海，番禺是南海地区的造船中心。在航海技术方面，汉代舟师已经会用“观星定向法”引导航行。到东汉（特别是

① 转引自周永卫《对早期华南海上丝路民间贸易的重新审视》，《地域文化研究》2017年第2期。

后期)，中国航船已使用风帆，带有官方性质的中国商人也到达了大秦，大秦商人第一次由海路到达广州开展贸易。这一时期丝织品是中国的主要输出品，还有黄金、釉陶器和玉器等。罗马的玻璃器具，非洲的象牙、犀角，西亚的银器，南亚和东南亚的琥珀、玛瑙、果品等异域珍品通过这条航路运到番禺，再经水路（如广西的灵渠）和陆路转运到长安，供皇室和贵族享用。值得注意的是，这时候岭南与内地的水路和陆路交通十分重要。汉代，朝廷加强了对“海上丝绸之路”沿海港市的管理，在今徐闻“置左右候官，在县南七里，积货物于此，备其所求，与交易有利”。[①] 同时，番禺、徐闻、合浦、广信、布山和桂林等地也逐渐发展为比较重要的商业城市。97 年，东汉西域都护班超曾派遣副使甘英出使大秦。甘英抵达波斯湾后望海止步，无功而返，失去了中西方直接接触的最早机会。

三国时期，中国的造船技术取得了重大进步。“军用”的水师也服务于“民用”，包括远洋航海。人们懂得利用“信风”（季风）驶出内河，渐离沿岸，驶向外海。三国时“海上丝绸之路”的直接参与者和受惠者是位于长江中下游南岸且东南沿海疆域广阔的吴国。雄踞江东的吴主孙权是“海上丝绸之路”的热情参与者，他是这一时期“海上丝绸之路”发展的一个标志性人物。吴国时期，扶南国王范旃遣使，使者历时 4 年来到东吴，献琉璃；吴国亦派遣中郎康泰出使扶南国。黄武五年（226），大秦商人来到交趾及吴国首都建业（今南京）；法显自陆上西行，自海上归国，由印度经狮子国、耶婆提回到山东崂山。这一时期中国与波斯、天竺、狮子国、扶南、婆利等国通商等活动，都可算作孙吴的“海上丝路政绩”。令人印象深刻的是，孙吴曾有船队百余艘，随行将士万余人，北上辽东、高句丽（今朝鲜），南下夷洲（今中国台湾）和今越南、柬埔寨等国。一艘入海船舶，俨然一个浮动的海上社区。吴国灭亡时尚有战船、商船等

① （唐）李吉甫：《元和郡县图志》阙卷逸文卷三，中华书局，1983，第 1087 页。

5000余艘。东吴黄武五年（226），置广州（郡治今广州市），拉近了中国沿海地区及港口与丝绸和其他重要外贸商品产地中原的距离。广州港的崛起使海南岛东部、途经西沙群岛和南沙群岛一带的航线得到了更大程度的开发利用。东汉末年，中原战乱不断，大批中原百姓南迁至相对稳定的岭南地区。与此同时，“陆上丝绸之路”受阻。三国时期，作为大宗贸易品的丝织品贸易已远超两汉的水平与规模。三国至南朝时期，“海上丝绸之路”得到进一步发展。南海和印度洋上，碧波粼粼，巨舶片片，风帆点点，一派繁盛景象。

5～6世纪，罗马帝国陷入东西分裂，中国则出现了南北分裂局面。就中国来说，这一历史变局没有使“海上丝绸之路”萎缩。南朝的宋、齐、梁、陈四个朝代偏安南方一隅，但南方靠海，各朝均重视海外贸易。中国船舶经南海、印度洋向西航行，印度洋沿岸及东南亚国家船只东来。中国出口的物品仍以丝绸为主，陶瓷器、铜铁器、漆器等显著增加；输入中国的物品有珍珠、香药、象牙、犀角、玳瑁、珊瑚、翡翠、孔雀、金银宝器、吉贝（棉布）、斑布、金刚石、琉璃、槟榔、兜鍪等。这一时期值得注意的是吉贝和香料的输入日渐增加。

6世纪末隋统一中国。隋祚虽短，但国家重视发展海外贸易与友好交往。有些事情在整个“海上丝绸之路”史上都值得称道，如大业三年（608）派遣屯田主事常骏、虞部主事王君政出使赤土国（一般认为在今马来半岛）。

7世纪初唐继隋兴。唐人贾耽在《皇华四达记》中记载的“广州通海夷道”是当时世界上最长的远洋航线。唐代造船业更加发达，船舶巨大、船体坚固、设备完善，适宜远航。因而，中国南海、印度洋上商贾来往络绎不绝。迄今为止，南海航路上最引人注目的考古发现是“黑石号”沉船。从该船打捞出来的文物价值连城，被考古学家视为20世纪末最重要、年代最久远的深海考古发现之一。沉船年代为9世纪上半叶，沉船地点位于南海航路的重要航段或者说东南亚的重要航区，沉船构造是阿拉伯人在东非、阿拉伯、印度沿岸使用的双桅或三桅三角帆船，从多个方面证实了早期阿拉伯世界与中国之间“海上丝绸之路”贸易的存在。总之，“黑石号”考古发现的重要意义在于它佐证了早在唐代中国与西亚之间就存在“海上丝绸之路”。

中唐之后，西北“丝绸之路”阻塞，南方海上交通勃兴。与中国通商的海国日益增多，其中有拂菻、大食、波斯、天竺、狮子国、三佛齐等商业大国。是时，中国远洋航路由泉州或广州起航，穿行于中国南海、印度洋海域和阿拉伯国家。地方豪族和地方官乃至平民也直接经营海外贸易。外商等往来居住，来者并载香药、珍宝。其时，从中国出口的商品以丝织品和陶瓷为大宗，还有铁、宝剑、马鞍、貂皮、麝香、沉香、肉桂、高良姜等。中国的进口商品中，象牙、犀角、珠玑、香料等占比大，还有琳琅满目的各国土特产。唐代对海上贸易“任其来往通流，自为交易，不得重加率税”，广州、泉州、宁波、扬州并为四大国际港。唐朝特置市舶司，专管外贸事宜，为中国外贸史上首创之举。唐代，广州还开辟了通往日本和朝鲜半岛的航线。唐代中外文化交流频繁，僧人乘船西行朝圣者不绝于途，多为中国僧人，也有少数高丽、新罗、日本僧人。在广州，除僧人外，穆斯林、犹太教徒、基督教徒等也纷至沓来。广州的怀圣寺光塔、清真先贤斡葛思墓便是著名的伊斯兰教圣地和海外交通重要遗迹。

到了北宋，“海上丝绸之路”愈加重要，成为连接东西方的主要通道。指南针的应用进一步提高了航海技术水平。其时，与中国通商的国家主要有占城、真腊、三佛齐、勃泥①、大食、大秦、波斯等。广州是全国最大的港口。北宋设立市舶司后，对外贸易蓬勃发展。大量进口品涌入内地，受到王公贵族欢迎。奢侈品的销售甚至成为宋朝

① 今文莱，唐宋史籍称为“勃泥”或“渤泥”，元代史籍称为“浡泥”，明中叶以后史籍中始有“文莱”一名。本书中，除引文，唐宋时期统一用“勃泥”。

调控市场经济的方式，还出现了对珍珠、珊瑚、玛瑙等奢侈品的加工业，外贸兴盛也推动了民间手工业的发展。再到南宋，朝廷虽偏安一隅，但凭着自北宋以来累积的强大外贸实力和源源不断的财富，仍然延续百余年。

陶瓷和香药贸易是唐宋时期南海航路的重要特征之一，于是“海上丝绸之路”又多了“海上陶瓷之路”或“海上香药之路”的称呼。宋代瓷器品种繁多，出现不少专门烧造瓷器供外销出口的窑场。香药即香料，多为奢侈品，一部分可作药用，多产自东南亚、南亚和东非等地区，也有一部分产自海南岛。宋代，广州一埠进口货品中以香药为最大宗，获利最多。香药贸易使“海上丝绸之路”的南海航路上支线密集，船舶往还频繁。

元朝幅员广及欧亚，与其他地区的蒙古汗国关系密切，东西方间的陆上交通空前发达，但“海上丝绸之路”依然保持繁盛，原因在于元代中国造船技术及航海技术领先世界。元代，中国人对南海海域有了“西洋”和“东洋”划分，既反映了地理知识的一大进步，也说明了货易地域的细化与广袤。元代海上航路远达南洋群岛、印度洋、阿拉伯海、波斯湾以至东非。这一时期“海上丝绸之路”不仅直接影响了沿线地区，还影响到更远的区域。例如，南海航路经过印度洋西部沿海，其影响力通过埃及等地辐射到地中海地区。元朝政府对海外贸易实行开放、鼓励政策，在泉州、杭州设市舶都转运司，在庆元（今宁波）、上海、澉浦、温州和广东等地设市舶司，统一对商船、商品和征税事务与中外商人使者等的管理。元代，泉州成为世界著名的商港。中国丝绸、瓷器等商品，向东运销朝鲜、日本，向南运销东南亚、南亚，向西远销西亚乃至欧洲、非洲。这些地区的药材、沙金、黄铜、香料、珠宝、象牙、犀角等货物也运销泉州等海港。元代《大德南海志》记载，其时主要进口商品包括象牙、犀角等宝物，各种布匹，沉香、檀香等香货，不同种类的珍贵药物，木材，沙鱼皮等皮货，牛蹄角，黄蜡、风油子等杂物，共八大类。元代“海上丝绸之路”涵盖的航运领域，广及远洋船只建造、海上航线拓展、航海技术演进、外贸港口兴建、远洋货物贩运、对外贸易管理、外来侨民流动、官方使节往来、音乐艺术传播和异域物种扩散等。“海上丝绸之路”还成为当时世界上的佛教、伊斯兰教、基督教、印度教、摩尼教等主要宗教进入中国的重要渠道。元代与中国交往的国家和地区见于文献记载的就有 220 个左右，数量上是南宋《诸蕃志》所载的 4 倍多。

1368 年，朱元璋建立明朝，禁止民间商人出海贸易。1402 年，明成祖朱棣即皇帝位，派遣郑和七下西洋。1405 ~ 1433 年，郑和先后带领由各种专业人员和官员、士卒等组成的庞大船队，7 次出海，访问了 37 个国家和地区，足迹远至非洲东岸。郑和下西洋比哥伦布、达·伽马的航行早半个多世纪，船队规模和船只之大数倍于彼。明朝隆庆年间，中菲航线与西班牙人的太平洋航路接通，由福建漳州出海向东南航行至菲律宾马尼拉港，东行到达墨西哥西海岸的阿卡普尔科和秘鲁的利马港。另外，清代从澳门出海经中国南海穿马六甲海峡复经印度洋和大西洋到达巴西东海岸的航线开通。这样，开始于汉代的“海上丝绸之路”，经唐、宋、元的发展，至明代达到高峰。另外，明隆庆以前，贡舶贸易是合法的官府经营方式。私商经营的市舶贸易被视为走私贸易，在隆庆开放“海禁”后方始合法，市舶贸易遂取代贡舶贸易成为合法的主要贸易方式。根据万历《明会典》记载，进口商品主要有七大类：一为香料类，二为珍禽异兽类，三为奇珍类，四为药材类，五为军事用品类，六为手工业原料类，七为手工业制品类；出口商品主要包括瓷器、铁器、棉布、铜钱、麝香、书籍等，其中生丝、丝绸和棉布为大宗。明后期私人海商贸易日益发展，市舶司难以兼顾海关和外贸的双重职能。因此，先是“官设牙行”取得了海外贸易的垄断权，接着三十六行代市舶司提举主持海外贸易和代理收税，市舶司机构形同虚设。

清朝建立后，为禁止和截断东南沿海抗清势力，清廷从顺治朝到雍正朝厉行海禁，禁止出海贸易。1683 年清军收复台湾后，康熙接受东南沿海地方官员的请求，停止了“海禁”政策，但仍限制与西方贸易。康熙二十四年（1685），清政府在粤、闽、浙、苏 4 省设立海关，这是中国近代海关制度之始。广州的贸易制度具有代表性，从十三行到公行，从总商制度到保商制度，形成了一套管理体系。清代，出口商品中，茶叶占据主导地位，丝绸退居次席，土布和瓷器（特别是广彩）也受到青睐；就数量而言，进口商品中棉花居首，其次是棉布和棉纱，毛纺织品退居第三。与此同时，发端于鸦片战争前的“苦力贸易”至战后更为猖獗。另外，清代海外移民形成高潮，在此暂且不论。乾隆以后，开始实行全面的闭关政策，开始有四口通商，到后来只有广州开放对外通商，由十三行垄断进出口贸易。“闭关锁国”政策阻碍了清朝与西方世界的接触，丧失了与世界同步发展的最佳时期。

纵览中国古代史，“海上丝绸之路”逐步发展扩大，形成了包括南海航路、联通中国西南和中南半岛的出海水路（也可看作南海航路的辅线）、东海航路、太平洋航路和印度洋大西洋航路的“丝路体系”。几大航路中，南海航路是“海上丝绸之路”的中心航段和主动脉，唐宋以后更成为中外经济、文化交流的主航道。这不仅是因为南海航路开辟早、来往商船多、货运量大、货物品种多（远不止丝绸一种商品），而且因为南海航路经过的沿线国家和地区多，国家和地区之间发展不平衡，迫切需要开展对外贸易。进而论之，各条远洋航路组成的“海上丝绸之路”体系，不仅是一个庞大的经济商贸网络，而且是一条条多元文化相互交流、彼此碰撞和融合之路。

在“海上丝绸之路”与“陆上丝绸之路”同时开通的情况下，两者在市场流通体系中形成互补，但两者的“通”或“断”产生的影响迥然有别。“陆上丝绸之路”若一地阻断，则全路完全中断，难以找到绕行的支路；“海上丝绸之路”则不然，一处航线不通，可另觅他处，难以隔断。在货物载运量上，“陆上丝绸之路”与“海上丝绸之路”也相异甚大。陆路的主要运载工具是骆驼，载货数量有限；

而海路运载工具是船舶，运载量大且成本比陆运低。

海上、陆上两条“丝绸之路”不是相互孤立的，而是相互联系、相互影响的，并且相互影响的程度逐渐加深。总的来说，在中唐以前，陆上、海上两条“丝绸之路”齐头并进，但陆路更著名；中唐以后，则海路旺、陆路衰。因为自先秦至中唐，中国经济重心在北方，“丝绸之路”的主要起点在西安、洛阳，北方长于陆行。两汉张骞、班超通西域后外国使臣经陆路来华者多，跋涉沙漠、跨越草原的骆驼商队为“丝绸之路”上的主角。在漫长的历史进程中，中国南方逐步开发，战乱时期北方人口屡屡南迁，晚唐后经济重心亦逐渐南移，江淮、岭南地区发展呈上升之势。尤其是“安史之乱”成为唐代由盛转衰的标志。吐蕃占据陇右，“陆上丝绸之路”时断时通，十分不稳定，影响货运。自此以后，海路逐步超越陆路，日益繁荣。

历史上对“丝绸之路”的发展最明显的影响大体有两次。一次在隋唐时期，由于西域战火不断，“陆上丝绸之路”被战争所阻断，“海上丝绸之路”始而勃兴；另一次在宋朝，宋朝的北方边境不宁。皇室南渡以后，北方被阻断，只得通过海路进行对外交往，加之中国造船、航海技术的长足发展，中国通往东南亚、印度洋、红海及至非洲大陆的航路纷纷开通与延伸，“海上丝绸之路”再一次代替“陆上丝绸之路”，成为中国对外交往的主要通道。

二

就笔者看来，历史上的“海上丝绸之路”与今天的“21 世纪海上丝绸之路”是有区别的。一般来说，“21 世纪海上丝绸之路”大致相当于历史上“海上丝绸之路”经过南海航路延伸到中亚和非洲的航线。对于历史上的“海上丝绸之路”，学术界有不同说法，主要分歧在于“海上丝绸之路”是否只包括南海航路和东海航路。笔者分析了“海上丝绸之路”延续的历史时期、功能和影响等各方面因素，认为“全景式”的“海上丝绸之路”应包括南海航路、联通中国西南与中南半岛的出海水路、东海航路、太平洋航路和印度洋大西洋航路等中国古代远洋航路。

就“海上丝绸之路”的航线与港口分布来说，商业城市与运输的客观规律会自然而然地造就一个分布有序、交错重叠的远洋运输格局。某一片航线连接的港口既有始发港、终点港，也有转运港。这样，所有的航线与港口交集起来，便形成了一幅繁忙而有序的海上交通图景。今天，普遍认为“海上丝绸之路”绝非一个简单的“单线与单程”概念，而是不仅表现在单线延长上，而且表现在复线的交错和网状的扩展上。

历史上“海上丝绸之路”的中国沿海始发港（起航港）不少，徐闻与合浦、广州、潮州、泉州、福州、漳州、宁波、扬州、南京、蓬莱等都可认为是始发港。当然，各始发港的开始时间有迟有早，而落幕时间也有先有后。在不同历史时期，各始发港在“海上丝绸之路”的外航和外贸实力的横向比较中也各不一样。下面从中国历史的角度，对上述各始发港在“海上丝绸之路”的历史作用做简单概括。

最早的“海上丝绸之路”港口是徐闻和合浦。从考古发掘来看，在两个港口之间，还串联起雷州半岛沿岸一系列大小海港（均在今广东沿海地区和广西北部湾沿海地区），徐闻和合浦是两只“领头雁”。不过，徐闻和合浦在“海上丝绸之路”历史上作为外航港的持续时间不长，两港的历史作用就发挥在中国始航船舶航经琼州海峡和北部湾的情境下。在经海南岛东北海域通往“海上丝绸之路”的南去航线开通后，徐闻和合浦及其串联起来的雷州半岛沿岸大小海港很快就演变为各港之间相互来往的区域港或内运港。实际上，那时候中国的主要始发港已转移到广州。广东潮州地区的港口也在外航中发挥了一定的辅助作用。

秦汉以降，岭南与南海周边地区就形成了越来越密切的海洋贸易、人口迁移和文化交流圈。就“海上丝绸之路”而言，广州从3世纪30年代起成为“海上丝绸之路”的主要始发港，其航向相对单一。从广州港口开出的航船主要航行于最繁忙的南海航路一带。在历史上所有“海上丝绸之路”始发港中，广州港口繁荣的持续时间最长，实际上没有真正地衰落过。在“海上丝绸之路”历史上，广州港承载的总货运量应是最大的；世界各地的客商、各种宗教人士和游人从这里登陆中国也在最多之列，不少人还在广州定居，经过一代又一代，成了中国人。这一现象或许只有泉州可以与之相比。进入19世纪以后，其他始发港相继衰落，广州港则继续保持活力。鸦片战争后，东西方海洋交通纳入全球海洋贸易网络。例如，鸦片战争后新开辟的从西欧出发前往中国的航路有两条：一条是沿非洲西海岸南下，绕过非洲南端好望角，横渡印度洋，经苏门答腊岛西南部海面，穿越巽他海峡，北上进入南海，到达澳门和广州，或者绕道马六甲海峡，从中南半岛海面到达广州；另一条是横渡大西洋，从美洲绕过麦哲伦海峡，横渡太平洋至菲律宾群岛，再驶向粤、闽沿海地区。这两条航路均与下文所述太平洋航路和印度洋大西洋航路有部分相重。① 但从路线上看，这些航路都只是“海上丝绸之路”的延伸。从内涵上看，因目前尚未发现华商和华货等中国元素，本书不予专门论述。

就所有“海上丝绸之路”上的中国始发港来说，位于今广东潮州、汕头和梅州的港口在历史上固然无法跟同时期的“国家级”大港相比，但它们都曾经是“海上丝绸之路”的岸上坐标和贸易港点，在漫长的历史中，深深地融入了“海上丝绸之路”的庞大网络。

---

① 参见李庆新《历史视野下的广东与海上丝绸之路》，《新经济》2014年第16期。

与“海上丝绸之路”的发展相适应，福建沿海地区相继出现了享有盛誉的商贸中心，如福州（包括东冶港、甘棠港、邢港、乌猪港、太平港、新港等）、泉州、漳州（以月港为中心）等，在唐、五代、宋元、明清时期分别发挥着重要作用。从泉州港出发的“海上丝绸之路”航线主要有两条，一条走东洋，另一条走南洋。前者从泉州港北上，经东海至山东，横渡渤海，沿朝鲜半岛西海岸到达日本九州；或过舟山群岛，沿江苏海岸，横渡中国东海进入朝鲜，沿朝鲜西海岸北上开城或转向日本诸岛。后者从泉州港出发，经澎湖转运，或南下到东南亚诸国，然后沿印度半岛到波斯湾，穿过红海到达埃及和非洲地区。

宋代，中国与阿拉伯国家之间的海上交通十分发达，许多阿拉伯人到广州、泉州等地开展贸易，火药和指南针就是通过海路传到阿拉伯再传到欧洲的。宋代泉州港迅速崛起，空前繁华，超越了广州港而成为国内第一大港，并领风骚数百年。到元代，泉州造船业发达，意大利旅行家马可·波罗于至元二十八年（1291）奉忽必烈之命，护送阔阔真公主远嫁波斯。忽必烈“命备船十三艘，每艘具四桅，可张十二帆”，从泉州扬帆启航。据研究，这些四桅船是在泉州建造的。再到明朝，郑和下西洋的宝船为福船型制，有的是在泉州制造的。明末清初，活跃于福建沿海的郑芝龙、郑成功船队，以及林道乾、蔡牵船队，其船舶大部分在泉州民间修造。① 元代，根据马可·波罗和伊本·白图泰等航海旅行家的赞誉性描述，其时泉州不仅是中国第一大港，也是世界头等海港之一。一方面，外国商人川流不息，出入于泉州；另一方面，泉州也是中国商人出海的首选之地。著名的地理著作《岛夷志略》成书于 14 世纪中期，作者汪大渊是江西南昌人，但长期生活在泉州，随海船出海经商。此书记录的海外地名涉及

① 参见何振良、李玉昆《略论海上丝绸之路与泉州》，福建省首届海洋文化学术研讨会，2007 年 10 月 12 日。

中南半岛、马来半岛、菲律宾群岛、印尼群岛、印度次大陆及其周围地区、波斯湾和阿拉伯半岛，以及东非和北非，堪称对其时“海上丝绸之路”途经地的详尽记录。此书收录在当时的泉州地方志内，可以看成当时泉州人的航海指南。

福州港具有开创和奠定对外商贸格局、推动外贸繁荣发展的作用。汉代的福州就开辟了至交趾（今越南中北部）、夷洲（今中国台湾）、日本、澶洲（今地不详，有说为菲律宾）的定期贸易交通航线。福州在中唐以后就开通了对外交通的北上与南下两条航线。北上航线是从福州港出发，经东海海域到达日本、新罗（在今朝鲜半岛）、高丽（在今朝鲜半岛）等国；南下航线是从福州港出发，经南海海域到达占城（位于今越南）、三佛齐（当时东南亚强国，位于今苏门答腊岛东南）、印度、大食（阿拉伯帝国）等国。当时阿拉伯商船满载各国货物抵达福州，然后溯闽江而上，将货物贩卖至全国各地。这一局面奠定了福州作为当时重要对外贸易港口的地位。晚唐时期，闽王王审知治闽，将福州的甘棠港辟为福州外港，与朝鲜半岛、日本、东南亚诸岛等建立商贸关系，奠定了福州港居于南下、北上航线枢纽的贸易格局。从五代起，福州继续推进与朝鲜半岛、日本及东南亚、阿拉伯地区的贸易往来。唐末五代时期，福州开辟了福州—温州—台州—明州—登莱的近海航行路线。宋元时期，福州港对外侧重于北上与日本、高丽的交往。

在“海上丝绸之路”上，漳州月港有自己的独特性。月港的主要历史角色是太平洋航路事实上的始发港。太平洋航路在明代才开辟。月港开始繁盛的时间较晚，但月港的繁盛期开始后，即异军突起。明朝“隆庆开禁”后，它是国内唯一合法的“海上丝绸之路”始发港，也是大航海时代对接东南亚和遥远的拉美的重要港口，其贸易对象是葡萄牙、西班牙和荷兰等殖民国家。漳州乃至福建和别省的商人则通过月港走出国门，其时有数万名漳州人定居于吕宋（在今菲律宾）、日本等地。漳州在外贸迅速崛起这一点上与泉州很相似。

泉州是宋元时期阿拉伯商人的聚集地，当时有几万名阿拉伯人在此居住，今天依然可以在泉州找到阿拉伯人的后裔。从贸易特点来看，漳州与泉州也有区别，即泉州更多的是“走进来”，漳州更多的是“走出去”。明代史书记载，其时中国人以文莱为界，将东南亚地区分为东洋、西洋两大部分。西洋国家虽较东洋国家数量多，但东洋的吕宋在与中国的贸易往来中获利最丰，成为福建漳州人、泉州人外出贸易的主要对象，以至万历二十二年（1594）后，有泉州官员建议漳、泉两府分贩东洋、西洋，仿漳州府样式，在中左所设官抽饷，只是此建议受到漳州官员激烈反对而未成。由此可见，漳州人出贩吕宋，恐怕比泉州人要多。[①] 当时在月港，因丝绸、纱、绢、绒等纺织品销路大增，家庭纺织业遍及城乡。烟草从吕宋传入漳州，农村普遍种植并商品化，漳产烟草反多于吕宋，并载其国售之。番薯从菲律宾传入月港，因种植时间短、产量高，迅速在中国普及。象牙来自海外，漳州人刻为牙仙子、牙箸、牙带、牙扇等，又返销海外。

唐代，经济长足发展，明州（今宁波）成为“海上丝绸之路”的重要港口。到了两宋和元代，明州繁盛有加。那时候朝廷允许全方位开放，推动了中国与周边国家和地区经济、文化关系的进一步发展。明州港是一个不淤的深水良港，唐代形成了一条从朝鲜半岛南端至明州港（包括舟山）或经日本列岛到明州港的自然航线，即南路航线。沿岸的绍兴、杭州、南京和扬州等都是贸易活跃的城市，所以各国使节、商旅均从明州登陆，再通过大运河直达京都。宋代，明州成为中国通往日本、高丽的特定港口，与东南亚各国的交往也相当频繁。宋代，阿拉伯和波斯商人寓居明州，明州建造了专门接待阿拉伯人的波斯馆。至清光绪时，明州城内尚存阿拉伯、波斯商人聚居的“波斯巷”。

历史上，扬州处于国内漕运和南北物资的集散中心。大运河这一交通水系使扬州成为“陆上丝绸之路”与“海上丝绸之路”的连接

---

① 周振鹤：《晚明时期中国漳泉地区对吕宋的移民》，《南国学术》2016 年第 3 期。

点。在唐代，扬州已与广州、泉州、明州并称四大港口，成为南北运输中心和海内外交通的主要口岸，以及重要的海上贸易港口城市之一。因此，在唐代扬州便成为北部商业网和南部商业网的交汇点。

3~6世纪六朝政权时期，随着“海上丝绸之路”断断续续发展，在东亚、东南亚和西亚等地区之间逐步形成连续、固定的航线，建康（南京）在这些航线中发挥着重要的作用，成为海上、陆上“丝绸之路”与东海、南海航路之间的连接枢纽之一。其一，以建康为起点，形成了“海上丝绸之路”的东海航路，建立了与朝鲜半岛和日本列岛之间的往来；其二，建康与东南亚、西亚等地区的国家交往也主要通过“海上丝绸之路”，往来船舶络绎不绝。到了明朝，伴随郑和下西洋，南京在“海上丝绸之路”上的历史地位达到顶峰。

在“海上丝绸之路”上，蓬莱是较早崛起的北方大港，唐时与泉州、扬州和宁波等古港齐名，但历史上的蓬莱主要还是作为北方的主要古港而留名。除了作为“海上丝绸之路”重要的北方大港之外，蓬莱还是日本遣唐使在中国北方的主要登陆地。在元、明、清时期，登州的职能转向海防、海漕。从现有材料来看，蓬莱在“海上丝绸之路”历史上显得有点“孤寂”，只是与朝鲜半岛和日本对接，与其他始发港的交集不多。

最后应提及，“海上丝绸之路”在海南岛也有重要交集。当然更重要的一个问题是，这种交集有没有在海南岛催生一个或数个区域性始发港？这还有待继续研究。笔者倾向于认为，海南岛曾经出现过区域性港口，这个或这些港口有可能具有“准始发港”的功能。今天至少可以说，海南岛通过“海上丝绸之路”与海外地区交往，有进有出，有来有往，保持多向互通。商贸交易上的进出口，外国民众来岛和岛民向海外移民的人员往来一直保持双向甚至多向的流动，只是有的时候繁荣一些，有的时候相对平淡。位于中国最南端的崖城宁远河入海口处的港门港以其得天独厚的自然港湾条件成为“海上丝绸之路”的重要中继地和中国内联大陆、外通海域的重要门户。早在唐宋甚或更早之前，就有大量外国船舶、客商分批分次、陆陆续续地沿着“海上丝绸之路”来到海南，或经商，或停歇，或落脚。正是“海上丝绸之路”将海南与波斯、阿拉伯、印度、东南亚诸国等连接起来。海南岛以南海咽喉的特殊位置，为循“海上丝绸之路”而来的外商、穆斯林等提供休憩、交易、居住的场所。可以肯定，文昌的七洲列岛和万宁的大洲岛是来往航船的必经之地，也是“海上丝绸之路”航路上的标志地。唐宋之时，港门港蕃舶云聚、帆樯林立、商贾络绎、烟火稠密，海外商贸日益兴盛。随着海外商船远涉鲸波的波斯、阿拉伯等地的穆斯林商人络绎不绝。东南亚、南亚乃至中东、东非的海上贸易船只或“被风飘多至琼”，或被海盗掠夺和羁留，或有目的性地开展商贸交易和停靠补给等。这些贸易船只或主动或被动地与海南岛沿海地区有过往来。①

综上所述，在古代，要建立直接而稳定的关系有赖于两地交通线（特别是经常性交通线）的存在，港口是航路的关键要素。汉代“海上丝绸之路”主要始发港是徐闻、合浦，后来先后转移到广州、泉州、扬州和宁波等沿海城市。宋末至元代，泉州与埃及的亚历山大港并称“世界第一大港”，泉州是世界著名的东方港市，其时广州的主港地位应恭让给泉州了。明初厉行海禁，加之战乱影响，泉州也逐渐衰落，随后漳州月港兴起。清代闭关锁国，唯广州一港长时期处于“一口通商”局面，也就是说处于主港地位。简言之，历代“海上丝绸之路”都存在多个始发港，分布在中国东部从北到南的漫长海岸线上。但就一个历史时期来说，始发港中的主发港一般只有一到两个。在不同历史时期，主港会变更，每个历史时期始发港的主要货运码头位置也会有所变动。这取决于中国经济和对外贸易重心转移、中国国内政治重心迁移、外国商舶中转和水陆交通便捷性等多重因素。

---

① 田德毅：《海南宝岛：海上丝绸之路的重要中转地——海南三亚、陵水、万宁等地穆斯林文化田野报告》，《世界宗教研究》2014 年第 2 期。

中国政治重心长期在北方，南方港口作为外贸主港，由中央政府设置市舶机构进行管理，部署军旅进行防卫。相对来说，历史上南方海岸较之北方更为绵长，良港更多，并且大港多在海岸河口之地，水上运输成本较低，有助于港口向腹地延伸。南方港口与东南亚、南亚及以西的亚洲其他地区、非洲、欧洲诸国的交往，比北方港口便利得多，航程也短得多。

“海上丝绸之路”是一个双向概念。中国东部沿海的多个港口既是中国船舶的始发港，也是外来船舶的到达港；东南亚、东亚、欧洲、非洲和拉丁美洲的各个港口既是当地来华船舶的始发港，也可能是中国船舶的到达港。实际上，古代航海情况要比我们今天想象的复杂得多。显而易见的事实是，“海上丝绸之路”并不只是一条连接始发港与到达港的海上交通运输线。在一条航路的中间，既有连接始、终两端的港口，还存在其他很多港口与连接这些港口的纵横交错的分支航线。而航行在“海上丝绸之路”上的中国船舶和外国船舶，不一定自始至终航行全程。实际上，自始至终走完全程的情况不属于普遍情况。中国船舶和外国船舶大多航行于整个“海上丝绸之路”上的某一条航路或某些航段。“海上丝绸之路”上的商品交易也多是通过各国船员的分工合作完成的。各国船员本身也有分工，有的从事某两个港口间的商品往来运输，有的专守在某个港口进行当地商品的收购、装船与发运，同时进行外来商品的接收、批发或零售。久而久之，很多专守船员（包括中国商人）便在居住地娶妻生子，居住下来，不复返乡，成为当地居民，数代以后，便与当地人无异；更多代以后，甚至不知道其祖上来自何方。

在“地理大发现”前，世界上的大小陆地大多处于相互隔绝状态。人类的航海实践，特别是先后出现的一条条航路将地理上割裂的世界逐渐连为一体，但其时“一体化”后的世界联系仍然十分松散。“海上丝绸之路”上中国人的流动和居留是推动世界发生积极变化的重要因素之一。中国人在“海上丝绸之路”沿线的存在主要以从事的各种各样职业来体现。“海上丝绸之路”沿线社会的多样化也凸显了中国人职业的多样性。有的职业为沿线国家所共有，例如开办中餐馆、杂货店等，以及不同层次、不同类别的农业耕垦、矿业开发、交通设施建设、对外贸易等；有的职业只存在于特定的沿线国家和地区。此外，中国人还在沿线国家做一些尚不构成正规职业的杂工。中国人在“海上丝绸之路”沿线国家和地区从事的职业既具有共通性，也具有自身的特点。从职业角度切入探讨“海上丝绸之路”，应是深入认识“海上丝绸之路”的重要钥匙之一。从本书可以看出，“海上丝绸之路”是一个变化中的庞大交通与贸易系统，由于沿线国家和地区地理气候、社会制度和风俗民情等方面存在差异，每个地方的职业构成不可能整齐划一，有的职业在某些地方从不存在或从业人员很少，有的职业只是在较晚的时候才出现，有的职业则昙花一现，等等。从职业角度切入是本书的初步尝试，未免有不周之处，敬祈读者批评指正。由于篇幅所限，本书主要述及南海航路、东海航路、太平洋航路和印度洋大西洋航路沿线的东南亚、东北亚、拉丁美洲地区的华侨职业，其他地区未予述及。华侨职业可精略地分为华商与华工两部分。华工包括农垦、渔业、采矿、建筑工程等类华侨。

从全景来看，“海上丝绸之路”经历了一个漫长的起步、发展、繁荣和衰落过程。在这一历史过程中，并不是每条“海上丝绸之路”航线都是与相应沿线国家的起步、发展、繁荣和衰退同步及合拍的。恰恰相反，不同沿线国家的起步、发展、繁荣和衰退的时间及结果差异甚大，此起彼落，此荣彼衰。这是一幅异彩纷呈、恢宏壮观、纷繁复杂的历史画卷。相信随着时间的推移和研究的深入，这样一幅历史画卷将越来越清晰。

三

“海上丝绸之路”发展经历了一个“从神话到现实”的长期演变。

从汉至唐，来自官方或民间的航海实践逐步消解了早年中原人士对海上神仙世界的美妙想象。唐代以前，史载的中国官方组织的航海活动虽屈指可数，但亦乐于搜寻现实的海洋知识。例如，隋炀帝“遣文林郎裴清使于倭国”，“募能通绝域者”，派常骏等出使位于南海的赤土国等；唐代贞元元年，宦官杨良瑶受遣从广州出发经海路出使黑衣大食，贾耽所作“广州通海夷道”或来自杨良瑶使团的报告或由杨良瑶本人所讲述；宋代，徐兢随使团出使高丽，于宣和五年所撰《宣和奉使高丽图经》留下了很多航海记录。此外，外国来华使节是官方海洋知识的重要来源。向境外使节采集诸国信息是历代传统，沿边有关机构和市舶司也有此职责。官方从境外使节处获得的其国道里远近、风俗政情等信息会进入史馆，成为修纂国史的材料来源。宋代，朝廷设置市舶司，市舶司的职责之一是收集海外信息。宋代出现了《岭外代答》《诸蕃志》等记载与中国通商的海国情况的“旅行攻略”式专著，其中《诸蕃志》便为赵汝适担任福建路市舶提举官时收集信息，继而综合史传典籍而写成。一些航海家都将各自所见所闻、所感所思付诸笔端，告之后人。例如，元代，商人汪大渊航海远至埃及，著有《岛夷志略》一书；欧洲有威尼斯人马可·波罗由陆道来到中国，通过海路回国，著有《马可波罗游记》。至于明代以后的航海著述，特别是郑和下西洋期间留下来的诸多著述，更给世人烙下了牢固的海洋观。

民间航海经验也是官方获得航海技术知识的主要途径。两晋南北朝时期，南海诸国与中国已有较多商贸往来，海外商人将海外的信息带到中国。唐朝对外商有严密管理，也会详细了解外商的情况。民间航海经历也是官方获得海外诸国物产、市场等方面知识的重要途径。官方航海在系统性和深入程度上都不及民间航海，特别是宋代，中国海商大量参加南海贸易，民间航海者在获取海外社会的商业信息方面，表现出官方航海者不能比拟的优势。另外，民间在海洋季风、洋流、潮汐以及近海航路等方面的经验积累也成为官方海洋知识的重要来源。宋代海洋实践知识的积累已经对南海和东海各国地理方位有了比较清晰的认识。①

古代航海人往返于波涛汹涌的汪洋大海，对航线周遭各地的相关情况虽然不一定滚瓜烂熟，但起码要很清楚，心中有数。包括航线上重要标志物与航线最近点的路程长短、远近和方向，重要海域的常态性风云气候、台风、海流、潮汐涨退、沙线水道、礁石隐现，停泊处所及其水位的深浅、海底情况，等等。一条航路上有不少重要航段、泊点，航海人（船长等）都要装在脑海里，的确是十分考验记忆力和航海经验的。航海人要对船上所有人的生命负责。一念之差，一着之误，一时之间，轻者造成航程耽误，多走冤枉路，重者会导致船毁人亡、葬身鱼腹。到了重要地点，船要抛锚，如果方位失误，记不清楚停泊处是泥底、石底还是石剑，或者碰上铁板砂、隐礁等海况时掌握不了，判断不了，也可能导致航船沉没。诸如此类的航海细节，千头万绪，复杂而细腻，是对航海人的极大考验。

世界历史上一些与“海上丝绸之路”齐名的事件，有郑和下西洋和后来的哥伦布“发现新大陆”、麦哲伦环球航行等。如果把“海上丝绸之路”的形成看成郑和下西洋、哥伦布“发现新大陆”和麦哲伦环球航行等历史性事件的产物，不仅在理论上是错误的，在常识上也是说不通的。原因很简单，在郑和下西洋和哥伦布“发现新大陆”、麦哲伦环球航行之前，在世界各个海域已经存在长短不一的局部航线，并且不同局部航线之间的联航也已稀稀疏疏地发生。郑和与哥伦布等人在很大程度上是利用前人已经开创的一部分航线而已，当然他们也开创了一部分新航线，后来可能还有新的航线被开创出来。前人已经开创的航线时刻迎候新客的到来，他们会不断地给航行在各岛际、城际或埠际航线上的人们带去新商品、新

① 参见黄纯艳《中国古代官方海洋知识的生成与书写——以唐宋为中心》，《学术月刊》2018 年第 1 期。

信息和新文化。每一条局部航线上的人们在欢迎外来新事物的同时，自然会对新事物感到好奇。这种好奇会刺激他们对新世界的向往，渴望增强对外交往。实际上，他们也在不知不觉地推动社会进步。无论是谁，无论多么重大的历史性航行，归根到底都是短暂的，唯有“海上丝绸之路”是跨越时代的。航线的开辟是航行于各个航段的航海人共同努力的结果。不同航段的航海人将自己经营的航段定型后，又在不同的时间通过偶然的机会将各个航段连接起来，完成了整条航路的联通。

“海上丝绸之路”所涵盖的时间，今天普遍应被定义为人类漫长的航行史上的一个历史时期。“海上丝绸之路”发展于三国、隋朝时期，繁荣于唐宋时期，转变于明清时期。“海上丝绸之路”最活跃的时期是汉唐。到清代，特别是鸦片战争后，古代“海上丝绸之路”逐渐落幕。这是一个递次衰减的过程。所谓落幕是航运和货运量逐渐减少，在航海工具方面表现为机运船的出现，同时商品种类也逐渐发生变化等。“海上丝绸之路”上很多沿线国家和地区到了近代沦为殖民地，其富庶程度不复以往。显而易见，维系古代“海上丝绸之路”的主要因素是在衰减和渐变的。

与此同时，“海上丝绸之路”衰减过程中的各个主要因素在衰减趋势上不是同步的，有的因素甚至表现为相反的态势。例如，华侨移民就在鸦片战争后呈现出增加趋向。而各种各样的中华文化特别是与华侨来源地紧密相关的“小传统文化”也呈现出高度“外溢”的态势。鸦片战争后，“海上丝绸之路”被植入殖民主义因素，半殖民地状态下的资本主义因素在中国南方沿海地区的发酵，极大地激活了古已有之的移民冲动。古代中国移民的海外流向自然是沿着“海上丝绸之路”沿线展开的。移民到达“海上丝绸之路”沿线一个个目的地后，为了生存，一般会慢慢地向越来越远离近岸地带的内陆地区发展。与此同时，来自中国和其他海外的各色商品也向内陆地区渗透。所以，“海上丝绸之路”沿线不只是一个简单的近岸概念，还是一个向所有能够辐射、渗透的内地分层次地辐射、渗透的概念。在海岛地区，“海上丝绸之路”沿线几乎涵盖了所有大小海岛。

鸦片战争对“海上丝绸之路”的影响还有技术上和文化上的影响。从航海技术上讲，鸦片战争前穿梭于“海上丝绸之路”的船舶虽然种类繁多、样式各异，但都是木帆船。1840 年之后，逐渐进入了蒸汽轮船时代。以 1911 年清亡为标志，古代“海上丝绸之路”完成其历史使命。基于上述思路，本书所叙述的历史下限一般到清亡为止，个别情况则延长至中华民国初期。

第一章　古代“海上丝绸之路”航路

第一节　南海航路

通常情况下，每条航路都不只有一条单一的航线，一般由多条支线组成，并且去航线和回航线不一定都一样。这种情况数南海航路最为复杂和丰富多彩。汉代，汉武帝派人出使黄支国，开辟了从中国南方沿海（从徐闻、合浦出发）通往印度洋地区的远洋航线。《汉书·地理志》明确记载了这条航线，航程也清楚（包括航段的接驳地点等），可以作为“海上丝绸之路”的南海航路最终形成的标志。不过，举凡官方使用的海上航线的形成，必定经历了民间的探险、初航与定形过程。然而，民间最早对这条航线进行探险是什么时候？笔者认为这一过程应当很长，因为这不是一条首尾相连、“自始至终”的航线，其中间有很多接驳航段，甚至使节在中途还下船走了一大段陆路（一般人认为要步行跨过马来半岛颈部地区）。整条航线应是不同地段的舟子各自探险和实现初航的，彼此之间没有呼应，很可能互不熟悉，所以很难清楚了解整条航线的初始试水期。“海上丝绸之路”中不少多段接驳航线的形成过程大抵如此。

“南海航路”只是一个笼统的叫法，并不只是航行在南海上的航线才算南海航路，而是所有经过南海的航线总称。但南海航路在“海上丝绸之路”上的重要地位是无可置疑的。在漫长的历史时期，南海航路就是“南洋”航路。“下南洋”，就是中国人出国的主要去向。古代虽然没有“海上丝绸之路”之说，但有了“下南洋”之说，客观上便有了弄潮“海上丝绸之路”之实。

南海航路实际上包括以下几种情况：一是从中国沿海港口出发进入南海地区，从“海上丝绸之路”大系统来看，这种情况还应包括从中国西南陆路出发，经中南半岛的河道出海；二是从南海地区港口出发驶往其他区域；三是在南海区域内航行。一般来说，上述几类经过中国南海或在中国南海内航行的海上航线都可以算作驶入了南海航路。但有一种情况在本书中算作例外，这就是从中国南海之外的港口（包括中国港口）出发，直接驶向南海去往其他区域的航路。整条航路上，中间充满未知，只有首尾两站，即始发港和到达港，一般来说是全程自始至终。例如，从澳门出发直抵巴西的航路在中国古代远洋航路中不可忽略，显然，这条航路经过南海，但本书将其看作一条独立的航路，详见本章第五节。

实际上，能够驶完“海上丝绸之路”整条航线全程的船舶是很少的，大部分海船只是参与“海上丝绸之路”大系统中的某一段航程，南海航路上也尤其如此。因为“海上丝绸之路”在本质上是商品交易与互通有无之路，不同地区产出不同的商品，各种各样的商品要通过星罗棋布的交叉航线进行交换，才可能形成初始价值和后期增值。这也是南海航路出现众多分支线的根本原因。

一　中西海道交通大动脉

古代中外航线包括中西航线（中西交通大动脉）和中国与东南亚间的区域航线。“中西航线”的回程便是“西中航线”，在古代则包括阿拉伯人的来华航线；中国与东南亚的区域航线亦包括东南亚国家间（含马来西亚古国与其他东南亚古国间）的航线。

古籍中对海外航线的记载，时间越向前越是模糊，往往只能根据文献记载的蛛丝马迹进行推论。唐代以前的中西航线，目前可以看到的最早远航记载就是前文所说的汉使黄支之行。一般认为，由于当时造船技术和航海技术的限制，汉使之船是循岸而行的。特别是在北部湾和暹罗湾两个海湾，茫茫大海中，航船必须循岸而行，但后来可以在两个海湾取直线或近似直线航行。笔者认为，这是远洋船舶远离海岸航行的最明显标志。其实，这也是中西航线在东南亚这一段的最重要变化。

有人认为，中国自三国以后已经开辟了自广州经海南岛东部海域和西沙群岛海域的航线。另外，东晋时法显游历天竺后，得“好信风”，坐贾客大船回国。可惜他归还时恰逢西南季风之末，已属季候风的转换期，风向不定，遂遭漂流之难。法显的海归隐约告诉我们：其一，当时中国商人已能利用季候风，穿越马六甲海峡来往于中国、印度之间；其二，船舶已经具有远离海岸航行的能力。法显是第一位从“陆上丝绸之路”出国去印度取经，由“海上丝绸之路”回国的高僧。《法显传》（又名《佛游天竺记》《昔道人法显从长安行西至天竺传》《释法显行传》《历游天竺记传》《佛国记》等）记载，他从印度恒河的多摩梨靬国起航至师子国（也作“狮子国”，今斯里兰卡）、耶婆提（今爪哇）再至广州。因为商人经常往来于广州至耶婆提这条航线，天长日久，形成常态化航行，人们对航行时间和沿途食物储备量都心中有数，记载说商船“赍五十日粮”，商人也说“常行时正可五十日便到广州”。[①]

但这个时期的一些记载表明，人们在暹罗湾仍靠近海岸航行。《梁书》记载：“顿逊（今丹那沙林）回入海中千余里，涨海无崖岸，船舶未曾得径过也。”这说明当时还无法径渡暹罗湾。其时暹罗湾称

① 《法显传校注》，章巽校注，中华书局，2008，第145~146页。

“金邻大湾”，“金邻”一名始见于《异物志》。人们知道这个大湾本身也表明，当时船只循大湾沿岸行进。

稍后有隋使常骏的赤土之行。“骏等自南海郡乘舟，昼夜二旬，每值便风，至焦石山而过，东南泊陵伽钵拔多洲……又南行，至师子石，自是岛屿连接。又行二三日，西望见狼牙须国之山，于是南达鸡笼岛，至于赤土之界。”① 发自南海（广州），又值便风而行的使船从海南岛东部海面及西沙群岛海区驶过，到达越南东海岸后，继续沿岸南下，便面临在暹罗湾如何航行的问题。使船到了越南东海岸尾端后，若取直线往狼牙须国或赤土，路程很短。但记载表明，使船到狼牙须国之前曾经过师子石（Kosi Chang，狮子径，位于今春蓬北部），然后在岛屿相连的海区航行了二三日始达，显然在暹罗湾内兜了一个大圈子，有相当长的路程是循岸而行的。看来，在唐代之前，中国远洋船舶早已懂得利用季风航行，并有了远离海岸航行的能力。但一般商船才经常这样做，而官船、使船通常循岸航行，并不愿意贸然涉险。在这种情况下，中国远洋船舶便有更多机会与马来半岛古国发生关系。

唐代以前，南海航路最远只到印度半岛的东海岸，从今斯里兰卡回航。航行日程，要“数年来还”。早期自中国起航的海港主要有雷州半岛的徐闻、合浦。外舶来中国贸易早期以日南、交趾（今越南北部）特别是番禺（今广州）为主要贸易港。东南沿海的对外贸易港尚未形成。②

宋元符年间（1098～1100年），中国海船已经用罗针导航，到了明代海船普遍用罗针导航。当时掌管船只航行方向的舟师都备有秘密的海道针经，详细列出到达各港口的航行路线，如从广州或泉州往返西洋各地的针路。

唐代是中外交往特别是与东南亚地区的交往空前繁荣的时代。唐

---

① 《隋书》卷82《赤土传》，中华书局，1973，第1834页。

② 陈炎：《略论海上“丝绸之路”》，《历史研究》1982年第3期。

贾耽的“广州通海夷道”准确记载了中西航线全程，其东南亚部分路线如下：

> 广州东南海行，二百里至屯门山，乃帆风西行，二日至九州石。又南二日至象石。又西南三日行，至占不劳山，山在环王国东二百里海中。又南二日行至陵山。又一日行，至门毒国。又一日行，至古笪国。又半日行，至奔陀浪洲。又两日行，到军突弄山。又五日行至海硖，蕃人谓之“质”，南北百里，北岸则罗越国，南岸则佛逝国。佛逝国东水行四五日，至诃陵国，南中洲之最大者。又西出硖，三日至葛葛僧祇国，在佛逝西北隅之别岛……又从葛葛僧只四五日行，至胜邓洲。又西五日行，至婆露国。又六日行，至婆国伽蓝洲。又北四日行，至师子国……

这里应注意几个地方的节点：一是九州石至象石至占不劳山，二是军突弄山至海硖，三是伽蓝洲至师子国。这是中国航船取直线通过北部湾、暹罗湾和孟加拉湾的明确记载。可以说，至少到唐中叶，这已成为中国远洋船舶在这一带的基本走法，也为后世所遵循。

在这段航线上有一个十分著名的地方——七洲列岛。南宋吴自牧《梦粱录》中写道：“去怕七洲，回怕昆仑。”直到清末，此语一直是航海家恪守的航海要诀。“七洲”，即今海南岛东北方海域上的七洲列岛，属于海南省文昌市管辖，文昌渔民称之为“七洲峙”，名列文昌八景之一，是一处海产丰富的天然渔场。在唐代，这个地方被称为“九州”。自宋朝以来，七洲洋便是由中国航行到外国必经之地。不论是从福建福州的五虎门或漳州的浯屿，还是从广东东莞的南亭门起航，明代针路中，下西洋的航路都要经过七洲洋。航线上各望山顺序十分清楚，即先经乌猪山，然后到七洲洋处，再过独猪山。可见这条经过七洲洋的航线是传统且固定的，是前人总结航海经验后形成的一条通往西洋的“海上丝绸之路”。今天的学者根据对《顺风相送》、

《东西洋考》和《指南正法》等更路簿文献的对比及现代海洋科学研究，认为七洲洋海域存在的异常潮汐现象和由此引起的琼州海峡中周期性潮流现象，使这片海域成为帆船航海的危险海区，这是出现“去怕七洲，回怕昆仑”航海谚语的本因。[①] 纵观史籍记载，在“七洲洋”和“昆仑洋”这样的海难频发区，飘荡着浩瀚无际的大海的哭声。史籍中不乏荒诞不经的祈禳迷信记载，其实蕴含着人愿与天意“合二为一”的心理。

这条航线的优点是不言而喻的。一是便捷，在海湾内取直线航行比循岸走弧线的里程要缩短不少。二是顺应季风和海流方向，航速自然也就快得多。中国的远洋船舶一般是趁冬季风起航。这时，在福建、广东沿海，有产生于中国北部沿岸顺大陆海岸南下的中国沿岸流。冬季风劲吹，其势甚烈，经台湾海峡流入南海，更经越南东海岸南下，航运十分便利，“广州通海夷道”的走法可与这股海流方向保持一致。当然，还需要更加先进的造船和航海技术。

以上说的是中国远洋船舶的去程。一般说来，回程与去程大体方向上是一致的，并且亦能假季风与海流之便。回程应在西南季风劲吹之时，从马来半岛南部起航，航船可利用爪哇海流在流经加里曼丹岛与苏门答腊间海面继而北上南海之势，径渡暹罗湾。特别是到了越南海岸，吹送流更形强劲，又有暖流沿越南及海南岛东岸直流向台湾海峡。诚然，季风海流，方便航海，但在一些地理环境复杂的航段会形成急流、旋涡、倒流等，往往被舟子视为畏途。

下面再谈谈唐宋时候外国来华航船在东南亚这一段的路线，也可以作为中国航船回程的参证。

先说唐朝，以《中国印度见闻录》和伊本·胡尔达兹比赫《道里邦国志》提供的来华航线为例。这两部阿拉伯文献都成书于9世纪中叶，比贾耽“广州通海夷道”的记载稍晚。从阿拉伯半岛到印

① 刘义杰：《“去怕七洲，回怕昆仑”解》，《南海学刊》2016年第1期。

度南端的航程，两个文献的记载各不相同，这里从略。关于东南亚部分航线，《中国印度见闻录》记载，自故临（今印度奎龙一带）起航，一个月至卡拉（在今吉打或丹那沙林），十天至提尤迈（今刁曼岛），十天至凯德朗，十天至占城，十天至孙杜尔富拉特（或为海南岛），一个月至广府（广州）。

伊本·胡尔达兹比赫记载，自故临起一天至锡兰迪卜（今斯里兰卡），十至十五天至兰盖巴鲁斯（今尼科巴群岛），六天至卡拉，往左去巴鲁斯岛。“自此则可到贾拜、塞拉希特及凯朗诸岛，为二帕拉桑……离马伊特，向左即提尤迈岛。”继而，从提尤迈起五天至吉蔑，循岸三天至占城，海行或陆行一百帕拉桑至龙编（今河内附近），再行四天至广府。[①]

显然，两个文献的记载是有差异的。其一，最大的差异在于马六甲海峡前后，即卡拉到提尤迈一段的衔接。《中国印度见闻录》的记载是“直达的”，未提到有中间站。伊本·胡尔达兹比赫的记载中，两地间有巴鲁斯、贾拜、塞拉希特、凯朗、马伊特几个地名。

这几地在不在航线上还是个问题，因为伊本·胡尔达兹比赫没有提到它们之间的距离。笔者认为，阿拉伯人来华途中或偏离了正式航线，到过这些地方，这条航线可以看作例外。至于这两条航线是不是像下文将提到的宋代航线那样经过室利佛逝（三佛齐），然后再前往中国？笔者认为不是，有以下三点原因。第一，《中国印度见闻录》记载从卡拉到提尤迈需十天，如果中途折往室利佛逝，就要增加约一倍航程，那么十天时间必不够用，更不用说阿拉伯人到了那里还要停下来，做完生意才前往中国；第二，伊本·胡尔达兹比赫提到的几个

① 参见黄伟宗、司徒尚纪主编《中国珠江文化史》，广东教育出版社，2010，第592页。亦可参见〔阿拉伯〕伊本·胡尔达兹比赫《道里邦国志》，华文出版社，第55～66页。

“偏离”航线的地方都可以认为是在马六甲海峡或其附近，而没有一个在苏门答腊东北海岸上；第三，在描述这段航程时，这两部阿拉伯文献对室利佛逝都只字未提。如果航线中途经过室利佛逝，不至于把这个跟卡拉一样重要的停泊点略去。可以肯定，这两条航线都没有经过室利佛逝。同时，两条航线在马六甲海峡东半段是较为靠近苏门答腊海岸而行的，一般还要穿过马六甲海峡。这与“广州通夷海道”的同一段走法是相近的。当然，那时已经开始有阿拉伯人前往室利佛逝。《中国印度见闻录》记载，卡拉到室利佛逝的距离为一百二十扎姆。这个数字虽不准确，但表明至少在九世纪中叶，已有阿拉伯人到那里去。到室利佛逝的阿拉伯人做完生意后，可能还要循海路前往中国。不过笔者认为，这种情况在唐代还不多。大部分商船仍是按《中国印度见闻录》的航线前往中国。

其二，提尤迈到中国一段，两者记载亦有差异。《中国印度见闻录》的记载是提尤迈→凯德朗→占城→孙杜尔富拉特→广府；伊本·胡尔达兹比赫的记载是提尤迈→吉蔑→占城→龙编→广府。

第二条航线中的吉蔑即柬埔寨。但当时柬埔寨海岸线很长，船只在哪里泊岸？必有一个固定的地点，笔者认为就在第一条航线的凯德朗。但此名的今地有多种说法，笔者倾向于今越南头顿附近的说法。阿拉伯船只乘风扬帆渡过暹罗湾后，直到此处才泊岸。跟着，两条航线的下一站是占城，其泊岸地点可能就是后来的新州港。再下一站，第二条航线到龙编，第一条经孙杜尔富拉特。按前者的走法，到了龙编后，应再东折经钦（州）廉（州）外海面穿琼州海峡至广州；后者的具体走法不详，或许也要穿过琼州海峡。

到了宋代，阿拉伯（也包括其他外国）的来华航线有了一些变化。

《岭外代答》记载：“三佛齐之来也，正北行，舟历上下竺与交洋乃至中国之境。”“大食国之来也，以小舟运而南行至故临国，易大舟而东行至三佛齐国，乃复如三佛齐之入中国。”从以上记载可知，这时阿拉伯与三佛齐的来华航线从三佛齐起是一模一样的。阿拉伯人到三佛齐前不必经过卡拉，而直达蓝无里（位于今苏门答腊岛西北角），再循苏门答腊北岸至三佛齐。但在三佛齐以后的路段，吉蔑、占城等航站则是必经的。

把上述航站补上去后，就会发现，首先，三佛齐已成为阿拉伯来华航线的必经站。到了三佛齐后，再朝北折向上下竺（今奥尔岛），这样就不用经过新加坡海峡了。当然，阿拉伯人之所以去三佛齐，往往是因为那里有较大的贸易吸引力。他们在各港口间辗转进行贸易，再前往中国。另外，他们也不能不到那里去，因为当时三佛齐“伯于诸侯”，对过往商船实施强制性贸易政策，“蕃船过境，有不入其国者，必出师尽杀之”。① 这里顺便指出，在很长一段时间内，不仅阿拉伯诸国，其他一些东南亚海岛国家也先取道三佛齐，然后才去中国。这在唐末已见端倪。《唐会要》谓金利毗伽国“在京师西南四万余里，行经旦旦国、诃陵国、摩诃国、新国、多萨国、者埋国、婆娄国、多郎婆黄国、摩罗游国、真腊国、林邑国，乃至广州”。这些地名错讹不少，次序混乱。笔者试对证如下：金利毗伽国应是室利佛逝草书之讹；旦旦故地在马来半岛，一说吉兰丹；诃陵时在中爪哇；摩诃国、新国应合作摩诃新国，即莫诃信（义净《南海寄归内法传》），或位于西爪哇东北岸；多萨或多隆之讹，疑在苏门答腊岛；者埋或为今雕门岛；婆娄即前之婆露，位于今苏门答腊岛巴鲁斯地区；多郎婆黄可拆作二名，多郎或为 Kadrang 快读，位于今头顿附近，婆黄则为婆凤之讹（凤讹作凰，凰讹作黄），多以为彭亨异译；摩罗游位于苏门答腊岛占碑附近；真腊即吉蔑；林邑即占城。接下来，把这些地名按顺序排列起来，就可看到：其一，婆娄、摩罗游→金利毗伽→者埋→婆黄→旦旦→多郎→

① （宋）周去非：《岭外代答校注》卷 2《三佛齐国》，杨武泉校注，中华书局，1999，第 88 页。

真腊→林邑→广州；其二，诃陵→摩诃新→金利毗伽（后几地同上）。这条航线很可能是几方使节同时到达京师后口述的。因为记录在一起，后来传抄致误，以讹传讹，以致难以分辨。这条航线与上述阿拉伯来华航线相近，反映了唐末以来室利佛逝东西两面的来华航线皆经过这里的侧影。不过，约11世纪，爪哇地区又开辟了一条不经三佛齐的来华航线。

其次，从上下竺到中国一段，宋代外国来华航线与唐代比较没有多大变化。上下竺为新见地名，在提尤迈南面几十里，相距不远。从三佛齐来的船舶经过上下竺后，还可以再经过提尤迈。这样，提尤迈便成为从三佛齐和新加坡海峡两个方向来的外国船舶的汇合点。当然，如果要补充淡水，只在其中一个岛停留就足够了。从提尤迈往前不远渡暹罗湾，就到越南东海岸了。在这里首先要经过“昆仑洋”。此处水势汹涌，即中国舟子所称的“回怕昆仑”之地。《岭外代答》所记航线在越南东海岸并不全是近岸而行，到了占城后，开始“过洋”，即驶出海外，到达靠近西沙群岛的海区，再向中国的钦州、廉州方向航行。这样必然要经过海南岛西南海面的“三合流”，在此“得风一息，可济”。到了钦州、廉州海面后，再折而穿琼州海峡到广州等地。这种走法跟伊本·胡尔达兹比赫的航线不同，但可以印证《中国印度见闻录》中记载的这一段航线。这样走显然是为了最大限度地利用季风和海流。然而，为什么到了近西沙群岛海区不趁势而上，反倒兜一个大圈子到钦廉外海面，再穿琼州海峡？原因是这样走的风险太大了，这也是“广州通海夷道”（去程）与外国来华航道（来程）在这一段的最大不同之处。

这个时期的大唐王朝和阿拉伯世界（中国称“大食”）都处于各自国力鼎盛的时期。阿拉伯帝国扩张势头正盛，先后征服了印度河流域和中亚细亚阿姆河流域边远地区，直接与同样处于鼎盛时期的大唐王朝接壤。那时的阿拉伯人扩张与海上贸易两手抓。不过，在当时唐朝人印象中，阿拉伯人是做生意的行家里手。阿拉伯人集中在中国南方的广州和泉州，他们都是循海路来到中国。与此同时，中国商人则循海路西去。在几百年间，东来者与西去者在同一条航线上相遇，在同一片海域中邂逅。阿拉伯人的东方知识也在这一时期迅速增加，阿拉伯商人耳闻目睹的信息汗牛充栋。还应指出，在中国沿海城市、东南亚有众多阿拉伯侨商，但中国人外出成为华侨，还在几个世纪之后。

综上所述可以看到，中西航线的东南亚一段中，宋代船舶在以下航区经常近岸行驶，包括苏门答腊北岸、马来半岛东南岸（约北纬5°以下，包括新加坡海峡）、越南东海岸（去则占婆岛以下，来则占城以下）。这样，外部世界便有机会与这些地方的国家或民族接触。但笔者认为，就中国与马来半岛古国的关系发展而言，这条航线不是增加了接触机会而是相反，因为航线远离海岸。当然，唐宋以后中国与马来半岛古国的交往（包括贸易、文化往来）明显增加，这是双方关系不断发展的结果，而不是这条航线本身带来的机会。

在以上密集航线的背后是南海航路系统诸区域中心的生成。只有在贸易发达、贸易网点较多且相对密集的地方，才可能产生区域中心，实际上就是贸易区域中心。同时，“海上丝绸之路”始航港增加、商品种类和进出口量增多，也会助力海外区域中心的生成。广州等中国沿海港口作为“海上丝绸之路”重要始航港的崛起便是很好的说明。特别是到了唐代，“海上丝绸之路”在中国南方的重心不再是雷州半岛沿岸一带。贾耽的“广州通海夷道”表明，广州已经发展为“国际级”的“海上丝绸之路”始航港之一。南海航路记录了时人所知的中国海船从广州出发经南海到波斯湾的巴士拉港的完整航线。南海航路所经过的区域包括三大地区，每个地区都有一个明显的中心：一是东南亚地区，以室利佛逝为中心；二是南亚地区，以印度为中心；三是阿拉伯地区，以大食为中心。这些中心存在的基础无疑是经济的繁荣，而把三大地区连接在一起的就是丝绸贸易。这些区域中心在国际贸易中的最重要功能就是以丝绸为品牌的中国商品集散地。有趣的是，这几个地区也是当时世界上的政治、经济、宗教和文化中心。广州港地位的跃升得益于“海上丝绸之路”的繁荣；而广州的繁荣则有赖于作为其重心的南海航路所经过的东南亚地区的繁荣。毋庸置疑，经过长期的积淀，东南亚地区形成了一个与中国保持频繁贸易联系并控制着区域贸易的商业中心——室利佛逝（中心在今苏门答腊巨港）。该地也是中国商品传入东南亚各国（主要是海岛地区）的集散地。还值得注意的是阿拉伯和波斯（伊朗）地区的贸易开拓，这是唐代海外贸易繁荣的主要表现之一。

宋代，新的区域贸易中心在南海航路上继续出现。《岭外代答》记载，当时与中国进行贸易的国家中大食最为重要，其次为三佛齐，再次为故临。赵汝适曾任福建路市舶提举官，与中外海商有较多接触。他撰写的《诸蕃志》（成书于宋理宗宝庆元年即1225年）记载了当时中国丝绸销往的国家和地区，包括占城、真腊、三佛齐、细兰国（即锡兰，今斯里兰卡）、故临国、阇婆国（今爪哇）、勃泥国（位于今加里曼丹岛即北婆罗洲北部）、三屿（位于今菲律宾）等。这些国家和地区包括明代称之为“西洋”和“东洋”的地方。显然，宋代的海外贸易中心变多了。由于海外贸易的拓展和繁荣、分工明确，新的区域贸易中心在崛起。新崛起的区域贸易中心反映了国际贸易走向均衡化，其实是不同区域的港口中心的均衡化。在不同区域各自的贸易发展过程中，每个区域内部曾经存在多个港口，经过一定时期的竞争，由于各自实力和自然禀赋差异，便会出现此起彼落、此消彼长的现象，从而形成一个港口鹤立鸡群（中心）、其他港口居于辅助地位的局面。

宋代，阿拉伯商人从波斯湾航行到中国的航线就反映了区域中心的作用。其时阿拉伯商人要经过两个转运中心，一个是印度的重要港口故临，另一个就是印尼的三佛齐。这两个中心具有作为中国通往东南亚、南亚、西亚乃至非洲之海上中间站的不可替代的区位优势，也是中国商品从海路输送到上述各国的转运中心。《诸蕃志》记载，三佛齐“扼诸蕃舟车往来之咽喉”；故临直接与中国开展海上贸易，它不只是中国和阿拉伯之间的中转站，也是三佛齐与阿拉伯之间的中转站。

二　唐宋时期中国与东南亚国家的区域航线

唐时加里曼丹岛西部有婆利国，自中国去往这里的航线是“直环王（即林邑）东南，自交州泛海，历赤土、丹丹诸国乃至”。[①] 这应是循“广州通海夷道”到达越南南端海面，再折向西南方向渡暹罗湾到达赤土地界，然后南下丹丹，再转偏东方向渡海而至。

到诃陵的航线是沿“广州通海夷道”到新加坡海峡后，转航（室利）佛逝国，然后才到那里，显然要经过邦加海峡。这是唐代“通海夷道”的一条支线。

唐代，中国云南地区存在一个地方政权南诏。据《蛮书》载：“银生城……至大银孔，又南有婆罗门、波斯、阇婆、勃泥、昆仑数种。”银生城为南诏所立节度使之一，地或在今景东。从景东要经过中南半岛一段很长的陆道才到达一个叫大银孔的地方，而从大银孔继续向南可到达以上五个目的地。其中，婆罗门、波斯、昆仑皆在大陆上，陆路即可达。只有去勃泥（位于今文莱一带）、阇婆（即诃陵）是通过水道。水道怎么走？关键在于确定起航点大银孔的位置。沈曾植认为在漾贡（仰光）；向达非之，倾向于费琅的位于暹罗湾之说，赵吕甫也赞同费琅之说。如是，这条航线应在马来半岛东侧。若要到勃泥，即从大银孔起程，沿半岛东海岸南下至低纬度地区，再渡海驶向勃泥（可循加里曼丹岛北岸航行）。若到阇婆，则可沿马来半岛继续南下，直达苏门答腊岛北岸，再穿邦加海峡而后至。或者可以在到达马来半岛南部后，驶向卡里马塔海峡，进入爪哇海而至。但笔者认

---

① 《新唐书》卷222下《南蛮下》，中华书局，1975，第6299页。

为前一种可能性比较大一些。

其他一些见于史籍的东南亚国家应也有航线到达，有的包括在上述航线内，有的则是各条航线的延伸或分支。例如，要到马来半岛东岸某古国，只要按“广州通海夷道”到达越南南端海面，再折而驶向目的地（走直线或暹罗湾内弧线）；又如，卡拉是个大中转站，可以联通许多航线，通过卡拉，马来半岛西海岸乃至缅甸海岸许多古国可与“广州通海夷道”相通。

一个例外是，截至目前，我们还无法找到中国与菲律宾群岛之间交通路线的记载。但考古材料证明，唐代已有中国商人到达菲律宾某些地区，很可能是循宋代时记载的中菲航路。

宋代航线较之唐代有不少增加和改变。较重要的有阇婆来华航道的开辟：从阇婆港口莆家龙（或位于今北加浪岸）起程，航向“十二子石”（今卡里马塔海峡附近之塞鲁士岛），再到达竺屿（即上下竺），与三佛齐来华航线汇合。[①] 不仅走了直线，而且巧妙地利用了西南季风从爪哇海北海进入南海的爪哇海流。而从中国去则是由“广州自十一月、十二月发舶，顺风连昏旦，一月可到”。[②] 估计与来程一样。由于爪哇社会经济发展和对外联系加强，这条航线的开辟是历史的必然。此后，中国与爪哇的交通主要通过此道，而无须再中经三佛齐。

《诸蕃志》还记载了一条从阇婆到中国的全新航线。全程如下：自阇婆起西北泛海十五日至勃泥国，十日至三佛齐，七日至古逻国，七日至柴历亭，然后经交趾到广州。这显然先是从莆家龙向北航经十二子石至勃泥（也可能只到加里曼丹岛西北角或西海岸某港口，因其时勃泥势力已到达北岸、西岸），再折向西到达三佛齐（占碑），

① （宋）周去非：《岭外代答校注》卷 3《航海外夷》，杨武泉校注，中华书局，1999，第 126 页。

② （宋）周去非：《岭外代答校注》卷 2《阇婆国》，杨武泉校注，中华书局，1999，第 88 页。

然后航行至古逻国（可能在马六甲地区），接着循岸航行至柴历亭（或今乞拉丁）。这时，已依稀可见越南南端海区，径渡即可。在越南东海岸便可按例行的来华航线（经交趾、琼州海峡）来中国了。这一航线几经周折，可能是一条民间商人辗转贸易的路线，而不是前往中国的“贡道”，当然，它是不是经常性航线，尚属疑问。

宋代航路的另一个重要变化是中国与勃泥的交通。《太平寰宇记》载，太平兴国二年（977）勃泥使节来华，“渤泥国王向打云云，因蕃人蒲卢歇船到，今得引路”。蒲卢歇可能是阿拉伯商人。他引路入贡表明，在此之前两地已有民间通航，但此线如何走没有详细记载。从勃泥去往占城与摩逸国（即麻逸，位于今菲律宾民都洛岛）也为同一个方向起航。是则，从勃泥到占城要向菲律宾方向走一段路（可能到加里曼丹岛东北角），然后斜穿南海而至，跟着沿中西航线便可到中国。这样，比起以前横渡海至马来半岛，再北上占城的航线来说，不知便捷多少。

中国与加里曼丹岛航线既通，那么宋时中国与此岛周边海岸上一些古国发生联系乃属必然，兹不赘述。这里想补充的一点是，宋时加里曼丹岛在中国至爪哇航线上还可以起某种过往站的作用。例如，苏吉丹位于此岛西岸，为爪哇商人到中国贸易途中所经之地。当宋朝政府禁止铜钱外流阇婆时，商人便冒用苏吉丹的名义，瞒骗中国官员。

在宋代，僻处一隅的菲律宾群岛与中国的交通开始出现于史籍记载。《宋史》记载，自占城东去麻逸二日程，占城到蒲端（或在今班乃岛西岸）七日程；自勃泥国去往麻逸三十日程。这些天数显然不合比例，或因风力、船型、中转逗留等所致，或因记载讹误，姑不必深究。中国—麻逸可能按后来《东西洋考》中记载的走法，即把三段航程加起来：先从中国到占城，再从占城到勃泥，最后从勃泥到麻逸。前两段航程已见前述，最后一段航程如下：勃泥→鲤鱼塘（今文莱港附近之穆阿拉）→长腰屿（今阿庇港）→昆仑山（今哥打贝卢）→圣山（森潘曼吉尤角）→罗卜山（今巴拉望岛南面之巴拉巴克岛），再经苏禄海至麻逸。若到蒲端，则同样可以在出巴拉巴克海峡后渡苏禄海而至。以上是中国与麻逸、蒲端二地交通的通常路径。当然，从占城到这二地也可能直达，而不用经过勃泥等地，但从整条航线的情况来看，这应是例外。

占城是中国与东南亚海岛古国各条交通线的必经点。在宋代，它的地位和作用特别重要。近几年来，人们注意到，宋代已经存在一条由中国东南沿海出发，中经澎湖岛南下菲律宾群岛的航线。在澎湖岛屿上发现的大批宋元瓷器证明了这一点。这样一来，在宋代，中国与菲律宾群岛之间便存在两条全然不同的航线。可以认为，经澎湖岛的航线主要是中国与菲律宾群岛北部地区（以吕宋岛为主）之间的商业交通线；经占城、勃泥的航线则主要是中国与菲律宾群岛南部地区的商业交通线。不过，在中国至菲律宾之间做转运贸易的商人似乎主要利用后一条航线。《诸蕃志》记载，这类舶商“亦有过期不归者，故贩麻逸舶回最晚”。这说明麻逸是同一条航线上的最末一站。也就是说，往返航程中，中道必定经过诸如占城、勃泥等地方。至于前一条航线，可能其利用率比不上后一条航线，因为航程十分险恶，无论是东北季风还是西南季风，都有几股海流在台湾海峡或附近海面交汇，水流汹涌，欲济殊难，这条航线的繁荣还在明代以后。一般说来，与中国有直接往来的地方为中南半岛、马来半岛、苏门答腊岛、爪哇岛、加里曼丹岛及菲律宾群岛，且多半是沿海地区。中国与努沙登加拉群岛、班达海地区之间还多限于间接往来，中国商人很少到达这一带。

中国与东南亚地区的区域航线反映了东南亚地区作为东西方商品重要集散地以及东西方商品重要消费市场的事实，尽管东南亚国家发展不平衡，有快有慢，有的地方还处于原始社会状态。另外，相对先进与比较落后地方居民的消费水平也不一样。今天已不可能精准鉴别古代东南亚各地的经济发展和居民消费层次与差别，但可以肯定，东南亚地区在唐宋时期已经有大量人口。虽然很多地方还荒无人烟，生活在内陆的人口应还处于落后状态，但有相当一部分开放地区的人口已享有“当代化”的生活水平。他们主要集中在缅甸的伊洛瓦底江流域和沿海地区、泰国中部和南部、柬埔寨平原地区、越南江河流域和中南部地区、马来半岛沿海地区、印度尼西亚爪哇岛和苏门答腊岛沿海地区。这些地方，一是靠近“海上丝绸之路”沿线城市，二是平原开阔、土地肥沃。在古代“海上丝绸之路”南线的几段主航道，阇婆或三佛齐、马六甲王国等富庶之国尽人皆知，也为中国人所知闻。应注意，它们在历史上的繁荣不是昙花一现，而是经久不衰，以百年计。

三　郑和下西洋航线

从中国与东南亚的海路交通来说，唐宋时期是十分重要、承上启下的时期。此后，特别是明代，中国人航海地理知识的精进正是建立在这个时期的基础上的。在这方面，最好的概括莫过于郑和下西洋所使用的航线了。郑和七下西洋的主要航线达 42 条之多，先后到达亚洲、非洲 37 个国家和地区，航线最西到达赤道南面的非洲东海岸麻林（今肯尼亚马林迪），接近莫桑比克海峡，最南到达爪哇，最北到达红海的天方（今沙特阿拉伯麦加），总计航程 16 万海里，合 29.6 万公里，航海跨度是东经 39°～123°、北纬 32°至南纬 8°这样一个广阔的地域。

如果说在此之前的航线在很多航段留下几许模糊的记载（比如，只可约略知道那时的航线经过某片地方，但不知具体方向与航向；又如，只知道那时的航船是由甲地至十分遥远的乙地，但不详甲乙两地之间还有哪些更小的必经之地；等等），那么郑和下西洋航线就把这些“模糊”明朗化或基本明朗化了。郑和下西洋称得上古代中国远洋事业的顶峰之举，也称得上中国古代远洋交通线的定型之笔。当然，郑和下西洋走过的航线不知蕴含着多少航海先驱者探险的艰辛及生命的代价，也凝聚着他们智慧的光华。根据明代张燮所撰《东西洋考》，明代前往东南亚的航路分为“西洋”和“东洋”两条航路。

“西洋”从福建、广东出发，经过海南岛海域，沿着中南半岛南下南海，然后抵达暹罗湾、马六甲海峡、爪哇海；“东洋”则从福建出发，经过台湾海峡，沿着吕宋岛西岸南下南海，从巴拉望岛驶向浡泥，或者从苏禄群岛到摩鹿加群岛。虽然“西洋”和“东洋”的概念还难以整合为一幅划一的南洋海图，但“东洋”“西洋”概念显然使时人心目中的南洋大为清晰。

有关郑和下西洋问题，中外学者的研究之作汗牛充栋。笔者在此无意重复前人的研究成果，只欲将郑和下西洋的航线概述于后，较为完整地展现古代中国远洋航线的“定型之笔”，对郑和下西洋航线做一全景式的描述。在这方面，中国的郑和研究专家郑一钧先生做了细致的整理研究①，这里只是在此基础上做了现代地名的标注。

郑和船队离开国门后，在国外部分的分宗甚多。大宗宝船一般从福州五虎门放洋，船至占城、爪哇，过满剌加而西行，到苏门答腊，再从苏门答腊驶入印度洋，经翠兰屿、锡兰山（斯里兰卡），然后向西北绕行印度半岛至小葛兰（印度奎隆）、柯枝（印度西南岸之科钦）、古里（印度喀拉拉邦北岸之卡利卡特）等地。为适应远洋航行，以及访问亚非众多国家和地区的需要，郑和船队以占城、苏门答腊、锡兰山和古里为四大交通中心站。以此四大海港为中心，郑和船队的国外航线十分详尽，史无前例。这里不拟一一赘列，只将其重要航线的首尾两端列之如次。

一是南海及太平洋区域航线。其一，自交趾洋（北部湾）至满剌加国。需要指出的是，越南是从中国出发的“海上丝绸之路”南海航路的第一站。郑和船队也不例外，应到过越南。越南的新州就是郑和出洋的第一站。其二，自赤坎至占腊国（柬埔寨）。其三，自昆仑山至暹罗。其四，自暹罗至满剌加。其五，自灵山大

① 更多详细内容参见郑一钧《论郑和下西洋》，海洋出版社，1985，第五章。

佛（今越南中部华拉角）至爪哇。其六，自昆仑山至爪哇。其七，自爪哇至小几内亚群岛。其八，自玳瑁州（今越南东南岸外之平顺海岛）至婆罗洲。其九，自澎湖台湾至菲律宾，即猫里务（民都洛岛）。菲律宾群岛内还有多条支线不赘。其十，自马尼拉湾外至婆罗洲，主要港口是文莱国（文莱斯里巴加湾）。

二是印度洋区域航线。其一，自爪哇经巽他海峡至帽山。马六甲可以说是海外航线经过的地方中最重视保存和保护郑和遗迹的地方。史籍关于郑和到达马六甲的记载并不多。与马六甲相媲美的还有今天印尼的三宝垄，那里是纪念郑和部下王景弘的地方，但无法确定王景弘所到之地的确切位置，多靠传说来推测大致位置。其二，自苏门答腊至榜葛剌国（孟加拉国及印度西孟加拉邦地区）。其三，自榜葛剌国至溜山（马尔代夫与拉克代夫两群岛）。其四，自苏门答腊至锡兰山。其五，自锡兰山至沙里八丹（或印度东岸之 Masulipatam）。其六，自别罗里经溜山至南印度及东非沿岸诸国，包括任不知溜（马尔代夫喀雷岛与马累岛之间的珊瑚岩礁）、官屿溜（马累岛）、起来溜（喀雷岛）、加平年溜（拉克代夫群岛南面之加尔皮尼岛）、古里国、柯枝国、甘巴里国（印度泰米尔纳德邦西部之科因巴托尔）、小葛兰国、木骨都束国（索马里摩加迪沙）等。

三是阿拉伯海区域航线。包括自木骨都束北行到阿拉伯南岸，阿丹（也门亚丁）以北到麻实吉（阿曼马斯喀特）以南，麻实吉附近沿岸到加剌哈（阿拉伯半岛东岸之加尔哈）附近，莽葛奴儿（印度门格洛尔）到加剌哈，加剌哈到忽鲁谟斯（伊朗霍尔木兹岛），缠打兀儿（印度果阿）到加剌哈，马哈音（印度西海岸马兴姆镇）到里马新富，古里到忽鲁谟斯，等等。

应说明，古里是郑和航行最远的终点地，《岛夷志略》记作“古里佛”。《明史·古里传》记载：“永乐元年，命中官尹庆奉诏抚谕其国，赉以彩币。其酋沙米的喜遣使从庆入朝，贡方物。三年达南京，封为国王。”也就是说，在郑和首次下西洋的前两年，先有另一内臣尹庆下西洋去过古里。郑和船队的回程在大部分地方跟去程是一样的，只有小部分地方不同，此略。

郑和船队七下西洋所到国家30多个。虽然其中有的地方为前人所未到，但很多地方已为前代中国航海家耳熟能详。例如，中南半岛、爪哇岛、马来半岛、苏门答腊岛、锡兰岛、印度半岛、暹罗湾等区域性大地方，占城、爪哇、旧港、满剌加、阿鲁、黎代、那孤儿、南巫里、锡兰、小葛兰、古里、柯枝、暹罗等国家，都是前代航海家频繁涉足并载入中国历史文献的。尽管郑和下西洋并未超过前代航线和路程，但郑和船舰之大、船舶之多、设备之精良、水师之雄壮、组织之严密远超前人。郑和船队在七下西洋过程中，也在熟悉的航行区域中开辟了新的航线，因而“海上丝绸之路”的航行支线大为增加，更加密集且相互交叉，构成航海网路。这是郑和航海团队对“海上丝绸之路”里程碑式新贡献。

郑和在下西洋之前，中国已有航海图，但是郑和下西洋积累的实践经验充实了新的航海图《自宝船厂开船从龙江关出水直抵外国诸番图》（今人向达简称为“郑和航海图”），科技水平前所未有。原图虽失传，但刊载于明代茅元仪《武备志》（卷240）而传世至今。该图北起始发港南京，东折南下，经今东海、南海至南洋群岛、马六甲海峡，折西北至孟加拉湾、波斯湾忽鲁谟斯、沙特阿拉伯红海，西南至东非索马里、肯尼亚、坦桑尼亚。覆盖西南太平洋东南亚地区，北印度洋海域内的南亚、西南亚和东非，记录中外地名530多个。该图绘制地文航海对景图，辅以文字说明指导航路的航向针路、航程更数；在沿江（长江、闽江下游）沿海以陆标为主，在汪洋大海中以牵星图天文定位为主；还标有港口水深、危险碍航区、气象特点等以策安全，并与航路指南紧密结合。此外，郑和下西洋还提高了远航海外的航行术。在郑和下西洋之前中国航海家已在航海中应用航海罗盘等指向仪器，使用牵星术作为天文导航，起于汉唐的天文导航术历有记载。从“郑和航海图”来看，郑和船员使用的“过洋牵星术”已较为成熟。

随着“海上丝绸之路”航线的不断开辟及随之而来的经济交流、商业活跃，很多外来土特产进入国际市场，流入不同地区。同时外来优秀文化得以引进，从而促进了当地的社会进步。东南亚作为“海上丝绸之路”的咽喉孔道，它的社会历史发展与“海上丝绸之路”的兴衰有着较为密切的关系。两千多年来，东南亚地区的国家凭借特殊的地理位置控制东西方海上通道咽喉，掌握“海上丝绸之路”贸易特权，并以自身经商之特长，同东西方各国人民一起，为“海上丝绸之路”的发展和繁荣做出积极贡献。不过，郑和下西洋仅仅是官方的外交活动，经济上是劳民伤财、得不偿失的。故明成祖去世后，下西洋很快就停止了，中国帆船迅速退出印度洋。到了15世纪末，中国船舶从苏门答腊岛以西消失，活动仅限于马六甲以东海域。尽管如此，郑和下西洋的历史意义仍然是巨大的。南海作为“海上丝绸之路”国际航线和国内航线的要冲，南沙群岛作为东亚通往南亚、中东、非洲、欧洲必经的国际重要航道，联系着中国到东南亚和太平洋的交通。

第二节　中南半岛出海水路

中国西南地区，包括今广西、贵州、云南、四川等省份，是连接亚洲大陆腹地与印巴次大陆、中南半岛的枢纽地带。人们在谈到汉唐时期“海上丝绸之路”的时候，基本上只是言及不同历史时期以徐闻、合浦、广州、樟林、漳州、福州、泉州、宁波、扬州、南京、蓬莱等中国沿海港口为始发港的南海航路和东海航路，几乎不会提及作为南海航路辅线的联通中国西南地区的“海上丝绸之路”，简言之，忽略了中国西南地区以及中南半岛上的“陆路＋河道路线网系”。这个网系涉及陆路和当时条件下的水陆联运，但如果不予提及，很容易造成这样的错觉，即“海上丝绸之路”只是中国沿海始发港的“专利”。显然，这是不准确的。如果忽略了“陆路+河道路线网系”，“海上丝绸之路”（特别是对于南海航路）至少是不完整的。理由很简单，很多中国和中南半岛地区出产的货物，还有不少近代的出国华侨，都是通过这些路线出海而后到达目的地的或者进入主干道南海航路的。

一 中国西南地区联通越南的通道

早期从中国沿海各港口始发南行的航线是循岸而行的，并经过越南海岸。后来，航海技术的进步，从中国沿海各港口始发南行的航线便绕过琼州海峡和越南海岸一带，直接从海南岛东北海岸附近经过而进入南海继续南行。与此同时，中国南部诸省还有去往越南的单独路线（包括海路和陆路）。实际上，历史上的越南与其他东南亚国家的交往极少。越南除了与柬埔寨存在交通往来外（今靠近暹罗湾一带的越南领土在古代曾是柬埔寨领土的一部分，即水真腊），与其他中南半岛国家的关系并不密切。然而，越南是与中国交往非常密切的“海上丝绸之路”沿线一个重要国家，不仅往返于越南的中国人多，两国双边贸易量也十分大。

历史上，中国人去往越南既有通过水路的，也有通过陆路的。明代人云，越南与中国的交通有三道：“一由广西，一由广东，一由云南。由广东则用水道，伏波以来皆行之，广西道宋行之，云南道元及我朝始开。”具体而言，广西道分为三：一由凭祥自州南关隘入交之文渊州，一由思明府过摩天岭入鬼陵州，一自龙州经平而隘入七源州；云南道分为二：一由蒙自县经莲花滩入交州石陇关，一由河阳隘循洮江左岸入平源州。[①] 另外，与越南接壤的广西南宁府、太平府、

① （明）郑若曾：《郑开阳杂著》卷6《安南考》，清文渊阁四库全书本。按现在地名则是：陆路，一由广西凭祥进入谅山，二由云南河口进入越南老街、河内，三由云南金平进入越南莱州；水路，由广西北海、钦州、东兴乘海船可抵越南海防、鸿基以及越南沿岸诸港，最南可抵西贡。广东不算中国西南地区，但在这里广西、广东和云南是绑在一起的，姑同列之。

镇安府，云南临安府、开化府、广南府的不少地方也有小路通往越南，而官方间的相互来往主要通过广西。这些记载表明，到明代，中越两国间的水路、陆路航线已完全定型。另应说明，到了近代，除了从中国沿海港口直航柬埔寨外，还有很多华侨和中国商品通过越南进入柬埔寨。

一般来说，只有水路才能算作正式的“海上丝绸之路”的组成部分或者支线、岔道。广东入越南之路为水路，具体走向记载甚详，包括航站、日程等资料。水路可直达越南南部，广东人和福建人通过水路直接移居越南南方。水路短而快捷，风险远没有到其他国家、地区那么大，免却许多漂洋过海葬身鱼腹之险。因此，广东和福建到越南的路线应可直接归入“海上丝绸之路”的航路体系。谈到“海上丝绸之路”的越南航线，往往指越南南方。但如果系统地看，陆路有时候是“海上丝绸之路”上某些支线的对接点，这些陆路很难与“海上丝绸之路”截然分开。

二 中南半岛与中国大西南的交通

这一部分主要涉及中国大西南的云南、贵州和四川几省。这几省有特殊的地质结构，位于中国西南高原地带，区域内河谷横断，群峰高耸，丛林密布，环境险恶，地理气候、植物群落和动物群落均错综复杂。蜀、徙、邛、筰、叟、昆明、僰、哀牢、滇、夜郎、滇越等民族居住在一带。他们的迁徙之地既包括区域内的其他地方，也包括区域外的老挝和缅甸等国。数千年来，这些民族以及他们居住的这片大地因为信息闭塞，一直被神话色彩和离奇故事笼罩。对中原人而言，他们生活的地区是高寒陆地地带。由于人类远古以来的行走路线（主要是南行）与大江大河密不可分，加上湍急的大小河流与大海相连，因此莫若将这一带称作高寒陆海地带更为适合。不过，在中国古籍有关周边地区文明的描述中，这里常常被视为“瘴疠之乡”，要想进入其地，从来都十分艰难，所谓“猿猴欲渡愁攀援”。其实，“瘴疠之乡”的概念也是中原人士提出来的。人们对“瘴疠之乡”的印象和认识多半来自居住在中原的汉族人的恐惧感。真正居住在“瘴疠之乡”的西南古代各少数民族则具有抵抗“瘴疠”的基本能力，也有治疗“瘴疠”的神秘手段。

当然，对于来自平原地带的游走于“瘴疠之乡”的古代商贾来说，这种自然环境是险恶的。古代商贾之所以能够在“瘴疠之乡”穿行自如，在很大程度上得益于当地少数民族的帮助，当然当地少数民族也从中分享到贸易的好处。所以，两千多年前中国最早的对外交通线就在这样险恶的环境下悄无声息地诞生了，长期以来寂寂无闻地承担着中原大地和周边国家、民族之间经济和文化沟通的特别使命。

对于古代中原人来说，这条古道的发现是偶然的。公元前119年，张骞奉命第二次出使西域时有一大发现，即在大夏（今阿富汗北部）有许多蜀布和筇竹杖。张骞询问后得知，在身毒（今印度）有专营中国西南蜀地物品的市场。大夏的蜀布和筇竹杖便是商人从东南数千里的身毒国买来的。张骞回到长安后，向汉武帝奏报了这一重大发现。[①] 在中国古籍中，这是一条孤立的记载，此后中国古籍中也无后续记载。但这并不意味着这条古道消踪匿迹，相反这条古道不断扩大，可能是后来四通八达的“茶马古道”的前身。1998年，贵州文物工作者在清镇平坝汉墓群、安顺汉墓群、黔西汉墓群，以及威宁、赫章的“南夷墓”和汉墓里，发掘出来自国外的琥珀、玛瑙、绿松石、琉璃等。黔中又陆续发现一批魏晋南北朝的墓葬，出土数以百计的琉璃、琥珀、玉珠等饰物。[②] 这些国外物品无疑是通过“水陆

① 《汉书》卷61《张骞传》，中华书局，1962，第2689页。

② 贵州省地方志编纂委员会编著《贵州省志·文物志》，贵州人民出版社，2003，第55～63页；贵州省博物馆考古研究所编《贵州田野考古四十年（1953～1993）》，贵州民族出版社，1993。

联运”（包括“海上丝绸之路”）辗转运来的。

关于“西南丝绸之路”的空间范围，多数学者认为就是从四川经过云南通往印度、缅甸等地的古道，即“蜀身毒道”。这条古道在中国境内由灵关道、五尺道和永昌道组成。[①] 西南地区被认为是出产珍宝奇货之地，实际上很多物品来自缅甸和印度等地，如琉璃、宝石、水晶、海贝、珍珠、琥珀、翡翠等，因此中国古代王朝对“蜀身毒道”十分重视。

也有学者认为，“西南丝绸之路”是比“蜀身毒道”更宽泛的地理范围。“西南丝绸之路”还包括“滇越麓冷道”“蜀安南道”“安南通天竺道”“茶马古道”“剑南道”“大秦道”“西蜀经吐蕃通天竺道”，以及从中国西南通往泰国、老挝等国的古道等。也就是说，从公元前 4 世纪到 1949 年中国西南地区所有对外交往的通道都应包括在“西南丝绸之路”的空间范围之内。另外，境外国家和地区之间的通道，如缅印道、泰缅道、泰越道、泰印道等也属于“西南丝绸之路”的范畴。[②]

就中国大西南与中南半岛诸国的交通来说，约可分为西、东、中三道。一是中国西南通缅甸道，此即西道，系经今西康、滇西入缅甸，顺伊洛瓦底江或萨尔温江出海，再转印度或罗马（大秦），所以有益州永昌（云南保山境）通大秦之说。这条水道因经水路通海，十分重要。二是中国西南通越南道，此即中道，可能经今云南，顺红河入越南北圻，由东京河内出海。这条水路在中国史籍中记载不多，

---

① 灵关道由蜀（成都）经临邛（筇崃）、灵关（芦山）、笮都（汉源）、邛都（西昌）、青蛉（大姚）至大勃弄（祥云）、叶榆（大理）；五尺道由蜀（成都）经僰道（宜宾）、朱提（昭通）、味县（曲靖）、滇（昆明）、安宁、楚雄到叶榆（大理）；灵关道和五尺道在大理会合后一路往西，称为“永昌道”，永昌道出大理、翻博南山，经永昌（保山）、滇越（腾冲）到缅甸、印度等地。在古代，这条路是川、滇、缅、印贸易往来的主要通道。参见王清华《西南丝绸之路与中印文化交流》，《云南社会科学》2002 年第 2 期。

② 申旭：《回族与西南丝绸之路》，《云南社会科学》1994 年第 4 期。

很可能在古代中国对外贸易中用途不广。有观点认为，至迟到 4 世纪，从四川经云南到越南之间的道路已开通，其时间甚至可能早于“蜀身毒道”的开通。[①] 而从交趾到今四川的古道，大体上从越南河内沿红河北上进入云南红河州，到达今个旧或建水南部以后，再由陆路北上进入滇中地区，进而通达巴蜀，中国古籍中也有不少中国西南与越南地区水陆两道并通的记载。三是中国西南通泰国道，从云南到泰国的道路，主要是通过缅甸景栋地区，从云南到泰国北部还有其他道路可通。黄诚沅《滇南界务陈牍》记载：“商人由车里（西双版纳）出外域贸易者有四道：一由易武、猛白乌经猛岭，一由大猛龙至猛岭，一由猛混、猛艮至猛八，以上三路均可至暹罗之景梅（清迈）一带。其由孟艮西过达角江，则走缅甸路也。”[②] 此外，还有中国西南通老挝道，老挝同中国的交往大多通过陆路。中国西南地区各少数民族古来沿着古老的丝绸之路南行，将中国西南的石器文化、青铜文化、稻作文化等带到老挝地区，也与老挝人融合而成为当地民族。久而久之，此路也就形成了经常往来的通道。由于老挝是东南亚地区唯一的内陆国家，老挝很可能是中国西南通中南半岛道路系统的一个“死角”。

申旭认为，从四川到云南，再从云南到越南，都应视为“西南丝绸之路”的组成部分。从越南到云南这段古道，不仅与僰道汇合，继而沿着博南古道通向东南亚及西域各国，而且它将“西南丝绸之路”和“海上丝绸之路”连接起来，成为这两条“丝绸之路”的联系纽带。从四川成都经灵关道沿博南古道可达缅甸、泰国、老挝及西域诸国，从四川宜宾经僰道到云南、越南地区可达海路，也可以再由此到缅甸、泰国及其他东南亚国家。这样“西南丝绸之路”和“海

① 参见方国瑜《中国西南历史地理考释》，中华书局，第 11 页；陈修和《中越两国人民的友好关系和文化交流》，中国青年出版社，1957，第 50 ~ 51 页，转引自申旭《回族与西南丝绸之路》，《云南社会科学》1994 年第 4 期。

② 参见申旭《回族与西南丝绸之路》，《云南社会科学》1994 年第 4 期。

上丝绸之路”就融汇成中国与东南亚、南亚国家经济及文化交流的完整循环系统。在这一系统中，从云南通往越南的这段古道是连接陆路和海路的桥梁。[①] 由于地理上的毗邻关系以及云南各族人民与周边国家人民长期交往形成的睦邻友好和亲缘关系，缅甸等国通过“西南丝绸之路”同中国的贸易从未中断。

上面对外交往通道中，很多是“茶马古道”。所谓“茶马古道”就是千百年来大西南深山密林中用石板、碎石、松土铺成的时窄时宽、或陡或平的人行马走的古道。在峡谷深陷、江水湍急、猿鸟愁渡的横断山区，伴随断断续续的清脆铃声，一批又一批、一代又一代马帮来来往往。这条今天被称为“西南丝绸之路”的古道之所以能存续下来，是因为中国西南跨内外各民族世世代代持之以恒的坚守。马帮只能在“西南丝绸之路”某一段路上往来，后来的研究者通过对留存的历史片段记载的接驳，完成对整体“西南丝绸之路”的“复盘”。

一些“茶马古道”是回族马帮开辟的。滇、川等地的马帮商队来往于中国西南至缅甸、印度、泰国、老挝、越南等国的古道，元明以后则以回族商帮最为有名。19 世纪中叶，杜文秀起义失败后，又有相当数量的云南回族商人迁居泰、缅诸国，不少人从事长途贩运，带往泰国的货物主要有核桃、栗子、丝绒、布料及铜制器皿，驮回云南的则有原棉、宝石、谷物等。[②] 马帮开辟的道路大多位于高山密林之中，行走艰难，再加上气候炎热，瘟疫流行，人畜极易染病。例如，滇缅交界多山地，山岭横隔，水文复杂，环境险恶，不利于舟车通行，主要借助畜力（马、驴、骡、牛等）驮运或直接由人背运。在各类役畜中，骡子因宜于役使，可行立在多山多林地带，是

---

① 申旭：《回族与西南丝绸之路》，《云南社会科学》1994 年第 4 期。

② 古永继：《清代滇桂地区与东南亚国家的交往》，载李晓斌主编《西南边疆民族研究》（第 4 辑），云南大学出版社，2006，第 231 页。

主要的驮载工具。同时，为克服山地险阻，数量可观的赶马人及其役畜编制成一体，形成规模大且组织严密的马帮商队。云南马帮的组织结构一般以掌帮为首，往下依次还有锅头、班、把，形成分工管理。马帮中又有专业性马帮和临时性的“拼伙帮”。[①] 马帮的规模效应可弥补畜力驮运单位运力小的缺点，实现驮载任务细化分工和运力集约化；马帮成员的增加和组织的严密化则可提高商旅在危险地区的抗风险能力。马帮每出去一趟，花费的时间都比较长。英国人克劳福德于 1827 年的调查表明：“那些由中国来的商旅全由中国人组成。在每年的十二月初，他们就可以抵达阿瓦，据说从云南到阿瓦的路程需耗时六周。这些人从中国起程的时间须在十月中旬的雨季停止之后，因此他们的旅行只限于在上述时间段里进行。旅程途中不涉水道，那些货物亦不用车载，全部利用马、骡及驴子运送。”[②] 总之，在数百年乃至上千年的历史传承中，“茶马古道”是四通八达的中国西南陆路交通的组成部分，并与“海上丝绸之路”相通。

三　中南半岛的出海水路

上面所说连接中南半岛与中国西南的各条陆路其实都是中南半岛出海水路的“上游”。而这里所说的出海水路，准确地说指经过陆上的江河航道最终通海之路。根据史籍记载，以下几段经过中南半岛的水路在“海上丝绸之路”体系中不可忽略。

在中国史籍记载的中南半岛水路中，最重要的是清末伊洛瓦底江水路。由于清缅边境民间贸易发展非常快，推动了晚清缅甸华侨商业

---

① 参见王明达、张锡禄《马帮文化》，云南人民出版社，2008，第 104～106 页。

② Crawfurd John, *Journal of an Embassy from the Governor General of India to the Court of Ava in the Year 1827*, London: Henry Colburn, 1829, pp. 437－438, 436－437, 转引自李新铭《马帮、商铺与移民：贡榜王朝时期缅甸阿摩罗补罗的华商群体》，《东南亚研究》2016 年第 3 期。

的勃兴，伊洛瓦底江水路成为中外贸易的新宠。后英国占据缅甸，以伊洛瓦底江为商人运货出入之枢纽，赋税之旺，虽不如印度，犹胜于新加坡等处。[①]

伊洛瓦底江，中国古称“大金沙江”和“丽水”，清代华侨亦称“大金沙江”，为缅甸最重要的河流。上游分两支，东支称恩梅开江，发源于中国西藏察隅；西支称迈立开江，发源于缅甸克钦邦，在缅甸密支那以北会合后，从北到南贯穿缅甸，在仰光附近流入印度洋孟加拉湾。在清代，中国西南边民和华侨就已经活跃于伊洛瓦底江，从事贸易活动，形成了一个华侨商业网络，或曰“伊洛瓦底沿江市场体系”。到了晚清，缅甸与中国的贸易已经形成了“一江多港”的格局。

“一江”，就是指伊洛瓦底江，自北贯通于南，入印度洋，与缅甸南部海岸港口通过水路联通。伊洛瓦底江沿岸大小商埠星罗棋布，与缅甸内陆墟镇、山地联通。自仰光乘舟入伊洛瓦底江约六天可抵首都阿瓦，又约两天可抵新街。

“多港”，包括伊洛瓦底江沿岸各区段的多个主要贸易港口。一是缅甸南部区段。薛福成指出，这一区段包括三大港口，“曰暮尔缅（即毛淡棉），曰德瓦（一名吐瓦），曰丹老”。

二是仰光区段。漾贡（仰光）可控南部三大港口。光绪十二年七月，两广总督张之洞派王荣和、余瓗出洋访察华民商务。十三年七月，王、余回到广东后，向张之洞面陈，缅甸仰光有华侨三万余众。其贸易出口以米为大宗，玉石、牛皮次之。[②] 三万余名华商、华工中，闽商居三分之一，生意较大。粤人虽多，但生意次之。仰光粤商以新宁人（即广东台山人）为最多，建有宁阳会馆。但华商的势力

---

① （清）薛福成：《出使英法义比四国日记》卷 4，商务印书馆、中国旅游出版社，2016，第 148 页。

② 王彦威、王亮辑编《清季外交史料》卷 74，湖南师范大学出版社，2015，第 22～23 页。

不及英国和德国商人。由仰光坐浅水轮船溯流而上，六七日可到华城（应即阿瓦），又陆行三四日可到新街，又逾野人山不过三四日，可抵腾越。①

三是白古区段。“白古，一曰百古，扼诸蕃之会，商舶合辏。其民沿海而居，驾筏盖屋，闾巷相通，人烟连接，远望几如城市，实为浮家泛宅。其俗，聚族筏居，仰商贾之利，不事耕，故沃土成为旷土。近时滇商贾缅，至其地。”②

四是蛮暮区段。蛮暮，通商之要津，“其城濒江，长三里许，广半里许，居民四五千人。新街亦称汉人街，临近江岸，袤延八九里，滇商数百家居中区；其街之首尾则掸人居之；稍进五里许有高阜，相传为武侯故垒。滇商运货至蛮暮，棉花为多，绸缎、羊毛次之。又蛮弄（亦作蛮陇）即西人所称老八募，在蛮暮之东，野人山之西口，大盈江之右岸。由蛮暮至蛮弄，轮船约行二小时；由蛮暮至滇边，陆路凡五日程。”③

在伊洛瓦底江的中国一侧，也有很多贸易口岸，其中最重要的是腾冲（腾越）。清代，腾冲是滇西政治、经济中心和边防重镇，辖南甸、干崖等七土司地，与缅甸接壤，是南方“丝绸之路”枢纽，也是中缅边境贸易重要集散地。

中南半岛出海水路还有暹罗水路。史载，从今云南西双版纳南部边境，可从陆路通至暹罗的景迈及国都曼谷等地。“商人由车里出外域贸易者有四道：一由易武、猛白乌经猛岭，一由大猛龙至猛岭，一由猛混、猛艮至猛八，以上三路均可至暹罗之景梅一带。其由孟艮西过达角江，则走缅甸路也。”景梅即景迈，当时已是人烟稠密、商贾云集。“至暹都水路十六天，陆程十二日，至盘安水路半日便可以到

① （清）薛福成：《出使英法义比四国日记》，此据福建师范大学历史系华侨史资料选辑组编《晚清海外笔记选》，海洋出版社，1983，第38页。

② （清）曹树翘：《滇南杂志》卷17，申报馆排印本。

③ （清）薛福成：《出使日记续刻》卷4，清光绪二十四年刻本。

莫洛缅。”[①] 莫洛缅即今缅南港口城市毛淡棉。当时的华商出滇境后，先入缅甸或老挝，再至暹罗，并可择水路或陆路分别南下，到暹罗国都曼谷及缅甸海湾。另外，从云南思茅进入老挝丰沙里，向南穿过琅勃拉邦，再向西也可进入泰国清迈地区。因地理之便，同缅甸、老挝一样，在暹罗北部也活跃着不少华侨，主要是云南人。[②] 曼谷和毛淡棉这两个城市为“海上丝绸之路”的港口，也就是说，从云南到缅甸、泰国、老挝等地的“西南丝绸之路”已经和“海上丝绸之路”连接起来。

就整个“西南丝绸之路”系统来说，陆路与水路密不可分、相辅相成，但出海水路的作用也很重要。如果没有出海水路，就不可能有繁忙的中国西南陆上通道，甚至不存在陆上通道。反过来，没有中国西南陆上通道，也很难形成出海水路，因为单靠中南半岛的当地民族，“西南丝绸之路”很难形成。与“西南丝绸之路”直接对接的中国大西南的云南历史上对诸如棉花等外来原料需求旺盛，因而滇缅贸易的趋势是日常用品交易规模不断扩大，表现为以云南人为主的华商频繁走出国境，到域外获取生产生活资源。

中南半岛出海水路的形成时间可能比中南半岛连接中国西南的各条陆路的形成时间晚。出海水路的开拓者很可能是先前已经迁居槟榔屿的华侨，有的华侨在槟榔屿繁衍几代人，以福建籍华侨为多，也有广东籍华侨。他们在槟榔屿定居后，在“海峡殖民地”一带开展区域贸易的同时，还将触角延伸到下缅甸一带。所以，在缅甸华侨华人史上，缅甸（特别是下缅甸）与槟榔屿密不可分。久而久之，华侨便开拓了伊洛瓦底江与中国西南一带的交通往来路线，更准确地说，将中国西南各条“茶马古道”与伊洛瓦底江沿岸尚处于涓涓细流状

① 参见古永继《清代滇桂地区与东南亚国家的交往》，载李晓斌主编《西南边疆民族研究》（第 4 辑），云南大学出版社，2006，第 230 ~ 231 页。

② 参见古永继《清代滇桂地区与东南亚国家的交往》，载李晓斌主编《西南边疆民族研究》（第 4 辑），云南大学出版社，2006，第 230 ~ 231 页。

态的分段贸易连接起来，并逐步将之扩大，变成一条分工明确的贸易水路，最终形成了“海上丝绸之路”的中南半岛支线。伊洛瓦底江沿岸细分化的贸易状况可以看作各条“海上丝绸之路”航线内部分工的生动写照。

第三节 东海航路

东海航路主要是从中国沿海港口起航开往朝鲜半岛和日本列岛的航路及其回程，相对于本书叙述的其他航路，东海航路一是路程短，二是目的地港口较少，看起来简单许多。但东海航路形成时间很早，在秦汉之际，即公元前200年前后就已经出现。

一种更早的说法是始自周王朝建立之初（公元前1112年），证据就是武王派遣箕子到朝鲜传授“田蚕织作”一事。如果箕子是走水路抵达朝鲜的，则应从山东半岛的渤海湾海港出发。问题是，对于箕子有没有走海路到朝鲜还存在争论，有人认为是从陆路入朝。秦始皇兵吞六国时（公元前221年前），齐、燕、赵等国民众为逃避苦役，携带蚕种和养蚕技术泛海赴朝。这说明中国与朝鲜半岛间存在水路交通。

徐福东渡自然涉及航线问题。根据《史记》中的记载，徐福为齐人应无问题，但齐地具体所指，则有“江苏赣榆说”、“山东琅琊说”和“山东黄县（今龙口市）说”。徐福船队趁春天季风时节，从齐地起航扬帆东渡，沿庙岛群岛抵辽东半岛，顺朝鲜半岛西岸南行，在济州岛休整，避过海风海流，渡过对马海峡，最后到达日本，应是一个比较妥善的说法。据说在今韩国南部锦山中部濒海的岩石上，刻有“徐市（福）过此”和“徐市（福）起拜”的象形文字，说明后人早就对徐福率队经过朝鲜半岛去往日本有了合理的猜想。①

---

① 晁中辰：《海上丝路与旅韩华侨华人》，登州与海上丝绸之路国际学术讨论会论文，2008年10月11日，山东。

关于徐福东渡，有一点是值得注意的，即从公元前 219 年到前 210 年他曾经尝试过两次（有说三次）东渡。还有人认为，徐福 10 年间曾多次出海，可惜“费以巨万计，终不得药”。徐福这些行举可以间接说明他在做东渡准备。从徐福数度东渡的情况来看，不排除是在为后来自己率领的大规模官方求仙船队航行的安全性进行前期验证，也是为他谋虑已久的远程移民做“瞒天过海”的准备。实际上，如果他当时要进行近海岛屿移民开发应不成问题，徐福之所以选择远程移民，应是已经考虑到他带领的这支庞大的移民队伍需要可供移民生存的足够大的“平原广泽”。“平原广泽”很可能是徐福移民后时人辗转传回来的说法。徐福的移民地点应是隐秘的，越隐秘就越能保障移民安全，包括避免上当受骗的秦始皇有可能在盛怒之下派军攻打。其时秦始皇几度驾临琅琊台，据说还曾在那里停留 3 个月，以正式皇命仪式接受徐福上书，责成李斯或琅琊郡守牵头筹备，以最快速度组成求仙船队（由此可判定起航港不会舍近求远离开琅琊）。3000 名童男女就近选拔，五谷百工就近征调，这可看作秦始皇认可了徐福的“求仙草”计划。于是，万事俱备，徐福一行方“入海求仙人”。徐福东渡成功后，“得平原广泽，止王不来”。

或问，徐福东渡这样一件历史事件，就可以证明一条航线的存在了吗？事实上，这说明了中外航线开辟上的一个基本规律，即在官方航线开通之前，一般已存在民间航线。毕竟，徐福拟议中的官方大规模求仙船队与民间的单船或小规模出海完全不同，徐福东渡带领的是一个庞大的移民团队。徐福东渡要选择的海路应是经过前人多少年的航海经验证实可行且已经定型的航线。一条航路的常态化存在，需要多种条件的有机组合，例如经济发展与商品交换水平、社会进步程度、双方造船和航海技术等。徐福组织这样一支庞大的移民队伍间接地说明了这一点。因此可以肯定，至少在徐福东渡时，山东与日本列岛、朝鲜半岛之间存在一条畅通的民间航路。

后来东北亚的航海实践表明，从中国到朝鲜半岛再到日本列岛的航路包括两条路线。一条是由中国（主要是中国辽东一带）通过陆路进入朝鲜半岛，逐渐由北向南流动，一部分人越过对马海峡进入日本；另一条是由中国山东半岛渡海到达朝鲜半岛南部，然后再越过对马海峡进入日本。

有人认为，日本向南朝遣使早期都掠过朝鲜半岛，因当时航海技术尚处于萌芽阶段，沿海岸线航行比较安全。其航线被称为“北线”，走向为从难波（今大阪）起航经博多（今北九州），壹岐、对马等岛屿，百济，越渤海、山东半岛，绕成山角，再沿海岸线向南航行至建康（今南京）的咽喉扬州。① 这条北线也应是中国到朝鲜半岛南部再到日本航线的回程，其时完整的东北亚“海上丝绸之路”应该指这一条路线。后来的历史证明，中国移民东迁朝鲜半岛和日本列岛越来越多地以这条路线为主。

一说到三国孙吴时，还形成了东海丝绸之路，即根据季风的变化规律和海流方向，夏季（6~8月）从江浙沿海出发，借助风帆和海流之力，以天文、地文导航，在顺风顺水下航行出海，近到台湾，远达日本等地。其后日本与中国南朝的交通，唐代及唐以后日本遣使以及双方贸易商船的往来，大多采用这条路线。

到隋唐时期，中日航路可以分为北线、南岛线和南线三条。北线又名“新罗路”，或称“渤海路”，必须经过朝鲜半岛南岸与济州岛之间的水路，再经辽东半岛，渡黄海，然后到达山东。7世纪末以后，南岛线开辟，经阿儿奈波（今冲绳），横渡东海，到达江苏或浙江。8世纪后，开辟了南线，或称“大洋路”，由博多出发，横渡中国东海直达长江口。这条路线所费时日甚少，但横渡东海的危险较大。这三条路线是隋唐时期中国人移民日本的必经之路。从唐代中期

① 陈炎：《略论海上“丝绸之路”》，《历史研究》1982年第3期。

起，日本与新罗关系紧张，舍弃北路而取南路。

一般认为，唐代以前，通过东海航路至朝鲜半岛、日本列岛，距离近，航线短，早期自山东半岛的渤海湾内海港起航，后来自山东半岛成山角沿海岸线南下至扬州，贸易港还未固定。东航日本主要以掠过朝鲜半岛沿海岸航行的北线为主，还未发展到横渡东海的南线。到隋唐时期，在中日双方民众的共同努力下，又陆续出现了横渡黄海及东海的海上航线。《新唐书》中记载的贾耽所说“登州海行入高丽渤海道”被称为“北线”，北线海港以登州、莱州为主。此外，开辟了越海东渡日本的南线。南线海港有扬州、楚州、苏州和明州。宋时，北方为辽、金所占后，政治、经济重心南移，北方海港也随之转移到东南沿海，特别是明州，离日本最近、航线最短，从明州航行至日本只需 3 ~ 6 昼夜，较以前绕朝鲜半岛的北线航程大大缩短。江浙又是盛产丝绸和造船、航海技术最发达地区，明州遂发展为东海航路上的重要贸易港。①

那么，历史上东海航路与南海航路有无交汇？什么时候实现交汇？以扬州为节点，唐代的“海上丝绸之路”有“南线”“北线”之分。北线沟通日本、朝鲜，始发港口主要有扬州、明州、登州；南线则面向东南亚和印度洋、波斯湾，始发港口为扬州、广州、福州、明州。扬州城中，既有来自日本、新罗等地“北部世界”的侨民，也有来自大食国、婆罗门、昆仑、占婆国等“南部世界”的侨民。到元代，意大利和阿拉伯等国民众纷纷来到中国，扬州是他们北上大都或南下航海的必经港口。显然，唐代理论上通过属于“南线”与“北线”的航路来到中国的外国侨民同住一个城市，已可清楚地表明两条航路的交汇。

能够说明东海航路与南海航路更具体和清晰的交汇是 16 世纪初以后日本商人开拓的通过琉球到浡泥（今文莱）的贸易，形成了

① 陈炎：《略论海上“丝绸之路”》，《历史研究》1982 年第 3 期。

“浡泥—那霸（琉球）—种子岛—土佐冲—堺港”或“浡泥—那霸—坊津—博多—对马—三浦”的航线。这一航线主要是向日本近畿市场和朝鲜市场提供龙脑，因而可称之为“龙脑之路”。① “龙脑之路”表明朝鲜和日本的东海航路避开了以扬州为节点的中国沿海地区，直接与南海航路对接。

新罗人在两条航路上出现的案例值得一提。新罗位于朝鲜半岛东南部。这个国号是6世纪时定下的，取“新者德业日新，罗者网罗四方”之意。新罗兴盛了300多年，到935年被高丽所灭。在两条航路上新罗人的出现不仅反映出他们曾经在航线所连接的若干中国城市活动，也在一定程度上表明两条航路的联通。今天有不少遗物可以证明2世纪前后朝鲜半岛已经通过“海上丝绸之路”与印度次大陆及东南亚各地之间开展文化交流。例如，有人认为，佛教通过海路传入朝鲜半岛。伽倻国创建者金首露王与王妃许黄玉的佛行和行迹，虽有一些传说性因素，但以此可推测佛教的南来。许黄玉原是印度阿逾陀国的公主，奉父王之命乘船东渡，48年抵伽倻国南岸的别蒲（现舟蒲），与首露王结婚，生下7位王子，都入山成佛。此外，还有些有关佛行的记录，例如，刻在金海金首露王陵正门上的印度风格双鱼纹，长游和尚（许黄玉的哥哥）的佛行关联记录（金海佛母山长游寺所藏）。有关伽倻佛教的传说和遗迹、遗物说明韩国佛教经海路传来，要比经陆路传来早200~300年。②

在“海上丝绸之路”上，一般认为朝鲜或日本的港口是其终点站。那么，自此再往东，是否到达更远的地方，作为“海上丝

① 〔日〕中岛乐章：《龙脑之路——15~16世纪琉球王国香料贸易的一个侧面》，吴婉惠译，载李庆新主编《海洋史研究》（第15辑），社会科学文献出版社，2020。

② 〔韩〕郑守一：《海上丝绸之路与韩半岛》，海上丝绸之路与世界文明进程国际学术论坛论文，2011年12月10~11日，宁波。

绸之路”可能的终点站（即使是历史上“曾经的”终点站）？虽然不能完全排除这样的可能性，但由于没有足够的材料，学术界尚无人认为再往东的航线是“海上丝绸之路”的组成部分。不过，作为一条可能的断断续续与其他地区联通的交通之道，姑存待考未尝不可。

第四节 太平洋航路

一 菲律宾至墨西哥航路的开辟

菲律宾至墨西哥的航路是“太平洋航路”的主体部分。客观上说，这一段跨洋航路的开辟离不开哥伦布、麦哲伦等人的跨洋航行和环球航行。哥伦布在加勒比海“发现”了“新大陆”，为征服之念所迷的麦哲伦客死宿务岛，为西班牙人争得了一块菲律宾殖民地。从正面意义来看，他们的航行把原先互不往来的大部分大陆联结成一个整体，世界逐渐形成一个联系密切的“大区块”，尽管这一结果使世界进入了一个欧洲国家主导的全球殖民体系时代。人类历史上第一波“全球化”就表现为被大洋分割的地区之间开始建立频繁的交往，连遥远的地方也被不同程度地卷入其中。一个地方，不管是主动还是被迫卷入，最终都走出了封闭状态。西班牙对菲律宾的殖民占领奠定了其开辟太平洋航路的必要基础。

在此过程中，西班牙在自己的殖民地内先后建立了 4 个总督区。1535 年设立新西班牙总督区，首府设在墨西哥城，名义上管辖西班牙在“新大陆”上的所有领地，实际上仅管辖新西班牙（墨西哥）、中美洲及加勒比海诸岛等地；1542 年设立秘鲁总督区，首府设在利马，管辖整个西属南美；1718 年西班牙人从秘鲁总督辖区中划出一部分建立新格拉纳达总督辖区，首府设在波哥大，辖地相当于今哥伦比亚、委内瑞拉和厄瓜多尔；1776 年又划出一部分建立拉普拉塔总督辖区，首府设在布宜诺斯艾利斯，辖地相当于今阿根廷、乌拉圭、巴拉圭和玻利维亚等地。① 另外，西班牙王室自1764年起在美洲殖民地推行郡制，如把新西班牙划分为12个郡、把拉普拉塔划分为8个郡等，郡守均从西班牙委派。虽然后来西属美洲独立战争后相应的总督区和其他行政区划分均不复存在，但西班牙人上述举措还是深刻地影响了各独立国之间的边界和行政区划分。

在拉美地区众多的西班牙殖民管辖区中，太平洋东岸的新西班牙总督区首府墨西哥城是“大帆船贸易”启动后华商到达的第一站。秘鲁也在太平洋东岸，是华商到达墨西哥后沿岸南下的重要地区。拉丁美洲的许多西班牙殖民地后来留下了华侨的足迹，均与太平洋航路的开辟紧密相关。通过环南美洲航线可以到达西班牙的南美洲殖民地和加勒比海地区殖民地。顺便说明，在巴拿马运河于20世纪初通航之前，分布于中、南美洲大陆两侧的西班牙殖民地之间的联系必须通过环南美洲航线。另外，在加勒比海地区各重要岛屿间也存在定期或不定期航线。

在拉丁美洲历史上，除了葡萄牙和西班牙两大势力外，还有荷兰、法国、英国等殖民者。荷兰占据加勒比海地区几个小岛，法国占据今天的法属圭亚那，英国占据今天的苏里南。总的来说，就欧洲各殖民宗主国对拉丁美洲的影响力而言，荷兰、法国和英国的影响都较小，西班牙和葡萄牙的影响最大。历史上，宗主国对其殖民地的开发程度不同，各殖民地制度有别，对殖民地的发展会产生一定影响。发展程度越高，商业化程度就越高，对外来民族（包括华侨）在居住地的商业经营也会产生直接影响。一个殖民地的发展水平还与其地理位置、自然生态和气候条件等多种因素相关，不可一概而论。

墨西哥是西班牙在拉美殖民地的重中之重，当时的墨西哥则以阿

① 也有说法认为，西班牙设置了5个总督区，即危地马拉、委内瑞拉、古巴、波多黎各和智利。

卡普尔科（Acapulco de Juárez）为重要标志。阿卡普尔科在太平洋航路上的地位至关重要，它既是“大帆船贸易”的终点站，也是回程的离岸站。阿卡普尔科原来只是一个偏僻的渔村，始建于1550年，1599年正式建市，其实在此前一年它还是一个只有250户人家的偏僻小镇。16世纪末成为“马尼拉大帆船”的停泊地后，遂逐步发展为发运至菲律宾和秘鲁的货物集散地，由此逐步发展为一个繁荣海港。1697年曾到过该港的意大利旅行家杰梅利·卡雷里在其日记中描述了这个新海港的情况：“至于阿卡普尔科，我认为与其虚假地把它叫作南海和中国的第一集市，倒不如叫作偏僻的渔村，因为它用木头、泥土和麦秸搭成的房屋低矮而简陋。但是中国船的抵达和赶集的秘鲁商人同时来临，促使这个港口发生短暂的变化：几乎所有商人都搭乘秘鲁船只而来，他们都登陆住宿，并带去200万比索，用来购买中国货。为此，（1月）25日，星期五，阿卡普尔科从一个简陋的村庄变为一座住满人口的城市，原先由黑白混血人居住的茅屋，现在都被富有的西班牙人占用了。”①

随着贸易发展，阿卡普尔科一跃成为闻名天下的墨西哥著名港口。到19世纪初，这里的常住人口已达4000人，在集市贸易期间可增至12000余人。其中不仅有当地的印第安人、混血人和西班牙商人，还有来自亚洲的菲律宾人、中国人、印度人等。当时阿卡普尔科的集市被称为“世界上最负盛名的集市”。② 实际上，因为有来自中国的货物（经过菲律宾马尼拉），阿卡普尔科的确名不虚传。当时有75000头骡马组成的运输队活跃在墨西哥境内的大小商道上。当时，从阿卡普尔科到墨西哥城这条长达110里格（约合600公里）的崎岖山路，一时因驮运中国货物的骡队不绝于道而热闹非凡，被称为

① 刘文龙：《马尼拉帆船贸易——太平洋丝绸之路》，《复旦学报》（社会科学版）1994年第5期。

② 刘文龙：《马尼拉帆船贸易——太平洋丝绸之路》，《复旦学报》（社会科学版）1994年第5期。

“中国之路”。

值得注意的是，作为“大帆船贸易”终点站的阿卡普尔科港，事实上还是一个商品集散站。货物在该地登岸，开展集市贸易后，各有收获的商人便马上兵分两路，一路乘船沿太平洋海岸南下秘鲁，将货物转销阿根廷的布宜诺斯艾利斯、智利和南美其他地区；另一路雇用骡队，将货物运往墨西哥城高价出售，其中部分从墨西哥转运到中美洲、加勒比海地区以及西属美洲其他地方。这样，从中国来的商品到达美洲后，便广泛散布于通过以阿卡普尔科为起点的交通线可以到达的地方，还通过海路转销西班牙本土。当时因“大帆船贸易”繁荣起来的拉美城镇应还有不少。

再说南美洲的秘鲁。这里是印加文明的中心地带，在南美洲堪称印第安文明的灯塔。1535 年，西班牙殖民者皮萨罗杀死印加王阿塔瓦尔帕，并几乎征服秘鲁全境。西班牙人在利马河畔一个绿洲建立了一座新城市，起名为“Ciudad de los Reyes”，意为“诸王之城”。当时利马的建筑物均按西班牙传统形式建造，结构雍容恢宏，造型精雕细刻，甚至街道据说也以“金银铺砌”。利马自 1535 年建城到 1821 年圣马丁将军（1778 ~ 1850 年）解放该城，一直是西班牙在南美洲的总督驻地，以及西班牙人在拉美殖民地的行政、宗教和文化中心。15 ~ 16 世纪，利马是南美洲仅次于波哥大和墨西哥城的经济、文化重心。利马是一座无雨之城（今天犹是），又是一座历史名城，它记载了秘鲁乃至南美辛酸悲壮的历史。在西班牙人主导的“大帆船贸易”时代，利马也是重要的商品集散地。

最后说到菲律宾。西班牙占领马尼拉后，众多拉美殖民地便通过马尼拉与中国发生间接联系。“大帆船贸易”自然是轰轰烈烈，但其背后有多个总督辖区地方当局及教会的支持，涉及大批官员、商人、贵族、教士等不同身份的人。他们为大帆船在太平洋的航行提供联络、证件、内幕消息甚至大量金钱，分得部分利润。

“大帆船贸易”的去程，即每年 6 月乘西南季风自马尼拉起航顺北太平洋的“黑潮”东行，抵达阿卡普尔科港，历时约6个月，行程万余海里；回程即顺洋流直航，仅需3个月。在“大帆船贸易”时期，中国商船主要往来于中国—马尼拉航段（中国的起航港主要是漳州月港）。

“大帆船贸易”的开辟和维持乃至后来的终结都有其特定背景因素。16世纪后期到19世纪初，太平洋东西两岸的社会经济嬗变。明清政府有限地开放海禁，客观上为太平洋地区的贸易文化交流提供了可能性。就明朝的海外政策来说，大体上可以分为两个时期。前期（1368~1567年）实行“朝贡贸易”和“海禁”政策；后期（1567~1644年），在明穆宗隆庆元年（1567），开放“海禁”取得突破（一说是“弛禁”），“福建巡抚御史涂泽民请开海禁，准贩东、西二洋”。但这时只是部分开放“海禁”，对与澳门葡萄牙人、菲律宾西班牙人的贸易则实行开放，对日本仍然实行“海禁”。开放“海禁”标志着经历了两个世纪之后明代私人出海贸易取得了合法地位。明朝方面此举实际上无意间“配合”了西班牙人的“大帆船贸易”。弛禁后，大量闽南商人来往于马尼拉与漳州（以月港为基地）之间进行贸易，获利颇丰，闽人称之为“sanley”（可能源自闽南语“生理”一词，意即“生意”）。

在这样的历史背景下，菲律宾作为中国与拉美之间中转站的角色就应运而生。菲律宾中转站的主要范围是在吕宋岛，更具体来说，就是西班牙殖民地的大本营马尼拉。1521年4月，西班牙国王支持的麦哲伦船队由东向西横渡太平洋抵达菲律宾宿务岛，这是西班牙人与菲律宾首次接触。1565年，黎牙实比奉西班牙王室之命，率部下从墨西哥出发抵达宿务岛。1569年8月14日，黎牙实比被任命为菲岛总督。1570年，西班牙殖民者与中国商人在菲律宾有了第一次接触。其时黎牙实比派高第率船队远征吕宋，途中遇到两艘中国商船，冲突中，中国船上的80人中有20人被杀。由于西班牙人正准备进攻菲律宾，不想节外生枝，同时还想与中国进行贸易，故在冲突后，高第就释放了他们，还给他们一艘船和旅途必需品，希望中国商人能够继续到菲律宾经商。1572 年，中国海商为菲律宾殖民当局运来了丝绸、棉织品和陶瓷等样品，经双方议价成交，商定待来年供货输往墨西哥。1573 年 7 月 1 日，即太平洋航路开辟 8 年后，两艘体势巍峨的大帆船从菲律宾的马尼拉港驶向美洲墨西哥海岸的阿卡普尔科，沿着太平洋东部航行的海路一直延伸到西班牙，贸易品多种多样，但最主要的是丝绸和白银，所载货物包括 712 匹中国丝绸和 22300 件精美瓷器。① 这次航行历时 5 个月，于同年 11 月抵达阿卡普尔科港，标志着“大帆船贸易”正式登上历史舞台。也就是说，西班牙占领马尼拉是在 1571 年，但“大帆船贸易”的真正开始则是在 1573 年。②

虽然“大帆船贸易”的首航是 1573 年，但 1565 年还是十分重要的，原因在于奥古斯丁会修士、航海家乌尔达内塔探索了一条经北太平洋由西向东的新航路。这一年 6 月，由乌尔达内塔领航的“圣巴布罗号”从菲律宾启航，先随季风穿过莱特湾，从马斯巴特和萨马之间穿过，经圣贝纳迪诺海峡驶入太平洋；再顺风北上，驶入北纬 37°～39°的水域之后，利用西风驶向美洲海岸，靠近北美海岸时，再沿北美西岸向南航行，于 10 月 8 日抵达墨西哥的阿卡普尔科港。这次艰苦的航行历时 129 天，以损失 19 人的代价，开辟了菲律宾到墨西哥的北太平洋航线，一般称这条航线为去程（马尼拉至阿卡普尔科）。去程利用了日本至美洲的由西向东的“黑潮”洋流来加快航速。后来经过多次航行，这条航线又稍微有所调整，即把北太平洋航线一段再向北移至

① 韩琦：《马尼拉大帆船贸易对明王朝的影响》，载南开大学世界近现代史研究中心编《世界近现代史研究》（第 10 辑），社会科学文献出版社，2013。

② 关于马尼拉“大帆船贸易”的起始时间，有以下诸说。其一，1565 年说，参见吴杰伟《大帆船贸易中精神层面的文化交流》，梁志明主编《亚太研究论丛》（第 1 辑），北京大学出版社，2004，第 177 页；其二，1571 年说，参见万明《明代白银货币化：中国与世界连接的新视角》，《河北学刊》2004 年第 3 期；其三，1573 年说，参见何芳川《崛起的太平洋》，北京大学出版社，1991，第 88 页。

北纬 40°～42°的海域，以便更好地利用“黑潮”。每年 6 月中旬至 7 月中旬出航，航程一般需时半年。[①] 这样，一条跨越两洋、连接美洲和欧洲的贸易航线开辟了，即中国（漳州月港）—菲律宾（马尼拉）—墨西哥（阿卡普尔科、维拉克鲁斯）—西班牙（塞维利亚）。

这里应指出，“马尼拉大帆船”来到阿卡普尔科后，还有多条通往南美洲和加勒比海各地的支线。至于从阿卡普尔科到马尼拉的回程航线，则比较顺利，一般在次年 2 月中旬至 3 月底离港，先向南行驶，至北纬 10°～13°海域，借东风西航，横跨太平洋，经关岛至马尼拉，全程一般需时 3 个月。[②]

太平洋航路形成的必要基础是菲律宾与中国闽南一带商贸活动的繁荣。没有后者，太平洋航路就无从谈起。吕宋与闽南相去不远，航程约为半个月，自然成为海商或海盗经常光顾的地方。在此之前，泉州在宋元时代一直是重要海港，政府在此设立市舶司，管理海外朝贡贸易事宜。明代嘉靖年间市舶司迁往福州后，泉州港走向没落。

吕宋本地出产无多，并不能为中国与吕宋之间的贸易带来多少利益。西班牙大帆船从墨西哥来到东方，带来了白银，大量闽南人才会对吕宋趋之若鹜。实际上，吕宋贸易之利不但对闽南地区有吸引力，还扩散到更远的地方。在这种情势下，漳州月港悄悄兴盛起来。福建是个地少山多的省份，沿海居民光靠种田难以为生，故以海为田，始终是民间的第一生计。即使在“海禁”时期，也经常有人铤而走险，贩海为商（即下海为商，或时盗时商），以走私贸易维持生计。

在隆庆元年开放“海禁”前，走私港口以漳州龙溪（后分置海

① 韩琦：《马尼拉大帆船贸易对明王朝的影响》，载南开大学世界近现代史研究中心编《世界近现代史研究》（第 10 辑），社会科学文献出版社，2013。

② 韩琦：《马尼拉大帆船贸易对明王朝的影响》，载南开大学世界近现代史研究中心编《世界近现代史研究》（第 10 辑），社会科学文献出版社，2013。一说回程仅需 40～60 天，参见刘文龙《马尼拉帆船贸易——太平洋丝绸之路》，《复旦学报》（社会科学版）1994 年第 5 期。

澄）的月港为典型。其实不止月港，诸如诏安梅岭等处，亦有走私港口。隆庆弛禁时，先拟从该处发舶，但为盗贼所阻，方改月港。比较有利于走私的路线是从月港到马尼拉的航路，只是月港本身的港口条件并不好，水不够深，远逊于中左所（今厦门岛西南部），但月港的地点较为隐蔽。①

明万历三十年（1602）居留于吕宋的华侨遭到大规模屠杀，闽南与吕宋之间的贸易一度受到影响，但《东西洋考》云："（万历）三十三年，有诏遣商往谕吕宋，无开事端。至是祸良已，留者又成聚矣。"1605 年，居留吕宋的华侨又渐渐增加。虽然西班牙当局为限制华侨居留，要求每船不得超过 200 人，而返华之船人数不少于 400 人。实际上，这禁止不了居留人数的增加，往往是离开马尼拉时船上人数符合规定，而他们返航中途又偷偷回到马尼拉。《东西洋考》也一语道破："今华人之贩吕宋者，乃贩佛郎机者也。"②

"大帆船贸易"所承载的是资本、商品、人员、文化的交流。正是在这样的时代，物美价廉的中国制造品从中国南方港口出发，通过东太平洋航线和西太平洋航线进行跨洋贸易，行销全球。白银作为支付手段成为世界货币，并源源不断地流入中国，当时中国白银数量占世界白银产量的 1/4 或 1/3，中国成为当时世界经济的"中心"。③ 随着世界市场的形成和世界贸易的兴起，又出现了人类历史上空前的经济大增长、人口大迁移、文化大交流的现象。中国与美洲共同成为这一世界性经济文化大交流的重要参与者。

显而易见，"大帆船贸易"与太平洋航路其实是一而二、二而一的关系。"大帆船贸易"所走的航路就是太平洋航路，没有"大帆船

① 周振鹤：《晚明时期中国漳泉地区对吕宋的移民》，《南国学术》2016 年第 3 期。

② 佛郎机是其时中国人对西班牙人和葡萄牙人的统称。

③ 韩琦：《马尼拉大帆船贸易对明王朝的影响》，载南开大学世界近现代史研究中心编《世界近现代史研究》（第 10 辑），社会科学文献出版社，2013。

贸易”，就没有太平洋航路。实际上，它是指这期间两地间的垄断性贸易，太平洋航路可以说是中国—菲律宾（吕宋）航线的延伸，将之作为传统“海上丝绸之路”的一个分支也未尝不可。从 1565 年开始，连接菲律宾吕宋和墨西哥的航线正式开通，于是一条在中国与拉美之间跨太平洋互动的海上贸易和文化连线诞生了，一直到 1815 年才废除，存续时间长达 250 年之久。到 19 世纪下半叶，从澳门和香港出发，中经菲律宾马尼拉、日本长崎、夏威夷到美国旧金山的新太平洋航路开通，华侨可以通过这条航路到旧金山后再南下拉美各国。

由于拉丁美洲独立运动和英美自由贸易的相继冲击，垄断性的“大帆船贸易”无法抗衡，走向衰落是必然的。西属殖民地和葡萄牙巴西先后摆脱了殖民统治，获得了独立。1813 年，墨西哥阿卡普尔科港毁于战火，随后西班牙国王下令停止墨西哥与东方的贸易。到 1815 年 4 月，西班牙国王下诏废除“大帆船贸易”。1815 年，最后一艘“马尼拉大帆船”“麦哲伦号”返航马尼拉，中拉早期贸易由此结束。西班牙、葡萄牙殖民统治垮台后，英国、法国以及后来的美国先后乘虚而入，拉丁美洲处于西方资本主义势力的控制之下。在太平洋，美国新式汽轮取代了陈旧的“马尼拉大帆船”。在新的国际关系格局下，太平洋、印度洋和大西洋连成一片，成为新兴工业资本主义竞争的天地。但 19 世纪世界贸易的发展和远洋轮船的使用没有加强中国与拉美之间正常的经济、文化交往，太平洋航路反而变成了贩运华工的“苦力贸易”之路。

有一个问题需要提及，拉丁美洲的西班牙殖民地，从中美洲诸国到南美洲诸国，都位于太平洋东岸，从菲律宾航行到这些国家自然走太平洋航路。但西班牙在拉丁美洲还有一批殖民地国家分布于加勒比海一带。如果从太平洋一侧到加勒比海，则应绕过南美洲南端，然后循南美洲东海岸即大西洋西岸北上，最后到达加勒比海一带。

1889 年清政府派遣傅云龙考察拉美各国走的就是太平洋航路。

傅云龙一行于1887年11月12日从上海出发，1889年10月21日回到上海。他在近两年间的游历路线为：先从中国上海乘船渡海到日本，然后从日本乘船横渡太平洋到达北美洲的美国，再由美国到加拿大；返回美国后，又乘船抵古巴，经海地、牙买加、哥伦比亚、巴拿马、厄瓜多尔到达秘鲁，再绕道南美洲的智利、阿根廷、乌拉圭到达巴西；然后经西印度群岛回到美国，最后再经日本回到上海。全程约12万华里，傅云龙在日记中的统计为120844华里。①

按理，这条航路上有一部分路程必须走陆路，这里不赘。而傅云龙的主要海上航程可分为两段：第一段从中国到美国西海岸（一般以旧金山为目的地，这也是华侨从中国出发到美国的航线）；第二段沿墨西哥、中美洲和南美洲西海岸绕过麦哲伦海峡后，经南美洲东海岸，再经加勒比海一带到美国东海岸（一般以纽约为登岸地）。一般来说，没有谁会将两段航程连续走完。只有像傅云龙这样要经过很多国家的人，才有机会通过一站又一站的航程，把两段航线连起来。

1869年贯通东西的美国太平洋铁路通车后，美国西部的华侨如要到东部，可以乘坐火车。但在太平洋铁路通车前，美国西部华侨果真要到美国东部，则只能通过海路走上述第二段航线（当然这只是理论上的，那时华侨应没有此需求）。事实上，到19世纪中叶，越来越多的华侨到美国和加拿大淘金后，太平洋航路愈加繁忙，菲律宾到墨西哥的航路也应如此。所以，华侨去往加勒比地区的西班牙殖民地走太平洋航路（那时候从中国跨越太平洋的航路已有中经日本和中经檀香山两路之分），只有去往巴西的葡萄牙殖民地的华侨才会习惯从澳门出发，走印度洋大西洋航路。至于加勒比地区各岛之间，早有航船往还。例如，傅云龙一行当时在加勒比海有一段行程是，乘船离开哈瓦那，绕过与海地岛之间的向风海峡，在古巴山地亚低港

① 王晓秋：《19世纪中拉文明的一次相遇与互鉴——清朝海外游历使傅云龙的拉丁美洲之行》，《拉丁美洲研究》2018年第1期。

（今圣地亚哥港）停泊，然后经加勒比海的英属惹美加岛（今牙买加岛）到达巴拿马。①

二 中菲直航线

太平洋航路上，中国—马尼拉航段不是“大帆船贸易”开始以后才开辟的，早在“大帆船贸易”开之前数百年就已经存在，只不过长期作为中国商人到菲律宾群岛一带进行贸易的航道。在“大帆船贸易”开通以后，这一航段与太平洋航路接驳，才改变了原来的性质，附属于西班牙人的“大帆船贸易”。

中菲航线什么时候开辟的，迄今还找不到明确的记载。《宋史·外国五》记载：“又有摩逸国，太平兴国七年，载宝货至广州海岸。”摩逸国（麻逸国）便是今天的菲律宾。据此人们推断，中国人与菲律宾群岛居民之间的直接贸易可能始于10世纪。这一推断不无道理，因为官方使船的来往一般都基于民间已经形成的基本稳定的航线。这条记载毕竟太单薄，没有其他旁证，尚难以成为信史。不过，《宋会要辑稿》记载，从建隆至元佑百余年间，泉州早已成为蕃商、蕃舶聚居和出入门户之地。《玫婢集》记载，当时的泉州有“金山珠海，磊砢乎万宝之藏；犛赆航琛，奔走乎百蛮之广；楼船举帆而过肆，贾胡交舶以候风”。这时候的蕃商、蕃舶应来自其他东南亚国家和更远的阿拉伯一带，不大可能是来自菲律宾群岛的世居民族商人。历史地看，几乎看不到菲律宾当地商人到中国开展贸易的记载。中国与菲律宾群岛的贸易主要还是依靠中国商人到那里进行贸易往还。

华侨通过泉州到菲律宾群岛的航线到菲律宾群岛开展贸易活动，始于宋朝。这时候从福建港口出发经过浩瀚的南海直接开往菲律宾的航线已经开通（传统的中国到菲律宾航线需经越南沿岸、马来半岛

① 王晓秋：《19世纪中拉文明的一次相遇与互鉴——清朝海外游历使傅云龙的拉丁美洲之行》，《拉丁美洲研究》2018年第1期。

沿岸和加里曼丹岛北部沿岸）。赵汝适的《诸蕃志·麻逸国》记载："麻逸国，在渤泥之北；团聚千余家，夹溪而居。土人披布如被，或腰布蔽体。有铜佛像，散布草野，不知所自。盗少至其境。商舶入港，驻于官场前。官场者，其国阛阓之所也；登舟与之杂处。酋长日用白伞，故商人必赍以为贶。"其中，三屿是菲律宾群岛一个重要的贸易区，《诸蕃志·麻逸国》记载："三屿、白蒲延、蒲里噜、里银、东流、新里汉等，皆其属也。""三屿，乃麻逸之属，曰加麻延、巴姥酉、巴吉弄等；各有种落散居岛屿，舶舟至则出而贸易；总谓之三屿。"令人感兴趣的是对三屿等地风俗的记载，"其风俗，大略与麻逸同。每聚落各约千余家。地多崇冈叠嶂，峭拔如壁；凭高依险，编茅为屋。山无水源，妇女以首絫擎二三瓮取水于溪，登陟如履平地。穷谷别有种落，号海胆；人形而小，眼圆而黄，虬发露齿，巢于木颠。或三五为群，跧伏榛莽，以暗箭射，人多罹其害。投以瓷碗则俯拾，忻然跳呼而去"。其他地方，"蒲哩噜与三屿联属，聚落差盛。人多猛悍，好攻劫。海多卤股之石，槎牙如枯木，芒刃铦于剑戟；舟过其侧，预曲折以避之。产青琅玕、珊瑚树，然绝难得。风俗、博易与三屿同"。

这里的描述除了民俗外，还反映了当时菲律宾群岛内部的交通情况。菲律宾岛屿众多，各岛之间交通十分复杂。宋代，菲律宾群岛中一些重要岛屿间的交通线应已得到初步开发，并出现了初步的商品交易。由于中国商贾乘船至菲律宾群岛开展贸易且往来不断，菲律宾北部的吕宋诸港便成为中菲贸易的中心。元代到明初，随着海上交通日益发达，两地交往尤为密切。

但原来的中菲贸易只是一条单向贸易线，即只有中国商人来往于菲律宾。到 16 世纪，西班牙占领菲律宾，不久便开通了"大帆船贸易"，并依赖华商连接菲律宾与福建间的航线，而不可能依赖菲律宾当地商人。西班牙占领菲律宾后，第一步就是将华侨主导的菲律宾贸易夺过来，其次是在中国沿海建立进入中国的贸易据点。当时，进入中国的最主要门户或跳板有两个，即澳门与月港。澳门被葡萄牙人控制，于是西班牙人后来便千方百计经营福建漳州的月港。

在控制月港之前，1626 年，西班牙占据了台湾的鸡笼和淡水，但由于当地海盗活动猖獗，加上福建官府限制，西班牙人几乎无法维持港口的经营，在那里仅待了 16 年，1642 年就被荷兰人赶走了。回过头来看，如果西班牙人当时以台湾充作后来的漳州月港角色，则肯定达不到月港的贸易效果。无论从当时的物产腹地还是商品来源来说，台湾都难以与漳州相比。

漳州及其地月港的兴起则是中国民间努力与明朝政府主动开放的结果。明景泰四年（1453），月港的海外贸易已经兴起。至成化、弘治年间（1465～1505 年），月港已是名震一方的“小苏杭”。明隆庆元年（1567），明朝政府开放“海禁”，随即开放月港为对外通商口岸，“准贩东、西二洋”。准许私人海外贸易商申请文引，缴纳饷税，出海至东、西洋开展贸易，月港的通商地位遂得到政府确认而实现合法化，后发展为闻名中外的私人贸易港。月港弛禁后，私人海外贸易随即迅速发展。从“大帆船贸易”角度来说，明朝政府是无意间帮助西班牙人建立了太平洋东部的跨洋贸易航线。当然明朝政府有自己的考虑，之所以选择在月港弛禁，一方面，因为闽南人以海为生，非市舶无以助衣食，政府不得不顺应之；另一方面，沿袭弛禁前大量船只皆由此处出洋的习惯。当时闽南人的主要海外贸易地就是菲律宾，因为马尼拉与月港的距离较近，更因为类似“大帆船贸易”前奏曲的局面已经开始形成。西班牙人开辟了从马尼拉至阿卡普尔科的“大帆船贸易”航线，把墨西哥的白银运至马尼拉，换取中国的手工业商品。中国商船在美洲白银的利诱下，从月港出发，把中国商品大量运往马尼拉，然后由西班牙大帆船横渡太平洋，转运到阿卡普尔科。葡萄牙、西班牙和日本等地商船源源不绝地来到月港进行贸易。

应当指出，与马尼拉连接的中国沿海港口不只是月港。实际上，中国还有一些其他港口的航线也与马尼拉相连接。有的时期，马尼拉很多商品甚至不是来自月港。至18世纪，每年驶往菲律宾的各种吨位的大型商船中，大多数来自广州和澳门。另有称作小艇的双桅船，也从中国沿海不知哪个小港口驶过去。

关于西班牙人与中国官方的关系，西班牙与中国的第一次正式交往发生在1575年。在此之前的1574年11月，广东饶平走私集团首领林凤受官军围剿，逃亡至菲律宾，他计划攻下马尼拉作为安身之地，却被西班牙人围困于吕宋西岸的彭加斯兰。1575年4月，潮州把总王望高率中国战舰追至彭加斯兰，得到菲律宾总督德·拉维萨雷斯善待。双方达成协议，西班牙人帮助抓获林凤，王望高则答应把西班牙使者带到福建，商议传教及通商事宜，于是才有1575年7月3日西班牙神父马丁·德·拉达和马林与两位军人共4人随王望高到达福建之举。他们此行的目的，一是获取在中国的传教权；二是效法葡萄牙，在中国沿海占有一块飞地以通贸易。因为不懂得明朝的朝贡贸易"规矩"，他们一无所成，落空而返。之后，西班牙驻菲律宾新总督桑德口出狂言，向国王建议派出4000~6000人的兵力，配备长矛、枪、船舰、火炮和所需弹药进攻中国，还扬言征服中国一省之后，便足以征服全国。1580年，西葡两国合并，西班牙的海外殖民扩张受到极大鼓舞。1586年4月，在菲律宾的西班牙政治、经济、军事方面的负责人以及公民领袖举行了一次代表大会，49名与会者提出了著名的"西班牙征服中国计划书"并签字，即致西班牙国王的《请愿书》。当时西班牙国运不佳，腓力二世忙于应对英国的海上威胁。1588年，西班牙无敌舰队遭到英军的毁灭性打击，其海上霸权地位从此一蹶不振。同时，西班牙还受到日本丰臣秀吉的威胁。对于欧洲形势的大转变，西班牙始料不及，不得不大幅度调整对华政策，对中国的态度也明显转变，并开始专注于以菲律宾为基地，吸引中国商民前来贸易。

再回到"大帆船贸易"。明白地说，这是一个"以大包小"的贸易新安排。所谓“大”，即“大帆船贸易”；所谓“小”，即延续了千百年的中菲之间的传统贸易。虽然在驶往马尼拉的商船中还有来自其他国家的船只，但中国商船应占绝对多数，有时甚至全部来自中国。在西班牙的垄断贸易政策下，中国与美洲之间交往只是间接的、区域性的，结果只能是中菲贸易从属于“大帆船贸易”，前者被纳入西班牙对美洲贸易的整个垄断体系。在此垄断体系下，中国与拉美不能直接通航，中国货物要先运到菲律宾。中国商船队在马尼拉靠岸后，货物经完税和转卖，即被转装到开往墨西哥的大帆船上，然后再通过太平洋航路运到阿卡普尔科。

表面上看，“大帆船贸易”仍然以菲律宾对华贸易为基础，西班牙人只是将中菲间的传统贸易延伸到拉美而已。事实上，西班牙占领马尼拉并在那里开埠，一个重要目的就是建立一个由它主导的贸易网络，把中国纳入其中。因中国至马尼拉航线的存在，“大帆船贸易”才可能发展壮大，并扩大到南美洲。作为“大帆船贸易”的枢纽，菲律宾的作用至关重要。

自然，华侨在这个链条上的作用不可或缺，既包括华侨在菲律宾的商业经营，也包括华侨在各个相关行业的链式配套。他们以自己的出色本领和独特方式为“大帆船贸易”也为菲律宾的经济发展做出了巨大贡献。举例来说，在造船技术方面，华侨中有丰富经验的造船工。那些穿行于太平洋的西班牙远洋商船是在造船技术经验丰富的马尼拉与甲美地华侨的帮助下造出来的。那些排水量多达 2000 吨堪称海上“巨无霸”的商船，需要大量在中国制造或华侨工匠在菲律宾制造的船缆、帆和其他硬件。此外，“大帆船贸易”过程中需要的粮食主要由华侨供应。数以百计的船员及乘客要吃中国的食品，喝中国的茶，吃中国的橘子（预防坏血病），这些东西都要华侨从中国运来。居留在马尼拉的华侨除经商外，还从事农业、手工业等各种行业，有些华侨工匠和劳工还直接参与同“大帆船贸易”相关的劳动，如造船、搬运货物等。在西班牙统治时期，华侨还在菲律宾从事医师、石匠、木匠、印刷匠、裁缝、鞋匠、金属匠、雕塑匠、画匠、铁匠等职业，间接地为“大帆船贸易”提供了服务。

这里应指出，到19世纪中叶前后，从中国跨越太平洋到美洲的航路分为两条：一是从日本的港口（一般是长崎）出发，乘船跨越太平洋到达美国（应是旧金山），如果再往拉美，可以乘船继续南下。一些去往加勒比地区的华侨是先到美国旧金山，再乘火车等交通工具到迈阿密，然后乘轮船或乘飞机（有了航空服务以后）到古巴，最后转船到达目的地。二是走新开辟的夏威夷（檀香山）航线。1778年英国航海家詹姆斯·库克发现夏威夷群岛。同年，中国人紧随另一位英国船长米尔斯来到此岛。米尔斯此前在广州买了两艘船，雇了几十名中国水手，组成船队来到夏威夷并停留4个月。他发现岛上盛产檀香木（这是夏威夷被称为“檀香山”的由来），当地人却当作柴火，于是他将檀香木运往中国，换取中国的茶叶、瓷器和丝绸等。两地贸易从此开通，吸引了越来越多的中国移民，当然也逐渐开辟了从中国中经夏威夷再到美国（一般到旧金山）的航路。一般的说法是，夏威夷与中国通商的时间开始于清嘉庆年间（1796～1820）。后来夏威夷也开通了到菲律宾的直达航线。当然，这时候两条横跨太平洋航路的主要功能是作为华工前去美洲“淘金”的往返水路。

第五节　印度洋大西洋航路

一　印度洋大西洋航路的成型

顾名思义，印度洋大西洋航路指经过印度洋和大西洋的航路。中国一头的始航点是澳门，目的地是拉丁美洲的巴西（主要港口为萨尔瓦多和里约热内卢），而巴西是葡萄牙的殖民地，所以这条航路的主掌者是葡萄牙人。葡萄牙人最终占领澳门，对这条航路的成型影响重大。故这里先对葡萄牙人取得澳门的过程有所交代。

1500年4月22日，葡萄牙航海家佩德罗·卡布拉尔抵达巴西。他将这片土地命名为“圣十字架”，并宣布归葡萄牙所有。葡萄牙人的海外殖民历史很早就开始了，早在1441年，葡萄牙人就在西非海岸劫掠第一批黑奴回葡萄牙贩卖，打开了奴隶交易的“潘多拉之盒”。因此，葡萄牙人在殖民地建设方面积累了较多的经验。从葡萄牙本土迁居殖民地的移民多为农民、富农和封建主，主要从事农业、种植园、木材开发，他们在葡属殖民地紧紧绑定其产业和土地。荷兰有内部报告指出，葡萄牙人每到一个地方，就把那里当成新的“祖国”，不再思念葡萄牙本土，也不会再次迁移到其他地方。这一评说对巴西葡萄牙人来说也许是合适的。

与此同时，葡萄牙人开始东来，沿着非洲海岸绕过好望角北上到达印度的古里（今喀拉拉邦卡利卡特）。16世纪初，葡萄牙人开始在非洲沿海抢占港口，建立殖民地。1511年，葡人占领联通印度洋与太平洋的咽喉马六甲（中国史籍称满剌加）后，下一个目标便是在中国沿海取得一个进入中国的据点。同时，葡萄牙人以马六甲为据点，控制了东南亚地区的诸多贸易航线。1513年，葡萄牙人首次来到广东。正德十二年（1517），葡萄牙人费尔南·佩雷斯·德·安德拉德率船队抵达广东沿海的屯门岛，1521年同船来的葡使托梅·皮雷斯在北京觐见明帝。1521～1522年，葡萄牙两次与明朝水师舰船在中国东南沿海大动干戈，史称“屯门之役”和“西草湾之役”。两次战役中，葡萄牙均遭失败，其攫取台湾的野心也暂时被遏制。1523年，宁波发生“争贡之役”。事件起源于日本大名细川氏和大内氏势力各遣贸易使团来华贸易，在浙江宁波因勘合（来华贸易执照）真伪之辩而引发冲突。事件直接导致明朝政府废除福建、浙江市舶司，仅留广东一处市舶司，也导致明朝与日本贸易断绝。其时倭寇频繁侵扰中国沿海，倭患由此积重难返。葡萄牙人旋与海盗兼海商合流，也与倭寇勾结，在浙江舟山双屿建立居留地，进行走私贸易。其时双屿岛上居客可分为三类，一谓海盗，二谓倭寇，三谓佛郎机（即葡萄牙人），其中常驻葡萄牙人就有1200多名。三类居客共居一岛，拥有数以百计的海船。双屿由是成为16世纪中国沿海最大的走私港口，也成了中国与日本、东南亚海商贸易的中转站。

1547年，曾任明朝宰相的谢迁一家男女老少数十口在浙江余姚老家夜间遭人灭门，经查，作案者为葡萄牙海盗。朝廷震怒，遂命朱纨为闽浙总督、浙江巡抚，上岛剿盗。1548年，朱纨率水师进剿，共消灭葡萄牙人800多人，整个海上走私力量受到沉重打击。嘉靖二十八年（1549），海盗兼海商王直等人大肆劫掠浙江沿海。“倭寇”也频繁骚扰，主要是骚扰浙、闽、粤等省的沿海地带。葡萄牙人遂于明嘉靖三十二年（1553）借口“水湿贡物，借地晾晒”，贿赂明朝海道副使汪柏，得允之，遂登陆澳门。嘉靖三十三年（1554），广东海道副使汪柏与葡萄牙船长苏萨订立口头协定，允许葡萄牙人入广州贸易。嘉靖三十六年（1557），葡萄牙人因助剿海盗，广东地方政府“始准侨寓濠境（即澳门）”。从此，葡萄牙人以澳门为据点，联通了东西方贸易的多条国际贸易航线，也为日后天主教入华奠定了基础。不过直到明亡，澳门仍属于中国政府治下的允许葡萄牙人居留进行贸易的特殊侨民区。至于葡萄牙人全面占据澳门，则是清代鸦片战争后的事。澳门虽只是一个面积不大的半岛，但地理位置优越，水陆交通便利，与广东尤其是珠江三角洲各县之间的内河航运联系密切。东北面可与日本相通，西南方向穿马六甲海峡又可到达东南亚诸国，为多条国际航道交汇地。大约在南宋末年至元初，澳门半岛上的望厦、濠镜等地已有定居的居民点。只是由于澳门面积小，耕地缺，物产稀，居民生活乃至繁衍后代，殊属不便。

葡萄牙人入驻澳门后，葡商自16世纪40年代就开始将购买的中国货物销售到日本。1567年，明廷开放“海禁”，仍将日本摒于中日贸易之外。而葡萄牙人在中国与日本的贸易中扮演重要的中间商角色。澳门—长崎航线因此成为推进澳门繁荣的重要航线。同时，葡萄牙垄断这条航线，不允许澳门与巴西之间进行直接贸易。但由东方开往葡萄牙的船只为了补给不时在巴西的萨尔瓦多港和里约热内卢港停靠，实质上也保持了澳门与巴西之间的联系。因此葡萄牙学者官龙耀认为，“中国是通过澳门到达巴西的”。①

澳门对葡萄牙人开放，对巴西华侨华人史所产生的影响是巨大的，澳门成为中国与葡萄牙（以其首都里斯本为中心）及中国与巴西间海上往来的桥梁，中国人通过澳门知道遥远的地方有个巴西，并在日后沿着印度洋大西洋航路前往这个国家。

南美洲是一块“两洋大陆”，西为太平洋，东为大西洋。但巴西则是一个完全的“大西洋国家”，因为巴西没有太平洋海岸线，巴西所有港口都位于大西洋海岸，从历史上到今天都是如此。历史上，中国与巴西的海上航线是从澳门起航，经中国南海穿过马六甲海峡，航经印度洋，然后经大西洋到达巴西东海岸。那个时代华侨出国去巴西一般走这条航线。1808 年就有一批茶农从澳门出发，走印度洋大西洋航路，最后到达当时的巴西首都里约热内卢。全程需要 3 ~4 个月，这是正常航行所需要的时间。

印度洋大西洋航路有很长一段与南海航路“重叠”。在这个意义上，说印度洋大西洋航路是南海航路的延伸也未尝不可。实际上，走这条航路的多数航船从澳门出发后就一直开往巴西东海岸（中途或有停歇），回程也一样。因此，将之看作一条独立的航路更加符合历史事实。同时，这条航路还可与葡萄牙本土相连（主要是连接首都里斯本），并从葡萄牙本土向北延伸到西欧和北欧沿海国家的港口。后来瑞典“哥德堡Ⅰ号”到中国进行贸易，就是循印度洋大西洋航路来到广州的。

印度洋大西洋航路的中途，除了葡萄牙首都里斯本外，还有马六

---

① 张宝宇主编《澳门桥：通向拉丁美洲》，澳门亚太拉美交流促进会，2006，第 23 页。

甲、果阿和莫桑比克三地。马六甲原为无名渔村，草莽丛生，土地贫瘠，粮食不足，居民多以捕鱼为生。1402 年，来自苏门答腊的巨港王子拜里米苏拉（Parameswara）来到马六甲并建立起马六甲王朝，其随从占居民人数大半。1411 年，拜里米苏拉亲自率领妻子和随从540 人朝贡中国。

由于阿拉伯人数百年间控制着印度洋西端至东方的航路，欧洲难以顺利通过传统的海道与东方进行贸易，不得不寻求通往东方的新航路，于是才有了 1498 年葡萄牙人达・伽马开辟经加那利群岛，绕非洲南端好望角，由莫桑比克等地进入印度洋的海道。1511 年，葡萄牙进占马六甲，东西方海上贸易出现变局。1602 年，荷兰开始围攻马六甲，经多次失败后，于 1641 年 1 月占领马六甲。所以，马六甲在澳门与巴西航路上可以直接为葡萄牙人所用的时间只有早期 100 多年。此后，1824 年英国同荷兰签订条约并夺得马六甲和其他马来土邦。1826 年英国把马六甲、槟榔屿和新加坡合并，组成“海峡殖民地”，隶属印度，华侨称之为“三州府”。

果阿对外交往之始是 1498 年需要在印度找寻一处贸易航线落脚点的第一个欧洲人瓦斯科・达・伽马到来。后来葡萄牙人企图把印度变成殖民地。1510 年，葡萄牙舰队司令阿尔布克尔克占领果阿旧城，葡萄牙商人于 16 世纪来到果阿。葡萄牙的殖民统治延续了约 450 年，直至 1961 年方被印度以武力赶走。莫桑比克是在 1498 年葡萄牙探险家登陆该国海岸后逐步成为葡萄牙殖民地的。这也是葡萄牙在东非影响力之始。16 世纪，葡萄牙在东非建立了一系列殖民地，统称“葡属东非”，势力达到鼎盛。在东非殖民地迅速发展的同时，葡萄牙将注意力转向印度（果阿）和巴西（全域）。虽然航行于澳门和巴西间的船舶没有必要在葡萄牙沿途每个殖民地都停泊，但这些殖民地仍然可以作为葡萄牙商船的停靠港和转运港。1822 年巴西独立，葡萄牙失去了巴西这片广袤的土地。此后，葡萄牙人将精力集中于非洲殖民地的发展，但始自澳门、终点为巴西的航路仍然帆桅不绝。

明朝政府之所以与包括葡萄牙商人在内的西方来客打交道，主要目的是获得海外白银，同时也把中国商品出口到其他国家。中国商品远销巴西后，通过包括葡萄牙商人和华商在内的多国商人辗转运销至萨尔瓦多或里约热内卢，再通过这两个港口转销巴西其他地方，也有一部分转销葡萄牙本土。

葡萄牙殖民者于1549年在巴西建造的第一座城市就是萨尔瓦多。萨尔瓦多还是巴西最古老的城市，今天是巴伊亚州的首府。萨尔瓦多在很长时间里被称为“巴伊亚”。在20世纪中叶以前的许多书中（比如英国作家丹尼尔·笛福所著《鲁滨孙漂流记》）和地图上，萨尔瓦多被标为“巴伊亚”。今天许多巴西当地人依然将“巴伊亚”作为萨尔瓦多的称呼。萨尔瓦多是华侨19世纪初来到巴西之前巴中两国间最早建立联系的城市。这座城市位于大西洋畔的一个半岛上。17世纪，当葡萄牙还处于西班牙统治下时，萨尔瓦多经常遭到荷兰人袭击。为了保卫这个城市，萨尔瓦多建立了许多堡垒。1625年，这座城市重新被葡萄牙人统治。此后到1763年，萨尔瓦多一直是巴西的首都。二战期间移居巴西的著名作家斯蒂芬·茨威格在《巴西：未来之国》中写道：“在这座城市（萨尔瓦多）中诞生了巴西，也诞生了整个南美洲。”

里约热内卢的城市历史起源于1502年1月20日葡萄牙探险家佩德罗·阿尔瓦雷斯·卡布拉尔在今瓜纳巴拉湾的发现，当时他认为海湾是河口，故称该处为“Rio de Janeiro”，即“一月之河”（河是时人对所有大面积水体的通称）。随后有法国船队到来，在此走私巴西木材。1555年，一名法国海军军官带领600多名士兵来到这里，建立了第一块欧洲人殖民地。1565年3月1日，葡萄牙人来到这个城市，并将法国人驱逐出该地。此后，该城市渐渐建成。里约热内卢被葡萄牙人占领后，一跃成为巴西殖民地的首都。1808年，葡萄牙皇室及贵族因害怕拿破仑入侵本土，相率从大西洋彼岸逃亡到里约热内卢，该地因而升格为葡萄牙（含所有殖民地）的首都，成为欧洲国家在欧洲以外设立的唯一国家首都。但大批葡萄牙王公贵胄的到来也使里约热内卢这一弹丸之地不堪重负。为了给葡萄牙贵族腾出居住空间，大量里约热内卢的居民被迫迁移到其他地方。1822 年佩德罗一世宣布巴西独立后，将里约热内卢作为国家的首都。不过，他又将经济中心迁到圣保罗，里约热内卢也逐渐失去作为经济中心城市的地位。1889 年，巴西的君主制被共和国取代，里约热内卢仍是巴西首都，但其经济地位早已不比往昔。只是由于大量非洲人被运到里约热内卢为奴，里约热内卢的城市规模才急剧扩展。1960 年 4 月首都正式迁往巴西利亚之前，里约热内卢一直是巴西的首都。

二　通往拉美地区两大航线交汇的全球化意义

从全球化角度来看，1492 年哥伦布到达加勒比海后，海路文明交流由旧大陆延伸到“新大陆”。1519～1522 年，麦哲伦船队完成了西班牙—拉美南端—菲律宾—印度洋—非洲南端—西班牙的世界环行，进一步出现了环绕全球的海路。到 16 世纪初，葡萄牙人开辟了从大西洋越过非洲自西而东进入亚洲的新航线，西班牙人开辟了从大西洋绕过南美洲自东而西进入亚洲的新航线。太平洋航路串联了西班牙的拉美殖民地，印度洋大西洋航路则接通了巴西。也就是说，这两大航路在拉丁美洲实现了交汇。从全球化角度来看，两大航路在拉美的交汇是有历史意义的。有了这个交汇才可以说史无前例的跨洋联系已经在亚、非、欧、美四个大陆之间真正建立起来，环绕世界四大洲的海道才真正连接在一起，海洋航行进入直接和频繁交往的新时代。同时，西班牙和葡萄牙这两个殖民者在中国南大门实现了不期的会合，也改变了中国与东南亚各国的传统关系。

换一个角度看，葡、西两个古老殖民帝国开辟的航路最终都与早已存在于亚洲海域的“海上丝绸之路”连接，将“海上丝绸之路”从区域性的海上航路扩展为全球性的海上交通网络，传统的“海上丝绸之路”各条航线增添了网状化的特征，15~17世纪西方主导全球化的关键时期也开启了。这当然也是时代的进步。

不应忘记千年的“海上丝绸之路”给葡萄牙人和西班牙人奠定的雄厚航海基础。东南亚地处印度洋—太平洋贸易圈的要道，是东、西海洋贸易的重要十字路口。根据20世纪晚期东南亚地区考古发现，除了沿海港口和内陆地区的考古发现外，在东南亚海域发现并打捞出多艘载有大量货物的沉船。自20世纪70年代，泰国湾、爪哇海、苏禄海等东南亚海域陆续出水100多艘沉船。组织探险队开展打捞活动的国家包括越南、泰国、马来西亚、印度尼西亚、菲律宾等，尤以印尼和菲律宾水域打捞的成果最为丰富。沉船的年代大多集中于晚唐至清朝时期。从船体结构看，来源地分别是中国、东南亚和阿拉伯地区。[①] 这些考古发现印证了欧洲人到来之前“海上丝绸之路”的辉煌。同时充分表明，在漫长的历史中，作为“中华丝路”的南海航路、东海航路和中南半岛出海航路，把世界各地的文明古国（如希腊、罗马、埃及、波斯、印度和中国）连接在一起，又把世界文明（如埃及文明、两河流域文明、印度文明、美洲印加文明和中国文明等）的发源地连接在一起，形成了一条连接亚、非、欧、美的海上大动脉，使中西古代文明通过相互交流而放出异彩。

在这个西方主导的全球化时期，重要时间节点有1511年，当时葡萄牙人占据马六甲，数年后到达中国南部沿海地区，后来与荷兰、英国等国家的对华贸易一起，形成了历史上首次以中国南海为中心的全球海道大联通。历史地看，这一格局是世界全球化的真正起点。从中国角度来看，中国则被纳入全球经济体系，中国市场逐渐成为世界

① 《东南亚发现的沉船与海上丝绸之路》，《中国文物报》2017年8月11日，第3版。

市场的有机组成部分。马六甲被葡萄牙人占据后的约300年间，中国与西方的关系大体上仍算是平衡的。但到1800年之后，清朝日渐没落，以英国为首的西方列强则挟工业革命的雄风而兴起，打破了中国与西方之间的力量平衡，最终1840年中英鸦片战争爆发。

西班牙人和葡萄牙人分别开辟的太平洋东、西跨洋航线几乎同时起步，但就两大航线来说，还是有区别的。葡萄牙人经营的航线经过古来便有海上贸易传统的地区，各条分支航线成熟且完善，所经口岸商业城镇较多，贸易持久、频繁。因此，葡萄牙人占据马六甲这个中心，有澳门这个进入中国的基地，其商业活动自然事半功倍。与之形成对照的是，西班牙人面对广阔的大西洋以及陌生的拉美新大陆。比起葡萄牙人，他们的商业活动可谓举步维艰。不过，后来人一般基本上看不出来两个古老殖民帝国海洋经营的难易程度。

若从中国出发，上述两条航线的目的地分别位于拉丁美洲的东、西两岸。葡萄牙在拉丁美洲只有一个殖民地国家巴西；而西班牙在拉美地区的殖民地非常多，除巴西以外，大部分拉美国家曾沦为西班牙殖民地。这种格局是西班牙和葡萄牙这两个最重要的伊比利亚海权强国为争霸世界而瓜分海洋的荒唐结果。

在旧殖民主义时代，只有航海强国才有实力征服和开拓未知的远方大陆，才可能有地理“发现”，才可能在新“发现”的地方建立殖民地。葡萄牙和西班牙这两个早期殖民国家在造船业和航海事业得到充分发展的条件下进行跨海领土扩张，在征服世界过程中就划分势力范围发生纠纷时，都站在瓜分世界的角度进行“仲裁”。

罗马教皇亚历山大六世（西班牙人罗德里哥·迪博尔贾）于1493年5月4日发布训谕，两国第一次开展瓜分世界的行动。该训谕规定，在佛得角群岛和亚速尔群岛以西100里格（1里格约为=6公里）处划一条直线，此线之西的“已发现和将被发现的所有土地”归西班牙开发与基督化。这是两国借教皇名义瓜分世界的狂妄行为之始，后来两国在南美洲的领土瓜分和调整则是这种瓜分行为的继续。

整个过程纷繁复杂，非三言两语可以说得清楚，在此不赘。

不难看出，巴西的葡萄牙殖民当局主宰下的领土扩张主要是从大西洋向太平洋扩展。尽管巴西最终形成的国土占了整个南美大陆几乎一半，但始终没有到达太平洋岸边。巴西与太平洋之间，从北到南，被今天的哥伦比亚、厄瓜多尔、秘鲁、智利等国所阻隔，并且巴西和秘鲁、阿根廷之间还有玻利维亚和巴拉圭。巴西与上述国家之间存在巨大的天然屏障（崇山峻岭、原始森林和沼泽河湖等）以及交通障碍。当时这些地区人烟稀少，没有形成畅通的交通路线（包括沿途合理的集镇分布和旅行驿站）。这样一种地理和交通布局形成了巴西对华交往史上一个不可补救的“历史障碍”，即盘踞巴西的葡萄牙殖民者始终无法侵占太平洋西岸（即中南美洲东岸），在那里建立港口和开辟航线，只能使用从巴西东岸港口出发经大西洋和印度洋到澳门的传统航路。于是，葡萄牙人和西班牙人在海洋相通的地球，只能各走半边。

客观地看，对于葡萄牙人和西班牙人对美洲的“发现”与征服，商业的原动力作用不可忽视。商业本是一种互利的双方或多方行为，目的是赚取利润。商业的最佳运作状态是交易双方或多方皆有所得，用今天的话说就叫“共赢”。但商业是把双刃剑，特别是在殖民者把持下，商业从无“共赢”之说，国家之间的争端甚至战争频发。拉丁美洲便是殖民地商业的“样板”。这里的商业与殖民主义理念的畸形结合更多地体现了“邪恶”的一面，以市场垄断、奴隶贸易、以强凌弱以及战火硝烟等形式表现出来。欧洲人来到美洲大陆后，世居民族就陷入了无尽的灾难。欧洲“征服者对黄金和宝石的贪婪把虐待、折磨和死亡带给数以百万计的美洲人，美洲城市和文明由此招致毁灭”。尽管墨西哥的阿兹特克文明和印加帝国的文明已经发展到相当高的程度，但哥伦布远航到“新大陆”之后，它们的发展进程便中断了。殖民者的商业冲动，在全球范围内制造了战争、不公正和非人道行为。美洲被“发现”的一个后果是奴隶制被引入“新大陆”，这种非人道的制度在美洲肆虐了几个世纪。①

回看亚洲，不可否认，欧洲人东来以后的“海上丝绸之路”多了几分灰暗和酸涩。那时在“海上丝绸之路”上，除多了欧洲人的贸易船外，还新增了欧洲人的坚船利炮。而在此前的1000多年中，“海上丝绸之路”是中外各国间友好交往的和平之路，很少见到刀光剑影。欧洲殖民者的坚船利炮将传统“海上丝绸之路”变成其扩张之路。当时在西欧，一种扩张性的社会机制在快速成长。在这种机制下，社会上海外扩张热情勃发。上至君王、贵族，下至贩夫走卒，都狂热地投身海外扩张的大潮。对欧洲殖民者来说，海外扩张是“系统工程”，不仅要靠军事占领建立殖民地，还要进行商业竞争、文化渗透、宗教传播等。商业竞争既包括各自殖民对手之间的相互竞争，也包括与东方文明古国的竞争。恰逢其时，明朝政府实行“海禁”政策，民间海洋贸易骤减，乃至在印度洋上步步后退，固守于东南亚的范围。欧洲人却乘势而进，逐渐掌握了海上航路的主导权。往昔在中华文明基轴上展开的“海上丝绸之路”从此多了许多欧洲人野蛮的身影。

世界历史是一个多面体。16世纪起，葡萄牙和西班牙建立起各自的全球性殖民帝国，在亚洲各有自己的殖民和势力范围。17世纪，“海上马车夫”荷兰横行四海。18世纪，英国开始成为世界上最大的殖民帝国。中国则于1840年与英国人交手。鸦片战争后，中国部分主权沦丧，对外已无平等可言。放眼海外，从非洲、印度至东南亚的许多国家则一个接一个沦为欧洲人的殖民地。不能不看到，15世纪“新大陆”被“发现”后，中国朝廷没有抓住古老的“海上丝绸之路”萌生的新发展机遇，这是一个深刻的历史教训。

西方殖民者带来的巨变使许许多多中国人把目光转向国内，忧心

① 参见王晓德《“雷纳尔之问”与美洲“发现”及其后果之争》，《世界历史》2018年第5期。

着国运和民族前途，抬望曾经风云千年的传统“海上丝绸之路”，难免双眸紧锁，才下眉头，又上心头。不错，这个时候环球海上航路确实发生了巨大变化，昔日充满海上“田园牧歌”美妙色彩的“海上丝绸之路”变得黯淡了，但不应忘记，“海上丝绸之路”的传统主旋律仍然存在，中外物质文化交流的底色还在，人员（华侨为主）往来和商品（尤其是中国商品）交易越来越频繁、规模越来越大。出国的中国人仍在发挥增进中外经济文化交流的重要作用。沿着“海上丝绸之路”，华工仍然带着中国人特有的勤劳勇敢、敢于拼搏的大无畏精神走向海外，他们在海外居住地传承和弘扬中华文化，尽管由于西方殖民者的插入，“海上丝绸之路”上的中国人失去了一些国际经济文化交流的平等参与者的色彩。“海上丝绸之路”随着时代的发展也需要革新。到了现代，殖民地先后独立，享有国家主权，包括关税权，平等互利地开展对外交往与贸易，“海上丝绸之路”又重新焕发光彩。应注意，无论是什么时候，人民永远是历史的主体，人民才是创造历史的真正动力。“海上丝绸之路”的传统价值观并没有因为近代的殖民之风而变味，它依然熠熠生辉。

第二章　华侨海外移民路线

从事生产活动的人是大自然包括人类社会一切活动中最重要的因素。反过来，大自然的变化也会引起人的流动。在“海上丝绸之路”上，中国人无疑是最活跃的民族群体之一。这里所说的“中国人”分为两大部分：一是来来去去的“游走”中国人，包括商人、水手和官员、使节等，很多商人和水手在海上漂泊，一生中不知道走了多少回；二是出国后在“海上丝绸之路”沿线国家和地区居留下来而不知道何年何月回国的中国人，按照现代的定义，他们就是标准的“华侨”。实际上，相当一部分华侨就是从商人和水手中分流出来的。第一代华侨并非一开始就立志一去不复返，但出于种种因素，他们最终还是在异国他乡定居了。不管是哪种情况，“海上丝绸之路”沿线国家和地区的中国移民流，堪称波澜壮阔、络绎不绝。本章择其要者做一评析。

作为“海上丝绸之路”沿线最重要的组成部分，东南亚地区一直是中国移民的主要流向地。中国人所说的“下南洋”就是指移居东南亚。中国人“下南洋”的历史十分久远，明代以前不说，明初郑和下西洋后曾一度达到鼎盛，此后“下南洋”潮时热时冷，人数时多时少，特别是政府实行“海禁”期间，一定会陷入萧条，但民间以谋生为目的的出洋潮是不可遏止的。到了近代，随着中国移民的触角伸向更遥远的地方，东南亚成了很多移民的中转地。

在不同历史时期、不同方向上，中国人的移民规模存在大小之别。但总体而言，“陆上丝绸之路”沿途荒漠纵横、自然气候恶劣、地理交通险阻，不适宜作为中国农耕民族的居留地，因而历史上除了战争和征伐因素引发的移民潮之外，没有大规模移民，只有“逐水草而居”的游牧民族曾有过多次短暂的间歇性西进。因此，真正以生存和发展为目的的中国人的移民行为多发生在“海上丝绸之路”沿线。有意思的是，今天人们在称呼华侨华人时，总是与“海外”两个字挂钩；在谈到海外华侨华人的来源地时，又总是提到“沿海”两个字。无论是“海外”还是“沿海”，都与“海上丝绸之路”的始点、中转点或终点密不可分。

南海航路除了作为华侨出国和中国商人携带各种中外商品进行贸易的交通线外，在 16 ~ 17 世纪葡萄牙、西班牙和荷兰等西方殖民者东来后，还作为“契约华工”出国的航线。殖民者大规模掠卖华工是 1840 年鸦片战争以后的事。鸦片战争后，中国门户洞开，在外国资本入侵下，封建经济受到破坏，大量农村破产，加上人口相对过剩，为殖民者大规模拐卖人口提供了可能性。拐卖人口被称为“苦力贸易”，中国劳工则被称为“苦力”（因华工出国前订有书面合同，故又称“契约华工”）。“契约华工”作为被掠夺者、被压迫者，也是有高度拼搏勇气和一定技能的劳动者，在被迫出卖自身的同时，也为“海上丝绸之路”上的中外经济文化交流默默做出了贡献。

除了“下南洋”，中国人还“走东洋”，即沿着“海上丝绸之路”的东海航路向朝鲜半岛和日本一带移民。朝鲜半岛与中国山水相连，西面与中国山东省隔海相望。中国和朝鲜半岛在地缘上十分密切，两地之间的人员往来和经济文化交流不绝如缕。中国和日本一衣带水，也是隔海相望，交往便利。日本虽然与中国陆地不相连，在早期还必须经过朝鲜半岛沿岸才可到达中国，但从移民史来看，去往朝鲜半岛和日本的“走东洋”都比“下南洋”早。秦汉以降，中国人就开始移居朝鲜半岛和日本。但由于海上交通工具落后，早年中国人的“走东洋”和“下南洋”都受到极大限制。及至后代，“下南洋”便成了中国人移民海外的主流。顺便说明，在去往东南亚和美洲的“契约华工”出现之前，就已有出国华工，笔者认为不能简单地称为“自由劳工”（详见本章第三节）。

到“大帆船贸易”时代，西班牙殖民者开辟了由菲律宾马尼拉到墨西哥阿卡普尔科的太平洋航路，一些中国人（包括商人）通过太平洋航路来到墨西哥和秘鲁等国家，后来又流散到其他拉美国家；而葡萄牙人占领澳门后，又联通了与太平洋航路相反方向的经印度洋和大西洋到达巴西的航路，不少华侨也循此航路到达巴西等地。这两条航路虽然与南海航路和东海航路有相同之处，但它们的差异更大。

总之，游走在各条“海上丝绸之路”航路上的中国移民，一个重要特征是与商品交易和文化交流密不可分。此外，近代中国人的出洋与清政府的华侨政策变化不无关系。鸦片战争 20 多年后，到 19 世纪 60 年代，清政府与英、法等国订约，允许华工出洋，更进一步激起了中国人的出国热潮，及至光绪十九年（1893），清政府正式宣布废除“海禁”，出国渐成常态，出国人员越来越多，遍布世界上传统和非传统的移民地。

第一节　下南洋

一　越南华侨

一般认为，自吴朝起，越南先后历经丁、前黎、李、陈、后黎、阮氏七个王朝。以越南独立的年代为历史界标，在此之前移居越南的中国人应为中国国内移民，在此以后迁居越南的中国人可称为“华侨”。顺便一说，中国在 1955 年前后宣布不承认双重国籍，在此以前，海外中国人不管是否加入当地国籍，但就身份来说，他们仍是“华侨”。

如果把越南隶属中国封建王朝时期的历史也算在内，越南可以说是接收中国移民最早的地方之一，从中国对外移民密度（包括迁移时间密度和目的地居住密度）来看，也应是最高的国家。特别是唐代晚期以后，中国经济重心南移，商品经济迅速发展，东南沿海省份地少人多，谋生日益困难；而越南等地地广人稀，谋生较易，并且山水相连、文化相近、民俗相通，中国民众遂相率南下，越南自然成了合适的移民目的地。在漫长的岁月里，经济发展相对落后的越南相对安定，衣食无忧，移居人数有增无减。按照今天的标准，在中原板荡、民不聊生之时迁居越南的这类移民应属“难民”。实际上，在中国历史上的王朝交替时期，往往是中国移民（包括“难民”）的高峰期。当然，中国移民也带来了两国物质文化的双向互动。

明末清初，前明遗民和抗清志士形成了有组织的移民流。入清以后，移民类型和数量趋多是越南华侨的一个突出特点。从躲避战火的小商小贩、手工业者，到无地少地农民，都纷纷来到越南。移居者中有一小部分边境上的中国边民，被越南军队掠夺到越南做仆人或奴隶，还有一定数量的中国战俘等。就来源地而言，主要来自广东和福建两省，还有一小部分人来自其他沿海地区和江南地区。此外，在与越南、老挝接壤的广西和云南两省，也有民众因躲避战乱、逃避苛捐杂税与避免被抓壮丁，从陆路移居越南和中南半岛其他国家，但人数比广东和福建少得多。

清代移居越南的华侨在居住地从事的职业类型之多，不只在东南亚，就是与世界上其他有华侨居住的地方相比也称得上首屈一指。当时举凡越南当地人从事的职业几乎都可找到华侨的身影，当地越南人不愿意做或很难做的职业（如采矿），也有华侨的身影。粗略来说，有到越南边隅地带从事有组织农业开发的“军转农”移民（明朝武装组织入越后被安置从事农业开荒），有自发前往越南边地从事耕垦的农民，有到越南北部边地务农、经商而自食其力的中国边民，有到越南边地采矿而在越南定居的移民，还有断断续续到越南各地经商者，不一而足，这几类移民都是主动去往越南的。清代还有中国内地民人和已流寓越南的华侨应当地招募前去从事某种职业，有关这类移民的记载较少，人数也难以论定，他们多属群体移民。[①] 此外，在官场、军队等外籍人一般很难进入的领域也不乏华侨，这部分人应属于凤毛麟角。

实际上，从清初开始，中国沿海商民通过传统的“海上丝绸之路”而“非法”出境前往越南就已逐成常态。之所以谓为“非法”，是因为清初以降，清廷对包括中越边界在内的沿海边界严加封锁，即自顺治十八年开始在广东、福建、浙江、山东等地实施的“迁界”令。按照“迁界”令，沿海居民内迁 30～50 里，民间严禁下海，民居、船只被焚毁一空。此后，清廷三令五申实行“海禁”。于是，普通百姓特别是海商便相率去国离乡。尤其是 18 世纪末 19 世纪初，经过一个多世纪的休养生息，中国国内人口急剧膨胀，“农田分配指数和粮食供应指数无法与之相配合，于是造成人多米贵、万物奇昂、人民难以维生的社会病象”。[②] 在闽、粤地区，这种情况更为严重，民众无立锥之地，大量居民不得不奔赴海外谋生。他们的目的地主要是南洋各地，虽然出境者也很难见诸史籍记载，但可以相信有众多循祖祖辈辈出洋的“海上丝绸之路”航线去往越南的人。

在明末清初，还有不少不见容于或不屑于效忠新政权的士人挟囊流寓越南。他们属流寓士人，也属明朝遗臣遗民，但都是零散而无组

---

① 例如，乾隆四十年（1776），广东琼州文武禀报，在海上拿获夺船人犯洪阿汉等，并澄海营具访获携带番妇回籍之李阿集等，经解省审究，李阿集等籍隶惠、潮二府，自乾隆二十四（1760）年至三十九（1775）年，先后附搭商船前往安南归顺地方贸易。及至乾隆三十六年（1772）西山政权立，招募兵勇士众，群相和从。闽、粤两省客民亦各应募投充，各各受职。后李阿集等事败逃回内地，被执获。参见中国社会科学院历史研究所《古代中越关系史资料选编》，中国社会科学出版社，1982，第 656 页。

② 罗尔纲：《太平天国革命前的人口压迫问题》，载吴相湘等编《中国近代史论丛》（第 2 辑第 2 册），台北：正中书局，1957，第 47 页。

织的，有的被越南当局抓捕而遭遣返。例如，康熙九年（1670），越南南方的广南国“送还都司刘世虎”，“其护送三十六人尽系江南等处人氏”。[①]

上述各类型移民中，作为“政治性移民”的“明香人”与反清武装移民值得一提。“政治性移民”出现在中国国内偶发性重大事件如王朝更替、战争等引发的逃亡潮中。清代有两次“政治性移民”规模最为浩大、最为集中，影响也十分深远。

第一次是清初亡命越南的明朝遗臣遗民群体（分为“明香人”与杨彦迪、陈上川和鄚玖三大移民群）。后三支成军事建制的移民是清初最著名的向外移民的明朝遗臣遗民代表。他们人数少，都是在“反清复明”无望的情况下离开的。移居越南后，他们被越南当局组织起来，在边地从事原始的农垦，兼而戍边，从而形成一个个华侨农业区。其他人移居目的地后，主要靠地缘（也有血缘）的聚合力谋生，安定下来后往往又因需而发生居住地的变动。但不管如何流动，地缘因素是华侨群体的长久牵引力和黏合剂。但这三支群体基本上没有强有力的地缘和血缘基础（兵员来源地分散所致），其聚合主要靠军事化组织的强制力，这是三支群体与其他中国移民的最大区别。

随着岁月的流逝，包括清初三支移民在内，大部分明末清初因义不臣清而逃到越南的华侨变成了“明香人”。对于“明香人”在居住地的生存发展，从阮朝政权到法国殖民当局，都曾经采取特殊政策。例如，由于阮朝在建立过程中曾得到“明香人”襄助，阮朝在立国后特许“明香人”在全国普遍成立“明香社”。“明香社”是越南特有的华侨社会组织，既是早期华侨聚居处，又是社团组织。建立“明香社”是越南官方主动行为。一方面，这表明到17世纪末越南

---

① （清）余缙：《大观堂文集》卷2《属国效顺疏》，此据中国社会科学院历史研究所《古代中越关系史资料选编》，中国社会科学出版社，1982，第643页。

华侨社会的组织结构渐趋稳定；另一方面，这意味着“明香社”被纳入越南的行政体制，“明香社”不能再被视为一种纯粹的华侨社会组织形式。慢慢的，“明香社”大体上也和越南的乡村别无二致了。[①]又如，早在1791年，嘉隆王就规定，“在波忒（今芹苴）、茶荣一带，越南人不得侵占土地，但唐人可申请开荒耕种”。[②] 1803年，嘉隆王诏示免嘉定“明香人”徭役。1807年，又宣布免广义“明香人”的兵役。1826年明命帝下令，“北客旧号明香，均改著明乡”。[③]“明乡人”比华侨待遇优厚，例如华侨不能在金银矿及玉桂山开业，而“明乡人”不受限制；“明乡社”居民属于越南编户，可以参加科举考试，可以入仕为宦，华侨则没有这种资格。此外，在税负上，“明乡人”虽高于越南人，却低于华侨。1842年，绍治帝规定，“凡有五人以上明人之处，得准自行另立乡社，明人须造册呈报姓名，并禁止剃发结辫，不得杂于华人户籍”。[④] 法国人统治越南之后，1867年当局规定，“明乡人”之殷富与耆老在法律待遇上与越南人一样，但须照华人一般另入册籍。1869年，柯希尔总督下令，在行政、法律、警务与赋税方面“明乡人”与越南人享有同等待遇。1874年，殖民当局重申，“明乡人”一律视作越南人。

第一代移民融入越南的过程是复杂而痛苦的，其中包括强烈的文化碰撞和磨合，很多人还存在“两头家（妻）”问题。例如，一部分“明乡人”南迁前在中国有妻室，到越南后，又多在当地纳一华女为妻，遂出现“两头家”。第二代后，多数人又面临在当地娶“两族妻”问题，即娶华女或娶“明乡人”为妻，希望通过婚姻关系认可其祖国、祖宗为正宗，其次房多纳越南当地人。“两族妻”是现实的

---

① 许志生：《越南的华人社区》，《八桂侨史》1993年第2期，第59页。

② 徐善福：《十七—十九世纪的越南南方华侨》，《暨南大学学报》1981年第4期，第74页。

③ 〔越〕潘叔直：《国史遗编（中集）》，新亚研究所，1965。

④ 张文和：《越南华侨史话》，黎明文化事业股份有限公司，1975，第61页。

需要，既是实现认归正宗的心理需要，又是在当地定居生存的需要。但若干代后，与祖国、祖宗的关系渐渐疏远、淡薄，最后正妻亦娶当地女子，完全越南化了。这是一个不以人的意志为转移的过程。

在融入当地的初始阶段，华侨都将群居作为保留自己族群特征的主要手段，但群居未能系统地保留本族群从家乡带来的文化。经过当地文化一定时间的冲刷后，本族群的文化逐渐“碎片化”，继而与当地文化相互渗透，华侨的特征也渐至模糊。于是，最初的华侨移民群体最终成为当地民族大家庭的成员。

在 19 世纪 60 年代中期至 80 年代中期中法战争结束的 20 年中，形成了清代民众移民越南的第二次高峰期。这段时间入越的华侨大致包括以下几类人群：一是两广天地会武装，二是太平天国余部，三是刘永福回国招募的兵勇和入越的黑旗军家属，四是冯子材裁汰的部分兵勇，五是随李扬才叛乱入越的民众。对绝大多数华侨来说，移民是一次性的，即有去无回，或者说是“单程”的。移民过程断断续续，但由多段路程接驳起来。很多移民一开始没有具体目的地，选定落籍地主要是看有没有可耕地。越南北部地区山势纵横，可耕地有限，极大地限制了华侨对落籍地的选择。这种现象跟清初三支明朝军兵入越的情况迥然不同。清初三支明朝军兵入越后是受到越南当局的“安置”而取得落籍地的；而这时候天地会武装和太平军余部在入越后对落籍地尚拥有不受越南当局干预的“自主选择权”。这个时期迁居越南的华侨基本上是集体通过广西边境进入越南的，没有通过“海上丝绸之路”，但他们也是历史上川流不息的中国移民的组成部分。

上述各类型移民中，还有一部分是越南当局专门招募前去从事某种职业的。这类华侨中，最大批量的就是从 18 世纪初开始在越南北部地区应越南当局招募来开矿的华工。当时，来自中国很多省份的华侨矿工携资纷至沓来，“急走夷厂”。一时间，华侨矿厂遍布越南北部山区。大部分矿工通过一传十、十传百的方式结伴而来。他们在越南矿厂的生活习俗与在家乡毫无二致，生活用品也多从中国带来或向华侨商人购得。这样，他们在矿区的生活就可以完全自主，没有必要依赖越南当地社会，形成一个迥异并独立于周边越南居民的华侨社会。这类由矿区发展而成的华侨社会在越南北部延续了百余年之久。

这里之所以特别提到上述几类移民，是因为他们有数量大、有组织和集中居住的特征。这些特征对于他们在越南居住之初建立起自治性的社会制度、传承中华文化且在后来对居住地的当地民族潜移默化地产生影响，是非常重要的。一般来说，越南的散居华侨不仅很难建立起自治性社会制度、传承带进来的中华文化，而且容易被居住地的主流制度和文化所“消融”。当然，在年复一年的世代更替中，华侨带进来的文化也许还残留着某些碎片式、衰变的因子。只有在大量华侨集中群居的地方，特别是那些越南当局行政权力难以管制的居住地，华侨从家乡带来的社会组织制度和文化才可能被较长时间地保留下来，经过与居住地民族正常而缓慢的磨合后，作为当地文化的组成元素，永久地留存下来。如果华侨分散居住，中国传统文化很容易出现“孤岛化现象”，久而久之就会被消磨殆尽。应指出的是，越南历史上受中华文化影响很深，按照氏族建村集中居住，同一个村庄就如同一个大家庭。华侨在家乡时本如此，到了越南，也就容易与当地人相互适应。当然，华侨集中居住对越南统治者来说是不便管理的，于是才会将华侨进行“编户”，让其与越南人杂居。

二　柬埔寨华侨

历史上，柬埔寨是“海上丝绸之路”南海航路上从中国起航的帆船经越南之后的次达站。按照中国史籍记载，柬埔寨曾经是中南半岛的大国。特别是在 9 ~ 15 世纪的吴哥王朝时代，柬埔寨国势强盛。这一时期也是“海上丝绸之路”的兴盛期，柬埔寨也分得“海上丝绸之路”的红利。到了 15 世纪后，由于暹罗不断入侵，吴哥王朝被迫迁都金边，柬埔寨王国也开始走向衰落，17 世纪后沉疴愈重，国势衰微。

柬埔寨历史上出现华侨足迹是比较早的。早在元朝元贞元年（1295），中外关系史上大名鼎鼎的温州人周达观就随元使访问真腊，回国后著《真腊风土记》，记下此行所见所闻。周达观应非唯一随元使来到真腊的中国人。据他记载，他曾经在真腊见到一位姓薛的同乡，“余乡人薛氏，居番三十五年矣”。一个中国人居住异国时间长达35年，本身就十分耐人寻味。笔者认为他应是一群华侨中的一个。当时在柬埔寨的中国人并不是偶尔的路过者，而是长居者、群居者。不过，在清代以前，到柬埔寨的华侨还是以零散移民为主。在一片未开发的土地上，以个体形式或小群体形式艰难谋生，十分正常。但由于移民人数少，居住分散，他们的足迹很快就被茫茫的历史尘烟所遮盖。

柬埔寨华侨人数迅速增加始于明末清初，当时国内民不聊生，民间起义时有发生。为避战乱，多有国人向外迁移，也有明朝遗臣遗民亡命海外，其中一个落脚点便是柬埔寨。在柬埔寨，金边作为柬埔寨的国际贸易港，水路交通方便，吸引了大批华商。欧洲人对金边华侨的记载始于16世纪后期。① “一位葡萄牙冒险家在1609年说，在当时金边的两万居民当中，华人就占三千。”② 华侨人数的增长促成了华侨社区的形成。成书于17世纪初的《东西洋考》曾对柬埔寨的华侨居住区做简单的介绍：“篱木州（以木为城，是华人客寓处）”，“酋长掌其疆政……市道甚平，不犯司虣之禁，间有鲠者，则熟地华人自为戎首也”。③

17～19世纪是外国对柬埔寨侵吞蚕食的时期（主要是越南对柬埔寨的不断蚕食）。到19世纪初，整个下柬埔寨成为越南的一部分，柬埔寨的辉煌已不复旧日。柬埔寨失土的一个严重后果是国家的沿海

---

① 黄盛璋：《早期柬埔寨之华人街》，《东南文化》1989年第2期。

② 〔新加坡〕威廉·伊·威尔摩特：《华人何时移居柬埔寨》，《南洋文摘》1970年第6期。

③ 张燮：《东西洋考》卷3《柬埔寨》，中华书局，2000，第52、55页。

地区没有了港口（如西贡港），几乎成了内陆国家，与“海上丝绸之路”缘分疏远了。而在此时期之末，特别是1840年鸦片战争以后，中国人出国潮越来越盛。柬埔寨华侨本已很多，到光绪十六年（1890），柬埔寨华侨总人数已达13万人。按照薛福成所说，华侨只是几大当地民族（柬民、华民、越民、水陆“杂夷”）之一。相对于柬埔寨的主体民族“柬民”来说，华侨属于“少数民族”，但相对于其他民族来说，华侨便成了“多数民族”。柬埔寨华侨的来源地虽多，但主要为五大来源，潮州籍最多，广肇籍次之，其他为海南籍、客家人、闽籍。① 一是潮州，大多数来自揭阳、潮阳和普宁；二是广肇，主要来自广州和肇庆附近县份，如南海、东莞、三水、花县、新会等县；三是海南，绝大多数来自海南岛东北部的文昌；四是广东东部与潮州毗连的客家人地区，如兴宁、梅县、紫金、海丰等县，其中兴宁人最多；五是福建，多半来自厦门和泉州周围地区。潮州籍百姓最迟在明朝嘉靖、万历年间已经来到柬埔寨。有的是从水路经过暹罗、越南来到柬埔寨，有的则是徒步从越南北部经过老挝、暹罗来到柬埔寨。②

下柬埔寨一带（后来属越南南圻）一直比较富庶，中国移民无论是从交通还是生计考虑，一般会选择此地区，大多不会选择到交通不便、致富机会不多的柬埔寨腹地。

三　老挝华侨

在东南亚国家中，只有老挝是个没有海岸线的国家，在漫长的岁月里，华侨一般通过陆路移民越南。老挝与中国接壤，与老挝山水相连的中国西南地区是中国重要的少数民族聚居地。老挝民族大

---

① 参见吴凤斌主编《东南亚华侨通史》，福建人民出版社，1994，第267～268页；蔡天《寮国华侨概况》，正中书局，1962，第24～29页。

② 杨锡铭主编《海外潮人史话》，中国文史出版社，2009，第37页。

致分为老龙族（约占全国人口的63%）、老听族、老松族三大民族。

尽管老挝地域广袤，疆土屡屡变易，但人口稀少、部族众多，并且总与海洋无缘，“海上丝绸之路”在老挝没有一个停靠站。不过，老挝仍可通过路上贸易通道与云南和其他中南半岛国家连接，继而最终与“海上丝绸之路”的海上支线产生间接交集。如前所述，历史上与中国西南联通的中南半岛多条马帮之路就是指向江河而最终通向海洋的。通过这些马帮一站一站的交易，大批商品在最后一站输入“海上丝绸之路”，运向远洋国家。

中国汉族最早迁居老挝的移民源于何时，今天已难考实。最早到老挝的汉族华侨应多属零星移民，规模不大且一般居住在内陆贫困山区，很容易被当地少数民族同化。最迟在永乐年间，老挝就有了可以确定年代的定居华侨。明代朱孟震的《西南夷风土记》记载：“缅甸、八百、车里、老挝、摆古虽无瘴而热尤甚，华人初至亦多病，久而与之相习。”老挝等地地势高、森林多、湿度大、气温高，来自人居密集、没有或少有瘴气的北方地带的中国人刚移居老挝时，因不适应容易生病，但久居之后就逐渐习惯了。

中国的汉族、回族移民进入老挝的路线应相对固定。路线包括两条：一是从广东或云南经越南进入，二是从泰国过湄公河到万象及沿岸城镇。[①] 这两条路线都属于陆路，与海路无关。那时候老挝的华侨大多从事工业、商业活动，以经商为主，经营范围涉及酿造、木材等领域，还开办碾米、染布等各类工场，少数生活在北部山区的华侨则从事农业生产，兼营小生意。一些华侨的谋生活动可能或多或少地与接通江河海洋的“海上丝绸之路”有联系，但作用微不足道。另外，历来老挝华侨中的大富大贵者不多，脱贫致富水平在总体上也远落后于其他东南亚国家的华侨。

---

① 郝跃骏：《老挝华人现状及社团组织》，《东南亚》1992年第1期。

从现有资料来看，最早进入老挝的华侨是通过陆路进入的中国“云南人”①。云南与中南半岛山水相连，历史上，一些居住在云南的操汉语云南方言的汉族和回族居民也沿着陆路进入与云南接壤的邻国缅甸和老挝，以及与云南虽不接壤却有密切历史文化渊源的泰国。以零星进入的居多，很少留下记载。与移居缅甸和泰国的云南人相比，移居老挝的云南人数量要少很多。

清末，在老挝华侨中，广东籍占90%，其中潮州人居多，他们多分布在中下寮地区。② 云南籍华侨以腾冲人、红河人、景东人、景谷人为主，主要聚居在老挝北部的中老边境地区。潮州人经济实力较强，多数从泰国迁入，与泰国的经济联系较为密切；云南籍华侨多聚居在上寮的川圹和丰沙里一带，过去大多从事马帮运输和经商。相对来说，这部分人是老挝华侨中与“海上丝绸之路”联系最直接、最密切的一群人。

四　暹罗华侨

关于华侨移民暹罗的最早记载，比较确切的是《宋史·陈宜中传》中关于宋末元初时丞相陈宜中的记载，“至元十九年，大军伐占城，宜中走暹，后殁于暹”。③

素可泰王朝（1238～1438年）通常被视为泰国历史上第一个王朝，中国史书称之为“暹国”。南宋末年，元兵南下，一些人因不愿投降元朝而逃到暹国。及至元兵攻占安南、占城，先前流亡二地的宋人中又有出走暹国者。元朝建立后，中国东南沿海老百姓因不堪元朝

① 泰国和老挝当地的泰族、老族人，常把来自广东等地的华侨称为“Chin”（即“中国”或“中国人”），而把从云南来的操汉语云南方言的汉族、回族移民统称为“Haw”（有文献也拼写为“Hor”或“Ho”，或者叫作“Chin-How”）。

② 张文和：《越南高棉寮国华侨经济》，海外出版社，1956，第119～120页。

③ 参见张步天《大米贸易开放前泰国华人移民的社会结构》，《华侨华人历史研究》1996年第3期。

统治，漂泊至异国者大有人在，很多人来到东南亚谋生，成为华侨。当时华侨前往暹国可循陆、海两路。陆路，从云南经缅甸进入，或由广西经安南再渡湄公河前往；海路，则乘商贸帆船到今泰国南部马来半岛东海岸的春蓬、素叻、洛坤、北大年开展贸易活动，留居当地者便为华侨。如按后一说，这类华侨并非一开始就以暹国为目的地，而是下海谋生，最后落籍暹国。

素可泰王朝第三位君主南甘杏（《元史》称“敢木丁”）在位时（1277～1317年），多有中国文物输入暹国，成为珍品。元朝亦曾应南甘杏的要求，派遣陶瓷器工匠到暹国。在这种情况下，南甘杏十分看重华侨，甚至雇用华侨担任某些职务。当时在泰国居住的外国侨民，有中国人、缅甸人、印度人、吉蔑族人等。这些外国侨民中，华侨的生产技术、手工技艺水平较高。这是他们在暹国谋生的有利条件。

大城（阿瑜陀耶）王朝是泰国历史上存续时间最长的王朝（1350～1767年），前后417年。14世纪中叶，大城成为中南半岛上的大都会，外侨各有聚居处，华侨住在市区以及后来所建的三保公寺一带。据《西洋朝贡典录》卷中记载：“（暹罗）国之西北可二百里，有市日上水，居者五百余户，百货咸集，可通云南之后。”这些云南人显然是通过陆路来到暹罗的。

大城王朝时期中国移民大致上可分为五种类型：一为谋生移民，二为技术移民，三为垦殖移民，四为商贸移民，五为反清移民。嘉靖十五年（1536）成书的《海语》记载，在暹罗国都大城，“虽王之妻妾，皆盛饰倚市，与汉儿贸易，不讶亦不敢乱”。可见至少在16世纪，泰国已有不少中国商贸移民。经过一段时间发展，华侨在大城的地位很高，主要表现在两大方面：一是居住在大城的华侨数量多，二是各行各业皆有他们的身影。例如，在城中从事商贸活动，在城内大路两旁销售布匹、碗碟、猪肉、鱼类、禽类、糖果，以及经营饮食业；城中的建筑工匠、造船工匠、出海贸易的大帆船船员中，华侨人数多且多为技术高超者。大城的宫殿和寺庙等建筑，雕刻、绘画、漆金等技术，不少为华侨工匠所操作。明朝郑和自永乐三年（1405）始，28 年间七下西洋，其船队曾两次访问暹罗，一次是 1408 年访问大城，另一次是 1433 年最后一次下西洋途中访问泰南洛坤府。

吞武里王朝存续时间虽然很短（1767～1782 年），但是潮州人移民泰国历史上极为重要且对后世影响极为深刻的一个时期。史载，1760 年大城王朝最后一位国王阿迦达在位期间，缅甸军队入侵暹罗。华侨与暹罗人民一起并肩作战，抵抗缅军，保卫大城。大城王朝灭亡后，祖籍广东澄海的任哒府侯王、华裔郑信（其父郑墉，从广东澄海来到泰国）招募了一支由华侨和当地民族共同组成的队伍，成功地将缅甸占领军从暹罗驱逐出去，郑信也成为泰国历史上的“华人皇帝”。此后，郑信为建设新都，恢复经济，活跃商贸，积极招徕中国人移居暹罗，大批闽、粤华侨（尤其是郑信家乡的潮州人）在这个时期来到暹罗。

吞武里王朝之后的曼谷王朝即却克里王朝（1782 年至今）为建造皇宫所选中的地址当时是一大片华侨聚居区，王家划出一片种植果树的园林，令华侨迁移到这处新划出的地方，后来逐步发展成现在长达 3 公里的曼谷著名唐人街——三聘街，成为泰国华侨在居住地生存发展的最重要历史遗产。此外，当时曼谷的柴珍也是华侨聚居区。

曼谷王朝最初三位国王对经商甚感兴趣。在首都曼谷的人口中，经商者占了很大一部分且大部分是华商。华侨运输商和贸易商与泰族上层人士开展商业合作（实际上主要是潮州人与暹罗人之间的合作），促进了曼谷与潮州各港口间的贸易。曼谷王朝时期，华侨与王朝上层继续保持良好关系。大量潮州人在拉玛一世时期（1782～1809 年在位）来到暹罗。

有趣的是，华侨移居暹罗与暹罗的城市建设特别是王宫建设紧密联系在一起。在某种程度上可以说，华侨移居暹罗，首先是暹罗城市建设的需要，其次才是暹罗商业的需要。在此过程中，华侨参与建设吞武里城、曼谷城，包括融合了中国建筑风格的宫殿、寺庙、桥梁、城墙和护城河等。值得注意的是，曼谷王朝时期华侨主导的暹罗城市建设又与暹罗商业发展密不可分。在曼谷王朝之初，王宫、佛寺、贵族官僚的府第，以及一般的民房和商业中心，均沿河而建，反映了当时华侨主导的以水运为特征的暹罗商业需要。到拉玛三世时期（1824～1851 年在位），持续多年的暹缅战争结束，暹罗需要劳动力，于是中国南方人特别是潮州人大量涌进暹罗，形成了潮州人聚居区。拉玛四世时期（1851～1868 年在位），为适应曼谷人口增长的需要，曼谷大力开凿河渠，将王城分别向东方、东北方和东南方扩建。

1855 年，暹罗与英国人签订了《鲍宁条约》，此后暹罗的经济建设需要大量劳动力，如运河开凿、公路和铁路建设、港口建设和外贸发展、现代化工厂的建立和运营、城市劳务、商业扩展等。中层华商作为代理商或中间商、零售商参与了同西方人的贸易，越来越多的华侨移居暹罗。与此同时，暹罗的农业生产也需要大量劳动力，于是大批中国人相继来到暹罗。

到拉玛五世时期（1868～1910 年在位），曼谷开始进行大规模的市政建设。这些主要是依靠华侨完成的，其中占华侨人口绝大多数的潮州华侨是建设的主力。同时，拉玛五世在位期间大力进行社会改革，促进了经济发展，对自由劳动力有大量需求，因而广招华侨前来。就这一时期中国的背景来说，1842 年香港被割让，广州与厦门被开放为通商口岸，1858 年汕头开放，1848～1865 年太平军起义等重大历史事件，都推动了中国人迁居海外，其中包括大量潮汕地区的民众移居暹罗。

在清代，广东和福建两个沿海省份人口激增，冲突频发，下层民众或被迫或自发出国，固然缓解了两省人口压力和社会矛盾，对于地广人稀的暹罗来说，这也是一个借助外来侨民（华侨）进行大规模开发垦荒的历史性机遇。对昔时荒蛮的暹罗的大开发正是肇始于此时。应指出，暹罗之所以能够吸引华侨，除了这里有大量荒芜土地可供开发外，更重要的移民拉力是暹罗具有远近闻名的国际贸易机会。

总的来说，中国人的移民情况到18世纪中叶以后发生了明显变化，表现在到暹罗从事商业贸易与农业开发的两部分移民中，后者的人数增长快并多于前者。与这一变化相对应，闽、粤两省各自移居暹罗的华侨人数在18世纪下半叶也发生了明显变化。从1767年起，潮州人在华侨人口中的比重快速上升，海南人和客家人的比重也有了很大的上升。与此同时，福建人的比重大幅降低，广府人的比重稍有降低。就粤、闽两省的华侨而言，在18世纪60年代以前，闽籍华侨人数远多于粤籍华侨人数；但18世纪60年代以后，粤籍华侨人数已接近闽籍华侨人数。粤籍华侨人数之所以能在短期内陡然增长，主要原因是潮州地区华侨的增长。具体来说，潮州华侨主要来自潮安、潮阳、澄海、普宁、揭阳和饶平6个县（清初的潮州除此6县外，还有惠来、大埔两县，合共8县，到乾隆三年又增设丰顺县）。如上所述，这一巨大变化的最重要历史标志是郑信成为吞武里王朝国王。吞武里王朝建立时，以吞武里府为中心的湄南河东西两岸已经聚居着数量众多的华侨。而郑信在位期间重视发展与清朝的关系，特别是大力招徕祖籍地潮州的民众前来暹罗，以解决泰国社会劳动力不足问题，从而使粤籍华侨人口迅速增加。

从华侨的籍贯和职业来看，暹罗的潮州华侨大多从事种植业，福建同安人做船夫和商人，大多数海南人是小贩和渔夫。早期居住在曼谷的华侨多半是福建人，主要从事贸易和航运。而在鸦片战争以前，南洋华侨从事种植业者最多，约占40%，其中绝大多数是潮州籍暹罗华侨。[①] 华侨还常杂居于暹罗人之中，但暹罗政府豁免华侨的劳役与兵役负担，本国平民则必须为王室服役。应该指出的是，相对于其

① 参见吴凤斌主编《东南亚华侨通史》，福建人民出版社，1994，第258～259页。

他国家的华侨来说，移民暹罗的华侨表现出行业“高技术化”“高端化”的趋势。

五 缅甸华侨

缅甸与中国西南云南省接壤，历史上就是“西南丝绸之路”的主要通道。最早的“西南丝绸之路”经过今缅甸和印度一带，与南亚次大陆的国家和地区相连。到后来，“西南丝绸之路”的主干线伊洛瓦底江水道，即从云南进入缅甸后，通过伊洛瓦底江水道乘船前行，或在沿江两岸各个港口登陆，或直抵伊洛瓦底江出海口进入印度洋，然后与“海上丝绸之路”的南海航路主干线连接。历史上的中国移民，陆路主要来自云南，主要走这条通道进入缅甸；还有一部分移民（多为福建人和广东人）是通过当时“海峡殖民地”的槟榔屿来到缅甸的。后一部分人先是从沿海省份辗转来到“马来联邦”和槟榔屿，然后移居缅甸。这里把缅甸华侨放在连接中国西南地区的出海水路叙述。

缅甸于1044年形成统一国家后，先后经历了蒲甘王朝、东吁王朝和贡榜王朝。贡榜王朝时期则是缅甸由独立走向殖民化时期。18～19世纪，英国吞并印度后一直对缅甸虎视眈眈，1824年、1852年和1885年先后发动3次侵缅战争，最终使缅甸成了英属印度的一个省，完全沦为英国的殖民地。第一次英缅战争后，殖民势力首先进占沿海地区，后又向缅北内陆推进，缅甸也日益卷入世界市场体系。华商群体在缅北的移民潮及贸易活动在殖民者到来前就已存在，是传统滇缅贸易延续和发展的结果。中国与缅甸官方的传统关系在清光绪初以后基本断绝，但早已形成的经缅甸陆上和江河支线的“海上丝绸之路”（连接中国西南地区的出海水路）继续存在，几乎没有受到缅甸内外形势变化的影响。

历史上的缅甸华侨中，一部分是战争中流散的中国军人及其后裔，他们主要是清初跟随南明桂王（永历帝朱由榔）入缅的“官族”；随后李定国、白文选率部转战滇缅边界，有不少随从官员、将士及家属，失败后，余部中有相当一部分人流落下来，以帮人做工、开矿或垦殖为生。后来这些人渐与当地民族融合，历经近百年，成为当地少数民族之一，但仍保留着不少汉族习俗。他们的后裔自称“贵家”（即桂家）。①

通过陆路来到缅甸的华侨主要由两部分人组成：一是矿工，二是商贩。源源不断地来往于中缅两国之间的民间矿工和民间商贩中留缅不归者成为“单程移民”。实际上来到缅甸的矿工属于当时的技术移民。他们的移民方式跟越南的同类移民异曲同工，即离开中国时，是非组织的，而到了目的地，则是高度组织的，主要通过地缘关系组织起来。他们的移民过程没有政府推动的因素。由于经济利益的驱动和社会发展的需求，这一类移民事实上是常态化的。

缅甸大部分华侨来自中国民间，主要是来自闽、粤、滇三省，也有来自其他省份的。清代流入缅甸的这一类移民基本上是涓流式的，虽个别时候流量骤增、个别时候骤减，但从未中断。

18 世纪以来，在滇缅贸易发展过程中，部分华商（以云南人为主）开始寓居阿摩罗补罗，并与缅族通婚，形成华侨社区。此地一度是缅甸华侨最集中的地区，直至 1857 年缅王决定迁都曼德勒城，大部分华商随之迁往新都曼德勒。华商群体在阿摩罗补罗的活跃时期大致是在 18 世纪中期至 19 世纪中期。② 随着到阿摩罗补罗采购棉花的华侨日益增加，逐渐与当地缅人产生密切的联系，华缅通婚现象日益普遍。这种联姻过程也就是华商由“侨居经商”向“定居生活”转变的过程。这些华商大多在此长期从事商贸活动，如云南商号“三成号”的创始人之一李茂林，其子“李大森又继父辈业，长期侨

① 余定邦、黄重言编《中国古籍中有关缅甸资料汇编》，中华书局，2002，第 437 页。

② 李新铭：《马帮、商铺与移民：贡榜王朝时期缅甸阿摩罗补罗的华商群体》，《东南亚研究》2016 年第 3 期。

缅经商，娶缅妇女，至今其墓尚在洞缪华侨坟山”。“洞缪华侨坟山”即今“洞缪领新拱坟场”，在今阿摩罗补罗的洞德曼大湖领新拱附近。有学者研究发现，该坟场中，今尚存清咸丰至同治年间字迹可辨的墓碑 15 块，其中有 6 块墓碑铭文可直接反映当时华缅两族的通婚情况。墓碑上一些人名中有“孟”和“麻”字，分别为年轻男子和女子的缅族人名称谓，因混血儿之故，其姓名才添此二字。同治年间虽已至 19 世纪六七十年代，但联姻之谊应早于墓刻所记载年代。这里的华侨到了第二代，便出现了相当一部分中缅混血儿。①

可以肯定，并非所有华商一开始就愿意与当地妇女通婚，原因在于初到缅甸的他们并不打算在当地长期居住。但总有一部分人出于各种原因在当地居留下来。至于跟随他们的孩子，一般儿子送回国内读书而不再出来，女儿与父亲生活一段时间后在当地出嫁，早早地就成了当地居民。华商定居当地后，到了第二代、第三代后，就完全成为当地人了。

就华商来说，中缅间的族际通婚对他们的商业发展而言还是利大于弊，因为这种族际通婚促使他们将经济活动的重心放在经商之地，有利于商业的代际传承。据记载，在缅甸定都阿摩罗补罗的第二个时期（1837～1857 年），阿瓦和阿摩罗补罗的中国侨民数量已十分可观：“各族人口约有 20 余万，其中滇侨将近 1 万多人。”1855 年，亨利·尤尔在阿摩罗补罗的考察显示：“中国人的砖瓦建筑占据了住宅区的大片面积。在这座都城及其邻近村落，他们的总数应该在 2000 户左右。”② 这表明长期居留的华商（包括一开始就决定长住的华商以及一开始决定暂住后来才决定长住的华商）占比很大。在这一时期，阿摩罗补罗的市区形成了两个华侨集中的街区：“当时阿木腊

① 李新铭：《马帮、商铺与移民：贡榜王朝时期缅甸阿摩罗补罗的华商群体》，《东南亚研究》2016 年第 3 期。

② 李新铭：《马帮、商铺与移民：贡榜王朝时期缅甸阿摩罗补罗的华商群体》，《东南亚研究》2016 年第 3 期。

布腊有完整的市区规划，共有四十八条街巷，仅汉人街就有两条，一条叫汉人大街，一条叫汉人小街。”这类华侨社区就是华商打开缅甸市场而后将触角延伸到更远地方的据点，远道而来的行商可以加入坐商成熟的商业网络开展贸易活动。①

华商在阿摩罗补罗的贸易与移民活动表明，在殖民者到来之前，中国西南边疆社会的经济已不单纯是一个局限于中国境内的国内经贸体系，中国西南地区与缅甸在经济上已存在较为紧密的互补性联系。在贡榜王朝末期，英国加紧对缅甸的侵略，1885 年发动第三次英缅战争，吞并缅甸。至此，中国西南边疆地区与英殖民地相连，直接面向世界市场。但华商在传统滇缅贸易中开拓的商路和贸易据点并未因此失去活力，而是成为中国西南步入早期经济全球化的联系纽带。②

在流寓东南亚的云南人中，除了汉族以外，还有一些来自云南的回民。回顾历史，回民的先民大批进入云南应上溯到元、明两代。但回民进入缅甸主要是通过陆路，他们进入缅甸的过程与商业活动息息相关（也有务农者和从事手工业者），因而他们进入缅甸本身就是参与“海上丝绸之路”运作的过程。从现有资料看，19 世纪中叶以前移居东南亚的云南回民不多，那时回民的定居点还只是零星、分散的。云南回民大批移居东南亚是在杜文秀起义失败以后。

广东华侨中“四邑”人最多，其中台山（光绪三十年以前称“新宁”）人占大多数，此外还有中山人、梅县人、广州人等。现仰光市中心的“广东大街”（英殖民时代称“Dalhousie”，缅甸独立即 1948 年后改为“Maha Bandoola”）就是因为广东人多、广东会馆多而获得此名。

---

① 参见李新铭《马帮、商铺与移民：贡榜王朝时期缅甸阿摩罗补罗的华商群体》，《东南亚研究》2016 年第 3 期。

② 李新铭：《马帮、商铺与移民：贡榜王朝时期缅甸阿摩罗补罗的华商群体》，《东南亚研究》2016 年第 3 期。

据云，缅甸华侨称呼台山籍华侨为“马交人”。“马交”即澳门（Macao），应为当地中国人对该埠的音译。台山籍华侨早年多从澳门登船来缅甸谋生，先前已居留下来的缅甸华侨不知道他们的祖籍是台山，而只知道他们来自澳门，故有此称。不过据“马交”一名可以推测，葡萄牙人在明朝嘉靖十四年（1535）入居澳门后，就有邻近的台山人从澳门乘船来到马来西亚的槟城，再到缅南的丹老（墨吉）、毛淡棉，最后到达仰光。也可猜测，台山人移居澳门可能与葡萄牙人占据澳门后开通到巴西的航路（即印度洋大西洋航路）有关。缅甸有很多台山华侨，因为台山话后来曾是在缅甸粤侨使用的主要语言。那时候连中山人、梅县人、广州人、福建人都能讲流利的台山话，甚至少数缅甸人、印度人也能讲简单的台山话。至于台山人聚居的主要缅甸城市，首先是仰光，其次是第二大城市曼德勒，再次是勃生市、毛淡棉市、缅北的东枝和腊戍等数十个中小城市。

初到缅甸的台山人中木匠、铁匠居多，之后转到建筑业，所以缅甸首都仰光市“广东大街”的建筑物与广州、台山有相似之处。台山人后来遍及饮食、五金、运输、机械、制革、中医药等各行各业。①

来自福建的华侨主要做商贩，多集中在缅甸南部。福建华侨移民在缅甸南部比较集中的一段时间是在三次英缅战争期间（1824 ~ 1885 年）。其时英军为了建设官署、营房、住宅、公路、桥梁，需要大批工匠，便从马来西亚招募了大批华侨技工。因此，在这段时间内，除了从马六甲、槟榔屿移居缅甸的福建华侨外，闽南一带越来越

① 许芸：《台山侨代会上的缅甸归侨》，资料来源于《新宁杂志》等。此文 2007 年 9 月 5 日发表于香港《第四届世界缅华同侨联谊大会》（特刊），2007 年 9 月 24 日发表于澳门《乐报》。

多的人相率渡海到缅甸南部的土瓦、丹老谋生，后扩展到毛淡棉和仰光。[①] 19 世纪中期，到缅甸南部各埠的中国帆船大多是闽帮青头船。[②] 但在英国人统治缅甸后，“海峡殖民地”很多闽籍华侨移居下缅甸。他们先到仰光，再转徙缅甸南部各地，少数闽商还深入上缅甸。

19 世纪中期后，虽然上缅甸华侨仍然多利用陆路，下缅甸华侨则多利用水路，但上缅甸华侨在全缅华侨中的占比已大为降低，而下缅甸华侨的占比大为上升。一方面，因为下缅甸开发较快，华侨增加；另一方面，因为以前数万名华工聚集在北部采矿，后来矿厂逐渐衰落，清政府又许进不许出，矿工日渐减少。与此同时，聚居在八莫的华商也因与英商竞争日益加剧而人数减少。下缅甸遂成为缅甸华侨社会的重心。这标志着下缅甸与南面的“马来联邦”尤其是槟榔屿华侨的社会联系加强。下缅甸华侨与槟榔屿华侨的历史联系一直很密切。

缅甸的广东籍、福建籍华侨的特点可以归纳为从地籍、同行业、娶缅女。华侨多在当地多娶缅女为妻，例如，漾贡（仰光）一地，华侨皆纳缅妇为室，未见中土女子。[③] 如上所述，华侨娶缅女，无疑会加快他们融入当地的步伐。各国华侨在居住地娶当地女子是一种常态化的民族融合方式，差别只在于这种现象的普遍化程度。

六　“海峡殖民地”华侨

“海峡殖民地”是 1826～1946 年英国对位于马来半岛的三个重要港口和马来群岛各殖民地的管理建制。1824 年，马六甲为英国所

---

① 福建省地方志编纂委员会编《福建省志·华侨志》，福建人民出版社，1992，第 100～101 页。

② 吴凤斌主编《东南亚华侨通史》，福建人民出版社，1994，第 259 页。

③ （清）黄楙材：《西輶日记》，（清）王锡祺辑《小方壶舆地丛钞》第 10 帙。黄楙材于 1879 年经缅甸赴印度。

占领；1826 年，英国将槟榔屿、马六甲、新加坡几个殖民地合并为“海峡殖民地”，首府设在槟榔屿，1832 年首府移至新加坡。

（一）马六甲的华侨后裔

马六甲为 15～16 世纪初马来人所建立的王国，版图包括马来半岛南部和苏门答腊岛东部。明初郑和下西洋，曾在马六甲建“官厂”（仓库），并将其作为重要中转站。1511 年，葡萄牙殖民者占领马六甲。1641 年，马六甲被荷兰占领。马六甲王国作为早期中国、印度和东南亚的货物交换转口港，曾吸引一批商人来此停留和开展贸易。华侨社区领袖曾被苏丹任命为“港务委员”，协助管理外商。华侨港务官的任务大概是管理华侨居民的商业活动，让他们遵守法规。华侨港务官也是政府管理华侨的代理人。①

马六甲华侨移民后裔的一个最重要特征就是“峇峇现象”。“峇峇现象”起因于华侨男性与当地马来妇女通婚。当时绝大多数华侨定居当地后，因华侨女性少，男子多与当地女子通婚，尽管很多华侨“下南洋”前已有发妻。华商多要趁季节风来往于南洋与家乡之间。在他们回国期间，当地的妻子就代他们处理商务。一般的说法是，华侨与马来女性通婚所生子女，一般经过三代就会成为“峇峇”。在长时期内，华侨与其当地妻的婚育子女，男孩被带回中国，女孩仍留在当地，称“土生女”，但不许与当地男子结婚，只许与华侨或新来华侨婚配。② 可以猜测，这是基于中国传统的男尊女卑观念以及传宗接代的血统思想。槟榔屿的情况与马六甲相似。

说“峇峇语”是这一族群最重要的文化标识，华侨与马来女性通婚后，华侨忙于生计，主要由马来妻子养育孩子。马来妇女不懂汉语，而孩子常年与母亲生活在一起便学会了马来语。久而久之，产生

① 参见林水檺、何国忠、何启良、赖观福合编《马来西亚华人史新编》（第 1 册），马来西亚中华大会堂总会，1998，第 5 页。

② 李长傅：《南洋华侨史》，商务印书馆，1933，第 46 页。

了一群讲马来话的华侨。一般认为，客观现实使“峇峇”形成了这一特征。

“峇峇”的其他文化标识还包括：信仰上主要信仰回教；社会习俗上亲母方而轻父方，对所生子女，多重女而轻男；衣着上穿马来装；保留着中国人的风俗习惯；等等。“峇峇”在穿衣上的特征也值得一提，一般男子大多穿西服，女子穿马来服（也称“娘惹”，Njonja，Nyonya），但女性马来服与娘惹略有不同。马来女性上衣前后对襟一样长，一般无装饰，颜色多为黑色、红色或其他深色；而娘惹服则前长后短，前多绣花纹，颜色多浅、淡、雅，下服则用马来裙（纱笼）装束，纱笼乍看似中国古装。① 日常生活上，“峇峇”食不用箸，以右手代之（左手授礼或接物，则斥为无礼）。

（二）槟榔屿华侨

槟榔屿，中国史籍也作“布路槟榔”“槟榔士”等。1786年，英国人与吉打苏丹订约，将槟榔屿开辟为商埠，并招徕商贾，遂渐富庶。其实，槟榔屿与马六甲一样，没有什么土特产，之所以能逐渐富庶，是依靠其商业转运港的优势。1800年，英国与苏丹签订新约，得到槟榔屿岛对岸长18英里、宽3英里的土地，命名为“威利士省”。1826年，英国将槟榔屿、马六甲、新加坡几个殖民地合并为“海峡殖民地”，首府设在槟榔屿。1832年首府迁至新加坡，这不仅意味着槟榔屿政治中心转移到新加坡，也意味着槟榔屿的商业中心转移到新加坡。

槟榔屿开埠前就有华侨居住，但槟榔屿的华侨史一般以乾隆十年（1745）广东大埔人张理、丘兆进和福建永定人马福春等50多人抵埠为始。当时张理等人一行本欲乘船从汕头前往巴达维亚谋生，途中遇风，漂到槟榔屿。他们是开辟槟榔屿的先驱，后来张理被称为“大伯公”，丘兆进被称为“二伯公”，马福春被称为“三伯公”。实际上，

① 学潜：《槟榔屿之华侨妇女》，《南洋研究》1930年第1期，第125页。

包括华侨人口在内，后来槟榔屿的岛上居民主要为英国殖民者所输入。槟榔屿开港不久后，英国人即运来首批中国人，他们的任务是修建港口货栈。此后岛上人口不断增加，其中包括华侨和来自其他地区的人。华侨在岛上清除荆棘，开辟出一块块可耕地，成为槟榔屿最重要的建设者之一。

居住在槟榔屿的华侨主要有福建人、海南人、客家人、广府人、潮州人，也有土生华人，各籍人数不等；居住在威利士的华侨亦包括以上各籍。① 槟榔屿华侨中，闽、粤两籍人实力最大。闽侨以财产多著称，粤侨则以人多闻名（其中潮州人数最多）。② 例如，福建海澄人邱忠波是槟榔屿华侨的杰出代表，对发展东南亚与中国内地的商业网络贡献卓著。他 15 岁就来到槟榔屿，60 岁逝世，终老海外。他的一生以商扬名。曾有誉云："海外商务之大，以忠波为最。"他的商业网络远及上海、宁波、厦门、香港、汕头，海外则达新加坡、马六甲各埠，乃至经营吉隆、白蜡（霹雳）锡矿以及西贡和仰光的碾米业等。他拥有轮船十数艘，手下供役者多达四五千人，其他仰食人众则不计其数。③

（三）新加坡华侨

1819 年，莱佛士登陆后，新加坡开埠，其时岛上仅有 1811 年移民的约 150 名马来人和种植甘蜜的华侨。④ 为了将新加坡发展成东南亚的商贸中心，英国殖民者开始招徕中国移民。19 世纪中期以前，新加坡的中国移民主要来自厦门港。19 世纪 80 年代初，香港成为中国移民前往新加坡的主要港口。

---

① （清）力钧：《槟榔屿志略》，此据福建师范大学历史系华侨史资料选辑组编《晚清海外笔记选》，海洋出版社，1983，第 48～56 页。

② 余定邦、黄重言编《中国古籍中有关新加坡马来西亚资料汇编》，中华书局，2002，第 369～372 页。

③ （清）力钧：《槟榔屿志略》，此据福建师范大学历史系华侨史资料选辑组编《晚清海外笔记选》，海洋出版社，1983，第 49～50 页。

④ 吴凤斌主编《东南亚华侨通史》，福建人民出版社，1994。

新加坡华侨中，福建人约占十之七，广东人占十之二三。因华侨擅长贸易，故新加坡绅商富户甚多。中华街、大小店铺、庙宇、会馆、戏园、酒楼、茶店咸备。19 世纪中叶后，新加坡成为东南亚华工的集散地。同时，应指出，新加坡开港后，因地处中西交通要冲，很快成为转贩华工出洋的中心。不仅南洋各地的华工要从新加坡转运，运往澳大利亚、非洲、美洲等地区的华工也以此地为中转站。

（四）“马来联邦”华侨

马来西亚的历史实际上分为马来半岛和北婆罗洲两部分的历史。15 世纪初，以马六甲为中心的满剌加王国统一了马来半岛大部分，并发展成当时东南亚的主要国际贸易中心。葡萄牙于 1511 年占领马六甲，建立殖民统治。到 1624 年，荷兰取而代之。到 17 世纪之交，英国势力进入东南亚。1684 年，英国人被迫撤出万丹，直到 18 世纪下半叶，已完成工业革命、国力充盈的英国又卷土重来。1819 年，英国人莱佛士率众登陆新加坡，建起了商馆。1826 年，英国将槟榔屿、新加坡等几块殖民地合并为“海峡殖民地”。1896 年，英国将霹雳、雪兰莪、森美兰和彭亨正式合并，建立“马来联邦”，首府设在吉隆坡。此后，各土邦得到较快发展，未加入“马来联邦”的吉打、吉兰丹、丁加奴、玻璃市和柔佛 5 邦则被称为“马来属邦”。1909 年，英国与其时统治暹罗的曼谷王朝签订《曼谷条约》，曼谷王朝将马来半岛北部的吉打、玻璃市、吉兰丹、丁加奴 4 个马来土邦的宗主权、保护权、行政权和管辖权都让予英国，4 个土邦自此处于英国“保护”之下，英国人在 4 个土邦分别设置顾问官。到 1914 年，柔佛苏丹被迫接受英国人派遣的顾问官，也成了英国的“保护邦”。①可以说，自这个时候英国人对马来半岛内陆的开发才真正开始。而在

① 另一说法是，1914 年英国人将柔佛、吉打、玻璃市、吉兰丹、丁加奴 5 邦合并组成为“马来属邦”，派遣总顾问官进行统治。英国至此最终完成了对马来半岛的全部占领，半岛地区完全殖民地化。据薛福成《出使英法义比四国日记》，岳麓书社，1985，第 421～424 页。

此之前，华侨早已在这些地方定居与开发。这段时期也是“海上丝绸之路”的东南亚沿线地区华侨出国和参与当地开发的最重要时期，是马来半岛经济快速发展的时期。为行文方便，以下把除“海峡殖民地”以外的马来半岛内陆地区统一称为“马来联邦”地区。

历史上，马来人和其他世居民族是当地的主要居民。到19世纪中叶，因开发产生劳动力需求，以中国人和印度人为主的移民才源源不断地来到马来半岛。而早年来到“马来联邦”地区的华侨移民是零散的和偶然的，通常只是三五成群地来到这里寻得栖身之土，开荒种地，糊口生存。但到19世纪下半叶马来半岛发现锡矿并进行大开发后，一批又一批中国人成群结队来到马来半岛，主要是开采锡矿，促进了马来半岛经济的快速发展。他们筚路蓝缕、开荆辟莽，奠定了自己的经济优势地位。

从华侨的籍贯来看，福建籍华侨主要居住在“海峡殖民地”；广肇籍华侨主要居住在“四州府”（霹雳、雪兰莪、森美兰、彭亨）和新加坡；潮州人则散居各地，“海峡殖民地”及北马吉打居多；客家人主要分布在“海峡殖民地”和“四州府”，锡矿区尤多；海南籍华侨大多居住在丁加奴、柔佛和新加坡。① 但从“马来联邦”地区来看，华侨的分布则十分不平衡。有的地方华侨比当地人（主要是马来人）还多，如柔佛、雪兰莪、双溪乌戎；有的地方华侨稍少或偏少，如霹雳、吉兰丹。这种情况显然与有没有华侨产业特别是有没有大规模的华侨产业“开发区”（如柔佛的甘蜜、胡椒和橡胶种植，霹雳的采锡业）密切相关。

七 英属北婆罗洲华侨

北婆罗洲位于加里曼丹岛东北部，在地理上指今天的沙巴州一带。历史上，北婆罗洲曾是英国的殖民地，称“英属北婆罗洲”，辖

---

① 参见吴凤斌主编《东南亚华侨通史》，福建人民出版社，1994，第271～272页。

域除今沙巴州，还包括沙捞越、文莱、纳闽等地方。

华侨来到北婆罗洲的历史在东南亚海岛地区较早。首先是文莱，这个国家是华侨史上东南亚海岛地区较早出现华侨的国家，华侨也是文莱土地上最早到来的外国人。

8 世纪，勃泥国就已经有中国人定居。1972 年傅吾康教授在文莱发现的 700 年前的宋代华侨墓表明，当时此地已有华侨。墓主人为常住华侨的可能性极大，其身边人亦应为常住人口，否则就不会为他立墓了。14 世纪，浡泥摆脱爪哇的控制，至 16 世纪中叶非常强大，国土包括菲律宾南部以及沙捞越和沙巴。但到 16 世纪中叶，葡萄牙、西班牙、荷兰、英国等相继入侵。1888 年，文莱沦为英国的保护国。

明初郑和船队曾两次到达婆罗洲，浡泥国王亦两次访问明廷，这说明当时中国和文莱之间已经存在固定航线。国王麻那惹加那乃曾于 1408 年访问中国，归途中逝世，安葬于南京。事实上，宋代泉州与勃泥国之间已形成了两条固定的贸易航线。一为西南航线，即泉州—西沙—占城（今越南中部）—勃泥；二为东南航线，即泉州—澎湖—麻逸—勃泥。其中西南航线为唐代已有的传统航线，即后来的“西洋针路”；东南方向去往勃泥的航线是在宋代新开辟的，后来称“东洋针路”。可以相信是华侨特别是华商的频繁往来开创了中国与文莱之间的固定航线。循这两条航线的续行方向可到达菲律宾群岛一带。

明代以前移居北婆罗洲的华侨人数少且分散。到 19 世纪 40 年代，詹姆士·布洛克成为沙捞越第一代拉者并颁布吸引华侨的新政策后，华侨才开始迅速增加。1857 年“石龙门事件”发生前，稳定居住下来的华侨人数已经很多。此次事件发生后，拉者未再大规模地引进华侨。直到 1870 年第二代拉者继任后，新的华侨移民浪潮才重新出现。①

① 饶尚东：《沙捞越华族的移民和经济活动（1870～1890）》，载饶尚东《砂汶沙地理论文集》，婆罗洲出版有限公司，1975，第 13 页。

新的移民浪潮出现后直到清末，沙捞越的华侨移民可分为前后两个阶段。前一阶段为 1870～1889 年，沙捞越拉者鼓励华侨前来耕垦，华工主要来自新加坡。到后一阶段，即 1889～1912 年，沙捞越统治者查理士·布洛克重视农业发展，鼓励华侨移民到沙捞越务农，因为当时橡胶、胡椒、硕莪、甘蔗等农作物种植缺乏劳动力。随后大批先侨从福建、广东来到诗巫、古晋等地。

文莱的华侨移民比较特殊，他们在年复一年、月复一月的贸易往返中，形成了一种候鸟式移民形态。集中表现在两个方面：其一，阶段性贸易过程中逗留时间长短不一的“住番”，表现为一种暂居型移民形态；其二，这种暂居型移民，久而久之便很容易向永久型移民转变，到了第二代以后，便认他乡做故乡了。至迟从唐代开始，地处东南沿海的泉州就与文莱乃至婆罗洲有十分频繁的海上贸易往来。可以想见，既然许多人前往文莱贸易，会有一部分人长驻于彼，采集商货，送走这一群乡客，准备迎接下一群乡客。另一部分人则漂泊在来往于家乡和文莱的船上。于是，一部分商人便在岁月流逝中成了华侨。

自 16 世纪中叶以来，随着明代后期民间海外贸易活动兴起，被中国人认为地处“东洋尽处”的文莱迅速成为中国帆船从事东西洋贸易的一个重要贸易港口。明朝隆庆元年（1567）福建漳州月港部分开禁，准许民间海商出洋兴贩。当时中国海商的海外贸易以东洋、西洋为对象，文莱就是当时中国帆船东洋贸易航路的终点站。文莱还是婆罗洲地区香料等热带植物产品以及热带海产品的主要贸易港口。所以，中国帆船对文莱的贸易活动构成了明代后期中国海外贸易网络的一个重要环节。

文莱的这种地区性国际贸易商港地位是吸引中国帆船频频前往贸易的一个重要因素。从清初直至 1840 年鸦片战争前，文莱作为重要商港，依然是中国帆船“下南洋”航路上的主要贸易口岸之一。然而，17 世纪以来，由于荷兰人逐步控制婆罗洲西南部地区，以及其对“香料群岛”的贸易垄断，加上18世纪以后西班牙人在菲律宾殖民统治的巩固，文莱赖以生存发展的对外通商贸易活动受到极大限制。到18世纪后，只有中国帆船与文莱依然维持贸易往来，成为这一时期文莱乃至婆罗洲地区对外贸易的主要渠道，主要原因是中国商人与婆罗洲的文莱等港口一直保持良好的贸易关系。此外，华侨还在文莱大规模种植胡椒，以满足中国帆船在海外贸易中对这一货物的需求。在漫长的岁月里，华侨或长或短地到文莱从事贸易、农垦与种植活动。

有一个孤悬于北婆罗洲沙巴外海的荒岛，叫纳闽，本属文莱，很少有人注意到。1846年12月18日，文莱苏丹被迫与英国签订一项契约，把纳闽岛割让给英国，英国旋即将之改称“维多利亚”。1906年，英国人将其划归“海峡殖民地”管理。纳闽先后出现两次移民高潮。第一次移民高潮始自英国人接管后第二年，即1847年，英国殖民政府计划开发纳闽岛，从香港物色土木技术人才，在此地兴建政府行政办公楼及英国官员官邸。其时香港居民多为广东人，故英国人所招募技术人才大部分来自广、惠、肇三府。第二次移民高潮始自1849年，其时英国东方群岛公司开始开采蕴藏丰富煤矿的纳闽岛北端。到1852年，岛上铺设一段煤炭运输铁路线，开采规模扩大，需要更多劳工，于是该公司从香港引进大量劳工。

八　荷属东印度华侨

（一）印尼群岛华侨

有关古代东南亚的华侨历史足迹，海岛国家中，印尼是最早而最有实证意义的。远的不说，东晋高僧法显赴印度求经，归国途中遇大风，漂流至耶婆提，表明了其时印尼群岛与中国已有横渡南海的直接交通航线。7～11世纪，室利佛逝雄踞苏门答腊一带，来到这里的中国使者、商旅不绝于途，华侨也已开始出现。根据可信的文字资料，自唐代末期即开始有成批的中国移民定居印尼，他们或是躲避战乱，或是经商。[1]

13 世纪末 14 世纪初，爪哇出现了印尼群岛历史上最强大的王国——满者伯夷。满者伯夷与中国交往频繁，中国商人不仅在苏门答腊、爪哇和婆罗洲活动，而且远至摩鹿加群岛、帝汶岛等地。1293 年，勿里洞开始出现华侨村落。当然，宋元时期，移民人数还相当有限。东爪哇杜板、苏门答腊南部的巨港等地已成为“千余家”的华侨聚居区。[2] 1368 年前后，梁道明称雄于三佛齐旧地，“闽、粤军民泛海从之者数千家”。[3] 在上述城镇和满者伯夷，中国铜钱通行使用。[4] 以上记载说明，在 17 世纪荷兰等西方殖民者大规模入侵印尼之前，华侨已大量移居印尼群岛，初步形成了华侨社会，并且有自己的集中居住处，规模可观。华侨有自己的地盘和首领，从事共同或相互联系的职业，具有共同的地域和经济联系，相当多的华侨逐渐同化于当地社会。郑和下西洋的船队曾经过此地，在马六甲海峡一带留下了许多遗迹。郑和船队慰问了沿岸定居的华侨，船队本身也留下了一批华侨。

自 16 世纪起，欧洲强国开始在东南亚建立殖民地，印尼群岛许多地方被荷兰占领。荷兰最初通过荷兰东印度公司对这些地区实行殖民统治。1799 年，东印度公司解散后，由荷兰政府接管，史称“荷属东印度群岛”（亦称“尼德兰东印度群岛”）。荷属东印度群岛约是当今印度尼西亚群岛，包括苏门答腊和邻近岛屿、爪哇及马都拉、婆罗洲（沙巴、沙捞越、文莱除外）、苏拉威西等广泛的区域。苏门答腊、爪哇等岛屿古来便是中外远洋航线必经之地，与中国往来频繁，也是东南亚海岛地区较早出现华侨的地方。雅加达、泗水、万隆、茂物、棉兰、巨港等印尼城市都有历史久远的唐人街。今天，印尼的大部分华人居住在城市地区。

---

① 李长傅：《中国殖民史》，商务印书馆，1934。

② （明）马欢：《瀛涯胜览》，冯承钧校注，商务印书馆，1935。

③ 《明史·三佛齐传》，中华书局，1974，第 8409 页。

④ （明）巩珍：《西洋番国志·爪哇国》，中华书局，2000，第 6 页。

1860年后，清政府被迫开放海禁，位处中西交通枢纽的荷属东印度群岛的华侨数量激增。巴达维亚是荷兰殖民统治的中心。该市开埠后，华侨人口明显增加，这里逐渐成为华侨聚居的中心。荷兰总督曾用高额工资招引万丹的中国人，对移居到巴达维亚的华商课以轻税，奖励华侨招引同乡来巴达维亚。一旦有能够自立的资产，华侨便在巴达维亚安家落户。此外，巴达维亚增加的人口中，还有劫掠来的“契约劳工”。

19世纪中叶以前，爪哇的华侨中，福建籍商人和工匠占优势，讲福建方言者多。① 因此，闽南语成为华侨社会的通行语言。至19世纪末，形成了华人马来语（由市场马来语与闽南语结合而成的混合语言），并进而成为全爪哇土生华人社会的共同语言。在鸦片战争前，福建人还占爪哇华侨总数的80%以上；鸦片战争后，大批出国华工以广东人为主（占70%以上）。由于以粤籍为主的“契约华工”大批进入荷属东印度群岛，而闽籍华侨华人因为新客比例下降，土生华人成为主体。

（二）西婆罗洲华侨

在地理上，西婆罗洲即现在加里曼丹岛中属于印尼那一部分。清代以前，华侨与包括西婆罗洲在内的加里曼丹岛的关系主要是与沿海当地民族之间的贸易往来。18世纪中期以后，随着西婆罗洲发现金矿，大批华侨涌入。19世纪中期，随着邦加、勿里洞锡矿的大规模开采，日里烟草业的大发展，西婆罗洲金矿逐渐枯竭，而其他行业未及时发展起来，于是旧客移出，新客罕至，西婆罗洲华侨人数大为下降。最初西婆罗洲的绝大多数华侨为客家人，几代人以后便以土生华人为主体了。

在西婆罗洲，有一件与华侨移民相关的事情是不能忽略的，即

① 参见（清）徐继畬《瀛寰志略》卷2《南洋各岛》，清道光二十八年福建抚署刻本。

18 世纪后期罗芳伯建立的“兰芳大统制共和国”（1777～1884 年）。乾隆三十七年（1772），35 岁的罗芳伯与百余名亲戚朋友漂洋过海，历经风浪，从一个叫三发的地方上岸。罗芳伯的到来让居住在此地的客家人觉得有了首领。罗芳伯生得“虎头燕颔，长耳方口”，喜怒不形于色，华侨“皆器重之”。罗芳伯带领乡亲开辟了一个安身立命之地，在站稳脚跟后，罗芳伯积极联络苏丹和当地土族头人，与当地民众一起组建军队，击退外来入侵者，取得了东万律的管辖权。1777 年，罗芳伯着手建立“兰芳公司”，并建立了“兰芳大总制共和国”，得到其管辖下的民众的一致拥戴，他被称为“大唐总长”，敬称“芳伯”。共和国的国之大事“皆众咨议而行”。“大总制”、“共和国”和“总长”等概念应是罗芳伯在海外耳闻所得，而总长之职，则以类似于民主选举和禅让的形式传承。罗芳伯在位期间，领导民众改进落后的农耕技术、扩大矿产开采规模，发展交通，创办学校，改善民众生活。为了保卫辖域安全，罗芳伯实施全民皆兵，组织青壮年参加军事训练，平时务工、务农、经商，战时保卫家园。“兰芳大统制共和国”还算得上稳固，存在时间长达 107 年（其中罗芳伯当了 19 年“大唐总长”），1884 年荷兰殖民势力入侵，“兰芳大统制共和国”才告灭亡。

九　菲律宾华侨

菲律宾是群岛国，岛屿数在东南亚地区仅次于印尼。在漫长的历史长河中，菲律宾群岛没有一个整体国家的概念。菲律宾群岛作为一个独立国家，只是近代以来的事。唐代以来，中国人就与菲律宾各个“岛国”（如吕宋、麻逸、苏禄等）有贸易往来。其中最著名的是 14 世纪 70 年代兴起的海上强国苏禄王国。明永乐十五年（1417），苏禄群岛的 3 位国王（东王、西王和峒王）前来明廷进行友好访问，受到明永乐皇帝隆重接待。这也是中外关系史上为人津津乐道的事。

中国人移民菲律宾的历史却不晚。史载，在唐宋时期，中国人就开始向菲律宾移居，那里就出现了华侨。从中国与菲律宾群岛交通的角度来说，菲律宾在东南亚地区长期排在“末位”，原因是中国与菲律宾的交往仅有海路一途。在明代中期以前，从中国出发前往菲律宾的航船必须经过越南、马来半岛和北加里曼丹岛沿岸，才会到达菲律宾群岛。到明代中期从中国东南沿海出发经过南海直接驶往菲律宾群岛的航线开通以后，若要前往菲律宾群岛，经过越南、马来半岛和北加里曼丹岛沿岸的航线仍没有被完全取代，因为经南海直通菲律宾的航线风险极高。

《明史·吕宋传》记载，明代前往菲律宾的福建人看到那个地方十分富饶，商贩已达数万人，往往久居不返，在那里生儿育女，繁衍子孙。值得注意的是，其时华侨已深入菲律宾群岛南部。再到明末，华侨人数达到高峰。于是，华侨纷纷移居菲律宾南部的和乐（苏禄）、明达瑙（棉兰老），中部的怡朗、宿务，以及北部的马尼拉、大港等地。华侨以福建人为主，福建人之所以大批移居菲律宾，与福建开通了直航菲律宾的航线有关（不经过越南、马来半岛和北加里曼丹岛沿岸）。

西班牙殖民者占据菲律宾时，已有从事各种职业的华侨在菲律宾生活，包括工匠、木匠、园丁、粮农、菜农、商人、渔夫、猎人、织匠、砖匠等，但人数均不多，多数是农业劳动者，出售劳动所得换取生活所需。① 华侨农民开辟了菲律宾的大片荒芜之地。例如，华农把内湖沿岸开垦成良田；碧瑶的华侨雇用当地人开垦土地，有大菜园百余处；华侨在马尼拉等城市种植果蔬，供给城市；在南吕宋、民都洛岛种植椰子；在巴莱芬，有华侨数百名，采海参、燕窝，还种橡胶和麻；等等。②

历史表明，近代对中国人移民菲律宾起决定性作用的是殖民势

① 吴凤斌主编《东南亚华侨通史》，福建人民出版社，1994，第275～276页。

② 吴凤斌主编《东南亚华侨通史》，福建人民出版社，1994，第118页。

力的消长。首先，东南亚地区各埠陆续开辟。争夺东南亚的有英国、荷兰和西班牙，其中英国、荷兰殖民者的经济实力均较西班牙殖民者强，因而两国的殖民经济发展较快。华侨对移民目的地的选择主要是看在目的地能否更快地赚更多的钱，加上到菲律宾群岛的交通不如到其他地方便捷，被英国、荷兰占领的地区吸引了更多华侨前往。其次，更直接的原因是西班牙殖民者在菲律宾肆意屠杀华侨。西班牙殖民当局先后在1662年、1685年和1762年3次对岛上的华侨进行大屠杀，华侨死亡数以万计。虽然史料显示在每次大屠杀后华侨人数又大幅回升，不久后又恢复到大屠杀前的水平，但这是每次大屠杀后低到极点的商机大幅“回摆”的结果，也是当时华侨大规模出国的趋势使然。对中国人移民海外起重要作用的，还有地缘和血缘因素。华侨喜欢结乡（亲）而居，例如在菲律宾，80%以上的华侨为闽南人，其中晋江人占70%，其余为广东人及其他省籍人。马尼拉及近郊就集中了近一半华侨，其余的华侨散居各省。①

另外，在“海上丝绸之路”的太平洋航路上，菲律宾华侨曾扮演过中转服务者的角色，即在“大帆船贸易”最重要的中转站马尼拉做贸易船开往墨西哥前的中介服务。这些华侨主要来自福建，他们中的一些人可能只在马尼拉居住一段时间就回到故乡，也应有人在菲律宾居住下来并融入当地社会，还有一些人移居拉丁美洲。

第二节　走东海

朝鲜半岛和日本列岛与中国山水相连，堪称一苇之航。历史上，中国与朝鲜半岛和日本列岛的经济、文化交流密切，相互往来有些通过陆路，但主要通过水路，后者形成了东北亚的“海上丝绸之路”

① 吴凤斌主编《东南亚华侨通史》，福建人民出版社，1994，第275～276页。

航路。在唐代以前去往朝鲜和日本的移民以避乱和文化交流类居多。宋代以后，移民中华商的比例明显上升。到了近代，虽仍以华商为主，但其商业活动受东北亚地区局势的影响较大。总的来说，中国在“海上丝绸之路”沿线的所有对外交流中，来往于朝鲜半岛和日本列岛的东海航路以中华文化的传播量大、影响深广著称。至少到隋唐时期中日航路形成北线、南岛线和南线之后，中国与朝鲜半岛和日本列岛的海上交通便分开了。

一 古代移居朝鲜半岛的华侨

两汉以前，中国王朝更替之时，民众为避乱或逃避繁重的赋役而移民，较大规模地进入朝鲜半岛，后来大多融入当地民族。有不少有关汉人入朝的记载。周武王己卯（公元前 1122 年），因分封先期通过陆路到达朝鲜半岛的箕子，都平壤，施八条之教，教民田蚕。秦汉之际，为了躲避秦朝的劳役之苦，许多中原人移民朝鲜半岛。公元前 195 年，卫满率众东迁，受到朝鲜王箕准重视，拜其为博士，令其守卫西北部边防。后来中原燕、齐难民不断流入朝鲜。汉武帝在卫满朝鲜故地设置四郡（乐浪、临屯、真番、玄菟）后数百年间，大量汉人进入其地，并成为当地居民。东汉末年战乱频仍，不少人陆续进入朝鲜半岛，其中一些人是汉皇室成员，久之融入当地或由韩去日。这些记载说明，中国人移民朝鲜半岛乃至经朝鲜半岛再移民日本的历史十分久远。

由于中国文明发展程度较高，生产技术比较先进，朝鲜半岛人口稀少，对从中国来的移民并不明显排斥。秦汉时期，中国移民一部分通过陆路进入朝鲜半岛，逐渐由北向南移动，也有一部分人越过对马海峡进入日本；另有一部分人通过海路进入日本，多是沿着山东半岛—庙岛群岛—辽东半岛—韩国西海岸航行，自北南下。人们所熟知的徐福船队就是沿着这条路线先到韩国，继而又到日本的。在韩国南部锦山中部濒海的岩石上，刻有“徐市（福）过此”和“徐市（福）

起拜”的象形文字，证明了徐福先到了韩国，后来才去了日本。①

中国魏晋南北朝时期，朝鲜半岛进入三国时期。新罗和百济各按东西两部，分据三韩故地。而南北朝时期，中国战乱，民众多有移居朝鲜半岛。550 年，北朝的北齐攻打东魏。东魏许多民众为避战乱而逃往高句丽。北齐灭东魏后即遣使到高句丽，要求高句丽国王遣送东魏末年逃难到此地的中国人。高句丽最初不从，后被迫遣回 5000 户中国人。②

新罗、百济与隋朝关系良好，两国都有中国人居住。隋与高句丽交恶，双方曾经进行了 4 次战争（598 年、612 年、613 年、614 年）。战败的隋军将士中，有一部分流落当地不返。622 年，唐高祖李渊曾要求高句丽荣留王将隋军士卒遣回中国，高句丽国王“悉搜括华人以礼宾送，前后至者万数”。③

唐王朝与新罗关系密切，两国间来往频繁。唐太宗贞观十九年（645），“徙辽、盖、岩三州户口入中国者七万人”。④ 645 年、647 年、648 年，唐太宗 3 次出兵攻打高句丽遭败，许多士卒流落高句丽。后唐朝与新罗结盟，660 年灭百济，668 年平高句丽。唐朝在百济故地设立熊津都督府，在高句丽故地设立安东都护府。唐高宗总章二年（669），“五月庚子，移高丽户二万八千二百”。

唐代，中国人大量流寓朝鲜半岛，或因经商，或因战争而流落当地。山东和江浙一带很多民众由海路进入朝鲜半岛。他们大多不在这里长居，而是侨居一段时间后又回到中国。顺便指出，在此之前的中国移民中，除了大部分为自由移民外，还有偶尔被掠夺的人口，但这类移民数量较少。

---

① 晁中辰：《海上丝路与旅韩华侨华人》，登州与海上丝绸之路国际学术研讨会论文，2008 年 10 月 11 日，山东。

② 参见《北史》卷 94《高丽传》，中华书局，1974，第 3114 ~ 3115 页。

③ 《旧唐书》卷 199 上《高丽传》，中华书局，1975，第 5321 页。

④ 《资治通鉴》卷 198《唐纪十四》，中华书局，1956，第 6230 页。

顺便一说，新罗商人来华贸易者很多，北起登州，南至扬州，沿海沿江的港口和商业城市都留下了他们的足迹，一些城市还建有新罗馆、新罗坊等。当时有船往来于中国和新罗、日本之间，其航路既是几地间的贸易之路，也是著名的“遣唐使（留学生）之路”，其中，包括来自日本的“遣唐使”，也包括来自朝鲜半岛新罗的留学生。

7 世纪中期，新罗相继灭亡百济和高句丽，结束了朝鲜半岛历史上的三国时代。此后，唐朝与新罗因矛盾逐渐加剧而爆发战争。676 年，两国以大同江为界，成地望相接之势。[①] 此后朝鲜半岛王朝与中原王朝之间再没有发生过大的军事冲突。无论是新罗，还是新罗之后的王氏高丽和李氏朝鲜，都与中国保持频繁的经济、文化和人员往来，朝鲜半岛在各方面受中国影响颇深。在这漫长的时间里，基本上没有出现突发性移民，也没有大规模的群体性移民，大多是个别、零星的移民。

唐代以后，中国商人通过海路前往朝鲜半岛经商者渐多，渐而有人在彼长居。五代时期，高丽王朝以重金招徕汉儒。《朝鲜通史》指出：“随着高丽国威的逐渐提高，相邻的女真人往往数以百计地前来归顺，甚至有个别人，远从吴越国，寻找安身之地，到高丽来定居。”渤海国灭亡后不久，渤海人大批迁往高丽国。926 年二月（即上京陷落后不久），渤海末代王的世子大光显带领数万名居民投奔高丽，在其后数十年间，约有 10 余万名渤海人迁入高丽。这些移民中，有很多是原渤海国的大臣、将军、学者等贵族阶层。[②]

高丽与北宋、辽、金都保持朝贡关系。北宋为古代朝鲜华侨移居的鼎盛时期，侨居高丽的华侨众多。他们主要从海路前去高丽经商，后来在那里定居。据不完全统计，北宋共有 103 批 3169 名商人前往

① 参见何芳川《中外文化交流史》，国际文化出版公司，2008，第 120 页。

② 朝鲜科学院历史研究所：《朝鲜通史》上卷，吉林省哲学社会科学研究所译，吉林人民出版社，1975，第 301、307 页。

高丽经商。有时赴高丽经商的宋商一批就多达数十人乃至百余人。①高丽朝廷十分欢迎宋商的到来，在京都开京专门设立4座接待宋商的"客馆"，不仅提供优质服务，而且每逢节日都要宴请宋商。郑麟趾所撰《高丽史》记载，宋商黄忻携两子来高丽贸易，定居高丽，被高丽国王委以官职。1055年七月，黄忻因在故国的老母无人奉养，上表求国王允许长子蒲安回国侍奉祖母。福建泉州商人欧阳征也定居高丽，高丽显宗任命他为"左右拾遗"。泉州商人萧宗明定居高丽，高丽文宗任命他为"权知閤门祗候"。北宋末年，高丽京城开京有"华人数百，多闽人因贾舶至者"。高丽王朝官员奉国王之命，"密试其能，诱以禄仕，或强留之终身"。② 但到南宋时期，由于南宋与金对峙，南宋与高丽贸易大为减少，前往高丽的中国人不多。

元代仍有大批中国人进入高丽，主要包括王室成员、官吏、武士、文人、商人、工匠、罪犯、流民、被掳民众等。当时进入王氏高丽的以两种人为最多：一是流放的罪犯，二是逃避战乱的难民。自13世纪后半期起，元朝将一些罪犯流放到高丽或耽罗（亦作儋罗，今韩国济州岛），其中一些人是因谋反罪被流放的元朝王室贵族、王公大臣。

明朝建立后，重视与朝鲜的关系。明太祖将朝鲜李朝列为"不征之国"，善待如宾。1592～1598年，明朝两次派遣大军入朝御倭，多有战功，朝鲜王室十分感激，为此建立武烈祠、李提督（如松）祠、陈都督（璘）祠、李总兵（如梅）祠，朝鲜国王正宗亲自撰写《李提督祠堂记》，还绘李如松、陈璘等明军将领遗像，供奉于祠内。明亡后，明朝援将后裔多逃入朝鲜，受到朝鲜王朝关怀。

明代朝鲜华侨主要由流民与散漫军、被掳民众、文人、医生、工匠、罪犯等构成。在明统一东北过程中，东北地区有许多民众为了躲避战乱进入朝鲜定居。这些逃难民众被称为"流民"；元军残余力量也

---

① 杨昭全、孙玉梅：《朝鲜华侨史》，中国华侨出版公司，1991，第45页。

② （元）马端临：《文献通考》卷325《高句丽》，中华书局，2011，第8958页。

大批逃入朝鲜，被称为“散漫军”。流民与散漫军成为明朝时期朝鲜华侨的主要组成部分。[①] 后来，朝鲜遣返避居朝鲜的流民和散漫军。

明代不少民众是因被掳而被迫前往朝鲜的，可分为三类：一是被高丽所掳的辽东民众（1370 年和 1379 年，高丽军队进攻辽东，掳去大量中国民众）；二是被倭寇掳去日本之后逃至朝鲜的中国民众，这些民众中有的请求朝鲜官府将其遣返回国，有的则定居朝鲜；三是被女真劫掠而逃至朝鲜的中国民众。朝鲜应明朝政府要求，多次将被倭寇和女真掳去而逃至朝鲜的中国民众遣返辽东，但仍有相当数量的人隐匿不返，有的人还在朝鲜王廷任职。

明末，后金兴起。明军不时出入李朝国境偷袭后金，可能有些中国人留居朝鲜。朴趾源在《热河日记·渡江录》中留有记载，可证。明亡后，不少民众避居朝鲜。例如，1645 年，山东临朐冯氏东渡朝鲜，繁衍至今，可惜因为没有携带族谱，仅知道其为临朐冯氏。明朝官吏后裔亦有侨居朝鲜者。

明末清初，一些败亡的明军将士逃入朝鲜半岛。他们一如援朝明将的后裔，受到庇护和信任，其后裔亦受到李朝优待。与此同时，有些不愿意屈服清朝统治的中国百姓也逃到朝鲜半岛。李朝正宗和纯宗多次召见侨居朝鲜的明将后裔，任用其为文官、武将，赠给各种物品。[②]

综上所述，古代移民朝鲜半岛的中国人大致可以分为以下五种情形：一是对现实不满者或受挫者的避居，二是避乱者的迁移，三是从事经营活动的居留，四是参战将士的散落和居留，五是罪犯的流放。这些移居朝鲜半岛的中国人，多是被迫或被强制迁移的。在居留朝鲜的中国人中，大富大贵者不多，多数人生活在朝鲜社会底层。因此他们立足于现实，积极融入主流社会。

---

① 杨昭全、孙玉梅：《朝鲜华侨史》，中国华侨出版公司，1991，第 77 页。

② 庄国土、刘文正：《东亚华人社会的形成和发展：华商网络、移民与一体化趋势》，厦门大学出版社，2009，第 146 页。

在古代，朝鲜半岛没有形成华侨社会。究其原因，中国民众虽很早就移居朝鲜，但次数不多，规模不大，难以持久保持民族特征，更无法形成华侨社会。魏晋以后，中朝民众相互流动，逐渐融入侨居国，或汉化，或朝鲜化。值得注意的是，宋元和明清朝代更迭之际，中国名门望族如孔子后裔、抗倭将士家族、不满异族入主中原的义士等陆续进入朝鲜半岛，渐为朝鲜之民。近代以来，华侨相对集中于城镇，方逐步形成华侨社会。①

二　移居日本列岛的华侨

（一）五代十国前的赴日华侨

中国和日本一衣带水，隔海相望，交往十分便利。自秦汉以降，中国人就陆续移民日本。当然，古代海上交通工具落后，中国和日本的民间交往受到极大的限制。

日本弥生时代，自公元前3世纪至公元3世纪，以农耕畜牧经济为主导，中国大陆“渡来人”（中国大陆迁移到日本的移民）相继带来了先进的生产工具和技术。

公元前210年，徐福率3000名童男、童女、百工等东渡（日本）。《史记·秦始皇本纪》记载：“既已，齐人徐市等上书，言海中有三神山，名曰蓬莱、方丈、瀛洲，仙人居之，请得斋戒，与童男女求之。于是遣徐市发童男女数千人，入海求仙人。”这一记载是后来有关徐福入海故事的本原，演绎出诸多传说。笔者认为，在过去数十年，关于徐福研究的关键之处莫过于证明徐福不是传说人物，也不只是一个“方士”，而且是一个确确实实存在的古代人物，也肯定了徐福是经过朝鲜半岛到达日本的。近些年的研究则进一步将徐福与“海上丝绸之路”联系起来。于是，又有了“徐福是中国最早的海上丝绸之路的开拓者”一说。有学者还认为，所谓出海求仙人是徐福

① 杨昭全、孙玉梅：《朝鲜华侨史》，中国华侨出版公司，1991，第7页。

深谋远虑而后缜密周详安排的。由于正史没有明确记载，徐福的去向给后人留下了一个深深的谜团，这或许是一个永久之谜。

诸多徐福入海传说中，可能性最大的归宿地无疑是日本之说。但今天有文字可据的最早记载徐福东渡日本的，不是徐福的同时代人或相隔不久的人，而是徐福东渡传说发生1000多年之后，五代后周一个名叫义楚的和尚。义楚撰有《义楚六帖》，其中最早提到徐福到了日本："日本国亦名倭国，在东海中。秦时，徐福将五百童男、五百童女止此国，今人物一如长安……又东北千余里，有山名富士，亦名蓬莱……徐福至此，谓蓬莱，至今子孙皆曰秦氏。"且不论他是不是神武天皇，但中国秦代以后，确实有大批中国人移居日本并传播生产技术和文化。日本学者木宫泰彦认为，中国文化的影响远在2000多年前就已经由日本海的环流路传到日本的山阴、北陆地区，并逐渐深入日本内地。[①] 今天日本的佐贺县、和歌山县、新宫市等地还把徐福登陆地称为"徐福遗迹"。[②]

中国大陆"渡来人"是日本人对公元前3世纪至公元3世纪从中国大陆迁移到日本列岛的移民的称呼，他们主要从事农业生产。"渡来人"移民日本的主要原因是躲避战乱。此外，当时有不少居住于朝鲜半岛南部沿海的汉人，或因被俘，或为谋生而来到日本。[③] 在汉魏时期，中国和日本的人员往来频繁。有史可考的中国人移民日本的历史，就始于这一时期。

《山海经》、东汉时期王充所著《论衡》和班固的《汉书》等典籍都谈到"倭"。《三国志·魏志》记述了魏明帝景初二年（238）邪马台国第一次派遣使节来献男女10人，则是中国正史中最早有关日本的记载。这一时期史载中国历代王朝与日本"倭王"多有往还。

---

① 〔日〕木宫泰彦：《日中文化交流史》，胡锡年译，商务印书馆，1980，第4页。

② 张爱平等编著《日本文化》，文化艺术出版社，2004，第296页。

③ 罗晃潮：《日本华侨史》，广东高等教育出版社，1994，第12页。

《后汉书》记载，光武帝建武中元二年（57），“倭奴国奉贡朝贺，使人自称大夫，倭国之南界也。光武赐以印绶”。“倭奴国”一般认为是日本北九州沿岸一带的部落小国。①《三国志·魏志》载：“自古以来，其使诣中国皆自称大夫”。“大夫”一词盛行于春秋战国时期，由此可以推断，这些日本使臣可能是中国移民或其后裔。此外，还有一些人成为倭国派遣到中国的使臣随员和译员。

南朝时期，中国与日本交往较多。这一时期中国人大量移民日本。而自3世纪后期到4世纪中期，日本经过了近一个世纪的烽火硝烟，本州的大和国统一了日本列岛，日本进入大和时代（3世纪后期到6世纪）。4~5世纪，在东晋南北朝时期，中国也战乱不已。许多人不堪封建统治者的压迫和战争的劫掠，背井离乡，寻求一方安居乐业的土地，于是来到天之边隅的日本。据记载，刘宋孝武帝时期，移居日本的华侨已经达到18000余人，主要从事蚕桑养殖与纺织，致力于各种精密工艺。②

日本在与南朝政权保持较好关系的情况下，希望通过各种渠道吸引中国移民。原因在于大和国时期的日本正处于奴隶制发展阶段，迫切需要先进的生产技术和文化知识，中国移民多掌握较为先进的生产技术和工艺技能，自然大受欢迎。南北朝时期，汉文化中心已转移到南方。日本除从朝鲜间接吸收中国文化外，还直接从中国南朝吸收工匠，例如纺织和缝衣两类工匠。汉人的文化和技术流传到日本后，直接或间接地形成促进日本文化发展的动力。其时，朝鲜半岛三国发生纷争，日本大和国在与高句丽的战争中，俘虏了大批精于各种技艺的中国人并带回日本。为了招徕更多中国人，大和国采取了各种手段，甚至不惜诉诸武力。当一部分前往日本的中国移民在朝鲜半岛中途受

① 李威周、刘志义：《中日文化交流史话》，山东教育出版社，1988，第8页。

② 何瑞藤：《日本华侨社会之研究》，正中书局，1985，第22页。

阻时，大和朝廷即派军队前往解救。①

可以说，大和时代的大规模移民主要包括秦人、汉人、百济人三大群体。后来，这三大群体为日本的社会经济发展都做出巨大贡献。

一是“秦人”集团。“秦人”即弓月君，亦称融通王，自称秦始皇十三世孙，日本人称之为“秦人”，被公认为日本秦氏一族的祖先。《日本书纪》记载，应神十四年（283），“是岁，弓月君自百济来归”。弓月君率领120县百姓（另外有127县及27县之说）到达日本，这里所说的“120县百姓”，不是说120县的全部居民，而是说移民的籍贯包含120个县。“秦人”集团散居在京都盆地西部的松尾、松室一带。日本学者木宫泰彦指出，根据《新撰姓氏录》记载，到雄略天皇时期（455～479年在位），“秦人”集团已经发展壮大，包括秦氏一族在内的中国移民已经有92部18670人。② 另据《日本书纪·钦明纪》记载，钦明天皇元年（540），秦人的户数是7053户。弓月君后裔中，很多人官居要职，如图书头、主计头、造酒正、参河宋、长门守、飞弹守、山城介等。③

二是阿知使主与汉人集团。日本应神二十年（289），阿知使主一族移居日本。阿知使主自称汉灵帝三世孙，曾率7姓17县汉人移居日本。他们也是为了逃避战乱，从中原逃至朝鲜带方郡，然后辗转来到日本的。阿知到日本后不久，被日本皇室赐号东汉使主，奉命定居于大和国高市郡桧前村（今天日本的奈良县桧前村）。阿知到日本后，又奏请日本天皇派遣使者前往高句丽、百济、新罗等国，将许多流落在这些地方的同乡族人招到日本。因人多地狭，天皇朝廷将他们分置各地。日本原田家族族谱《大藏朝臣原田家历传》也有此记载。据《新撰姓氏录》记载，阿知使主的儿子刘都贺后被日

① 李威周、刘志义：《中日文化交流史话》，山东教育出版社，1988，第12～13页。

② 〔日〕木宫泰彦：《日中文化交流史》，胡锡年译，商务印书馆，1980，第41页。

③ 罗晃潮：《日本华侨史》，广东高等教育出版社，1994，第22～23页。

本雄略天皇赐姓“直”，子孙因以直为姓。仁德天皇六十年（372）阿知使主的后裔被赐姓“坂上”；雄略天皇十六年（471）十月初一，其后裔又改赐姓为“大藏”。

到朱雀天皇时代（930～946年），阿知使主的后裔，汉高祖刘邦的第45代孙大藏春实，官任征西将军，平定当时的“天庆之乱”立下功勋，在日本九州原田筑城。此后，他的子孙世代居住在原田城。到天承元年（1131），这支居住在原田的刘姓后裔就正式以原田为姓，形成了今天日本社会的著名姓氏——原田。后来，原田家族在日本九州福冈市建立了汉太公庙。原田家族族谱代代相传，明确写明自己是刘邦的后裔，而且按照传统的礼仪定期到汉太公庙祭祀刘姓远祖。①

5世纪和6世纪之交，又出现了中国移民日本的高潮。主要是大和朝廷到百济招聘汉人工匠到日本。而这些原属于带方郡、乐浪郡的汉人工匠以技术集团形式大规模移民日本。他们被称为“新汉人”，以区别于应神天皇时代阿知使主带来的汉人。

三是王仁与文首集团。《日本书纪》记载，王仁是汉朝皇帝后裔。汉高祖刘邦之后有名王鸾者，王鸾之后名“王狗”，辗转至百济。日本天皇遣使到百济征召文人，百济久素王即把王狗之孙王仁献给日本国。日本第一部汉文诗集《怀风藻》序文中云，王氏一族原来是山东半岛的巨族大姓，因躲避战乱而迁居乐浪郡，并在那里做过郡守。后裔中很多人担任过历代乐浪郡各种官职。313年灭亡后，部分人移居百济。后来王氏后裔从百济再迁日本。百济王氏后裔移民日本者甚众，王仁是其中之佼佼者。王仁在日本传播中国文化，对儒家思想的传播贡献尤巨。

这一时期移居日本群岛的汉族，不仅仅是上述几族。据《新撰

---

① 杨府、左尚鸿：《中华血脉：探秘海外古今华裔族群》，新世界出版社，2011，第17～18页。

姓氏录》记载，雄略天皇时期，安贵公自称魏文帝后裔，率 4 县民众赴日。6 世纪，五经博士段扬尔、汉安茂、王柳贵、王道良赴日，传播中国文化。百济医学博士王有陀、采药师潘量丰在钦明天皇五年（544）应聘赴日。据《新撰姓氏录》记载，流寓高句丽的吴人知聪在钦明天皇二十三年（562）携带内外典医书来到日本，日本赐姓和药使主。另外，《新撰姓氏录》记载，在天皇朝廷中有一定政治地位的氏中，京城、山城、大和、摄津、河内、和泉等地的归化人共有 324 氏（其中一部分是汉族），约占日本全部氏的 30%。

唐代，日本为学习唐朝的先进文化和文物制度，向中国派出多批遣唐使。646 年，孝德天皇进行“大化改新”，日本从奴隶社会进入封建社会。从绳文时代晚期到 8 世纪，日本人口飞跃式激增了 70 多倍，尤其是近畿地区。这一地区恰好是中国大陆移民的聚居地，人口猛增包含大量外国移民迁移而至的因素。如果中国大陆移民以将近百万来估计，则大约占日本总人口的 1/6。在近畿地区，这一比例应大大提高。在日本政治文化的中心地带，会聚如此众多的中国大陆移民，其影响力可想而知。①

隋唐时期，日本十分崇信佛教。特别是“大化改新”后，佛教地位上升，此时独立发展并盛行的隋唐佛教，成了日本佛教各宗派的来源。因此，自隋唐时期始，中国人移居日本的形式发生了很大变化，不再以集团形式，而是以佛教僧侣弘法形式或者以经商谋生形式。于是，大量的中国僧侣东渡日本。

在飞鸟和奈良时期，日本跟随遣唐使来华的学问僧和请益僧聘请了不少中国高僧前往日本传法。当遣唐使回国时，唐朝出于外交上的礼仪，有时特地派遣送使伴送。这些伴送人员在完成使命后理应立即返国，但由于无法渡海，不少人留居日本。

五代十国至宋元时期，中日两国虽然没有正常的官方往来，但两

① 韩昇：《日本古代的大陆移民研究》，文津出版社，1995，第 243 页。

国民间交流仍然不绝如缕，商船往来频繁，民间贸易取代官方贸易占据主导地位，出现了空前繁荣的局面，并在南宋时期达到顶点。在此期间，民间商人登上中日贸易舞台，成为中日交流的主要角色。宋元时期是古代日本华侨经济繁荣的第一个时期。在这一时期，除了华商外，僧侣和工匠也是赴日中国人中的重要群体。

（二）五代十国后赴日华商异军突起

自 907 年唐朝灭亡到 960 年宋朝建立，中国处于五代十国的混乱时期。这些政权你争我夺，“兴废风灯明灭里，易君变国若传邮”，几乎都无力发展对日关系，只有吴越国是个例外。吴越国地处江浙一带，领有 13 州之地，其中扬州、明州在历史上就是重要的外贸港，尤其是明州，隋唐以来就一直是对日交通的主要进出口港。吴越国在五代十国时期继续开展对日贸易，其航线始发于明州，利用季候风夏去秋（冬）回，横渡东海，直到九州（后来转往博多湾，进入博多津港口）。

宋代造船和航海技术进步，这是发展海外交通的技术保障。到北宋后期，中国海船已经广泛使用指南针，为远洋航行提供技术保障。宋人吴自牧《梦粱录》记载，当时中国的出海海船，“大者五千料，可载五六百人”。① 在对日本和高丽的海上交通方面，明州、江阴、温州、泉州等港口发挥了重要作用。② 北宋政府专管对外贸易的市舶司增设至 6 处，明州是其中之一，明州还是中国的造船工业中心之一。

当时中日之间的往来主要是贸易往来和僧侣间往来，因为此时日本的中央统治力量衰弱，朝廷的闭关政策名存实亡，贵族和新兴武士首领为了壮大自己的势力，积极谋求发展对外贸易。据不完全统计，

---

① 一料大约等于一石，约合 60 千克。

② 陈尚胜：《五千年中外文化交流史》（第一卷），世界知识出版社，2002，第 324 页。

978～1116年，北宋渡日商船达到70次，大约两年一次，其规模和频繁程度远超前代。[①] 实际上，北宋时期赴日中国商船几乎每年都有。商船抵达日本后，必须按照日本规定，先同大宰府进行交易，然后才准许民间交易，所以大部分货物为日本朝廷所垄断。

宋代华商在博多建立了唐人街，开创了日本唐人街之先河。唐人街的出现反映了中日贸易的繁荣，也说明了赴日中国人人数之多。华侨将以瓷器、织物等为代表的中国商品和以禅宗、宋学为代表的中国文化输往日本，促进了日本社会经济发展和文化繁荣。华商还在两国间充当信使，为中日交往发挥了特殊作用。在这一时期，华商审时度势，积极构建社会关系网。为了生存，他们与当地权贵联姻。但在仁平元年，日本发生了武装袭击华商富豪事件。这是日本历史上第一次规模性排华，也是旅日华侨的一次浩劫。

元代，忽必烈发动了两次征日战争，均以失败告终，是故终元之世，两国没有建立正常关系。受元初战争的影响，元朝和日本的贸易曾经中断。1292年以后，两国民间海上贸易方重新恢复，主要是日本商船来华，但前往日本的中国商船没有宋代频繁。尽管如此，一些商人、僧侣和工匠还是利用商船的便利条件，往来于中日两国之间。另外，日僧来元者也络绎不绝。

14世纪前半期，日本征夷大将军足利尊氏在京都室町建立幕府，设立了以足利将军为首的武家政治机构。日本室町幕府的建立与明朝的建立时间相近。1368年，朱元璋建立明王朝，颁发诏书给统治“四夷”的君长。1369年和1370年，明王朝先后遣使日本，主要目的是解决倭寇侵扰中国问题，但倭寇活动一直没有停止，明朝于1381年宣布断绝与日本的关系。

正统天皇承认室町幕府是在1392年足利义满当政后，在给明朝

---

① 〔日〕木宫泰彦：《日中文化交流史》，胡锡年译，商务印书馆，1980，第238～241页。

的国书中自称“日本国王”。到明永乐元年（1403），赵居任一行作为明朝使臣前往日本，带去了准许日本与明朝开展朝贡贸易的勘合（凭证），还向日本天皇赠送了“国王冠服”和金印。勘合及其底簿用于区别日本的贸易船和倭寇船。日本的贸易船开往明朝都要携带勘合，以进贡为名，从事贸易活动。为了获得对明贸易之巨大利益，足利义满派出贺使，自称“日本国王臣源”，奉明朝正朔。中日之间建立了正式的外交关系，开展朝贡贸易。但好景不长，1408 年，室町幕府将军足利义满去世，其子足利义持继任幕府将军，立即中止了与明朝的政治往来。1433 年，幕府将军足利义教遣使中国，恢复了与明朝的政治关系。1433～1547 年，日本先后向明朝派遣了 11 次朝贡使团，人数远远超过明朝“人止二百，船止二艘”和宣德时期确定的“人毋过三百，舟毋过三艘”的规定，原因在于日本能从对明朝朝贡中获得巨大的经济利益。

明朝中后期，由于实施“海禁”政策，沿海地区民众无法出海经商，有的被迫沦为海盗。所谓“倭寇”，原指抢掠朝鲜半岛、中国沿海地区的日本强盗。但在中日关系史上，倭寇分前后两个时期。前期指 13～14 世纪在朝鲜半岛及中国东北部沿海地区侵扰、抢劫的日本海盗，可以说几乎都是日本人；后期指 15～16 世纪侵犯中国东南沿海地区的海盗，其构成人员不全是日本人，还有生活困难的中国沿海民众，其中还有很多从事走私贸易的中国商人。

1567 年，明朝部分地解除了“海禁”，但仍禁止与日本的私人贸易。1573 年，足利幕府灭亡，织田信长开始掌权，至 1582 年去世。继承织田信长事业的是丰臣秀吉。丰臣秀吉对日本工商业的发展给予一定程度的鼓励和支持，又于文禄元年（1592）和庆长元年（1596）先后两次发动侵略朝鲜的战争。明朝出兵援朝，中日关系处于紧张状态，驶往日本的明朝商船一度几乎完全绝迹，日本商船也不开往明朝。

1603 年，德川幕府建立，日本进入江户时代。1615 年，德川家康在大阪之战中消灭了丰臣氏的残余势力，完成和巩固了国家的统一。德川幕府出于日本国内政治、经济的需要，制定了积极的对外政策，大力发展海外贸易。长崎自1571年建港并开辟为商埠之后，逐渐取代博多、平户，成为江户时代唯一的外贸港。

庆长十四年（1609）和十五年，幕府老中和长崎奉行分别致书福建总督，希望恢复断绝已久的中日勘合贸易。庆长十五年，中国广东和福建的两艘商船开到长崎，日本方面发给了“朱印状”（类似贸易许可证），明确规定：“虽任何郡县岛屿，商主均可随意交易。”此后，明朝政府也默许了中日贸易，当时来长崎贸易的中国商船日渐增多，其中以南京和福建为主。据日本学者岩生成一统计，1611年，中国赴日贸易商船有70艘，此后有所下降。1614年达到60～70艘，到1639年有93艘，1641年达到97艘，平均每年有50艘。①

1633年和1635年，日本德川幕府两度颁布“锁国令”，统制对外贸易。贸易港原有五岛、平户、博多、长崎，这时候减少到仅存长崎一港。“锁国”政策几乎完全断绝了日本经济同世界市场的联系，日本在国际上长期陷入自我封闭，更为落后。中国到明朝末年海防不修，“海禁”松弛。于是，从江浙到闽粤沿海一带，私人海上贸易十分活跃。许多从事对日贸易的商人来往于中日两地。

日本华侨社会的形成始于16世纪后半期的长崎开港。华商以长崎港为据点，积极开展中日贸易。1607年，长崎有华商近20人。当时来到长崎的大多数中国人为从事中日贸易的商人。明末，很多中国东南沿海商船开往长崎。朱国祯的《涌幢小品·倭官倭岛》记载，17世纪20年代，长崎有明商二三千人，日本诸岛华侨全部计算约有二三万人。1625年，闽抚南居益似乎较早谈到“唐船”。他指出，中国民间商人前往日本者众多，“闻闽越三吴之人住于倭岛者，不知几千百家，与倭婚媾，长子孙，名曰‘唐市’。此数千百家之宗族姻

① 大庭脩『江戸時代の日中秘話』、東方書店、1980、31頁。

识，潜与之通者，踪踪姓名，实繁有徒，不可按核。其往来之船，名曰‘唐船’，大都载汉物以市于倭，而结连崔苻，出没泽中，官兵不得过而问焉”。① 旅日华侨迅速增加，1618 年，长崎有华侨两三千人，占当地人口的 10% 左右。菩提寺成为华侨内部最初的自助自治集会所。日本幕府试图通过上层华侨谈判，解决长崎华侨社会内部的民事、商事纠纷等。②

综上所述，1567～1684 年的中日贸易主要是走私贸易。而赴日华商因违反了贸易禁令，被朝廷视为“贱民”“弃民”。经过漫长的历史时期，到晚清，他们的“罪名”才得到“平反昭雪”。

1644 年清朝建立后，更是严令封锁海岸，片板不准下海。1661 年，颁布“迁海令”，禁止海上贸易。赴日商船数量减少，但每年仍然有近 30 艘商船抵达日本。17～18 世纪，日本华侨不断增加，主要原因有：首先，明朝政府接受了右佥都御史涂泽民的“议开禁例”建议，部分取消了“海禁”，准许私人出海贸易，但有严格的限制；其次，明末清初，中国政治大变动，社会动荡，东南沿海不少人出海逃亡，加之此时南洋海路不靖，常有受东来西方殖民者劫掠之虞，故人们多随商船东渡日本。

清朝建立后，来往于中日之间的中国商船日渐增多，但数量仍然有限。直到 1683 年清朝收复台湾，并在第二年开放“海禁”后，中国赴日商船才成倍增加。1684 年为 24 艘，1686 年即达到 102 艘，1688 年达到 193 艘，为中日贸易的最高峰，而当年随船进入长崎的中国人则达到 9128 人。③

清朝来日船只，凡是从南京、宁波、普陀山、温州、福州、台

---

① 沈德符、张燮：《明季荷兰人侵据澎湖残档》，《台湾文献丛刊》第 154 种，台湾银行经济研究室，1962，第 20 页。

② 〔日〕过放：《初期日本华侨社会》，乔云译，《南洋资料译丛》2004 年第 4 期，第 72 页。

③ 大庭脩『江戸時代の日中秘話』、東方書店、1980、31 頁。

湾、厦门、漳州、广东等地开来的，都称为“唐船”。[①] 最初，华侨常常在交易完成后便随船返国。后来，由于贸易发展的需要，少数人留居日本。随着经营规模的扩大、商业网点逐渐增加，留在日本的中国商人越来越多。这些华商便是早期的华侨，后来一些人与当地日本人通婚，娶妻生子，加入日本国籍，成为日籍华人。

清初也有不少非商人阶层人士来日。据日本学者统计，元禄年间（1688～1703 年），长崎有将近 1 万名中国人，大约占当时长崎总人口 6 万人的 1/6。[②] 日本颁布禁教令，严厉取缔天主教。为表明信仰，华侨建立了四大唐寺。这些唐寺一开始就由中国僧侣和施主筹建，且在相当长的时期从国内聘请高僧前来主持。因此，明末清初近 1 个世纪，很多僧侣东渡日本。例如，隐元隆琦 1654 年率 20 余名僧侣来到长崎，其时在日本各地，见之于史册的有名高僧有近百人。[③] 另外，日本重视儒学，吸引了一批中国文人赴日。一些明朝遗民和志节之士，如朱舜水、苏州教授陆仁等，因不满清朝统治东渡日本。其时有一批儒士、医生、画家来到长崎，其中多有名家，如仅在享保年间（1716～1736 年）来日的就有福建汀州名医朱来章、朱子章、朱佩章三兄弟，苏州名医吴载南、陈振先、周岐来、赵淞阳，苏州马医刘经光，杭州名儒沈燮庵，杭州著名画家伊孚九、沈南苹等。

第三节　漂拉美

如果以中国人到墨西哥和秘鲁经商作为华侨迁徙拉丁美洲的标志，则拉丁美洲是早期华侨出国的目的地之一，在年代上远超过除东

① 〔日〕木宫泰彦：《日中文化交流史》，胡锡年译，商务印书馆，1980，第 647 页。

② 原田伴彦『長崎：歴史の旅への招待』、中央公論社、1964、78 頁；罗晃潮：《日本华侨史》，广东高等教育出版社，1994，第 101 页。

③ 罗晃潮：《日本华侨史》，广东高等教育出版社，1994，第 104～106 页。

南亚外的其他大洲。拉美华侨中，既有“契约华工”，也有自由移民。

一　早年“非契约华工”类移民

“契约劳工”一般指非自由移民。那么，除了“契约劳工”，其他移民自然就应是“自由移民”。实际上，“自由移民”通俗来说就是“赊单工”。由于“赊单工”向美国大规模移民的时间与“契约劳工”大规模抵达中南美洲、东南亚的时间大致重叠，因此人们往往把两个概念混为一谈。实际上，这是两个不同的概念。一是“契约劳工”和“赊单工”都要经过远航才能到达目的地，在途中，“赊单工”受到的待遇会好一些。二是工作“知情权”不同，“赊单工”在出发前即已知道要去何方、从事什么工作，“契约劳工”只是笼统知道将到什么地方做什么工作，但一般到了目的地才能确定。也有案例说明“契约劳工”即使到达目的地也要耐心等待工作。三是“赊单工”抵埠后需有同乡会等宗亲堂馆作为劳资双方的互保人，一些同乡会本身就是“赊单工”赴目的地（如美国、加拿大）旅费的垫资者。若“赊单工”本人因未还清债务而私自逃跑，同乡会等要承担连带赔偿责任。若雇主拖欠工资或苛待劳工，同乡会需出面追责，保障劳工权益，这也是最重要的一点。如此说来，“契约劳工”和“赊单工”的主要区别不是谁享有更多的“自由”，而在于工作目的地、工作知情权和定向性、第三方参与移民和劳工权益保障等方面。特别是最后一方面，由于过去拉美不存在相关机构保障，所以基本上不存在“赊单工”（自由移民）。当然，关于这个问题还可以深入探讨。另外，以“契约劳工”身份出国的华侨在“契约”期满后，一般会成为“自由人”。

两者比较而言，“契约华工”的地位显然比“赊单工”低。过去华侨的出国目的地存在人多人少之异，也存在不同贫富群体各有不同出国目的地之异。一般来说，“契约华工”主要是去发展水平较落后、条件较艰苦、赚钱较少也较慢的中南美洲与东南亚国家，“赊单工”则主要前往“淘金”机会多、赚钱速度快的美国和加拿大（后来还可加上澳大利亚）。因此，“契约华工”和“赊单工”的出国收费就不一样。那时候广东“四邑”地区乡间有俗语云，“屋企（家里）贫穷去亚湾（即夏湾拿，今古巴哈瓦那），为求前程走金山（美国）”，就暗含“契约华工”与“赊单工”的地位高低之别。去古巴的华侨一般比去美国、加拿大的华侨贫穷，去古巴的多是“契约华工”，去美国、加拿大的多是“赊单工”。

不过，这基本上是19世纪中期以后的现象。在此之前，拉美已经接收了大量中国移民。按照上述标准，他们既非“赊单工”，也非“契约华工”，这里姑且称为“非契约华工”类移民。

秘鲁和墨西哥两国是西班牙最重要的拉美殖民地，一个是西班牙殖民者在拉美的统治中心，一个是太平洋航路的到达地。在太平洋另一侧的东南亚，西班牙有唯一一块大殖民地，即菲律宾群岛。菲律宾一些岛屿则是中国沿海地区民众（特别是福建民众）经常前往之地。西班牙人主导的太平洋航路开通后，菲律宾群岛便与拉丁美洲连在一起，华侨就跨洋来到拉丁美洲。

正是从那时起，有一些中国商人、工匠、仆人以及海上的水手乘坐西班牙的“马尼拉大帆船”横渡太平洋，来到墨西哥等地侨居。最先抵达墨西哥的中国人应来自马尼拉。16世纪初，马尼拉有上万名华侨①，他们最有机会乘坐“马尼拉大帆船”到达同属西班牙殖民地的美洲国家。但那时中国人移居拉美的人数很少，且时断时续，所起的作用和影响也有限。明隆庆开放“海禁”后，有了较大海外贸

① 此时在马尼拉的华侨人数，估计为1万~3万人，各家说法不一。参见陈荆和《十六世纪之菲律宾华侨》，新亚研究所，1963，第140页；罗荣渠《美洲史论》，中国社会科学出版社，1997，第350页；Juan González de Mendoza, *The History of the Great and Mighty Kingdom of China and the Situation Thereof*, Hakluyt Society, 1853, p.95。

易自由的华商纷纷走向海外，及至“大帆船贸易”启动，马尼拉华侨便“搭便车”来到拉丁美洲。

资料显示，1565 年，在一艘名为“圣巴布罗号”的“马尼拉大帆船”上就有 5 名中国水手，他们乘船到阿卡普尔科落地侨居。① 西班牙编年史家门多萨指出，1585 年，有 3 个中国商人到过墨西哥。1586 年，马尼拉的西班牙殖民者曾向王室与政府提出禁止华侨前往墨西哥和秘鲁的要求，说明当时已有一些华侨移居到这两个国家。② 有西方研究者指出，自 1571 年漳州与马尼拉间的“大帆船贸易”开始后的 30 年里，大约有 630 艘帆船从月港出航到马尼拉，每艘船载运人数约 300 人。也就是说，在这 30 年里，大约有 20 万人次随贸易帆船到达吕宋。③ 这些人中的绝大多数在下一次季风期即返航中国，但也应有相当一部分人留了下来。

到 17 世纪初，在“马尼拉大帆船”上的水手中，亚洲人占据 70% ~80%，其中有许多中国人。④ 他们经过太平洋上的长途旅行后，大多会选择在拉美落地侨居。例如，1618 年一艘名为“埃斯皮里图·桑科托号”的“马尼拉大帆船”上有 75 名中国水手来到墨西哥，其中有 70 人选择留在当地。⑤ 据估计，在两个多世纪里，通过“马尼拉大帆船”来到美洲的亚洲人有 4 万 ~6 万人，最多时可能达到 10 万人，其中自然有不少中国人。⑥

---

① Paul Schuster Taylor, “Spanish Seamen in the New World during the Colonial Period”, *Hispanic American Historical Review*, Vol. 5, No. 4, 1992.

② 韩琦：《马尼拉大帆船贸易对明王朝的影响》，南开大学世界近现代史研究中心编《世界近现代史研究》（第 10 辑），社会科学文献出版社，2013。

③ 周振鹤：《晚明福建漳泉地区对吕宋的移民》，《南国学术》2016 年第 3 期。

④ Paul Schuster Taylor, “Spanish Seamen in the New World during the Colonial Period”, *Hispanic American Historical Review*, Vol. 5, No. 4, 1992.

⑤ Edward R. Slack Jr., “The Chinos in New Spain: A Corrective Lens for a Distorted Image”, *Journal of World History*, Vol. 20, No. 1, 2009.

⑥ Edward R. Slack Jr., “The Chinos in New Spain: A Corrective Lens for a Distorted Image”, *Journal of World History*, Vol. 20, No. 1, 2009.

1629年，马尼拉的西班牙商人在墨西哥设立了一个常驻商务办事处，由8名代表组成，他们也带去一些华侨帮助办理商务。17世纪秘鲁史籍中也有关于利马华侨的记载。据估计，从16世纪末至17世纪中叶，移居拉丁美洲的马尼拉华侨有五六千人。他们由马尼拉辗转而来，因此被称为“马尼拉华侨”（大部分为福建人）。① 根据比较确切的记载，17世纪有不少华侨居住在墨西哥城。值得注意的是，据称早在16世纪，墨西哥城已有唐人街。果然如此，则这是中国人所创建的美洲第一条唐人街。但就目前所知，这条唐人街多半还是“传说”中的，因为还未发现与之相关的文物。

菲律宾华商多来自福建和广东等地，他们络绎不绝地来往于中国沿海和菲律宾之间。随着中国丝绸等商品传入，他们中的一部分人后来因为商业事务来到拉丁美洲，久而久之便在当地定居，成为较早移民拉美的华侨，并融入居住地的民族。这样，马尼拉便成了中国与拉丁美洲之间人员和经济往来的中介站。总的来看，早年到拉丁美洲各地的华商都与马尼拉这个西班牙殖民据点密不可分。世界上一个个殖民据点串联起来的一块块殖民地，使世界形成了一个商业化的全球网络，很少有国家或民族能够置身于这个网络之外。

在太平洋航路上，有不少从事转运贸易的华商，也有华侨从事工役船务，在马尼拉从事装运服务的也多是华侨。另外，其时到达吕宋岛并留居的华侨中有各种手工艺者，甚至还有文化教育者以至演艺人员，不过后者有没有人到墨西哥则不得而知。久而久之，不少华侨长居马尼拉，在那里形成了规模不小的华侨社会，他们也可能移居拉丁美洲。西班牙殖民者以及商人与传教士经常与马尼拉华侨打交道，开展贸易与传教活动。这也应是马尼拉华侨愿意移居墨西哥的一个诱因。

---

① 韩琦：《马尼拉大帆船贸易对明王朝的影响》，南开大学世界近现代史研究中心编《世界近现代史研究》（第10辑），社会科学文献出版社，2013。

这里应特别关注那些从菲律宾去往墨西哥的华商。他们不仅经营菲律宾与中国沿海之间的贸易，还在菲律宾当地从事商业经营，包括华侨社会内部以及华侨与当地人之间的商品交易。他们掌握的生存发展所需技能和知识既来自在家乡的积累，也来源于移民拉美前在菲律宾的前期经历。他们在菲律宾经商已久，移居新的居住国后，如果仍然经商，也会得心应手，不需要从头学起了。

在中国—菲律宾—拉丁美洲的“三角贸易”中，中外商人有不成文的分工。中国商船主要负责中国—马尼拉航段（实际上包括多条航线，因为中国商船的出发口岸不同），华商主导中国和菲律宾之间的贸易，西班牙商人则主导菲律宾和拉丁美洲之间的贸易。渐渐的，一部分菲律宾华商也加入菲律宾与拉丁美洲之间的商业活动。

在“大帆船贸易”中，马尼拉华侨不只到达墨西哥，还到过南美多地，但有关资料阙无，迄今难以确证他们到过南美大陆哪些地方。不过，可以肯定墨西哥或秘鲁的“马尼拉华侨”更多。太平洋航路通航之初，大帆船从墨西哥港口驶往秘鲁的卡亚俄港。由于1582年西班牙王室禁止秘鲁同菲律宾通商，在通航之初，马尼拉华侨从墨西哥出发，沿南美大陆来到秘鲁。

据文献记载，自明清以来，就陆续有中国商人、工匠、水手到秘鲁经商、做工。他们应在居留于菲律宾时就已经商，到了秘鲁后重操旧业，应是秘鲁的第一代华商。但因为缺乏相关数据和资料，人们在著述中往往语焉不详。估计他们既在中国人与当地人之间经商，也在为数不少的中国人群体中经商。

秘鲁东方文化学者费尔南·阿莱萨在一篇文章中引用了一份秘鲁《1613年定居在秘鲁的利马城印第安人名录》，其中有一份被称为“印第安人”的名单，名单上共2113人，其中114人住在利马城为西班牙人服务，这些人中有些来自中国。[①] 这样第一批华工抵达秘鲁的

---

① 《身在海外　心系中华》，《华声报》2007年2月8日，第2版。

年份比现在秘鲁政府认可的年份1849年就提前了236年。自然，此说还需要更充分的原始证据。此外，有人认为16世纪末以后从菲律宾到阿卡普尔科港的马尼拉华侨中，也有到达秘鲁的。如果此说属实，他们中的大部分人应是华商。

说到这里，应对“大帆船贸易”时代华侨有没有到达北美（主要指美国）的情况稍加探讨。墨西哥是1821年脱离西班牙统治取得独立的，其时美国正处于工业革命时期，“美国精神”膨胀下的扩张潮兴起，突出表现就是以得克萨斯州为起点的“西进运动”。1846年5月美墨战争爆发，1848年6月12日美军撤出墨西哥城标志着战争结束。美国在这场战争中夺取了墨西哥230万平方公里的土地，相当于后来“新美国”国土面积的60%，其中包括现在的加利福尼亚、亚利桑那、内华达、犹他等州的全部地方，以及得克萨斯、科罗拉多、新墨西哥、怀俄明等州部分地方。在这片原属墨西哥的土地上，应有随西班牙人大帆船来的华商和从事其他职业的华侨。他们本来是名正言顺的旅居墨西哥的中国侨民，美墨战争使他们原先居住的墨西哥土地变成了美国的土地，于是他们便由墨西哥华侨变成了美国华侨。经过岁月的洗礼，他们的后代与当地其他族裔通婚，华族血统也随之逐渐淡化，到了今天，这一切早已湮没无闻。美墨战争结束后，1848年两国间的割地合约还未签字，加利福尼亚就发现了黄金。消息一传出，数以万计的人为了“淘金梦”纷至沓来，其中包括中国广东人，此是后话。

通过印度洋大西洋航路来到巴西等地的华侨中，既有“契约劳工”，还有一些以自由移民身份来到这里的劳工。有的见诸记载，也有不少不见记载。如果从零星的个体移民来说，中国茶农肯定不是最早来到巴西的中国人。在他们之前，在巴西就有中国人个体的蛛丝马迹。例如，19世纪初，曾有一个名叫若昂·安东尼奥（Joao Antonio）的中国海员（可能是澳门船上的中国海员）因私自到巴西游玩，1808年被马卡库地区一名上尉当成印第安人抓到里约热内卢的造船厂干活。[①]

1820 年，葡萄牙立宪主义者发动资产阶级革命，1822 年巴西独立。这些变化似乎都没有给中巴交往带来影响。葡萄牙王室政府仍然鼓励中国人到巴西做工，条件是“不以船资费用加剧王室政府财政负担”。澳葡民政长官阿里亚加安排中国人在船上做夜间值班工作，以抵费用。[②] 中国人通过澳门前往巴西的渠道仍然通畅。但由于以群体移民为特征的中国茶农早在 1808 年已经来到巴西，巴西华侨华人史早已开篇。此后，巴西希望通过澳门输入华工。1860 年，澳葡当局设立了专管“苦力贸易”的监督官，并开设了若干个“招工馆”，专营“苦力贸易”。巴西也在澳门设立了两个“招工馆”，一曰“华利栈”，一曰“万生栈”。

华侨在巴西的登陆地点应是巴西的东海岸，即大西洋海岸。所以，历史上葡萄牙人在巴西最早开发的地方，也是其巴西殖民地最发达的城市，都位于东海岸。过去华侨到国外的主要目的是经商（或者在“契约”到期后留下来经商），经商就需要居住在经济比较发达、人口众多的城市。所以，过去到巴西的华侨大部分居住在东海岸的城市，待站稳脚跟后再到内陆寻找商机。巴西从古至今的经济发展布局都是东部沿海地带比较发达，越往内陆越落后，于是形成华侨基本上居住在东部沿海城市的地理布局。当然，也有华侨离开沿海城市向内陆分散。

巴纳纳尔是一个巴西内陆小镇，当年生活在这个小城的华侨留下了自己的后裔。历史上在那里居住的传统华侨不算多，但迄今遗传下来的华侨文物比较丰富，这些是反映早年巴西乃至拉美华侨顽强拼搏的缩影。据说，“当地有不少华裔，有的从五官可分辨出中国人的模

① 陈太荣、刘正勤：《19 世纪中国人移民巴西史》，中国华侨出版社，2017，第 2 页。

② 陈太荣、刘正勤：《19 世纪中国人移民巴西史》，中国华侨出版社，2017，第 55 页。

样，但都已巴西化了，一句中文都不会说”。[①] 可以发现，这些华裔中不少人的祖上最初是以茶农身份来到这里的，后来转而从事其他行业，成为活跃在这个小城的华商。巴纳纳尔有不少与华侨有关的珍贵文物，以下试举例。

一是故址。“中国人故居”（Casas dos Chineses）位于巴纳纳尔市中心“华盛顿·路易斯总统街”（Rua Presidente Washington Luiz）36号与40号，两座平房连在一起。中国茶农张亚敬19世纪曾在此开设烟火作坊，故此街一直被称为“火街”（Rua do Fogo），20世纪中叶后虽改称现名，但人们仍称之为“火街”。这两座房子保存至今，成为巴纳纳尔市旅游景点。巴纳纳尔还留有中国茶农的墓地，但因年代久远、字迹不清，难以辨认。

二是器物。在巴纳纳尔市中心，1830年开始营业的“大众药店”（Pharmacia Popular）曾保存装汤药的中国瓷罐（canecas de porcelana chinesa）。药店后来转卖给别人开服装店，中国瓷罐保存在药店店主普利尼奥·格拉萨（Plínio Graça）家中。阿吉亚尔·瓦林大宅（Solar Aguiar Vallim）餐厅壁画中有中国侨民的画面。1854年，大庄园主曼诺埃尔·德·阿吉亚尔·瓦林（Manoel de Aguiar Vallim）在距巴纳纳尔市中心8公里远的雷斯加特庄园（Fazenda Resgate）建成阿吉亚尔·瓦林大宅（1972年被定为国家级文物）。1858年，他聘请西班牙加泰罗尼亚画家何塞·玛丽亚·比利亚龙加（Jose Maria Villaronga）在二楼餐厅画了3幅壁画，中间一幅炫耀主人的财富，两边各画了一幅中国人物画。据说，一幅画的是巴纳纳尔中国侨民，另一幅画的是一名中国美女在抚琴吟歌。

三是文书。巴纳纳尔市保存着部分中国先侨所立遗嘱与购地地契原件。因巴纳纳尔市保存条件差，2015年3月这些文书被送往巴纳

① 《退休外交官巴西寻访早期华人移民足迹》，新华网，2017年10月8日，http：//www.xinhuanet.com/world/2017－10/08/c_ 129716828.htm。

纳尔市200公里外条件较好的圣保罗州克鲁赛罗（Cruzeiro）市州级文物保护单位诺瓦伊斯少校博物馆（Museu Major Novaes）保存。另外，巴纳纳尔市公证处保存着中国劳工的登记表，巴纳纳尔市天主教老教堂保存着中国人结婚与死亡日期登记表，19世纪中国劳工后代的家中保存着先侨留存的契约合同、收据、日常用品等遗物。①

上述文物只是传统华侨在一个小镇历史遗存的一部分，其中一些已经被列为当地历史遗产，成为当地民族和华侨华人的共同遗产。历史上华侨曾在拉美各国不少小镇居住过，或许还有很多有待发掘的历史珍藏。从华侨文物中既可以发现历史上华侨的足迹，其本身也是当地多民族历史的组成部分。

网络移民同样是传统移民时代拉丁美洲移民的突出特点。例如，根据广东东莞黄洞村村民所提供的《曾氏族谱》和《家史》，1883年，黄洞村民从牙买加归来，并介绍其他同乡共同前往牙买加谋生。② 可以看出，到牙买加的“自由移民”在这一阶段已经出现。此后，通过亲帮亲的链式（网络）移民模式，东莞、宝安、观澜等地的农村不断有人迁往牙买加。在19世纪末牙买加大开发时期，华工颇受雇主欢迎。牙买加政府此时放宽对华工入境的管制，简化入境手续。从1905年开始，牙买加对华侨移民进行限制。一说最早来到牙买加的华侨是来自广东惠东的客家人，很多姓陈的，可能整个村的人都出来了。他们到达牙买加后被送往种植园种甘蔗。在第一批抵达牙买加的华侨中，只有很少的人活了下来，其中有一位叫陈八的人，后来成为牙买加华侨社区的开创者之一。

① 参见陈太荣、刘正勤《19世纪中国人移民巴西史》，中国华侨出版社，2017，第182页。

② 苏小美：《奔向中南美洲：东莞凤岗镇黄洞村新移民研究》，《八桂侨刊》2013年第1期。

二　“契约华工”

1790～1826年，拉丁美洲地区爆发了轰轰烈烈的独立运动。独立运动期间，拉丁美洲绝大部分地区推翻了西班牙和葡萄牙等宗主国的殖民统治，建立了一系列新国家，并在独立运动期间或独立后不久相继宣布废除奴隶制度或颁布禁止买卖黑奴法及禁止输入黑奴法。非洲黑奴贸易被禁止后，西方人口贩子为追逐高额利润，大规模掠卖“契约劳工”，将东方“苦力贸易”扩大到拉丁美洲。

所谓“废奴”，就是废除黑人奴隶，包括引进黑奴的贸易和在拉美地区实行的黑奴制度。另外，“废奴”实际上还应包括“限制”黑奴的内容。在“废奴运动”之初，“废奴”很可能以限制为主，后来才完全废止。这一点在巴西表现得比较明显。巴西的“废奴运动”从1850年正式开始，持续了数十年，从宏观上看，就是一个从限制到完全废止的过程。到19世纪中叶，西方殖民者和拉丁美洲国家的大种植园主开始大肆掠夺“契约华工”到拉丁美洲，接替黑奴或与黑奴并用，充实种植园、大庄园和采矿场所需要的大量劳动人手。从“成本”核算来看，劳工所去之处，一般是已经或正在开发的地方，而不是那些落后、荒蛮的未开发之地，因为在后一类地方“苦力”贩卖者很难快速收回成本。

拉美各国独立后，立即成为英、美、法、德等国相互争夺的对象，并逐步沦为西方资本主义列强的农矿原料供应地、工业品销售市场和投资场所。同时，各国开始修筑铁路、发展矿业以及垦辟种植园。随着世界市场对拉丁美洲农矿原料的需求不断增加，当地大庄园主、种植园主、矿场主及外国资本家都致力于片面发展拉丁美洲各国单一产品制经济，特别是少数几种专供出口外销的农产品与贵金属。随着经济发展的需要和奴隶制度的废除或对奴隶贸易的限制，拉丁美洲对开辟新的廉价劳动力来源日感迫切。为满足劳动力需求，各国政府先后采取措施，鼓励欧洲白人移居拉美，但白人一般不愿从事繁重的体力劳动，特别是从事热带作物种植和开矿。这样，各国不得不寻找新的廉价劳动力来源。这时候中国的很多地方（主要是沿海地带）处于鸦片战争后经济萧条、农村破产、民不聊生的悲惨境地。于是，中国便成为廉价劳动力的主要来源地。西方殖民者趁鸦片战争打开中国大门之机，大肆招募华工到拉丁美洲，补充种植园、大庄园和采矿场所需要的劳动力。这样，在非洲黑奴贸易被禁止后，“苦力贸易”转移到东方，主要是中国。

为了掠夺当地资源，1800～1874 年，殖民者将“契约劳工”制度引进拉丁美洲。因此，近代来到拉丁美洲的中国人多为“契约劳工”。殖民者从中国向拉美各国共引入数十万名华工。为躲避清政府的禁令，人贩子将招募的华工集中在澳门等地，再运往目的地。于是，经营“苦力贸易”的投机商兴办的“劳务输出公司”应运而生。第二次鸦片战争以后，华南多数港口出现了人口贩卖市场，厦门、汕头、澳门和广州相继成为“苦力贸易”的据点。

从 19 世纪初期起，华侨对拉丁美洲的早期开发发挥了重要作用。可以说，拉丁美洲华侨的历史，就是华侨以其著称于世的吃苦耐劳精神参与当地开发的历史。据估计，19 世纪 40～70 年代，有三四十万名“契约华工”输入拉美地区，其中包括人数至今难以估计的广东“四邑”籍华工；另一说是 1847～1874 年，拉丁美洲输入“契约华工”约 50 万人。拉丁美洲成为美洲大陆华侨侨居最早和人口一度最多的地区。[①]“契约华工”主要分布在古巴、秘鲁、墨西哥、智利、巴拿马等国。此外，在巴西、阿根廷、委内瑞拉等南美大国，英属殖民地圭亚那、特立尼达和多巴哥（华侨称“千里达”）、牙买加、荷属殖民地圭亚那，法属殖民地马提尼克、瓜德罗普等地的咖啡、甘蔗、棉花种植园里也有大量的“四邑”籍华工。

① 李春辉、杨生茂主编《美洲华侨华人史》，东方出版社，1990，第 473～474 页。

南美种植园的“四邑”籍华工基本上是以“猪仔”形式引入的廉价劳动力。

其实，早在鸦片战争前，中国人已经小批量流入一些拉丁美洲国家，但以“苦力”形式大批移入拉丁美洲地区是在1840年鸦片战争之后。其时西方列强用武力迫使清政府开放了中国的门户，很多农村破产，许多人不得不离乡背井，到处流浪。沿海广东、福建一带的民众纷纷出国谋生，移民潮在过去已形成的涓流的基础上，发展为一波波向外移民大潮。有的地方村镇的民众，“涉重洋如履庭户”，几乎家家有人出洋谋生，有的一家就有十几人。笔者曾听当年出国的华侨后裔说，他们的祖先在家乡太苦了，基本上看不到出路，因此当时多是怀着兴高采烈的“淘金”心情出国的，尽管在将要到达的目的地以及前去的海途中风波险恶，前景难以预料。可以说，19世纪中国人向外移民的内“推力”，在很大程度上也是左右中国近代史发展的那几种主要力量的合成，包括人口压力、政治动荡不安、外国干涉以及接二连三的自然灾害。长期以来中国人口的迅速增长对有限的耕地形成压力，农民不得不从此乡去往彼乡，甚至去国离乡到别处寻找新的耕地。也常有人从农村迁往城市，在国内的城市或海外的城市居民点做买卖或务工。

拉丁美洲的拓殖开发是与大西洋“三角贸易”连在一起的，“三角贸易”与“契约华工”密不可分。欧洲商人带着枪炮、钢铁和纺织品，绕过好望角来到亚洲。他们在福建、广东的通商口岸卸下货物后，装载中国劳工，横穿太平洋，运到拉丁美洲；最后，在加勒比地区装载蔗糖、咖啡，运回伦敦的大宗商品市场。

当时从中国广东到达拉美地区要在海上航行120多天，例如到秘鲁需要120天，而到古巴更是需要147～168天。“苦力船”上的饮水、伙食和卫生条件极差，华工在航行途中的死亡率很高。众多华工挤在船舱里，生活条件极为恶劣，人们因此也将西方国家用来运载华工的“苦力船”称为“浮动地狱”。据说大概有1/10的劳工死在船上，被抛尸大海；而能够九死一生熬到目的地的华工也在工地或庄园里过着奴隶般的生活。

不难看出，在“海上丝绸之路”各条航路上的中国人可分为两大类别：一类是自由移民群体，其中最活跃的是华商，包括流动的华商、暂居或定居的华商；另一类是失去或被剥夺自由的中国人，最典型的是“契约华工”。在后一类中国人中，南海航路上有到新加坡、马来半岛和印尼群岛的种植园从事苦力劳动的华工，但通过太平洋航路和印度洋大西洋航路到拉美种植园从事苦力劳动的“契约华工”人数最多。这是“海上丝绸之路”人员流动中灰暗的一面。“契约华工”是没有自由的，但在“契约”期满后可以恢复自由之身，成为华侨留居当地。

中国粤、闽沿海地带对东南亚地区早就存在移民流。后来华侨流向拉丁美洲和北美洲，可以看作东南亚华侨移民流的延伸。实际上，19 世纪中叶后华侨移民潮的主要流向还是兴起“淘金潮”的美国和加拿大。当时离乡背井远走他方的人，其初始意愿多是奔向北美的。不过，一部分人出于种种原因折向拉丁美洲。其中一种情况是，很多人一开始不知道自己要去的地方是“落后”的拉美国家，而误以为自己要去北美的“金山”，或者根本不懂得何谓拉美、何谓北美“金山”。到了拉美，才知道那里不是心目中的“金山”，方才恍然大悟，后悔不迭，但事已至此，只好认命了。也有案例表明，一些抵达美国的华工可以通过华侨中介到巴西谋生（据此推测也可以到其他拉美国家）。所以，这个时期的出国华工实际上可以在中国、北美和拉美之间进行“三角移民”联通。当然这种情况应属少数，大多数移民从家乡直接移居目的地（或北美或拉美）后，便不复他迁。作为“契约劳工”，他们在拉美主要从事开矿、修筑铁路和公路、种甘蔗和种棉花等艰苦工作。

关于移入拉丁美洲的华工人数，很难准确统计。据谭乾初《古巴杂记》引用的英国驻哈瓦那总领事馆档案材料，1847 ~ 1874 年被运往古巴的“契约华工”总数达 143040 人，实际到达古巴 126008 人。据秘鲁专门研究华工问题的学者温贝托·罗德里格斯所引用的材料，1849～1874 年约有 10 万名“契约华工”移入秘鲁。据特立尼达和多巴哥前总理埃里克·威廉斯（1911～1981 年）所著《加勒比地区史》，1853～1879 年，有 14002 名华工迁入英属圭亚那；1854～1887 年有 500 名华工到达瓜德罗普；1859 年有 500 名华工到达马提尼克。另据其他资料，1890 年荷属圭亚那有华工约 1 万人。20 世纪初，英属特立尼达有华侨 5000 人。①

相对来说，墨西哥的“契约华工”人数记载较有连贯性。19 世纪 70 年代后期，墨西哥即有意来华招工，但没有成功。1884 年，一艘英国商船由香港装载 600 名华工赴墨。19 世纪末，来自中国的劳工越来越多。1891 年，广东台山旅美华侨卫老从广东、香港等地征召华工 1800 多人赴墨。1896 年，科阿韦拉州圣费利佩煤矿公司向清政府招募华工 800 人。1898 年，在英国公司的指使下，工头马濯召集华工 1000 余人来到墨西哥中部瓦哈卡筑路。1899 年，墨西哥驻美公使与中国驻美公使伍廷芳进行谈判，签订了《中墨通商条约》，规定中墨两国公民可自由出入对方国家并自由就业，两国人民彼此侨居，双方以最惠国待遇对待，从法律层面上为墨西哥大规模引进中国劳工创造了条件。这个条约使墨西哥得到在中国的招工权。自此从中国去往墨西哥的华侨日益增多。1900 年，台山人李明和新会人吴斗等召集 800 多名华工到梅里达垦荒。据统计，1891～1900 年，从正规渠道进入墨西哥的华侨每年大约有 4500 人。1902 年中墨正式通航后，中国人成批进入墨西哥从事商业活动和农业生产。早期抵墨的华侨多为广东人。到 1910 年，墨西哥共有华侨 30000 人左右。另一个数据是，1902 年 3 月至 1921 年，据统计入墨

① 参见索飒《把我的心染棕：潜入美洲》，青海人民出版社，2009。

华侨有三四万人。①

“契约华工”在赴拉美前会签订“契约”。2013 年，陈汉初从《揭阳日报》记者蔡逸龙、徐剑萍的一篇报道中获悉，该市龙尾镇有一位从古巴旅游归来的赖姓女士，得到一份清同治十年的“猪仔”合同，签合同人为潮州人张香。赖女士通过多方求证，了解到张香不但幸存下来，也有了后代，并已传至第五代，后代在古巴生活得很好。这份“合同”是张香于清同治十年九月初七在澳门签订的，具有很高的资料价值，全文如下：

立合同人张香在中国潮州村人氏，年方三十一岁。今有亚湾拿哝哝兜噫吧你吐公司之代办人哑吡喇及噫吧你吐，与我说合，搭其所雇之船，前往该埠当工，所有条款开列于左：

一、言明在咕吧岛当工，听从该哝哝噫吧你吐公司指使。如本行将合同转交别行之人，我亦应允听从别人使令。

二、雇工以八年为期。自到咕吧，本人身上无病，即于作工之日起计年限。若身有病，不能作工，自当俟身愈八日后起计。

三、所有城内城外，无论何工，或田亩，或村庄，或家中使唤，或行内用工，或磨房，或园圃，或养马，或种架非，各项工程，指不尽名，悉皆听从指使。

四、及遇礼拜日期，即为停工之日，可任工人任自己之工，以为己益。但若在家中使唤，即礼拜日亦要做东家之工，要照该处规矩而行。

五、每日二十四点钟，其作工之时不得逾十二点钟之外。但其工作若为家务、庄中之事，不论何事，听从而作。如有日功夫多要做过十二点钟之外，则须于别日做少工夫以准折。

---

① 许中波：《族群资本视域下的墨西哥华人移民经济》，《拉丁美洲研究》2018 年第 1 期。

六、不论我在何处做工夫，总要遵依此处规矩。

依依噫吧你吐公司之代办人哑吡喇及噫吧你吐言明各款列后：

一、八年之期按照合同，于何日起计，其工银每月吕宋成员银四员，或给金值银四大员。该先翁所担保，即于此日起计，按月照给，以满期，毫无拖欠。

二、每日食用发给咸肉八两，另杂项食物二磅半，均系好肉，可养人之物。

三、凡遇有病，不论日子多少，事主务必送入医院，令医生看病施药，病愈方止。但其病若系由作工而致，并非自作之孽，事主仍不得将工银扣除。

四、每年给衣裳二套，小绒衫一件，洋毡一张。

五、往亚湾拿所有在船食用等费，均该先翁等自出。

六、该先翁务必先给该工人银八员，如或给金，亦抵银八元之数，以为预备行李及各样费用，以便行船。俟到亚湾拿，执合同人将先给之银每月扣回工银一员，至扣足八员即止，不得藉端将工银多除。

七、下船之日，给工人衣服三套，已及各项使用什物，不在扣工银之内。

八、我在咕吧佣工，应受此处法度保护于我。

九、满八年工期，任由我作工人自便，经营事主万不得托言欠银及有约各等名色，延日推月，强留作工。

今言明按照第六款收到洋银八员正，俟到咕吧必照第六款给回。

今言明日后虽知或访闻咕巴工人及奴才等，工银比我所得更多，但我将来照约，必受事主利益不少，则工银虽为薄少，亦无歧异。必须再打合同，所定工银而已，该工人做满合同之期，不得住留在咕吧埠。如再在咕吧住留，今惟依合同，仍作旧业；或习学工艺，要师傅担保；或佣工，不论作田亩，抑在家中使唤，俱要事头担保。若该工人不依此而行，则限以自满合同之日起，两个月后，必要该工人自出使费，迁出咕吧埠。

除上各款外，现又言明，二家干禾画押之先，业已逐款究明朗赎，因此二家于合同内，彼此所许者，无不了悉一切，日后万不能托词不知，再有他说。若有不遵者，难免置议。恐口无凭，二家立此合同，当中签名，交执为据。

同治十年九月初七日

立合同人在澳门画押　张香

有人总结说，“契约华工”出洋，其履迹有五：一是受摧残死于“猪仔”船上，有的则在船上病死而被抛进海中；二是累死在工厂、矿山；三是部分华工“契约”期满，被送回国；四是一些身体好的憨厚华工则一个“契约期”接一个“契约期”工作，有的老死于海外，有的寓居当地；五是少部分华工“契约”期满后，找到熟人，由“事头”担保留在当地做工，后来或事业有成。《外国音书》中，3000多名潮籍华工是“猪仔”船上的幸存者。他们中有一部分人在“契约”期满被送回国，一些人死于海外，少部分人像张香那样最终活了下来，继续居留其地，并传宗接代，留下自己的事业。①

由于语言不通，华侨在“契约”期满后的精神世界应是苦涩的。他们思念家乡，却隔洋难归，这在文献中有清楚的记载。有人因山迢水远、身无分文而无法买棹还乡，便断了回乡之念，与当地女性或黑人女子结婚生子。他们大多数清贫一生，最终消失在历史

① 陈汉初：《不能忘却的中国故事：“卖猪仔”——从〈外国音书〉讲起》，《侨批文化》2015年第2期。《外国音书》为陈汉初从民间淘得，属个人私藏，其中有饶平人张香的事例。

的尘烟中。这一部分与当地女性或黑人女子结婚的华工有多少，今天已经成谜。

到1874年前后，“苦力贸易”迎来历史性转折。由于华工在古巴、秘鲁等地的悲惨状态逐渐为世人所知，受到国际瞩目，清政府不再坐视不理。1873年，清政府第一次派遣陈兰彬来到古巴，陈兰彬停留近两个月，对数以千计的华工进行调查。回国后，陈兰彬将调查情况写成报告呈交清廷总理衙门，并向国内公布了华工备受虐待的调查材料，随即引起了社会的强烈反响。报告的正文还译成英文和法文，以便向外国发布。在此之前，中国东南沿海一带民众对“卖猪仔”活动早就充满公愤，厦门、上海、宁波和广州等地相继爆发了自发性抗争。在强大的压力下，清政府当局多次颁布告示，严禁贩卖人口，违者甚至处以极刑。另外，1869年清政府先已明令不许民众前往澳门，与中国无条约国不许在澳门设局招工。正是在上述背景下，清政府总理衙门在1874年公布关于“苦力贸易”的禁令，英国和葡萄牙政府也不得不在1874年先后宣布停止澳门的“苦力贸易”。清政府还与当时古巴的西班牙殖民当局交涉，最终迫使西班牙停止贩运华工出洋的勾当。此后，古巴华工的境遇有了明显改善。① 在政府层面，清政府与一些拉美国家的关系也得到一定程度改善，彼此之间有外交文书往来。1875年，清政府和秘鲁两国立约建交，这是拉丁美洲地区第一个和清政府正式建立邦交关系的国家。从19世纪70年代到20世纪头10年（清同治、光绪和宣统年间），清政府又与巴西（1881年）、墨西哥（1899年）和巴拿马（1903年）等先后建立邦交关系。邦交关系的建立有利于中拉之间正常关系的发展，也有利于中国人移民和华侨地位的相对好转。到19世纪末20世纪初，拉丁美洲幸存下来的约10万名“契约华工”基本上获得了人身解放。这些“契约华工”加上建交前后到达的自由华侨，拉美地区华侨总人数达

① 李中省：《总理衙门与美洲华工》，硕士学位论文，湘潭大学，2011。

到约 15 万人。[1] 19 世纪末，拉美的种植园主削减华工，转而招募高原山区的世居民族，加之社会改革，大型种植业开始分散化、实行预售，华侨逐渐告别种植园。

三 “契约”期满后成为自由劳工的华侨

按理，华工在“契约”到期后是要回到家乡的。事实上，大部分人后来在当地居留下来。从动机来看，原因大略有二：一是一开始就不打算在“契约”到期后回乡；二是希望在“契约”到期后继续短暂地居留一段时间，待赚到更多的钱或年纪大了再回乡。他们珍惜苦苦熬过“契约”年限而成为“自由人”的“难得机遇”，纷纷在当地落脚，靠贩卖小商品维生。例如，进城做小商贩，沿街叫卖鱼虾、角仔、扇子、纸风车、鞭炮等；再如，开办烟火作坊、洗衣店、角仔店糊口度日。这些情况在那些曾经存在过“契约华工”的国家十分普遍。一些华侨则靠手艺吃饭，例如当厨师、司机，当工匠开作坊，小本经营。大多数人在经过年复一年的原始积累后，慢慢发展为小商人，然后继续努力，生意逐渐做大，一些人终成富商。不过，能够成为富商者，多半是那些不再返乡的“单程移民”。他们当初作为“契约华工”从家乡出发，意料不到的是，他们的目的地就是移民终点站和最终归宿。总之，经过数年“契约华工”生涯，他们获得人身自由后，从种植园等地流向城镇，开始从事商业和手工业经营。这是他们在拉美首次发生的也是他们人生最重要的角色转换，即由“契约华工”变成“自由华商”，渐渐的，在当地形成一个华商阶层。

拉丁美洲的华侨华人移民史清晰地表明，每个在外拼搏的华侨华人都要经过原始积累阶段。在完成原始积累后，便可以进入新的谋生领域。一般来说至少有两种选择：一是继续在原来的领域发展，与以往不同的是，这时候他们不是在原领域踏步，而是将积累的资金变成

---

① 李春辉、杨生茂主编《美洲华侨华人史》，东方出版社，1990，第 568 页。

资本，进行扩大再生产；二是换一个新的领域，将积累的资金变成新领域的资本，用于新的发展。一般来说，他们转换的新领域应是预期可更迅速地给他们带来丰厚的回报。当然，也有人选择将积累的资金进行分流，一部分投资于原先的领域，另一部分则投资于新的领域。有的人也可能将新经营领域变为两个以上，即进行多种经营。

对于华商来说，原始积累阶段的经营领域十分重要。如果原来在商业领域进行原始积累，之后还是在商业领域扩大再发展，走的就是商业→商业道路。此外，按照原始积累前后的领域变化划分，还有非商业→商业道路、商业→非商业道路、非商业→非商业道路。其中走后两条道路的人，即使有也会很少。总而言之，海外华侨华人（特别是传统华侨）一般要经过原始积累的过程，这也意味着他们要经过一个原始积累之后选择新行业的过程。但对于一开始就有一定资金积累的华侨（例如通过继承遗产得到一笔可观资金者）来说，在海外发展的个人历程中就有可能跳过了原始积累这一阶段。

整体上看，脱离打工身份而投资商业的华侨一般是通过正常渠道。早年拉美华侨多是参与修建铁路、采矿、淘金、农场劳动，后来又经营洗衣店、餐馆和咖啡店，再到以经营杂货店、百货商店为主。很多人一开始就是小老板，如果生意做大了，资金逐渐雄厚，便成为杂货店、百货商店“大老板”。一些人再向其他领域投资，开办中小企业或超级市场。一路走来，从小生产向现代化经营过渡，从零售业、批发业到进出口业的发展也自成系统。经过辛劳拼搏，一批华侨精英脱颖而出。至于“非正常移民”，一般在很长一段时间里以打工维生（多在商场打工），一些人取得合法身份后也会走前者走过的路。不管他们是走上从商之路，还是在社会底层徘徊，都以地缘关系为群体划分的基础。地缘基础作为新移民的基本聚集方式，在低层次移民群体中表现得特别明显。

举例来说，在秘鲁首都利马，华侨自由民在有了一些积蓄后，便开办饭馆、杂货店、洗衣店等，也有人成为杂货商、裁缝匠、鞋匠、面包师、屠户等。利马卡庞大街华侨聚居地渐渐地形成了著名的中华街。此后，也有极少部分华侨致富，进入了秘鲁上层社会。一代又一代，以华商为代表的华侨中产阶级逐渐形成。这些华侨后裔后来有了葡萄牙文或西班牙文名字，信奉天主教或基督教：他们娶当地黑人、印第安人、印欧混血人等当地女子为妻，落地生根，但在他们身上仍保留着中国人勤劳、节俭的性格和习惯。

显而易见，“契约华工”有了人身自由，也就有了迁徙自由。这很重要，因为这样他们就可以流向任何对侨民开放的地区。但实际上，多数人只能在原先的居住地周边游移，其谋生地始终没有远离居住地。原因很简单，他们当“契约华工”的时候早已熟悉了居住地的生活环境，有了一定的人脉关系。如果换一个地方工作，人生地不熟，一切要从头开始，除非换一个地方能够找到亲戚朋友。另外，如果他们的生活可以维持在温饱水平，就不大可能离开当下生活的那个国家，因为换一个国家重新出发，风险太大。况且，以“日求三餐，夜求一宿”为生活目标的他们，没有必要离开已经劳碌了多年且已熟悉的那块土地，再去寻觅陌生的谋生场所。当然，传统移民中，应有少数人愿意再移民。他们再次迁移也是为了讨生活，但再移民的条件仍然是得到亲戚朋友的帮助。与此同时，中国国内通过不同渠道来到居留地的“新侨”人数（多半是同乡）也在增多，这些“新侨”便是“老侨”新的人脉资源。“新侨”可以做“老侨”的帮工，而“老侨”自然而然就是“新侨”的“师傅”，形成一方共同打拼的势力。如果在一个地方的华侨社会“新侨”“老侨”一类社会关系层层叠叠，这是“老侨”求之不得的事，越是这样年纪大的华侨就越是离不开老地方。

由于华商经济发展，一些拉美城市出现了唐人街。古巴哈瓦那的桑哈大街首先出现华侨经营的店铺，其后从 19 世纪 60 年代开始，在拉伊奥斯、库契略、德拉贡内斯、卡姆帕纳里奥、萨鲁特和曼里盖等几条大街，华商渐集，哈瓦那的唐人街就是在此基础上发展起来的。1919 年墨西哥下加利福尼亚州的墨西卡利市当地居民仅有 700 人，而华侨达9000人，因而有“小广州”之称。[①] 华侨仍以小商小贩居多，有的华侨取得事业上的成功，成为侨居地颇有资产的名人。“那些曾经被剥夺了8年权利的华侨，已成为拥有自己资财的人，拥有自己公司的人。在公共财富中，他们也许代表着百万资本。”[②] 再如，19世纪，在巴西从事各种职业的中国劳工有近万名。大部分人居住分散，比较集中居住的地方是里约热内卢市、圣保罗市、新伊瓜苏市、巴纳纳尔市、贝伦市，以及米纳斯吉拉斯州东北部、巴伊亚州南部等地。尤为值得注意的是，贝伦市在19世纪末20世纪初已有中国移民。贝伦市是巴西帕拉州首府，建于1616年，历史悠久。该市位于亚马孙河口，是该流域内河与海洋航运网的中心城市和进出口中心，也是巴西东部海岸线上北部的城市。贝伦市有了华侨的足迹，标志着巴西传统华侨已基本覆盖他们当时可以生存发展的地域。

到19世纪末20世纪初，华商的经营活动已遍及拉美100多个城市。在华侨聚居区域，华侨往往自办华侨子弟学校，创办华文报纸，既宣传中国传统艺术、文化，也介绍居住国的文化习俗。在古巴，当地人“与华民平素相习”，“土客甚为相宜”。[③] 在墨西哥，华工被亲切地称为“拔山拿”（Paisano），意即“乡亲”。一些华侨娶拉美女子为妻，学习当地语言文字，渐渐“同化于这个国家的风俗和习惯”。有的学者评论道：“‘东方就是东方，西方就是西方’，但东方和西方已经在秘鲁相汇了。”[④]

华侨在很多地方的创业是在一个民族民风淳朴的氛围下起步的。

① 张铠：《十九世纪华工与华人对拉丁美洲的历史贡献》，《近代史研究》1984年第6期，第182页。

② 〔美〕瓦特·斯图尔特：《秘鲁华工史（1849～1874）》，张铠、沈桓译，海洋出版社，1985，第194页。

③ （清）余思诒：《古巴节略》，此据福建师范大学历史系华侨史资料选辑组编《晚清海外笔记选》，海洋出版社，1983，第257页。

④ 何芳川：《中外文化交流》，国际文化出版公司，2008，第986页。

在很多拉美国家，华侨与当地民族相处得很好。到了今天，和睦的民族关系在很多国家仍随处可见。例如，在牙买加，不分男女，不分居民或游客，若在牙买加街道上见到长着亚洲面孔的，当地人常常会喊："Hello，Chin！Chin！Chin！"因为当地人以为所有中国人都姓陈，也就是说，Chin = 中国人。实际上，牙买加的华侨华人主要是客家人，来自惠阳、东莞和宝安（过去的行政区），其中陈、曾、郑、张、叶、黄等几个姓氏人口较多。那么，这么多姓氏的中国人中，为何偏偏唯"陈"一姓突出？这是因为，从160年前开始，Chin是在牙买加无人不懂的中国名字，估计也是牙买加人觉得最容易发音的中国姓氏，当时像陈、曾、郑、张四大姓的粤语发音应让牙买加人感到很难，于是，便干脆都统一称之为"陈"。还可能因为中国人都称Chinese，所以两者合在一起，就把所有中国人都叫成"Chin"。据牙买加中华会馆收藏的一份先侨名单，上面有580多个村名和人名，其中以陈姓居多。① 这也是一宗趣事。

表2-1　19世纪末20世纪初拉丁美洲华侨分布情况

国别	华侨人数	所在地区	国内籍贯	社会职业情况	社团组织
古巴	45000人（1887年）	半数居哈瓦那，次为圣地亚哥、卡马圭，余散居各地	广东"四邑"、中山、南海	主要从事商业，多为经营粮食、杂货、水果买卖，开餐馆、洗衣馆，做市场摊贩	中华总会馆、中华总商会等
秘鲁	60000人（1888年）	主要居住于利马及沿海一带城镇	广东中山、"四邑"、鹤山、南海、番禺等	主要开餐馆、粮食杂货店、旅馆、戏院、农场，以及肥皂、蜡烛工厂等	通惠总局、中山会馆等
巴西	2000人（19世纪末）	主要集中于圣保罗、里约热内卢等城市	广东台山人、新会人最多，其次来自广东惠阳及浙江青田	经营台布、绣花、瓷器等手工艺品生意，开办酒家、农场等	巴京中华会馆、圣保罗中华会馆等

① 《整村跨国大迁徙160年　牙买加华人拥有唯一姓氏"陈"!》，央视国际，2017年4月19日。

续表

国别	华侨人数	所在地区	国内籍贯	社会职业情况	社团组织
墨西哥	13203 人（1910 年）	散居墨西哥京城及顺拿腊省等	—	多从事开矿、园艺、洗衣，开餐馆、旅馆，经营进出口业	中国社交社
巴拿马	5000 人	巴拿马市及科隆一带	—	经营餐馆、其他商业及农业等	中华会馆等
智利	1000～1200 人	圣地亚哥及智利北部、中部一带	广东人，多系秘鲁华工移入者	经营牛肉店及杂货店	中华会馆等
厄瓜多尔	1500 人（1918 年）	—	广东	多经营布匹、杂货贸易	中华总商会
哥伦比亚	800 人	—	—	经营杂货、布匹、粮食等生意	中华总商会
乌拉圭	250 人	蒙得维的亚	广东台山人最多，其次来自中山、新会、开平及惠阳等	多经营洗衣馆、餐馆、咖啡店等	中华会馆
法属瓜德罗普	500 人（1854～1887 年）	—	—	—	—
法属马提尼克	500 人（1859 年）	—	—	—	—
特立尼达	6000 人（20 世纪初）	—	—	—	—
荷属苏里南	10000 人（1890 年）	—	—	—	—
阿根廷	300 人	主要集中于首都布宜诺斯艾利斯	广东人占 60%，其他来自浙、鄂、湘、鲁等省	多为店员、工人，少数经商	—
委内瑞拉	2700 人	加拉加斯、马拉开波油矿区	广东恩平人最多，其次来自开平、中山、新会、台山	多数经营咖啡店、水果店，少数从事杂货批发、经营洗衣店等	中华会馆
玻利维亚	80 人	—	—	—	—
巴拉圭	700 人	—	—	—	—
危地马拉	2000 人	主要居住于危地马拉京城或散居各地	广东顺德及中山县人	经营杂货、布匹、成衣、餐馆、农场	华侨总会致公堂

续表

国别	华侨人数	所在地区	国内籍贯	社会职业情况	社团组织
尼加拉瓜	3000 人	—	—	—	中华会馆
洪都拉斯	400 人	—	—	—	—
萨尔瓦多	300 人	—	—	—	—
哥斯达黎加	2000 人	—	广东	经商，经营可可及咖啡、香蕉等农场	中华会馆
海地	200 人	—	—		亲义公所
多米尼加	700 人	—	—		中华总馆
英属圭亚那	2622 人（1919 年）	—	—	主要从事商业、专门职业	中华协会
牙买加	3696 人（1921 年）	—	—	经商，从事制造业、服务业，做杂货商	—
波多黎各	75 人（1912 年）	—	—	—	—

资料来源：李春辉：《拉丁美洲史稿》，商务印书馆，1983，第 351～353 页。

第四节　“落叶归根”与“落地生根”

“落叶归根”（华侨在外打拼后最终回到家乡）与“落地生根”（华侨不回故乡人最终在当地居留下来）是移民史上一个重要问题，作为一个群体性现象，对华侨华人的海外事业发展影响甚大。如果一个华侨选择“落地生根”，对自己在当地的发展就会有长久打算。华侨会用心积聚财富，安排好各项生活收支，待自己的资金积累到一定程度便向某个领域投资，从而成为小商人，再逐渐做大。当然，如果华侨已经是商人而打算“落地生根”，就会更周到地安排自己在居住国的整盘生意，包括从现在到未来在不同领域的投资。

一般来说，不论是打工者，还是华商，等到最后才决定是否“落叶归根”的很少，基本上在自己事业的中晚期阶段就已着手安排自己的未来道路。整体上看，如果较多华侨决定终生居留当地，那么华商群体的人数就会增加，因为一个华侨打工的时间越长，他成为商人的可能性就越大。

“落地生根”对华侨本人家庭的伤害是很大的，因为在传统华人时代，很多华侨家庭的亲属是无法移居海外的。如果一个华侨要实现家庭团圆，就必须“落叶归根”。假如“落地生根”，对很多华侨来说，就意味着家庭分离甚至破碎。

早年男性若出洋谋生，很多人通常在下洋前匆匆忙忙在家乡找一个女子成婚，然后再出国。多少朝多少代，中国人的传统是，男人出洋务工赚钱，女人留守在家。社会对女性的角色定位就是在家养育后代，照顾公婆，承担家务。无论婚前婚后，除了婚丧或节庆等场合，体面女子很少出门或在公共场所现身，更遑论随夫漂洋过海出国了。一个家庭上有老下有小，总得有人照护家庭。至于未婚女性，就更难只身出洋了。

事实上，大部分女性不愿意也觉得没有必要随夫远去。一是她们担心自己不适应“蛮荒”地区的生活；二是她们知道到了当地也要干活养家，最终还是要回到家乡，因为“落叶归根”是那个时代的主流观念。那时候，男性华侨到国外的目的是“淘金”（在海外干各种各样能赚钱的工作），干重体力活自然是青壮男性的事。虽然过去也有已婚或未婚女子冲破重重困难出洋，但毕竟是少数。到20世纪二三十年代，以各种形式出国的华侨女性才逐渐多起来。这种情况多发生在邻近国家，在遥远的地方如拉美国家，华侨女性非常少。在前文所提《外国音书》中，共收录华工3466名，除两名女性外，其余3464名均为男性。这两名女性，一名梁美姐，34岁，潮州人，吴容之妻，号列第7组洪字44号。吴容，潮州人，39岁，号列第7组洪字42号。另一名为“虚26，宋猪苓，女人，揭阳，31岁”，没注明宋猪苓是谁的妻子，可能是单身女性。还有三四个明显是女性名字，但没有注明是女性，故以男性计入。这部潮籍华工花名册有一个女字组，列165组，出自《千字文》中“女慕贞洁”四字中的女字，人数2名。[①] 显而易见，当年到拉丁美洲的华侨女性的确很少。应注意，这里所说的年代已经是1883年，更早时出洋的华侨女性肯定更少，甚至没有。

成千上万名男性迁居海外的同时，也产生了为数众多的留守家庭女性，这主要指出国华侨的妻子。实际上，在漫长的出洋期间，既有丈夫回乡探亲一次或几次的（一般是东南亚等邻近的华侨），也有丈夫离家之后再未见面的；既有丈夫在外另组家庭而放弃国内家庭的，也有老年得病后空手回乡的。在传统华人时代，对于留守女性来说，这似乎是一种必须面对的宿命。对于那个时代的出国男性来说，什么时候买棹还乡，也是一种困难的选择。从他们内心来说，必须赚到一笔可观的钱，才好安心回去，赚钱数量当然是越多越好，但钱赚到多少才算心满意足，没有谁会胸有成竹。更多的情况是，赚得越多就越想再赚；赚钱速度慢的华侨，也要使尽浑身解数。当然，应也有大半辈子赚不到多少钱的，感到心灰意冷，没有面目回乡，于是终老异国，给他们本人及亲人留下永远的遗憾。总之，华侨到了国外后艰难的现实处境与他们当初出洋时的初衷，总是一对难解的矛盾。很多人赚“大钱”之梦总是遥遥无期，待到白发苍苍，老态龙钟，才情不得已地归去。或者中途得病致残，才万分懊恼地“提早”买棹回乡。由于华侨社会中女性极少，在华侨居住地便形成了一个个“单身汉社会”。“单身汉社会”是历史上海外华侨社会的基本特征之一。一些离中国较远的地方，如拉美国家，这种现象更为突出。这种状况对“海上丝绸之路”沿线国家和地区的华侨经济发展与社会现状及其与当地国家和民族的关系都有重大影响。

归根到底，在华侨华人史上，支配男性出国、女性留守的观念基础是男性最终会不会“落叶归根”。在最终“落叶归根”之前，华侨

① 陈汉初：《不能忘却的中国故事：“卖猪仔”——从〈外国音书〉讲起》，《侨批文化》2015年第2期。

本人的表现可以说多种多样。有的回乡探亲后回到外国居住地继续谋生，多程往返于家乡和外国居住地；有的单程来到居住地，有的纵使多程往返，最终还是魂归他乡。当然，有的华侨赚到一笔钱后就匆匆返回故里，安享天伦之乐（这种情况应属少数）。凡此种种，不一而足。

过去华侨“落叶归根”的年龄有不成文的上限。一般来说，如果在侨居地赚到足够的钱，到60岁左右就自行回到国内，在家乡养老送终。但与离中国较近、交通较便利的居住国（如东南亚国家）华侨比较，拉丁美洲华侨的情况往往大相径庭。前一类国家的华侨比较容易实现“去国离乡”与“落叶归根”这一去一回的统一。但拉美国家的华侨实现“去”与“归”统一的难度甚大，不少人只有“去国离乡”之举，而没有“落叶归根”之说，成为老死他乡的“单程移民”的情况十分常见。究其原因，一方面，家乡山迢水远，交通不便，赚钱不易但总想着赚不到足够的钱不轻易言归；另一方面，当地人少有种族歧视，民族关系和谐，作为外来客的他们，较容易融入当地。

那些一去不复返的“单程移民”，即移民目的地也是人生终点站的华侨，虽然在“契约劳工”期满后可能在居住地或周边游移，但大部分人后来的谋生地始终未远离原先的目的地，更没有离开他们生活的那个国家。交通水平、物质生活和信息条件等各方面的时代局限，使他们的眼光不可能看多远，脚步不可能走多快。

另外，还存在有意“落叶归根”而无法实现的情况，即出于各种各样的原因（如突发急病而亡、他杀身亡、身无分文而举目无亲等）无法回到家乡，只能葬在当地。过去，在一些地方死去的传统华侨是很难捡骨归葬桑梓的。究其原因，一是归乡的路程漫长、艰难曲折，二是普遍比较贫穷，三是当地没有慈善组织。在东南亚一些国家和北美很多地方有华侨社团，如果一个乡亲老来穷困潦倒，衣食无着，或者出于各种原因而钱财散尽一贫如洗，那么他就可以依靠他人

（一般为亲戚或乡亲）的资助、捐钱归去，同乡善堂也会给予帮助。如果一个乡亲不幸在当地死亡而孤身无助，同乡善堂也会出面协调让其先就地下葬，待到若干年后（年期不等，一般是批量办理）再捡骨归葬，运归故土后入土为安。这一整套流程是华侨华人善堂的基本职责，经多年运作已形成规范。

如果从华侨家庭成员的角度来看，“落叶归根”有更多的表现。例如，在一些华侨居住国（主要是比较遥远的国家，如拉美诸国），华侨观念中的“落叶归根”并非某个人单枪匹马地“去”与“回”的概念，而是一个父子间、兄弟间“轮换”的概念。也就是说，当一个华侨快到60岁了，或者他觉得钱赚得差不多了，或者他已经无力再拼搏下去了，就会“落叶归根”，永远地回到家乡，把多少年来在异国他乡打拼亲身经历的所有图景珍藏在脑海里。然后，他的儿辈会来到侨居国“继承父业”。等到儿辈有朝一日也要告老还乡了，再由孙辈前来“接任”，如此周而复始。“轮换”就是一个家族的不同成员在同一个地方工作上的“回环联动”。理论上，“回环联动”的人员链是不能中断的。

不过，这只是一个理论上的“轮换”概念。究竟历史上有多少华侨真正实践过这样的“轮换”观念，迄今已经很难调查清楚。笔者认为历史上实践这种“轮换”观念的华侨肯定有，但不至于太多且只限于最早出国的两三代。很多第二、三代的传统华侨一般还认为自己及其儿孙是中国人，因而觉得周而复始地“轮换”下去是顺理成章的事。恐怕华侨到了第三代后，甚至到第二代，就已经融入当地，与家乡那一边的祖亲后裔的联系也已慢慢减少，乃至经过多代以后，就难免亲不知亲，亲不认亲，加上他们自己及其后代一出生就生活在异国他乡，接受居住国文化风俗的熏陶。在这种情况下，他们很难像其第一代出国的父辈那样“落叶归根”了。第二次世界大战后，时代发生巨变，众多华侨加入当地国籍，老一辈华侨“落叶归根”的观念为“落地生根”的观念所取代。

传统移民时代的主流观念是“落叶归根”，很多华侨便趁年轻力壮努力赚钱，等年纪大了或因病无法打拼便买棹还乡。那时候华侨的愿望是尽快赚得一笔钱回到老家，虽谈不上衣锦还乡，但可以风风光光，然后在家乡购置田地，过上体面的日子。为了实现这个愿望，华侨在异国他乡打拼时愿意忍辱负重，甘受煎熬。大体上，华侨在出国前和出国后一段时间内基本上持这种念头。但不少华侨一旦“契约”到期，其初衷往往会慢慢改变。先是，他们没有马上回到家乡，而是留下来。究其动机，大抵是希望继续短暂地居留一段时间，待赚到更多的钱再回乡。大多数“契约华工”后来在他们最初登陆的国家居留下来（少数人也流散他国），成为异乡华人。作为真正的草根阶层，他们除了在世时与家乡的亲人或偶有联系外，故去后没有留下文字记录，只在曾经生活过的地面上留下墓地之类的遗迹，或在居住地留下片言只语的传说或记载。随着时间流逝，大多数人的故事湮没在历史烟尘里，最后只剩下一个群体名字——“契约华工”。在他们一代又一代的后人记忆里，或许能依稀找寻到他们移民事迹的“碎片”。

19 世纪出洋的底层中国移民中，很多人是被招工头花言巧语骗来的。他们本来渴望在异国他乡发财致富，至少是在千辛万苦之后带着一笔积蓄衣锦还乡，娶妻生子，购置田产，颐养天年。然而，无情的现实表明，每天起早摸黑，如牛似马，却薪酬微薄，连糊口都难，更不用说接济家人了。结果是年复一年、夜以继日的劳作，久而久之，一些人便心灰意冷。他们身处天涯海角，交通落后，身无分文，自知无缘返国，老死异乡很可能已成定数。于是，一些华侨就娶了当地女子结婚生子，自此与家乡父老乡亲不通音信，消失在茫茫的历史烟尘中。

一些国家对中国劳工还有“软硬兼施”的规定，也是华侨难以回乡的原因之一。例如，1855 年 5 月 14 日，巴西帝国公共土地总管路易斯·佩德雷拉·杜科托·费拉斯（Luiz Pedreila do Coutto Ferraz）在回复巴西驻英国公使马塞多来函时，提出诸多限制性警示。其中“中国人合同期满后应由他们自己本人全部自付”的建议，很可能就是传统华人时代巴西方面招募中国劳工的常规性规定。这一点正是迫使在归留问题上踌躇的中国劳工最终选择“契约”期满后留在巴西的原因，乃至越留越久，最终不复归去。也应客观地看，巴西当局对中国劳工留在地广人稀的巴西还是充满期待的。例如，在《巴西帝国政府关于招聘中国垦农合同条款的指令》中，最后一条就提出，“在合同期满后，如中国人愿留在帝国，可免费在边境地区提供一块12.5万平方英寻（1英寻=2.2米）的土地，或半价卖给任何地方闲置的同样多的土地”。[①] 这对于在家乡缺衣少食、无地可耕的中国劳工来说无疑有巨大的吸引力，以致很多华工在“契约”期满后不愿回归故里。由此看来，当年来到巴西的华侨之所以留在当地而很少有人回到家乡，主要是因为贫困，其次是因为路途遥远，再就是巴西方面提供的若干优惠条件。

最后，“落叶归根”还有华侨本人在居住国的娶妻问题。在传统移民时代，多数出国男性不得不在居住地与当地女子成家。重要的原因是，希望依靠女方及其家族的关系，谋求在当地更好地生存发展。虽然华侨社会内部也有地缘和血缘社团等组织可以守望相助、互相帮扶，但无法完全取代家庭和家族的功能，特别是居住地社会网络方面的功能。华侨娶当地女子造成出洋华侨在家乡与在侨居地各有妻子的“两头家”局面。在侨居地娶妻，俗称“娶番婆”[②]。在一些地方，例如拉丁美洲，由于华侨女性出洋的机会微乎其微，“两头家”现象或更严重。

男性华侨娶当地女子，可通过她们及其家庭、亲戚、朋友的关系，打开当地的人际关系网络或商业网络。因为华侨是单身男性，

---

① 陈太荣、刘正勤：《19世纪中国人移民巴西史》，中国华侨出版社，2017，第19页。

② “番婆”是广东一带的方言，代指“外国女性”（一般指与中国人结婚的外国女性）。对于没有结婚的外国女性，也称之为“番妹”。“番婆”和“番妹”初时只是对外国女性的谑称，但久而久之便成为日常称呼。

“番婆”是当地人，在她身后是父母、兄弟姐妹，以及父亲方、母亲方的亲戚，便是一个庞大的“血亲集团”（他们的朋友还不算）。当地女性与华侨丈夫结婚后，丈夫的发展如虎添翼，乃至走上发家致富的“快车道”。显然，这样的婚姻会助力华侨成为当地商人。就现在所看到的材料而言，拉美当地女性之所以愿意与来自远方的异族男子结婚，主要还是看中了华侨勤劳勇敢、聪慧的优点和品德。

就历史上各国华侨娶“番婆”的情况来看，差别是很大的。在邻近华侨家乡的国家（例如东南亚国家），华侨与当地女性所生育的子女，男孩子多被华侨送回家乡（当然也有很多留在当地），而女孩子基本上留在当地。历史上，像拉美这样的离华侨家乡山迢水远的地区，华侨与当地女性所生的子女只能都留在当地。事实上更多的情况是，华侨来到拉美居住地后，由于信息传递手段落后，很难与家庭联系，越是早年越是如此。过去华侨与家乡亲人联系的主要手段是给家人写信附带汇款，两者合在一起形成“侨批”。但侨批一类联系方式多发生在东南亚等地区，在遥远的拉丁美洲，通过侨批方式与家人联系的现象少得多。因此，在漫长的传统华人时代，华侨与家乡失去联系的情况俯拾皆是，原因也不胜枚举。其中，在居住地贫困潦倒、无钱买棹还乡是最常见的原因。东南亚等地的华侨离中国较近，他们虽也娶当地女子，但最终还可以选择“落叶归根”。拉丁美洲的华侨一旦娶了当地女子，往往会坚定他们在居住国“落地生根”的决心。

在传统华人时代，华侨与当地民族通婚已很常见，这对华侨融入当地社会客观上是有积极意义的。在拉美地区几乎找不到华侨女性的身影，华侨男性娶当地女性的情况更加普遍。客观地说，过去华侨男性只要能在自己族群内部找到异性，一般不会到族群外找当地女性作为配偶。这是出于构建以相同语言文字、风俗习惯为基础的家庭的考虑，与种族歧视无关。顺便指出，进入新移民时代后，由于很多人的

“落叶归根”观念为“落地生根”所取代，女性在法律上享有与男性同等的出国权利，很多女性不再甘于被束缚在家庭中，越来越多的男性也乐于接受女性取得跟自己一样的平等地位，包括出国权利，上述现象就逐渐消失了。

第三章 “海上丝绸之路”商货流通

丝绸在早期曾是“海上丝绸之路”上唯一的大宗商品。那时候的丝绸作为“丝绸之路”上昂贵、具有代表性的商品长期饮誉海外。后来，大宗商品还包括陶瓷和茶叶等。历史上，丝绸是“丝绸之路”上的主要商品之一，也逐渐成为“海上丝绸之路”的符号和象征。不同时期“海上丝绸之路”运销海外的大众化商品则各有变化。与此同时，海外运销中国和“丝绸之路”上的商品也各有变化。可以说，“海上丝绸之路”是一条商品种类十分广泛的货物运输和交易之路。

南海航路是历史上“海上丝绸之路”的主航线，沿线的国家和地区最多，这些国家和地区历史上的贸易、移民和其他对外交往也十分发达，外贸商品种类繁多，可以说举不胜举。这里拟以历史上交易量最大的数种商品为例以资说明。粗略而言，唐外以前的大宗输出商品中，丝绸独居鳌头，唐宋时期则是丝绸与陶瓷“双龙出海”，元、明、清时期丝绸、陶瓷和茶叶的外销“三足鼎立”；就外来进口商品来说，唐代以前以各色奇珍异宝居多，唐宋以后以各种各样的香料为主。

顺便说明，通过中国大西南和中南半岛出海的江河与南海航路对接，也是“海上丝绸之路”的组成部分。通过中国大西南和中南半岛江河出海的中国商品，与南海航路上输出的很多中国商品大体重合，故不对通过中国大西南和中南半岛出海的中国商品另行置述。

第一节 货如轮转的南海航路

一 唐代以前中国外销丝绸独占鳌头

中国是世界上最早养蚕产丝的国家。在中国古老传说中，中原地区的嫘祖“首创种桑养蚕之法，抽丝编绢之术”，也有“教民育蚕，治丝茧，以供衣服”的故事。这一传说是有现实依据的。根据对河南中部地区贾湖史前遗址的研究，在贾湖两处墓葬人的遗骸腹部土壤样品中，检测到蚕丝蛋白的残留物。对遗址中发现的编织工具和骨针的综合分析表明，8500 年前的贾湖居民可能已经掌握了基本的编织和缝纫技艺，并有意识地使用蚕丝制作丝绸。[①] 贾湖遗址蚕丝蛋白残留物的发现，将中国丝绸出现的考古学证据提前了近 4000 年，证实了中国是首个发明蚕丝和利用蚕丝的国家。一系列的考古发掘显示古代先民对生产蚕丝已有认识。例如，1977 年浙江河姆渡新石器遗址考古发掘表明浙江吴兴钱山漾一带已能生产丝绢（4700 多年前）；长沙马王堆西汉古墓出土的长三尺七寸、重量不到一两的素纱蝉衣工艺十分精巧；湖北江陵楚墓中出土大量丝织品，被誉为“世界丝绸宝库”。

丝绸为汉代以后陆上、海上“丝绸之路”的开通提供了必不可少的物质前提。不过，早期昂贵的丝绸作为商品交换的属性还不高，一般作为皇室和王公贵族使用的奢侈品；在对外交往中也只是作为赏

---

① 中国科学技术大学科技史与科技考古系龚德才教授的研究团队于 2016 年 12 月 12 日在国际期刊 *PLOS ONE* 发表题为《8500 年前丝织品的分子生物学证据》的文章。参见《中科大揭示 8500 年前丝织品的生物学证据》，《遗产与保护研究》2017 年第 2 期。

赐品而非商品，尚未具备最有活力的远洋商品的属性。当然，作为国家“敦睦邦交”和扩大政治影响的工具，丝绸已经开始显现出一定的积极影响。

古代通过“海上丝绸之路”传播至海外的丝绸主要来自中国沿海地区。例如，广州西汉南越王墓出土的丝绸随葬品不仅品种多，而且数量很大。织物碳化堆积层厚达20～30厘米，陪葬丝绸估计不低于100匹，折叠达700余层。墓中出土的丝织品不但有平纹组织的绢、纱，也有重经组织的素色锦、二色镜和绒圈锦，品种十分丰富。如此之多的丝织品整匹随葬和大量用来包裹器物，说明南越国的丝织产品相当丰富，而且应有外销。墓中出土的象牙、银盒、香料等舶来品，不排除是用丝织品从海外交换回来的。

《汉书·地理志》对黄支国有所记载：“自日南障塞、徐闻、合浦，船行可五月有都元国。又船行可四月有邑卢没国，又船行可二十余日有谌离国，步行可十余日有夫甘都卢国。自夫甘都卢国，船行可二月余有黄支国……”汉武帝时期，中国海船从雷州半岛出发，带了大量黄金和丝织品，途经一些国家远航到印度半岛南部黄支国，沿途换取珍珠、宝石等特产。这是中国丝绸作为商品外传到越南、马来半岛和印度半岛沿岸国家的最早记载，也是关于“海上丝绸之路”南海起航线的最早记载，这条航线后来发展为“海上丝绸之路”的主要干线，此不赘述。

应注意的是汉使选择徐闻作为黄支之行的始发港与此处物产之间的关系。汉代，随着种桑养蚕和纺织业发展，丝绸或丝织品成为这一时期的主要输出品。《汉书·地理志》记载，汉使“与应募者俱入海市明珠、璧流璃、奇石异物，赍黄金、杂缯而往”。汉使携带的黄金、杂缯特别是后者应不是从长安带来的，而是在土产丰富的岭南当地采购的，使团成员也不应全都来自长安宫廷，一部分人应是当地官员，水手应全部是当地人。推而论之，使团不只负有“宣慰”的官方使命，更可能是一路前行一路进行土特产交易。《南齐书·地理志》载，交州“外接南夷，宝货所出，山海珍怪，莫与为比”。此处比邻“南夷”，地多“宝货”，“宝货”与丝绸一起，作为商品被带到海外进行交易。这也是早被古人总结出来的早期华南地区对海外贸易的显著特点。

与之相配套，汉朝政府加强了沿海港市的管理。例如，在今徐闻“置左右候官，在县南七里，积货物于此，备其所求，与交易有利”。[①]因此，可以推定，徐闻在西汉时是一个因靠近土特产地区而相当发达的港口，具备西汉设官驻扎和官府辟作贸易港的条件。从这个意义上说，徐闻作为“海上丝绸之路”的始发港当之无愧，也可以明白为什么朝廷要派遣汉使水陆兼程从长安来到南荒海隅，再跨万里波涛南行。

到东汉顺帝永建六年（131），“日南徼外叶调王便遣使贡献，帝赐调便金印紫绶”。[②]“日南徼外”几字显示叶调国使者可能是在北部湾登陆的。欧洲的大秦国也有商人、使者来到北部湾地区。东汉桓帝延熹九年（166），“大秦王安敦遣使自日南徼外来献象牙、犀角、玳瑁”，“汉世唯一通焉。其国人行贾，往往至扶南、日南、交趾”。汉末至三国，士燮为交趾太守，督岭南七郡。虽时为战乱，他仍然“每遣使诣权，致杂香细葛，辄以千数。明珠、大贝、流璃、翡翠、玳瑁、犀、象之珍，奇物异果……无岁不至”。[③]上述诸物中，不乏珍贵的舶来品。

早年从徐闻、合浦出发的航船带出去交易的重要物品中，还有“南珠”。南珠既转销于宫廷和民间，也可远销。顾名思义，南珠即

① （唐）李吉甫：《元和郡县志》阙卷逸文卷三，中华书局，2005，第1087页。

② 《后汉书》卷86《南蛮西南夷列传》，中华书局，1965，第2837页。叶调国位于今印度尼西亚爪哇岛或苏门答腊岛。

③ 《汉书》卷88《西域传》，中华书局，1962，第2920页；《梁书》卷54《诸夷传》，中华书局，1973，第798页；《三国志》卷49《吴书·士燮传》，中华书局，1982，第1192~1193页。

产自南方海域的珍珠。历史上南珠最著名的产地位于今广西北海市的涠洲岛，此地更近合浦。在相当长一段历史时间内，很大程度上得益于“海上丝绸之路”，采捞“南珠”成为当地人赖以生活和致富的基础，后来发展为合浦珠市。不过“南珠”在“海上丝绸之路”上的市场销售还是有限的，不比丝绸、瓷器、茶叶等大宗商品。还应看到，这时候中国南方的陶器已在对东南亚一带的贸易中盛行。一个证据是，在“海上丝绸之路”沿线国家和地区，如今天的印度尼西亚、马来西亚等地，出土了大量汉代陶器和陶片，器型和纹饰风格与广东沿海汉墓出土的陶器一致。但笔者认为，陶瓷等商品在南海航路上的大规模输出应是在唐代以后（后文详述）。

犀、象也是早期朝贡贸易的重要内容，在中外文化交流史上发挥了重要作用。史载，从西汉末年到东汉时期，外国使团沿着“海上丝绸之路”来华朝贡。例如，公元 2 年“黄支国献犀牛”，84 年“日南徼外蛮夷献生犀、白雉”，94 年“永昌徼外夷遣使译献犀牛、大象”，166 年“大秦王安敦遣使自日南徼外献象牙、犀角、玳瑁”。①

此外，“海上丝绸之路”上交易商品中还有其他“宝货”：一曰贝类，二曰玳瑁，三曰珊瑚，四曰琉璃、玻璃、水晶类。后来，通过“海上丝绸之路”进入中国的域外商品有沙金、白银、黄铜等矿产，棉花、龙眼、缅茄、占城稻等农作物。

丝绸在唐代以前是各国君王和商贾需求的珍品。像古罗马这样的丝绸需求大国，一旦断供，便千方百计恢复供应。最明显也为人引用最多的例子是《后汉书·大秦传》的记载：“（大秦）与安息、天竺交市于海中，利有十倍……其王常欲通使于汉，而安息欲以汉缯綵与之交市，故遮阂不得自达。”② 也就是说，当时安息和罗马、印度已

① 《汉书》卷 12《平帝本纪》，中华书局，1962，第 352 页；《后汉书》卷 3《肃宗孝章帝本纪》、卷 4《孝和孝殇帝本纪》、卷 88《西域传》，中华书局，1965，第 145、177、2920 页。

② 《后汉书》卷 88《西域传》，中华书局，1965，第 2919～2920 页。

在海上开展丝绸贸易，因为“利有十倍”，安息想垄断同中国的丝绸贸易，长期阻挠罗马和中国的直接往来，罗马“遮阂不得自达”。这条商路不通，迫使作为丝绸来源国的中国和消费丝绸最多的罗马另辟蹊径。于是，97 年，班超派甘英出使罗马，探索一条摆脱安息控制的海上通路，可惜没有成功。罗马方面也希望另辟海路直接与中国通商。《后汉书 · 西域传》记载，166 年，“大秦王安敦遣使自日南徼外来献象牙、犀角、玳瑁，始乃一通焉”。史料中没有关于甘英和罗马使节负有开通海上商路使命的记载，但结合当时的国际背景，可以做这样的推测。

根据《后汉书》的记载，中国与东南亚地区的贸易品也是丝绸和其他各类珍奇物品。131 年，日南徼外叶调国，159 年和 161 年天竺，97 年和 120 年掸国（位于今上缅甸），遣使来中国进献，掸国还献“乐及幻人（魔术师）”，中国方面“赐印绶、金银、綵缯各有差”。“幻人”“自言我海西人，海西即大秦也，掸国西南通大秦”。“幻人”可能是经海路先到今缅甸毛淡棉港，然后再与掸国使团一起来中国的。

应注意，在雷州半岛沿岸地区以外的中国东南沿岸地区，由于中国的政治影响日益扩大和精美绝伦的丝绸具有极大吸引力，东南亚、南亚乃至西亚、欧洲国家派使节前来通好，献礼品以求赏赐丝绸和进行贸易交换。《通志 · 四夷》记载：“吴时，遣中郎康泰、宣化从事，朱应使于寻国（范寻为王的扶南——引者注），国人犹裸，唯妇女着贯头。泰、应谓曰：‘国中实佳，但人亵露可怪耳。’寻始令国中男子着横幅，横幅今干漫（纱笼——引者注）也。大家乃截锦为之，贫者用布。”可见三国时中国的丝绸已传入扶南，并且用丝绸制作纱笼（筒裙），改变了扶南人的裸体习俗。[1] 扶南人之所以裸体，是因为当地天气酷热。酷热却喜欢穿纱笼，是因为丝绸漂亮，贪图靓丽

① 陈炎：《略论海上“丝绸之路”》，《历史研究》1982 年第 3 期。

罢了。

江南产丝地区也是中国著名的造船基地，如润州、常州、苏州、杭州、越州和明州都制造海船。例如，有一种海船名曰“苍舶”，长达20丈，可载六七百人。还有一种名曰“俞大娘”的大舶能载重万石。唐玄宗时，大臣韦坚调集各州郡制造的船只进行了一次大检阅。船头挂上各州郡造的牌子，船上装载各州郡特产，如广陵郡制造的船上装载“锦”，丹阳郡船上装载“京口绫、衫段”，晋陵郡船上装载“官端绫绣”，吴郡船上装载“方文绫”，会稽郡船上装载“罗、吴绫、绛纱”。[①] 可见这些地区既是造船基地，也是丝绸产地。此时的丝绸无疑仍是“海上丝绸之路”上最重要的对外贸易品。

东晋时，法显到南亚一带取经，从西北陆路去，沿印度洋和南海一带海路回，这说明“陆上丝绸之路”与“海上丝绸之路”已在欧亚大陆范围内形成成熟的陆海系统循环。法显撰写的《法显传》记其399～412年的旅行经历。其中提到从今斯里兰卡经爪哇到广州都有能容200多人的大商船，乘客都是商人。由此可见，当时“海上丝绸之路”上的商人群体规模大且交通畅通。《法显传》虽未具体谈到丝绸贸易，但他看到商人在玉象边“以晋地白绢扇供养”时触景生情，凄然泪下。由此可见，不只是产自中国的丝绸，而且用丝绸制作的中国工艺品绢扇已通过商人之手传入今斯里兰卡。丝织工艺品的价格自然比原丝的价格高出许多，与法显同行的众多商人很可能是去广州贩运丝绸等贵重商品的。[②]

在两晋及南朝时期，雷州半岛沿岸地区在对外贸易中虽然不再独占鳌头，但其经济交往范围仍在扩展。东晋时，“晋氏南移，河、陇复隔，戎夷梗路，外域天断……而商货所资，或出交部，泛海陵波，

① 《旧唐书》卷105《韦坚传》，中华书局，1975，第3222页。

② 陈炎：《略论海上“丝绸之路”》，《历史研究》1982年第3期。

因风远至……故舟舶继路，商使交属”。[①] 南朝刘宋元嘉七年（430），位于今印度尼西亚西部的诃罗国遣使奉表，前来寻求保护并解除贸易限制，希望“远垂覆护，并市易往反，不为禁闭”。[②] 这一时期，由于北方胡人内迁，“陆上丝绸之路”阻隔，商人只得携货物泛海远航。在此背景下，以北部湾一带（主要是交州）为起点的“海上丝绸之路”兴旺起来，出现了相对繁忙的景象。出口产品除丝织品之外，还有不少陶制品，如藤县古龙乡忠隆村生产的古代陶器曾通过北流河、南流江输合浦出口。[③]

在战乱的南北朝时期，雷州半岛沿岸一带应与长江沿岸一带没有多少联系，雷州半岛沿岸港口应主要服务于广东沿海一带的经济发展。在战乱和分裂时期，广东地方政权从“海上丝绸之路”得益甚多。

607 年，隋炀帝派遣的使者常骏、王君政等从广州出发沿安南沿岸南行，最后抵达赤土国。《隋书·南蛮传》载，“赐骏等帛各百匹，时服一袭而遣，赍物五千段，以赐赤土王”。这是一个中国丝绸作为厚重的国礼而承担外交功能的有力说明，这里指出使见面礼。可见常骏等人赤土之行与徐闻等人黄支之行一样，见面礼仍然是丝绸，而且礼物越来越厚重。不过，在外交史上，以最高统治者的名义亲自遣使不远万里到海外赠送丝绸厚礼的例子不多。这两次出使赠礼应该是比较特殊的例子，意在招徕远方“蛮夷”。以馈赠丝绸作为国礼之举，一般是在外国国王、大臣或者使者前来“朝贡”的时候。级别越高，中国统治者所赠丝绸礼品越重，越是出手不凡。

赤土国使团来华进贡，路线是“循海北岸，达于交趾”。[④] 可以

---

① 《宋书》卷 57《夷蛮传》，中华书局，1974，第 2399 页。

② 《宋书》卷 57《夷蛮传》，中华书局，1974，第 2380 页。

③ 广西壮族自治区地方志编纂委员会编《广西通志·外经贸志》，广西人民出版社，1997，第 26 页。

④ 《隋书》卷 82《南蛮传》，中华书局，1973，第 1835 页。

推断，雷州半岛沿岸地区至少到隋朝仍保持中国对外交通中心之一的地位。不过，到强盛的唐代，经过长时期安定、和平的经济发展，中国沿海地区一个个港口脱颖而出。僻处南荒海隅的雷州半岛沿岸港口便逐渐衰落，海外交往的中心逐渐转移到闽、浙一带其他沿岸城市。

二　唐宋时期外销丝绸、陶瓷并重

丝绸在唐代以前是中国重要的用于对外馈赠的国礼，赠送丝绸也是历代统治者追求“敦睦邦交”的一种手段。丝绸在“海上丝绸之路”上的价值和作用越来越大，“海上丝绸之路”南海航路也成为“使节之路”和“友谊之路”。

唐代晚期，经济重心逐渐南移（也包括向沿海地区扩展），南方得到较快开发，越来越多的居民南迁并加入南方开发的行列，一个突出表现是民间丝织业的出现。农桑经济是人民衣食之源，也是国家税收之源。唐代生产丝织品最有名的地区为江南东道（今江苏、浙江）。江南各产丝区能织出品种繁多的精美丝织品，有的“薄如蝉翼，飘似云雾”，其工艺“巧夺天工”，丝绸成为唐代外销商品中最受各国欢迎和喜爱的商品。从唐代晚期起，特别是进入宋代以后，中国王朝的“趋海性”日益增强，其中一个重要表现是政府从以对外贸易为主的海洋导向型经济中获得越来越多的财富。

因“陆上丝绸之路”阻隔，丝绸等商品的外销由陆路转向海路，这种转向源自“丝绸之路”大系统内部的运行。早在两晋南北朝时代，整体上互联互通的“丝绸之路”系统已经生成，其内部运行会产生一定的张力，出现新的分支系统或路线。后来中国西南地区接通“海上丝绸之路”的很多陆路支线（如马帮贸易路线）的开辟也是这种张力发生作用的结果。经过长期的运行，陆上与海上两大“丝绸之路”逐渐形成陆海系统循环的态势。简言之，西北物流通畅或阻塞，就会在东南出现反应，尽管这种反应经辗转传递，信息到达终端时已经变得很微弱，但仍可略知一二。在那个天各一方、商贾各顾自己一边的年代，发生这样的反应，可称得上一种信息传递。这说明在广袤的欧亚大陆上，商品内部流通存在不同的互相联系的子系统，相关子系统之间可以产生“回音”。“陆上丝绸之路”的中断，不是一个月、数个月，也不是一年、几年，而是在隋唐时期漫长的历史阶段。在这个阶段，作为对“陆上丝绸之路”长期中断的回应，“海上丝绸之路”遂应运而起。到唐宋两代，随着中国造船、航海技术的长足发展，中国通往东南亚、印度洋、红海及至非洲大陆的航路纷纷开通与延伸，“海上丝绸之路”代替“陆上丝绸之路”，成为中国对外交往的主要通道。

在此情况下，唐代“海上丝绸之路”的一个重要特点是丝绸外运性质的变化。丝绸贸易除了作为原有的“朝贡贸易”内容外，开始转向以具有官方贸易性质的市舶贸易为主（有时两者交织在一起）。过去，馈赠丝绸是“敦睦邦交”的手段，其在政治上的影响受到重视，而这时丝绸主要被看作一项重要的财政收入。① 或言之，在“海上丝绸之路”上，丝绸作为商品传播的意义，远大于作为一种“国粹”外流的意义。

唐朝政府奖励外商来华贸易，保护外商的贸易活动，并给予方便。唐文宗太和八年（834），上谕：“南海蕃舶，本以慕化而来，固在接以仁恩，使其感悦……深虑远人未安，率税犹重，思有矜恤，以示绥怀。其岭南、福建及扬州蕃客，宜委节度观察使常加存问，除舶脚、收市、进奉外，任其来往通流，自为交易，不得重加率税。”同时，民间海商也纷纷前往海外开展丝绸贸易。在官方贸易、民间贸易“两个轮子”同时转动的情况下，丝绸产品日益增加，商业活动日益发达。唐朝在广州设立市舶使管理海外贸易和收税就是这一变化的标志。这时候，丝绸市舶贸易在政府财政收入中所占比重大幅上升。另

---

① 陈炎：《略论海上“丝绸之路”》，《历史研究》1982 年第 3 期。

外，广州还出现了专卖制度，珍贵的物品由当地政府收买专卖，名曰“收市”或“榷”。珍贵物品的政府收买专卖是保护其他商品正常交易和整个贸易秩序正常运转的一项举措。

丝绸在阿拉伯地区的热销，杜环的《经行记》对这方面情况记载详细。例如，拂菻国，“妇女皆服珠锦”，“多工巧，善织络”；大食国，“四方辐辏，万货丰贱，锦绣、珠贝，满于市肆”。特别是关于大食，杜环写道：“绫绢、机杼、金银匠、画匠。汉匠起作画者京兆人樊淑、刘泚，织络者河东人乐隈、吕礼。”当地丝绸琳琅满目，连中国的织绢工人、金银匠和画家也来到大食，而且有名有姓有籍贯。唐代丝绸的生产技术和生产工具机杼也已传入阿拉伯国家。其时，大食商人还穿行于红海、波斯湾和印度、斯里兰卡之间，从印度将包括中国丝绸在内的东方各国货物运到苏伊士，然后用骆驼运到亚历山大港，再转销欧洲；又将西方的货物以及非洲的象牙、香料等贩运到印度，再转输中国和其他亚洲国家。

从整个贸易大格局来看，唐代与南海航路沿线国家和地区通商的中国海港中，广州最为重要，广州也是直接连接南海航路的最大商港。大食、波斯通过两条路线与唐朝交往：一条是“陆上丝绸之路”，从大食、波斯经怛逻斯、碎叶、勃达岭、龟兹、河西走廊至唐朝都城长安；另一条就是南海航路，从阿曼的苏哈尔或波斯北岸的西拉夫起航，经印度洋、太平洋，沿海岸北行到达广州。各国商人在广州侨居，开店列肆，还出现了外侨的聚居区“蕃坊”。广州的外国商人中，来自东南亚的商人应居多。“广州地际南海，每岁有昆仑乘舶，以珍货与中国交市”，这里的“昆仑”即指东南亚。[①] 广州是唐代重要的贸易港，也是当时世界上最大的港口之一。云集广州的外国商船，“有婆罗门、波斯、昆仑等舶，不知其数”。[②] 宋代来华的东南

① 《旧唐书》卷89《王方庆传》，中华书局，1975，第2897页。

② 冯承钧编《历代求法翻经录·唐录》，商务印书馆，1931，第93页。

亚商人更多。据《宋史》记载，三佛齐、交趾、占城、阇婆、勃泥、真腊、真里富等东南亚国家都有商人来华贸易。其中，三佛齐来华人数尤多，且贸易额大，动辄交易数十万贯。三佛齐人蒲诃栗立曾任广州“蕃长”（从姓氏判断，蒲诃栗立本是阿拉伯人），说明三佛齐商人在来华外商中很有影响力。

重要外销商品除丝绸之外，陶瓷也作为外销商品在唐代脱颖而出。唐代，陶瓷已是外商采购的重要商品。从长沙窑、龙泉窑、德化窑，到景德镇窑、漳州窑、潮州窑等，都生产外销瓷。宋代，中国制瓷技术已成熟，精美的瓷器成为与丝绸并驾齐驱的代表性商品，亦成为中国的文化象征之一。北宋在泉州设市舶司，德化瓷器由官府统一收购，开始销往越南等东南亚临近地区。再到南宋，德化瓷器由荷兰人贩运至欧洲。宋元时期，随着泉州对外贸易的繁荣以及茶叶外销的兴盛，陶瓷业发展迅猛，盛况空前，无论是沿海地带还是山区，但见窑烟蔽日，云遮雾笼。后来郑和七下西洋，德化瓷器是船队装载的主要货物之一。船队数次在泉州起锚，就地采买。福建晋江、德化等地发现了大量宋元古窑，据说这些瓷窑烧制的瓷器在国内流传极少，而在东南亚和东亚不少国家屡有发现，表明这些瓷窑是专为适应瓷器外销而创设的，有明确的国外销售目的地，甚至可以推测当时这些陶瓷“工厂”中已有宽松的承接出窑产品的海外贸易“订单”。

进入 20 世纪 70 年代以后，在泰国湾、爪哇海、苏禄海等东南亚海域陆续出水 100 多艘沉船。沉船中保留下来的货物绝大部分是陶瓷器，还有一些金属器、玻璃器、宝石等物品。根据统计，14 世纪及以前沉船的陶瓷器大部分是中国各地重要窑口的产品，如北方的邢窑、定窑等，南方长沙窑、龙泉窑、景德镇窑、建窑、德化窑等窑口。另外，除了中国制品，还有东南亚本土制造的陶瓷器。比较著名的是 1998 年在印度尼西亚打捞出水的“黑石号”沉船，沉船上有大量长沙窑烧制的瓷器，其中一个瓷碗上有“宝历二年（826）七月十六日”的印记。依据船体结构、木种、文物，推断该船应是一艘 9

世纪从中东一带来到唐朝的商船，在中国某港口（一般猜测为扬州）装载了大量瓷器等物品后出发，在勿里洞附近海域触礁沉没，在海底沉寂了千年之久。[①] 还有“井里汶”沉船、“印旦”沉船、“玉龙号”沉船等。“井里汶”沉船位于井里汶市附近的爪哇海域。沉船出水种类丰富的船货，约 50 万件文物，在 30 多万件陶瓷产品中绝大多数属于越窑青瓷产品，还有泰国细陶军持、马来半岛锡锭、中东玻璃香水瓶、斯里兰卡宝石等。沉船年代推测为 10 世纪中后期。[②] 在中国闽、粤一带发现的泉州宋代法石古船沉船、广东阳江“南海 1 号”沉船、广东潮汕“南澳 1 号”沉船等，装载货物都以瓷器为主。总之，晚唐时期中国至东南亚地区的海洋商业逐渐形成了规模化的贸易网络。

中国陶瓷源源不断输往海外，促进了“海上丝绸之路”沿线地区陶瓷制造业的发展。埃及、波斯、土耳其等地以及东南亚地区就因大量引入中国瓷器而促进了本国制瓷业的进步。同样，元明时期来自波斯、阿拉伯等地区的青花色料、掐丝珐琅技术也成就了青花瓷的辉煌及景泰蓝工艺的产生。

《宋会要辑稿》载，987 年，宋太宗“遣内侍八人赍敕书金帛，分四纲，各往海南诸蕃国，勾招进奉，博买番药、犀牙、真珠、龙脑。每纲赍空名诏书三道，于所至处赐之”。这一举措是利用中国丝绸和黄金招邀外商。在此情况下，中国丝绸外传的数量更大。重要的是，这时政府招徕“外夷”更明显地含有招商贸易的务实目的。同时，宋朝在广州、泉州、明州、杭州设立了市舶司，扩大了政府对海外贸易的管辖范围。到南宋，以杭州为首都，但这时候北部大片领土被少数民族政权统治，财政来源大大减少，支持政权生存的财政基础更向外贸倾斜。南宋一再鼓励外商来华通商，目的无他，就是对岌岌

① 据说新加坡圣淘沙公司于 2005 年筹资 3200 万美元购得了这批贵重文物。新加坡酒店已故富商邱德拔的后人为此捐出巨款。购得的所有文物目前均为新加坡政府拥有。

② 《东南亚发现的沉船与海上丝绸之路》，《中国文物报》2017 年 8 月 11 日，第 3 版。

可危的财政困局有所弥补。这时候南宋还把一地对外贸易的成长看作地方长官的“政绩”，对外贸货额高者加官晋爵。例如，1136年赐“蕃舶”纲首蔡景芳“承信郎”官爵。[①] 南宋建炎二年（1128），市舶司的收入占国家总收入的20%，南宋高宗绍兴末年，仅广州、泉州两地市舶司的收入就达200万贯。[②]

受海外贸易日益发展的刺激，宋代的纺织业非常发达，江南仍是丝织业中心。由于海外丝绸贸易的发展，原来农村的机织已不能满足发展所需，丝织工业已日渐从缫丝的农业户分离出来。[③] 在主要出口商品中，丝绸仍然承担着重要使命，继续通过“海上丝绸之路”流传到越来越广阔的外部世界。如果说中国丝绸和其他发明创造向外传播都是对人类进步和世界文明的贡献，那么很多贡献的实现途径是通过“海上丝绸之路”；如果说唐代以前中国丝绸的外流主要是有助于改善当地民众的着装之需，那么唐代以后中国丝绸作为一种丰富和美化民众生活的修饰品、艺术品及吉祥物的功用就越来越得到彰显。特别是对东南亚、南亚这些热带国家的民众来说，丝绸有极大的吸引力。

茶叶是海上贸易的重要商品之一。野生茶原出于中国西南，中国是世界上最早发现、栽培和使用茶叶的国家，也是世界上最早形成茶产业、茶文化的国家。饮茶风尚在中国形成后，影响日益扩散，后来与咖啡、可可一道并称世界三大无酒精健康饮料。然而，追根溯源，世界各地最初饮用的茶叶、引进种植的茶种、栽培技术、加工工艺、饮茶方法以及茶事礼俗等，均直接或间接来自中国。[④] 茶叶也是中华民族对世界文明的卓越贡献。

---

① 参见《宋史》卷185《食货志下七》，中华书局，1985，第4537～4538页。

② 陈炎：《略论海上“丝绸之路”》，《历史研究》1982年第3期。

③ 陈炎：《略论海上“丝绸之路”》，《历史研究》1982年第3期。

④ 王建荣、冯卫英：《探索海上丝绸之路与中国茶的传播》，《农业考古》2014年第2期。

宋代以后的外销商品中，茶的地位越来越突出。大航海时代开通了连接美洲和欧洲的航线以后，中国茶叶便开始输入东南亚诸国，然后转运到美、欧各国。经“海上丝绸之路”传播的中国茶多是福建生产的茶。顺便指出，除海路外，中国的茶叶外销还有两条陆路。一条是草原之路，即往西北去，经由哈萨克斯坦通往俄罗斯；还有一条是高原之路，包括滇藏线、川藏线、青藏线，三条线经由南亚、中亚、西亚抵达欧洲。不过，茶叶贸易还是以海路为主。

北宋在广州、明州、杭州、泉州设立市舶司，管理对外贸易。据《云麓漫钞》记载，来泉州贸易的国家达 30 多个，其中包括东南亚的三佛齐、占城、真腊、勃泥、蒲甘等国，而携带到泉州的货物有 40 多种，以香料为主。自泉州输往东南亚的中国商品主要是生活和生产资料，如陶瓷、布匹、铁器等。《宋会要辑稿》记载：“彼之所阙者，如瓷器、茗、醴之属，皆所愿得。故以吾无用之物易彼有用之货，犹未见其害也。”唐以后泉州种茶已相当普遍，宋代茶叶已出口日本、朝鲜等国。茶叶作为重要的商品，也有销往东南亚诸国的可能，但应是小规模的、零星的。

中国丝绸大量出口外销，必然带来外来商品的大量进口，其中珍稀商品引人注目。从外国输入广州的商品主要是香料、珍珠、象牙、犀角等“珍品”，而输出的商品主要是丝绸、瓷器和金银、铜钱。应注意的是，这时候中国的“王牌”商品已经不仅仅是丝绸，还包括其他重要商品，特别是瓷器开始大批量地登上中国外贸的历史舞台。从外国输入中国的商品，除了珍珠、象牙、犀角等“珍品”外，最重要的是多了香料。《宋史·食货志》记载：“凡大食、古逻、阇婆、占城、勃泥、麻逸、三佛齐诸蕃，并通贸易，以金银、缗钱、铅锡、杂色帛、瓷器市香药、犀象、珊瑚、琥珀、珠琲、镔铁、玳瑁、玛瑙、车渠、水精、蕃布、乌樠、苏木等物”。《诸蕃志》记载，华商以瓷器、绸缎、白锡、铁器、青铜、耕具、耕畜、蓝布、铁鼎、乌铅、五色琉璃珠、铁针等为交易商品，菲律宾群岛番贾以土产吉贝、黄蜡、番布、椰子簟、珍珠、玳瑁、槟榔、黄金、木棉、降真香、棉花、棉布、苏木、竹布等与华商交易。华商商船每到一岛停泊数日，若货品未卖完，则转向其他岛屿继续贸易，货品交易完后即返航，少有停留者。华商之船自泉州港出海，至菲律宾群岛贸易，往返只需数月。

中外贸易中，中国缺少且为国人所需的商品越来越大批量地进入中国，其中香料最为突出。香料在早期华南地区的民间贸易及古代中外文化交流史上曾扮演十分重要的角色。香料是热带芬芳类植物和动物分泌的香胶，有止痒杀菌、祛腥除臭、清洁环境的作用。若入药用，则功效更多。华南地区古来生产、使用香料比北方地区多，也是异域进口香料的必经之地，故这里的香料贸易自两汉起就十分繁荣，成为中国的重要香料产地和最大的香料消费地之一。华南地区的民间香料贸易也十分活跃。这里生产的香料不仅输入内地，也沿“海上丝绸之路”出口到印度、中东、非洲其他地区和欧洲地区。

在域外，香料的主要产地在东南亚、东非等地区。中国国内对香料需求巨大，唐宋时期从域外大量进口香料。当时外商输入中国的香料又称“南路货”，其中有乳香、没药、安息香、龙脑香、丁香、血碣、阿魏、没石子、鸡舌香、苏合香、藿香、流黄香、青木香和栈蜜香等。它们多被纳入中国的本草、方剂中。熙宁十年（1077），仅广州、杭州、明州三地市舶司所收乳香就有354449斤。绍兴六年（1136），大食“蕃客”啰辛更是一次就在泉州市舶输入价值30万缗的乳香。1974年，泉州后渚港出水的宋代沉船所载商品就有香料、药物和胡椒等。[①] 由于香料在海外输入商品中位列大宗，有学者亦将“海上丝绸之路”称为“香料之路”。

此外，通过“海上丝绸之路”，指南针、火药、活字印刷，以及中医药、炼丹术、养蚕技术和陶瓷技术等为国人所乐道的中国古

---

① 马建春：《海上丝绸之路的历史贡献》，《社会科学战线》2016年第4期。

代重大发明与技术，也辗转传播到西方国家。隋唐时期，印度的天文、历算、医学、制糖法以及与本草有关的许多植物输入中国，影响了唐朝的科技与文化建设。宋元时期，阿拉伯伊斯兰文化亦对中国产生了深远的影响。东来的商旅、学者、传教士、工匠等将伊斯兰文明中的天文学、数学、医学、地理学及许多技艺传入中华大地，丰富了中国文化的内容。① 这里应特别提及指南针，指南针传入西方，促进了导航技术的进步，加快了大航海时代的到来。在这个意义上也可以说，后来太平洋航路和印度洋大西洋航路的开通与南海航路存在某种技术联系，这种联系的媒介就是指南针。同时，西方的诸多科技文化也被输入中国。文明互鉴推动了东西方人类社会的共同进步。

在中外贸易中，如同大量华侨长期居住于海外一样，也有很多“蕃侨”长住中国。唐代起，就有波斯人在扬州开设了许多“胡店”，当时“波斯装”之类的装束随处可见。有趣的是，他们买卖的商品不是在海外畅销的丝绸和陶瓷等，而基本上为珍宝和贵重药材类。究其原因，应是作为贵重商品的丝绸和陶瓷贸易已大多为官方垄断且不易包装与携带。作为个体商户，他们可以经营的多是方便包装与携带的轻便商品。这里可以用胡人经营的几类商品加以说明。一是在珍贵药物方面，胡人在扬州药市上经常出售的有安息香、没食子、无漏子、乳香、没药、血竭、诃黎勒、苏合香、丁香、阿魏、腽肭脐、龙涎、羚羊角等。这些药物中，有一些在今天已是司空见惯了，但当时是从国外漂洋过海远道运来，算是名贵药材。与此同时，他们又把一些中国的稀有药材销往国外。二是在矿物珍宝方面，输入的主要有玛瑙、琉璃、红石头、绿石头和猫眼等贵重宝石，还有象牙、犀角等；输出的多为珍珠之类。珍宝体积小、重量轻，容易运输，价值高，获利大，做这类生意的胡商多以富有闻名。他们长期与珍宝打交道，故

① 马建春：《海上丝绸之路的历史贡献》，《社会科学战线》2016 年第 4 期。

对珠宝的鉴识能力很强。此外，胡商还经营酒类。中国人和胡人古往今来都视酒为“朋友”。胡人在中国的酒类买卖十分成功。例如，胡人在扬州酿造美酒“三勒浆”出售。可以想象，当垆的“酒家胡”必然不少。此外，还有卖“胡饼”（后来有芝麻的烧饼即其一种）的，开饮食店的，不一而足。有关记载中常提到的“胡饭”当指胡人饮食店中所烹制的外国口味饭菜。

三 元、明、清时期外销丝绸、陶瓷、茶叶三足鼎立

元代的丝绸外销范围比唐宋时期有所扩大，尤其表现在对西亚和非洲地区的贸易。据元代汪大渊《岛夷志略》记载，当时丝绸销往西亚和非洲地区的加里那（今伊朗鲁德巴尔）、挞吉那（今伊朗南部基什）、甘埋里（今伊朗克尔曼）、波斯罗（今伊拉克巴士拉）、特番里（今埃及杜姆亚特）、哩伽塔（今非洲摩洛哥一带）、层摇罗（今东非桑给巴尔岛）、麻那里（今东非肯尼亚马林迪）、天堂（也作“天房”，今沙特阿拉伯麦加）。

行经路线是，从波斯湾的忽里模子（今伊朗阿巴斯港或霍尔木兹海峡一带）向西北航行至波斯罗，向东南航行至祖法儿（今阿曼佐法尔），再向西入亚丁湾，经西岸天堂，继续向西北行可至今开罗，由祖法儿向南经亚丁湾口至今东非摩加迪沙，再向南至层摇罗。

《伊本·白图泰游记》记载：“当时所有印度、中国间之交通，皆操之于中国人之手。中国船舶共分三等……大船一只可载一千人，内有水手六百人，兵士四百人，另有小艇三只附属之。”造船工业的发展，又为中国丝绸外传提供了更大规模的运载工具。①

1405～1433年，大航海家郑和先后7次率船队远航，经过了30余国，最远到达非洲东岸和红海沿岸港口。郑和七下西洋走的是名副

① 陈炎：《略论海上“丝绸之路”》，《历史研究》1982年第3期。

其实的有丝绸输出的“海上丝绸之路”，他率领的庞大船队推动了“海上丝绸之路”的发展。

每到一地，郑和的一个重大举措都是以中国丝绸、瓷器等物换取当地的特产或馈赠当地国王，并在出访回国时邀请各国使节同来中国访问。客观地看，郑和使船访问的地方不管算不算国家（史籍多称这些地方为“国”，标准宽泛），相对中国来说尚显落后且与中国远隔，那里的国王、酋长没有机会访问遥远的中国。各位国王、酋长随郑和船队来华，既安全又免了自驾远航之苦，于是来明朝通好的使节越来越多。例如，郑和船队第 5 次回航时，随同来访的使节达 17 国之多。1413 年，印度古里派来的使节和随从人员竟高达 1200 多人，盛况空前，在中外关系史上殊属罕见。

郑和下西洋时期，丝绸有向“赠予”性质回归的迹象（“赠予”中也有一部分含贸易性质），“赠予”方式大抵可分为船队沿途赠予、明廷在京赠予两种形式。同时，船队沿途也开展丝绸贸易。船队沿途赠予，赠予的对象是外国王侯、使节。例如，《明太宗实录》卷 43 记载，永乐三年（1405）郑和第一次下西洋，“赐诸国王金织文绮彩绢，各有差”。此行正式访问了 14 国，各国都得到一份精美、贵重但数量和品种不同的丝绸及其制成品。再如，《明太宗实录》卷 134 记载，永乐十年（1412），“遣太监郑和等赍敕往赐满剌加、爪哇、占城、苏门答剌、阿鲁、柯枝、古里、南渤利、彭亨、急兰丹、加异勒、忽鲁谟斯、比剌、溜山、孙剌诸国王锦绮、纱罗、彩绢等物有差。”郑和第 4 次下西洋，把中国丝绸带往东南亚的中南半岛、马来半岛、印尼和苏门答腊、爪哇岛，印度半岛的东西两侧，西亚的伊朗等海湾国家，阿拉伯半岛红海沿岸，直到东非的南部坦桑尼亚、莫桑比克等国。郑和下西洋时期丝绸外传规模大，郑和船队到哪里，中国丝绸等物也就赠予到哪里。

对于随郑和来访中国的外国使节，明廷也会进行赠予。例如，《明太宗实录》卷 71 记载，永乐五年九月郑和回国时，随船有一批外国贡使来到南京，"仍命礼部赐其王锦绮、纱罗、鞍马等物"。明廷这种赠予是对使臣带来的本国土特产的回赠，本质上属于互通有无，带有贸易的痕迹。但很难对当时双方之间的"利差"进行准确的估算。一般认为，获利最大的是来访一方，实际上"利差"可能不成比例。

在郑和七下西洋过程中，人们最为津津乐道的莫过于满剌加国（马六甲王国）。郑和第三、四次下西洋期间，满剌加使团来访，《明史·满剌加传》记载："明年（指永乐六年），郑和使其国，旋入贡。九年，其王率妻子、陪臣五百四十余人来朝……帝亲宴之……赐王金绣龙衣二袭，麒麟衣一袭，金银器、帷幔衾裯悉具……将归，赐王玉带、仪仗、鞍马，赐妃冠服。濒行，赐宴奉天门，再赐玉带、仪仗、鞍马、黄金百、白金五百、钞四十万贯、钱二千六百贯、锦绮纱罗三百匹、帛千匹、浑金文绮二、金织通袖膝襕二。"仅满剌加一国一次来明，明廷就赏赐了三次，即初到、将归、濒行，每次都有丝绸及其制成品。对满剌加赏赐较少的一次，数量也很可观。郑和第六次下西洋回国时，满剌加访问团随同前来，后于永乐二十二年回国。《明成祖实录》卷129记载，仅丝绸就赐予满剌加"锦六段，彩段五十八表里，纱罗各二十二匹，绫四十六匹，绵五百三十六匹，绵布三百九十二匹，织金罗衣一袭，素罗衣十三袭。赐王妃素罗女衣十二袭，绢女衣十七袭。赐其从人衣服有差"。一国一次如此，则几十国的"赠予"数量之大可想而知。

在郑和下西洋期间，有时赏赐给外国使节的丝绸数量巨大，北京宫廷的存货竟不敷使用，不得不从南京调运大批丝绸至北京备用。《明宣宗实录》记载，宣德三年（1428）八月，"命南京守备太监郑和、王景弘等，以内府见贮大绢十万匹，绵布二十三万匹，令户部遣官运赴北京"。一次调运丝绸数量就达几十万匹，可见需求量之大。诚然，郑和下西洋时也直接运回了各种各样的外国货物，还有各国贡使与郑和使船接触而带来的贡品，其数量和品种也达到空前的程度。

不可否认，其中有不少是无益于国计民生而仅供统治者少数人享用的奢侈品。

应指出，明廷慷慨的对外“赠予”不可能耗尽明王朝丝绸储藏，更重要的是民间丝绸储量丰富，足资海外贸易所需。因此，在“赠予”现象的背后，民间商人的海外丝绸贸易仍在继续。

东南亚沿海通商国家基本上是伴随东西方海上贸易的发展而登上历史舞台的。因此，统治者大多十分重视对外贸易。例如，室利佛逝重视发展对外贸易，据《宋史》等有关史籍记载，仅在 960 ~ 1178 年，室利佛逝就先后 33 次遣使中国，与中国建立了密切的通商贸易关系。① 此外，室利佛逝还通过实行强制贸易政策，垄断了东南亚的海上贸易。《岭外代答》记载，室利佛逝“国无所产，而人习战攻，服药在身，刃不能伤，陆攻水战，奋击无前，以故邻国咸服焉。蕃船过境，有不入其国者，必出师尽杀之。”《诸蕃志》记载，为了确保对过往商船的控制，室利佛逝在海道中安置铁索，“若商船过不入，即出船合战，期以必死。故国之舟辐凑焉”。马六甲王国存续时间虽不算长，但在古代东南亚国家中属于十分开放的。究其原因，马六甲王国位处东西交通的咽喉，执中西海路贸易之牛耳。当时“马六甲通商范围不仅包括东南亚各地，而且扩展到东亚和印度各地以及锡兰、西亚、东非各地的通商中心。从这几十个地区来的大小船只每年达一百几十艘之多。马六甲成了大量集散各种商品的世界通商中心”。②

到郑和下西洋时，有时到访中国的使臣不需要携带受赠的丝绸自驾归国，而是与使船同行。例如，永乐十九年，郑和第六次下西洋，《明成祖实录》卷 233 记载：“忽鲁谟斯等十六国使臣返国，赐钞币、

---

① 桂光华：《室利佛逝王国兴衰试析》，《南洋问题研究》1992 年第 2 期。

② 〔日〕和田久德：《东南亚社会与国家的变迁》，中山大学东南亚历史研究所编《东南亚问题》1974 年第 3 期。

表里（衣料，当为丝绸——引者注）。复遣太监郑和等赍敕及锦绮、纱罗、绫绢等物赐诸国王，就与使臣偕行。”从这段记载来看，郑和的船队要与来访后归去的多国使船同行，两者都带着丝绸。显然，郑和船队带的丝绸是用来沿途赠予的，使船带的丝绸是朝廷赏赐后自己带回国的。有郑和船队保驾护航，外国使团回国途中的风险就小多了。

应指出的是，船队沿途贸易是一种现代的说法，实际上当时郑和船队与沿途各国并无贸易之说，不过就其形式来说，仍然类似于贸易，属商业行为。这说明经济活动与文化交流是一件事物的两个方面。

郑和下西洋时期丝绸输出既以强大的国家力量做后盾，又与国家的外交、政治、军事、经济相结合，因此影响和作用极大。而在明代以前，“海上丝绸之路”上的丝绸输出多属于经济上的物资互通有无。在郑和下西洋输出的物品中，除丝绸外，大宗物品还有中国另一名产瓷器，在郑和下西洋有关著述中也多有反映。其他非大宗物资输出，从建筑材料的砖，到各种吃、穿、用，中医药、文化艺术品、贵重金银，物品种类十分丰富，就不一一列举了。

郑和下西洋是一种官方交往，与此同时，闽、粤沿海商人也浮海到东南亚各地经商。到明隆庆元年（1567）开放“海禁”后，福建海商到菲律宾经商的最多。这是因为西班牙殖民者于1565年占领菲律宾以后，开辟了一条由南海航路延伸的经马尼拉通向美洲的航路。这一年“海禁”开放后，丝绸、陶瓷等主要中国商品出现了一个新的销售方向——拉丁美洲。

这一时期的外销瓷器以青花瓷为主，日用瓷器有杯、碗、碟、瓶、盘、盒、壶等，瓷雕有观音、如来、达摩、关公、寿星、八仙，以及狮、龙、牛、马、羊、虎等，产品主要销往日本、朝鲜、菲律宾、印尼等国家和地区。窑瓷器作为外销瓷，主要供给海外市场，对海外制瓷的影响显而易见。被称为日本古陶瓷研究之父的楢崎彰一曾谈到，漳州窑系瓷器大量从月港销往日本，其窑业技术亦随之外传，而在此之前，日本尚未掌握在陶瓷上绘画等技术。后来，随着月港走向没落，漳州窑瓷器也因销路受阻而衰落。然而，可以肯定的是，明隆庆年间开放“海禁”后主要对外贸易港漳州的窑瓷器成为“海上丝绸之路”上重要的输出产品，对此后中国物质与文化的传播和交流具有重要作用。

漳州窑瓷器在东南亚部分地区影响很大。在东南亚，中国陶瓷常作为显示身份财富的象征，用于婚礼、丧葬与宗教等场合。考古发现，印度尼西亚是明清福建漳州窑系陶瓷的重要销售地，陶瓷受到当地人民普遍欢迎。例如，1992～1993 年菲律宾吕宋岛附近海域打捞出水一艘西班牙“圣迭戈号”船，该船沉没于1600 年12 月，出水漳州窑青花大盘等大量外销瓷器。这些瓷器造型和图案中加入了很多域外文化元素，以迎合当地人民的需要。

元时，宁波是海外贸易的重要港口，浙江所产的丝绸、瓷器和茶叶等商品从这里向东销往日本、朝鲜，向南销往东南亚，向西销往阿拉伯世界。明朝一度实行“海禁”，海上贸易中止，且明朝政府对茶叶控制甚严，“茶法”等同“盐法”。在这种情况下，虽有郑和七下西洋携带大批货物和礼品，但无法确切证明其中有没有茶叶。

如是说来，元时茶叶传往东南亚各国一般认为与华侨有很大关系。南宋灭亡后，一些宋朝遗民渡海到东南亚一带。[①] 其时南洋华侨主要来自闽、粤两省，嗜好饮茶，于是茶叶便跟着南传，并在当地人中普及开来。所以，菲律宾、新加坡、马来西亚、泰国和印尼的饮茶习俗均与闽、粤华侨共通。[②] 茶叶作为日常消暑解渴的极佳饮品在东南亚逐步流行，这与到东南亚谋生的闽、粤等地的华侨日

① 陈椽编著《茶叶贸易学》，中国科学技术大学出版社，1991，第 20 页。

② 庄晚芳：《中国茶文化的传播》，《中国农史》1984 年第 2 期。

益增多分不开。笔者认为这是中国茶叶南传的最重要途径。由于华侨大批下南洋的时间较晚，茶叶大量南销的时间也应相对较晚。东南亚各国气候炎热，对华侨来说，茶就是琼浆玉液，一杯入喉，满口生津。因此，茶的需求量很大且随着华侨数量的增多而越来越大。

自明末始闽南人就相率下南洋。他们在移民的同时，也“移神移鬼”（把家乡的民间信仰带到居住地），还兼“移茶”（把家乡的饮茶习俗带到当地）。例如，安溪茶与德化瓷便跟随他们的脚步开始进入东南亚。福建华侨对来自家乡的乌龙茶、铁观音等茶叶情有独钟，有部分闽南茶商就在南洋一带做起了乌龙茶生意。清乾隆年间，安溪西坪尧阳人王冬到越南开设“冬记”茶行，并在越南12个省开设分店，其配制的“冬记”大红铁观音驰名中南半岛。咸丰年间，安溪虎邱罗岩村人林宏德配制“金泰”铁观音，由其子林诗国和林书国委托新加坡的“荣泰号”茶行代理经销。光绪年间，西坪尧阳人王量、王称兄弟在印尼雅加达开设“珍春”茶行，经销铁观音。清末民初，安溪人不仅经营安溪的乌龙茶、铁观音，而且大力倡导茶文化，华侨中品安溪乌龙茶的人不断增加，铁观音也逐渐成为“侨销茶”。① 英商胡夏米在鸦片战争前曾对福建贸易货物进行调查，并采购了两种安溪茶。② 实际上在清代雍正年间，与南洋一带海上贸易的货物里应已有茶叶。③

茶叶与瓷器密不可分，当地人也将华侨的习俗作为先进文明，纷纷仿效，于是对瓷器的需求越来越大，瓷器作为商品的功能得到进一步推广。茶叶外销的兴盛间接推动了德化陶瓷贸易的旺盛。

① 《泉州：茶叶与陶瓷的“海上丝绸之路”》，《泉州晚报》2014年2月24日。

② 《泉州：茶叶与陶瓷的“海上丝绸之路”》，《泉州晚报》2014年2月24日。

③ 参见沈光耀《中国古代对外贸易史》，广东人民出版社，1984，第244页。

谈及“海上丝绸之路”与茶叶，不应忘记有一种十分特别的广东凉茶。严格来说，凉茶应视作“汤药”，在很大程度上具有中成药的功能。对于过去的凉茶，有两种说法：一是可煎水作为饮料饮用的中草药，这些中草药一般是药性寒凉且能消解人体内热；二是通称已煮好的中药的液体部分，一般两广地区的人称之为“凉茶”，虽属中药，但也有清热、降火的功效（此为中草药的一大功能，另一大功效是“补”）。笔者以为第一说更符合实际。自古以来，广东人就喜欢喝凉茶。数百年来，凉茶配制技艺以家族继承形式传承下来。作为中草药植物性饮料之一的广东凉茶，公认是中国“凉茶文化”的代表。有华侨回乡探亲，离开时也要买些凉茶包，让久居海外的亲友也能喝上家乡地道的凉茶。广东人饮用凉茶历史悠久、代代流传、相习成俗，与粤剧、粤语等，一起体现出独具特色的岭南文化。时至今日，凉茶仍是广州人日常生活中不可或缺的饮料。

历史上最早的广东凉茶是王老吉凉茶。传说清朝嘉庆元年（1796），广州一位叫王吉的医生在广州开设药店行医兼售凉茶①。王吉发现许多人因天热上火而生病，于是与儿子到白云山采草药，经精心研究，选定一副凉茶药方，煎药给病人饮用，效果很好。人们为了纪念王吉，便把这种凉茶称为“王老吉凉茶”。“王老吉凉茶”流传海外是从华侨下南洋开始的。王老吉凉茶随后也下南洋则起因于南洋群岛的流行性感冒。凉茶生草药包也深受华侨欢迎，海外来函购买者越来越多。

清朝初期，马来西亚地区发现锡矿并开始开采，中国广东、广西两地越来越多人前去“淘宝”。但因当地气候湿热及水土不服，很多人因肠胃不适拉肚子，于是他们带去的具有祛湿除燥、通便驱痢、调理肠胃功效的六堡茶便发挥了效用，他们在家乡本来就有饮用六堡茶的习惯，这时候更是喜爱和依赖六堡茶。由于需求量大，供不应求，

① 一说广东鹤山人王泽邦于清道光八年（1828）始创王老吉凉茶。

于是锡矿场的六堡茶便直接使用大水缸、大罐甚至是铁桶，撒入茶叶倒入开水泡制。每天晨光熹微，矿工们在茶缸前轮番装茶，这种独特的场景深深地烙在老矿工的记忆中。受需求刺激，当时在广州、潮州一带，兴起了以六堡茶易锡的贸易，六堡茶贸易渐渐兴盛起来。从清朝康熙年间开始，在两广涌现了一批六堡茶老字号。慢慢地，传统六堡茶也从性凉味涩逐步发展出汤红味浓、平和醇厚的近代工艺六堡茶。至清代嘉庆年间，六堡茶以特殊的槟榔香味被列为全国名茶之一，享誉海内外。

六堡茶在广府文化圈普及。比之潮汕等地的工夫茶喝法，广府人喝茶更讲究务实随性。一把茶叶撒在大壶里或陶罐中，浓浓地泡上一壶，在辛勤劳作之后，回到家，大碗盛来，清凉滋润，乃是岭南自古相传最务实的饮用方法。在中国的茶文化中，茶不仅是一种单纯的冲泡饮用的饮品，还蕴含着富于意趣的审美文化追求和思想、精神寄托，是消费者从物质享受到文化享受的特殊介质。茶与生俱来的陶冶情操、修身养性的独特功能历来为中国文人雅士所推崇。文人雅士也乐于赋予茶更多的文化内涵。在待客方面，古籍记载岭南交（州）、广（州）一带，至少在汉代就出现了“客来乃设”的以茶待客之道，岭南茶文化源于生活并成为一种待客“礼数”，成为普通人日常生活的一部分。六堡茶以其随性泡饮而不失其风味，为岭南民众所称道，为人所推崇，也为后来华侨中的爱好者所传承。当然，在马来亚的采矿时代，高层华侨雅士或有此好，但矿工每天起早摸黑，干活时挥汗如雨，收工后筋疲力尽，很难有余暇享受这样的闲情逸致。

顺便说明茶叶在非洲的种植情况。中国与非洲的交流自宋代就已开始。明朝郑和下西洋时也曾到达非洲地区，不过，直至 19 世纪欧洲一些国家对非洲进行殖民统治时期，才将茶树引进至非洲种植。据威廉·乌克斯的《茶叶全书》记载，茶树最初传入纳塔尔是在 1850 年，但仅在德班植物园种植供试验使用。1877 年，纳塔尔的栽培协会从加尔各答引进数种印度茶种，这是种植茶叶的开始。之后，茶树陆续传播至马拉维、津巴布韦、埃塞俄比亚、乌干达和肯尼亚等地，非洲成为新兴的茶叶产地，茶产业在后来日渐发达，至今非洲已成为世界茶叶的主要产区之一。虽然与中国没有直接关系，但如追溯历史，则可估计这些茶树主要是循“海上丝绸之路”的南海航路支线运到非洲的，其中一部分可能是葡萄牙人运来的。葡萄牙一部分商船利用印度洋大西洋航路，可在莫桑比克停留。

综上所述，如果从长线来看，在整个南海航路上，各个历史时期的国际贸易基本上是递进式的，不存在不同时期对外贸易陡降或陡升的情势。东南亚地区是南海航路国际贸易的中心地带。除了华商发挥不可替代的作用外，从“海上丝绸之路”沿线其他国家和地区来到东南亚的商贾也是不可或缺的。来自中国和印度、阿拉伯地区、东非的货物运到东南亚国家后，有两大去向。一是供应东南亚各地市场的消费（特别是日常生活用品）。二是由各国商人转运他国（以这些国家转运为中心）。此外，在 8 ~ 15 世纪“海上丝绸之路”的兴盛和繁荣时期，东南亚各国商人参与贸易的人数很多，活动区域也很广。伊德里西在《旅游证闻》中写道：“桑给（今坦桑尼亚）人无船出海，但阿曼以及属于印度的许多岛屿却有船开往他们那里。他们在那里和桑给人交换货物。阇婆格群岛居民乘着大小船只，到桑给国用他们的货物作买卖，因为他们彼此通晓语言。”① 布索格在《印度珍异记》中也写到，945 年远东阇婆格人驾驶 1000 艘船侵入东非沿海，原因是，“他们发现那里的物产，如象牙、玳瑁、豹皮、龙涎香，对他们的国家非常有用，更因为他们想向桑给输出东西”。② 东南亚地区商人除了从事南海航路沿线各港口的贸易以外，还在东西方贸易中起着重要的中转作用，如将东南亚、南亚等地区的物产运至波斯湾、非洲

① 转引自马勇《东南亚与海上丝绸之路》，《云南社会科学》2001 年第 6 期。

② 转引自马勇《东南亚与海上丝绸之路》，《云南社会科学》2001 年第 6 期。

东海岸各港口，从阿拉伯商人和非洲商人那里换回西亚、非洲地区产品，转运至印度、东南亚及中国等地。印度的科罗曼德尔海岸、锡兰、孟加拉湾等地也是东南亚商人到达较多的地区，特别是三佛齐、马六甲王国的商船频频到过这些地区。在东南亚各地的商品转运中，各个区域贸易中心发挥了重要作用。

15 世纪马六甲王国兴起后，东南亚各地商人纷纷到马六甲港从事贸易活动。就海岛地区来到马六甲的商船而言，其时就有船舶从班达群岛、望加锡、帝汶和苏门答腊东南部等地运来大量肉豆蔻、胡椒等物；马鲁古群岛的船只载来大量香料；爪哇的商船满载大米、牛、羊、鹿、咸肉和葱蒜等物；菲律宾群岛的商人驾着帆船满载糖、烟叶、麻绳、椰子等土特产前来交易。① 此外，中南半岛的暹罗、占婆、柬埔寨的商船也运载各种各样的香料、珍稀木材、金银珠宝和海产品，到马六甲来进行交易（包括以货易货）。1511 年葡萄牙占领马六甲后，在此设立要塞和商馆。翌年，成为马六甲商馆员的多默·皮列士（Tome Pires）在其撰写的《东方全志》中详细描述了苏门答腊岛西岸的巴鲁斯王国，“这是黄金、生丝、安息香、大量的龙脑、沉香、蜜蜡、蜂蜜”等产品的中转港口，每年有 1～3 艘来自印度西北部古吉拉特的船。古吉拉特人收购“大量的黄金、生丝，许多的安息香、沉香、两种龙脑（多数用于食用），还有大量的蜂蜡和蜂蜜”。②

各地靠参与国际贸易“先富起来”的人口都不可能是与世隔绝的。同时，他们生活水平的提高和社会进步必然会对内陆那些尚生活在落后状态下的人口产生连锁性示范效应，带动他们赶上发达地区的

---

① 余思伟：《马六甲港在十五世纪的历史作用》，《世界历史》1983 年第 4 期；马勇：《东南亚与海上丝绸之路》，《云南社会科学》2001 年第 6 期。

② 参见〔日〕中岛乐章《龙脑之路——15～16 世纪琉球王国香料贸易的一个侧面》，吴婉惠译，载李庆新主编《海洋史研究》（第 15 辑），社会科学文献出版社，2020。

生活水平。因此，主动地或被动地参与“海上丝绸之路”上国际贸易的人越来越多。东南亚国家通过与中国、印度、阿拉伯国家的交往，不仅扩大了对外关系，还加深了相互了解，将远近星罗棋布的大小国家和民族群居地联系在一起。

各种贸易元素都是环环相扣的。东南亚的重要商品转运港推动了“海上丝绸之路”的繁荣，“海上丝绸之路”的发展也带动了各转运港乃至其辐射圈的发展。东南亚海岛地区和中南半岛沿海地区各部落参与对外经济交往，受到这条海上通道的政治、经济和文化影响，一些部落逐步发展为早期国家。像阇婆、三佛齐、马六甲王国这样的海上强国随着“海上丝绸之路”贸易的繁荣而登上历史舞台。例如，马六甲在 15 世纪以前只是一个荒僻的小渔村，仅有二三十个世居居民，使用简陋渔具捕鱼为生，但仅仅过去了一个世纪，它就成了拥有 10 万人的城市，云集在此处的多是来自世界各地的商人。皮尔斯的《东方诸国记》指出，在 15 世纪末 16 世纪初的马六甲市场上，人们使用 84 种方言。① 与此同时，当地的社会也必然随着国家的富强而快速进步。随着商品交换和来自中国、印度、阿拉伯地区的人纷至沓来和居留，许多生产技术相继传入东南亚各国。从中国传入的生产技术涉及养蚕缫丝、丝绸纺织、陶瓷制造、漆器制造、茶叶生产、农业生产等，不仅丰富了东南亚国家农业产品和手工业产品的品种，还促进了东南亚地区的农业和手工业发展，如印尼的种桑、养蚕、丝织业就是在学习了中国养蚕缫丝技术的基础上逐步发展起来的。②

最后应提及“海上丝绸之路”上东南亚中转站的商品原产地问题。“海上丝绸之路”沿线国家和地区（包括区域贸易中心）中，有一部分是从中国出发的贸易船的终点站，但相当一部分应不只是终点

① 转引自余思伟《马六甲港在十五世纪的历史作用》，《世界历史》1983 年第 4 期。

② 马勇：《东南亚与海上丝绸之路》，《云南社会科学》2001 年第 6 期。

站，还是中转站。“海上丝绸之路”沿线的中转站中，一些东南亚国家和地区是东西方海上贸易重要的商品原产地。例如，苏门答腊的阇婆国是中外船舶的必经中转站。这里物产丰富，《岭外代答》记载：“诸蕃国之富盛多宝货者，莫如大食国，其次阇婆国，其次三佛齐国，其次乃诸国耳。”《诸蕃志》记载：“（阇婆国）其地平坦，有港通舟车往来”，“产稻、麻、粟、豆……出象牙、犀角、真珠、龙脑、玳瑁、檀香、茴香、丁香、豆蔻、荜澄茄、降真香、花簟、番剑、胡椒、槟榔、硫黄、红花、苏木、白鹦鹉；亦务蚕织，有杂色绣丝、吉贝、绫布。”这些物产可与中国、印度等国交易，也流往东西方其他国家和地区。虽然没有更多记载表明这些产品经过一定程度的加工，但当地特产应至少经过初级加工才出口。准确地说，那些不只是终点站的国家和地区可分为两部分，一部分是各国贸易船（包括自中国出发的贸易船及其他国家和地区前往中国的贸易船）路过并销售货物或补给淡水，另一部分则是各国贸易船路过但在当地进行商品交换。也就是说，后一部分中转站也是“海上丝绸之路”的商品原产地。从中国出发的贸易船来到这些中转站，在当地交易从中国运来的商品，然后驶向其他国家和地区，再销售从中转站得来的货物。可以推断，中国贸易船路过的贸易中转站不止一个，而是两个甚或更多个。贸易船经过的中转站越多，赚取商品差价的机会就越多。同理，从其他国家和地区驶向东方并把中国某个港口作为终点站的外来贸易船，也会经过“海上丝绸之路”沿线的中转站，进行中转贸易，赚取差额利润。

总之，“海上丝绸之路”南海航路促进了东西方经济、文化交流和人类社会的繁荣、进步。在物质文化方面，通过这条航路，中国输出的丝绸、陶瓷、茶叶和其他日用品丰富了沿线各地人民的生活，活跃了沿线各地的市场贸易；在精神文化方面，中国琳琅满目的艺术品给“海上丝绸之路”沿线民众带来了诗情画意般的清新、奇异的感受。

第二节　源远流长的东海航路

一　东海航路上的主要贸易品及贸易往来

（一）唐代以前丝绸流向朝鲜、日本

东海航路的目的地是朝鲜和日本。东海航路同南海航路一样，也是历史上较早开通的“海上丝绸之路”航路，而且两条航路前期的主要外销商品都是丝绸。自秦汉到唐代，丝绸作为商品外传以“陆上丝绸之路”方向为主。丝绸通过海路东传和南传则主要是进行交换或赠予，以官方“朝贡贸易”形式为主，交换或赠予对象多是外国统治者，用途则是作为奢侈品。因此，这一历史时期丝绸的交换或赠予数量、次数和规模都不大。这也意味着丝绸在海上作为商品的生产和纳入商业活动范畴主要是官方的事情，在民间还不普及。

中国的养蚕、缫丝、织造技术可能是最早传到朝鲜的。《汉书·地理志》记载，公元前周武王封箕子于朝鲜之地，箕子“教其民以礼义，田蚕织作”，但应只是养蚕、缫丝、织造技术的外传。后来秦始皇并吞六国，齐、燕、赵等国人民为逃避苦役而泛海迁往朝鲜，他们“知蚕桑，作缣布”。《后汉书·东夷传》记载，高句丽人“衣服皆锦绣”，也应是养蚕、缫丝、织造技术传播的证明。朝鲜平壤市乐浪区土城附近的1000多座汉墓中出土了大量文物，其中就有中国的绢、绫、罗等丝织品。[①] 这说明那时候出口朝鲜的丝织品已有一定数量。值得一提的是史书上的“锦绣”二字，原指织锦和刺绣，两者合称则是“锦绣”。“锦绣”自汉代起应指质量较高的丝织品，是名词，后来衍化为形容词，意为“美丽”，成为国人赞美美好事物的用语。

---

① 陈炎：《略论海上“丝绸之路”》，《历史研究》1982年第3期。

中日两国一衣带水，通过朝鲜半岛或经日本海的环流水路，交往十分方便。日本古来就有关于蚕业的传说。公元前219至前210年，秦始皇为求长生不老药而派徐福率领童男、童女、船员、百工数千人东渡日本的传说在中国家喻户晓。日本人后来尊祀徐福为“蚕神”，因为他（实际上应是他带领的移民团队里的养蚕专家）来到日本后，传播了养蚕技术。根据《日本书纪》记载，中国养蚕、织绸等生产知识传入日本之始应是仲哀天皇八年（199），其时有自称秦始皇十一世孙的人把蚕种从朝鲜半岛的百济东部传到日本。这里的“秦始皇十一世孙”之说或是传入者自我吹嘘，或是讹传。《日本书纪》记载的时间即199年，与中国《三国志·魏书》中记载的倭国“种禾稻、纻麻、蚕桑、缉绩，出细纻、缣丝”的年代大致相近，可相互印证。

238年，倭国女王卑弥呼派使者经朝鲜半岛来到魏都洛阳，赠送班布等礼品。魏明帝诏封“亲魏倭王”，并赠予精美丝织品，包括绛地（绛地指深红色的底纹）交龙锦5匹、绛地绉粟罽10张、蒨绛50匹、绀青50匹，又赐女王绀地句文锦3匹、白绢50匹等礼品。这是中国各色丝织品作为外交上的交换礼品传入日本最早的记载。[①] 据日本古史记载，西汉哀帝年间，中国的罗织物和罗织技术已传到日本。[②]

（二）唐宋时期丝绸、陶瓷、茶叶外销日本和朝鲜

唐朝和日本、朝鲜的海上贸易往来比前代更加频繁。江浙出产的丝绸直接从海上运往日本，丝织品已开始由礼物转变为正式的商品。奈良是当时日本的首都，正仓院是贮藏官府物品的场所。今日的正仓院已成为日本保存中国唐代丝织品的宝库。可以理解为，此时的奈良是“海上丝绸之路”东海航路的终点。大量丝织品运到奈良，再传

① 陈炎：《略论海上“丝绸之路”》，《历史研究》1982年第3期。

② 《海上丝绸之路：分两条路线，比陆上丝绸之路更悠久》，《南京日报》2014年11月21日。

到日本其他地方。据说这些丝织品有彩色印花锦缎、狮子唐草奏乐纹锦、莲花大纹锦、狩猎纹锦、鹿唐草纹锦、莲花纹锦等，很多丝织品在中国也很难见到，还有不少是中国工匠当时在日本制作而兼具唐代风格与日本民族特色的丝织品。日本使节和僧侣将浙江台州青色绫带回日本，日本人将青色绫作为样板，仿制彩色锦、绫、夹缬等，日本丝绸至今仍沿用中国唐代丝绸的名称，如绞缬、蜡缬、罗、绸、绫、羽等。①

日本遣唐使属于政府派遣的外交使节，来唐也贡方物，唐朝亦回赐礼品，这符合古代中国的外交礼仪和规范。有趣的是，日本派遣遣唐使时，按等级赏赐大使、副使、判官等人丝织品，作为奖励和旅费。他们到达中国后，又受到唐朝的赏赐。除赏赐国王大使的丝绸外，判官以下的水手每人赐绢 5 匹，如贞元二十一年（805）赴上都的日本使团 270 人共赐绢 1350 匹。日本的贡品除琥珀、玛瑙等珍品外，还有沙金、银、绝（粗帛棉布）；中国的赏赐则以彩帛（丝绸）、香药为主。当时被称为“唐货”的中国丝绸一到日本，一部分通过内藏官出售，王臣贵族心爱远物，无不以高价竞相争购。② 这些记载应是可信的，可以理解为实质上的官方贸易。

当时，新罗和中国的海上贸易往来也比以前频繁。楚州（今淮安）有很多来自新罗的侨居者，新罗人聚居的地方被称为“新罗坊”。当时的楚州是通往朝鲜半岛、日本的重要海港。这些新罗人为中日和中朝的文化交流及丝绸传播发挥了重要作用。

五代时，吴越国王钱镠发挥江浙所长，专事发展蚕丝生产。于是，那里的丝织业就成为全国之冠，为宋、元、明各代海外丝绸贸易奠定了基础。③ 五代时，中国与海外的船舶来往较少，但太湖地区是

---

① 姜波：《海上丝绸之路上的贸易品往来》，人民网，2014 年 8 月 22 日，http://culture.people.com.cn/n/2014/0818/c87423-25487057.html。

② 陈炎：《略论海上“丝绸之路”》，《历史研究》1982 年第 3 期。

③ 陈炎：《略论海上“丝绸之路”》，《历史研究》1982 年第 3 期。

重要的产丝地区。五代存续时间不长，国家分裂结束后，丰富的丝绸产量可为对外交往奠定基础。

宋朝同日本的海上贸易，除官方的朝贡贸易外，还出现了民间贸易。例如，983 年日本僧人奝然来华乘坐的就是宋商陈仁爽的船，回国时乘坐的是宋商郑仁德的船。在日本太宰府收藏的一份珍贵档案中，有泉州人李充的报告原文：“自置船一只，纲首李充，助手林养，什事庄权，带货品五种：第一种是‘象眼’（可能是丝织品名）四十匹，第二种是生绢二十匹，第三种是白缝二十匹；后两种是瓷器。”可见当时民间的海上丝绸贸易已很发达。在频繁的民间丝绸贸易影响下，日本出现了“博多织”的纺织法。这一纺织法是在仿制“唐绫”（中国丝绸）的基础上发展起来的。①

两宋与高丽往来频繁。《宋史·高丽传》记载，高丽使臣入宋约 38 次，宋使赴高丽约 15 次，来使大多回赐丝绸。例如，1124 年，朝鲜画家李宁入宋献画，徽宗赞赏不已，赐大批“锦、绮、绫、绢”。而宋使每次去高丽也几乎都赐高丽王丝绸，如 1103 年宋使刘逵等至高丽赐王“衣带段匹（丝绸）”等。② 此时民间丝绸贸易十分发达。

宋代，东海航路上的外销产品已经不只是丝绸，还包括陶瓷，不少产品通过明州远销海外。瓷窑中比较著名的是龙泉窑，举世闻名。越窑青瓷不但大量销往亚洲各国，而且远达非洲埃及的古都福斯塔特。约 10 世纪中叶，浙东越窑制瓷技术全盘移植朝鲜半岛。在五代、北宋时，高丽就能烧制青瓷，比日本早几个世纪，从陶瓷的输入国一跃成为陶瓷的输出国。③

茶叶也是“海上丝绸之路”东海航路上的大宗商品。茶叶传入朝鲜，比较可靠的记载是在新罗时代，伴随着文化交流而被引入。

---

① 陈炎：《略论海上“丝绸之路”》，《历史研究》1982 年第 3 期。

② 陈炎：《略论海上“丝绸之路”》，《历史研究》1982 年第 3 期。

③ 参见林浩《关于宁波“海上丝绸之路”各个时期特点的探讨》，《东方博物》2005 年第 2 期。

4~5世纪，朝鲜半岛有高句丽、百济、新罗等小国。632~645年，新罗王统一三国，进入新罗时期，从中国引入饮茶习俗。[①] 至唐文宗大和二年（828），朝鲜《三国史记》记载："入唐回使大廉持茶种子来，王使植地理山。茶自善德王时有之，至于此盛焉。"[②] 这说明新罗使者大廉曾经从大唐带回茶籽，这是有关朝鲜开始种植茶叶的明确记载。在中国茶叶向亚洲传播的过程中，朝鲜是最早引入并种植成功的地区之一。

中国茶叶输往朝鲜和日本的一个重要特征是，茶叶产品的出口与茶叶种植、茶叶制作技术外传几乎同步。最早的茶叶种植与制作技术的外传地是中国东邻朝鲜和日本。有趣的是，这两个国家在懂得喝茶的同时，几乎就想到自己种植和制作茶叶，跟着就可以自给自足了。究其原因，很可能是这两个国家喝茶的人感觉茶这种来自"树叶"的饮料很容易栽培和加工，远比千里迢迢从中国运进来方便多了。实际上，这种想法未尝不是好事，茶的传播客观上有助于茶文化乃至中华文化在世界上的传播。当这两个国家学会茶叶的种植和制作后，并不绝对拒绝中国茶的进口。中国茶品牌源远流长，中国茶在朝鲜和日本的销售未尝断绝。

有研究认为，当时朝鲜半岛的高丽王朝茶叶除了本国所产，还有一部分来自中国。[③] 其时宋朝与高丽贸易关系非常密切。两宋对发展海外贸易、扩大海外市场持积极态度，目的是增加国库收入。因中国北方很大一片地区为辽、金、西夏所占，北方的登州港不能使用，故南宋与高丽的贸易港转到浙江明州。[④] 明州位于东海始航线和南海始

---

① 管家骝：《中国茶叶外传及"茶之路"》，《中国茶叶加工》1999年第1期。

② 〔朝鲜〕金富轼：《三国史记·新罗本纪》，"兴德王冬十二年"条，转引自王建荣、冯卫英《探索海上丝绸之路与中国茶的传播》，《农业考古》2014年第2期。

③ 沈光耀：《中国古代对外贸易史》，广东人民出版社，1984，第211页。

④ 陈炎：《海上丝绸之路与中外文化交流》，北京大学出版社，1996，第62页。

航线之间，成为东海始航线上最重要的海港。“两浙路港口最为密集，这里经济发达，物品精美，是主要货物输出地区。出口物资有稻米、谷麦、丝织品、茶、陶瓷、书籍和铜铁等。”① 茶叶等产品输入高丽，加上其他文化交流，加快了中华文化在朝鲜半岛的传播。

茶叶传入日本更早，在隋文帝开皇年间（581～601年），也是日本圣德太子时代，就已有相关记载。日本《古事根源》及《奥仪抄》二书载，唐玄宗时期，日本圣武天皇天平元年（729），曾召集僧侣百人在宫中诵经四天，事毕各赐粉茶，大家都把它当作珍贵的饮品来收藏，由此逐渐引发了自行种茶的兴趣。② 日本高僧行基（658～749年）一生建设了不少寺院，并在寺院中种茶。当时有大批日本僧人来唐朝求学，或已有人将茶种带回日本。例如，随遣唐使前来唐朝学佛的最澄和尚经明州到天台山学法。唐贞元二十一年（805），最澄师满返回日本时带回大量佛教典籍和茶籽，回到日本后将茶籽播种在日本台麓山（今日本贺滋县）。次年，即日本大同元年（806），另一位高僧空海从唐返日，不仅带回了茶籽，还带回了制茶用的中国石臼及蒸、捣、焙等制茶技术。这些关于茶的记载较密集，时间上也很紧凑，较准确地证明了茶叶由中国输入日本的过程。

实际上，唐代以后，不仅中国的商品源源不断地输往日本和朝鲜半岛，中国文化也大规模传播到两地。就茶来说，不仅包括饮茶习俗，还包括茶道，均一起传入日本和朝鲜半岛。进而言之，儒家思想、律令制度、汉字、服饰、建筑、武术等中华文化也传入两地。这样，中华文化对日本及朝鲜半岛的影响不是单领域的，而是多领域、全方位、交汇性、网状化的，政治制度、生活习惯、社会风俗、伦理

① 戴均良主编《中国城市发展史》，黑龙江人民出版社，1992，第244页。

② 〔美〕威廉·乌克斯：《茶叶全书》，依佳、刘涛、姜海蒂译，东方出版社，2011，第11～12页。

道德、文学、艺术等都成了传播之物，影响深远，延续至今。

朝鲜茶叶的普及还与佛教文化的传播密切相关。据认为，饮茶在高丽时代已经在朝鲜半岛各阶层普及，由此带动了茶叶消费。宋元丰八年（1085），高丽国僧统义天首次入宋，回国后把中国的“茶禅一味”精神带到高丽，重要的是，还引进了宋朝皇室专用的龙凤团茶。龙凤团茶自然非民间用于“解渴”的饮品可比，其主要功用在于玄虚高深的精神层面，不排除“茶禅一味”精神传入高丽与此相关。到宋宣和六年（1124），徐兢奉旨出使高丽就品饮过高丽所产的土茶，并且记载了朝鲜人的饮茶习俗。①

（三）元、明、清时期东海航路上的贸易

元代，宁波、泉州、广州、上海、澉浦、温州、杭州设立了市舶司。元朝汪大渊《岛夷志略》一书中记载，从泉州输出的各种商品销往海外60多个国家，其中以丝绸为主，贸易往来相当频繁，“刺桐缎”在当时享誉海外。明代，泉州出口则以瓷器为主，如泉州青瓷、德化白瓷等远销海外，广受欢迎。

在“海上丝绸之路”上，除了实用性商品贸易，还有以实物（如书籍）为载体的中华文化传播。以刻书为例，当时麻沙（或指今福建南平市建阳区西北麻沙镇）享有“图书之府”美称，刻书规模最大，刊刻内容涉及儒家经典、文学、艺术以及日用百科等。至宋元时期，活字印刷术发达，从泉州传入日本，不仅传入了经典，而且直接推动了日本印刷术的发展。随后，日本开始仿刻中国书籍和各种佛经，促进了汉字文化在亚洲的发展。

明代，胡宗宪所著《筹海图编》卷二记载，当时中国丝绸最受日本人喜爱。明永乐时规定，持有明朝“勘合符”贸易特许证的商船才准进行贸易。这种特许贸易就是以进贡之名开展贸易，以贡品来

---

① （宋）徐兢：《宣和奉使高丽图经》卷第三十二《器皿三》，吉林文史出版社，1991。

换取中国的“赏赐物”，主要是丝织品，名目繁多。①

清初，丝绸被禁止出口。但由于出口丝斤能换回国家急需的铜，清政府乃于康熙二十七年（1688）弛丝禁。据《熙朝纪政》记载：“丝为外洋所必需，而铜可供鼓铸，应酌定数随带出洋易铜，于是弛丝禁。”弛丝禁后，“各省商船配带自数百斤至数千斤，粤省洋商每船带至万斤”。②

中国商船在清初频繁运送白丝到日本长崎。据统计，从康熙即位到鸦片战争前夕（1662～1839年）的170多年里，到日本的中国商船就有6200多艘。当时白丝贸易盛极一时，在整个贸易额中白丝和绸缎占70%。中国丝绸在中日贸易中的比重以及经济地位由此可见一斑。起初日本只许持有“丝割符”（即“丝执照”）的商人从事丝绸贸易，后来该制度被废除，商人竞买唐丝，导致丝价益贵，日本的金银外流益甚。据估计，1648～1708年，日本黄金外流约239.76万两，白银外流约37.4220万贯，特别是1662～1708年外流约114498700斤黄铜。日本政府担心，如果这样下去，金、银、铜不久就将枯竭，因此自1686年开始限制与清朝的贸易往来。③可见以中国的丝绸换取日本的铜对日本经济造成了巨大影响。

这一时期，中国市场上的一些商品是购自东南亚然后转销日本的，其中最引人注目的是药材类产品。14世纪，日明“朝贡贸易”开启后，日本“遣明船”将中国商品运到日本市场，其中包括由华商购自东南亚的药材等产品。虽然日明贸易断断续续，但市场供应未中断。到14世纪末，明朝开始实施“海禁”，民间华商将东南亚产品输入日本的合法途径便难以为继。至15世纪后半期，明朝将“朝贡贸易”限定为10年一次，输日商品骤减，根本无法满足日本的市

---

① 陈炎：《略论海上“丝绸之路”》，《历史研究》1982年第3期。

② 陈炎：《略论海上“丝绸之路”》，《历史研究》1982年第3期。

③ 陈炎：《略论海上“丝绸之路”》，《历史研究》1982年第3期。

场需求。于是，经琉球王国的中转贸易便取而代之。龙脑是其时通过琉球中转贸易输往日本的主要东南亚产品之一。15 世纪后半期的五山禅僧、15 世纪末任建仁寺主持的天隐龙泽，在堺港的日本医师清隐搭乘遣明船前往明朝时，曾赠其七言绝句一首，诗文前有如下记述："亲泉南清隐翁讳友派，以医为业。救人之急，不求其报，世亦以之为善也。常叹曰：人参、甘草、麝香、龙恼〔脑〕之类不产吾土，待南舶用之。苟无南信，则抽手于急病之傍，岂不慨唱乎。"按清隐所云，日本不出产人参、甘草、麝香、龙脑等高级药材，悉皆仰给于"南舶"，如果此路中断，则别无来源。因此，清隐需搭乘"贡船"渡明采购这些药材。日本学者中岛乐章认为，"南舶"应为琉球王国的使节船或来自琉球的堺港商人的船。琉球在日本与东南亚的药材转运中发挥了重要作用。

自古以来，中国将龙脑作为香料使用，也将其作为高级药材使用，龙脑需求十分广泛。龙脑是龙脑树（Dryobalanops aromatica）的树脂凝结而成的一种天然结晶体，香气浓郁，古来便是名贵香药，无论是贵族还是平民百姓都将其视为珍品。16 世纪初，龙脑的两大产地为婆罗洲北部和苏门答腊岛西部。前者为最大产地，商人将龙脑从位于婆罗洲北部的浡泥运往马六甲，再供给中国市场，也由来自琉球的船只运往那霸，再由堺港商人提供给日本的畿内市场。苏门答腊岛西岸所产龙脑，则由古吉拉特商人带到印度和西亚。可以说，当时的南海航路应存在一条被称为"龙脑之路"的支线。15 世纪，出现了浡泥—马六甲—那霸—坊津—博多—对马—三浦的"龙脑之路"。[①] 顺便一提，婆罗洲除出产龙脑外，还生产胡椒销往中国。

在以琉球为节点，连接东亚、东南亚的"龙脑之路"上，朝鲜

① 〔日〕中岛乐章：《龙脑之路——15～16 世纪琉球王国香料贸易的一个侧面》，吴婉惠译，载李庆新主编《海洋史研究》（第 15 辑），社会科学文献出版社，2020。

是比日本更为重要的龙脑消费市场。在日本，龙脑主要在佛教仪式上使用或作为香薰物，朝鲜则更多地用龙脑调制各种高级药物。朝鲜可通过朝贡使节从中国引入龙脑，不过这一渠道并非主流，最重要的渠道还是通过与东亚诸国的海上贸易。早在 15 世纪初期，东南亚诸国已通过华商直接与日本、朝鲜交往。到 15 世纪中期，对马和博多等地的“兴利倭人”定期向朝鲜输出龙脑。这些与朝鲜交易的日本人获取龙脑的途径可能有三：一是袭击来自东南亚的船只，掠夺商品；二是通过贸易获得龙脑；三是将与明朝的朝贡贸易得来的龙脑再输出。但这三条途径亦非主流，日本人输往朝鲜的大部分龙脑来自琉球。当时浡泥等婆罗洲诸港大商人除与中国和东南亚主要港市交易外，也与琉球开展贸易。例如，萨摩的岛津氏自 14 世纪末便开始通过琉球获取东南亚商品，再输往朝鲜。16 世纪初以后，琉球重新开启了与浡泥的贸易，并通过浡泥—那霸—种子岛—土佐冲—堺港或者浡泥—那霸—坊津—博多—对马—三浦航线，为日本近畿市场和朝鲜市场提供龙脑，形成了新的“龙脑之路”。①

1511 年，葡萄牙人占领马六甲，由是琉球中止向马六甲派遣商船，日本和朝鲜对龙脑的需求有中断之虞。但两地的龙脑市场需要巨大，有需求就有商机。其时琉球与中国的闽商很可能联合起来，经由自福建出发的东海航路渡海至浡泥，直接进口以龙脑为主的婆罗洲产品，然后转口至日本和朝鲜市场。②

再说沉香。沉香的主要产地是中南半岛，先是从暹罗的大城王朝输往琉球，通过博多等地商人再输往日本。琉球王国和马六甲交往中

① 〔日〕中岛乐章：《龙脑之路——15～16 世纪琉球王国香料贸易的一个侧面》，吴婉惠译，载李庆新主编《海洋史研究》（第 15 辑），社会科学文献出版社，2020。

② 〔日〕中岛乐章：《龙脑之路——15～16 世纪琉球王国香料贸易的一个侧面》，吴婉惠译，载李庆新主编《海洋史研究》（第 15 辑），社会科学文献出版社，2020。

断后，与马来半岛上的大泥往来。大泥是马来半岛胡椒的重要输出港，也是苏门答腊、爪哇岛胡椒的中转港。琉球有可能主要是在大泥采购胡椒，再经日本输往朝鲜。①

这里还要提及新罗与阿拉伯伊斯兰世界通过海路开展的一系列交流。在中世纪阿拉伯文献有关新罗的零星记述包括新罗的自然环境和人文地理等多方面内容。阿拉伯地理学者伊本·胡尔达兹比赫在其名著《道里邦国志》里记载了当时中国东南海岸的四大国际贸易海港，还介绍了阿拉伯人从新罗获得的 11 种物品，包括丝绸、剑、麝香、沉香、马鞍、貂皮、陶器、帆布、肉桂等。综观其内容，可以做出以下归纳：第一，早在阿拉伯帝国（倭马亚朝）和伊斯兰帝国（阿巴斯朝）时期，阿拉伯半岛及其他阿拉伯伊斯兰地区的穆斯林或异邦人就已经通过海路抵达中国以东的新罗；第二，他们不仅短暂来往于新罗，而且在那里长期逗留；第三，他们进出并定居的原因是这里有清爽的空气、清新的水、肥沃的土地，以及包括黄金在内的丰富资源。朝鲜半岛不仅早在“海上丝绸之路”的黎明时期就已经通过海路同中国往来，而且在“海上丝绸之路”展开期的初期就与东南亚和西域交流及来往。②

二　传入日本的中国技艺

最早渡海来到日本的中国人为了生存，要搭建茅舍，从事农业生产活动，那时日本还处于竹篱茅舍、绳床瓦灶的时代。建筑材料可就地取材，但果腹需要的水稻等农作物种植技术就要从中国引入了。在

---

① 〔日〕中岛乐章：《龙脑之路——15～16 世纪琉球王国香料贸易的一个侧面》，吴婉惠译，载李庆新主编《海洋史研究》（第 15 辑），社会科学文献出版社，2020。

② 关于“海上丝绸之路”的“黎明期”与“展开期”，参见郑守一《海上丝绸之路与韩半岛》，海上丝绸之路与世界文明进程国际学术论坛论文，2011 年 12 月 10～11 日，宁波。

这方面，早在公元前3世纪到公元3世纪，600年间从中国迁移到日本列岛的“渡来人”就向日本传去了中国的水稻及栽培技术。以水稻生产为中心的农耕经济在弥生时代很快在日本列岛普及，成为日本文明的基础，给日本原始社会带来了划时代的变革。

在生产力诸要素中，生产工具是必不可少的。在中国大陆“渡来人”迁移的漫长时代，传入日本的最重要生产工具就是铁器。中国铁器在弥生时代前期传入日本，那时候多用于农业生产和作战武器。铁器不仅极大地促进了日本生产力的发展，也促进了人口快速增长。但铁器也导致贫富分化现象出现，日本原始社会逐渐瓦解，出现了一些部落联盟的早期小国。① 除铁器外，稍晚些来到日本的中国大陆“渡来人”还带来了铜器。《三国志·魏志》记载：“国出铁，韩、濊、倭皆从取之。诸市买皆用铁，如中国用钱，又以供给二郡（即乐浪、带方）。”对马、壹岐的居民或南行到北九州或北行到朝鲜从事贸易活动，可见当时韩、濊、倭都已将铁作为买卖的媒介。②

应神十四年（283），弓月君率领“秦人”集团到达日本，对日本文明发展最主要的贡献是带来农业生产技术和农田水利技术。《古事记》记载了“秦人”集团的生活、生产情况。“秦人”造茨田堤、凡迩池、依网池，挖掘难波（位于今大阪）的堀江而通海。“秦人”不畏艰难地开垦农田，开渠灌溉，促进了当地农业和水利事业发展。此外，“秦人”集团还从事土木工程建设，为日本大和宫廷建造了大藏宫，其首领秦酒公被天皇任命为大藏（财政）长官。

“秦人”集团还从事织造业。“秦人”来日后，带来了养蚕缫丝技术，促进了日本织造业的发展。日本古代织造技术、工艺水平低下，例如《古事记·神代纪》记载，其时日本人“口里含茧得抽

① 何芳川：《中外文化交流史》，国际文化出版公司，2008，第194页。

② 〔日〕木宫泰彦：《日中文化交流史》，胡锡言译，商务印书馆，1980，第17页。

丝”，即把蚕茧含在嘴里来抽丝，技术水平十分低下，因此丝产量很少，质量也很差。但在仁德天皇时代，“秦人”被分置各郡，从事养蚕、织布，据说“他们所献的丝织品，触及肌肤觉得温暖，因此下诏赐姓为波多”。①

日本应神二十年（289），阿知使主一族率领 7 姓 17 县汉人移居日本，汉人主要从事各种手工业生产。② 汉人也擅长织造，木宫泰彦认为这可以从汉人获得“绫人”这一称号推断出来。“他们之中可能有不少精于中国式的美丽的织绫技术的人，还可能同时兼营养蚕业。”③ 他们还把制铁技术带到日本。

雄略天皇时期，阿知使主一族遣使到吴国求取工匠。《日本书记》记载，雄略八年二月，“遣身狭村主青、松隈民使博德使于吴国”；十年九月，“身狭村主青将吴所献二鹅，到于筑紫”；十二年四月，“身狭村主青与松隈民使博德，出使于吴”；十四年正月，“身狭村主青等共吴国使，将吴所献手末才伎，汉织、吴织及衣缝兄媛、弟媛等，泊于住吉津。是月，为吴克道，通矶齿津路，名吴坂。三月，命臣连迎吴使，即安置吴人于桧隈野，因名吴原。以衣缝兄媛奉大三轮神，以弟媛为汉衣缝部也。汉织、吴织、衣缝，是飞鸟衣缝部、伊势衣缝部之先也”。其中的汉织、吴织、兄媛、弟媛应即汉土的织机工、缝衣女。④

中国缝纫技艺的传入对日本的服饰产生了很大影响。由于日本的养蚕、丝绸等业的发展，畿内地方贵族社会的衣服大有改进。“后来又由于来自吴国的汉织、吴织，生产出丰富多彩的中国南方

① 罗晃潮：《日本华侨史》，广东高等教育出版社，1994，第 26～27 页；〔日〕木宫泰彦：《日中文化交流史》，胡锡言译，商务印书馆，1980，第 43 页。

② 何芳川：《中外文化交流史》，国际文化出版公司，2008，第 198 页。

③ 〔日〕木宫泰彦：《日中文化交流史》，胡锡言译，商务印书馆，1980，第 44 页。

④ 〔日〕木宫泰彦：《日中文化交流史》，胡锡言译，商务印书馆，1980，第 37 页。

式样的美丽纺织品，得益于兄媛、弟媛，裁缝技术也就有所改进了。”[①] 依田熹家认为：“随着同朝鲜半岛及中国南朝的关系加深，由这些地方迁居到日本的人们（所谓的‘归化人’）带来了大量的大陆先进文化，使织布、金属加工、制陶、土木建筑等获得迅速的发展。这些迁来的人被大和朝廷组织起来，称作‘服部’‘陶部’等专业集团。”[②]

阿知使主一族在日本手工业发展方面也成绩斐然，雄略天皇敕封该族定伴造（行业的首领），赐姓“直”，又称“东文氏”。此后，族人日渐繁衍，分为坂上、桧前、山口、樱井、平田、丹波、井上等数十氏，分布于摄津、参河、近江、播磨、阿波诸国。[③]

总体而言，5 世纪和 6 世纪之交，日本从百济招聘的新汉人工匠是以技术集团形式较大规模移民日本的。他们从事的职业很多，包括制造陶器、制作马具、绘画、织锦，充当语言翻译，从事金器、玉器加工，做木工、裁缝、厨师等。[④] 他们才能卓越，受到日本大和朝廷的重用。归化汉人后裔在仿造唐代技艺方面颇有成就，如仿造唐镜技艺。据东大寺天平宝字六年（762）四月二日《铸镜用度文》记载，这面镜子直径一尺，参与制造的技术工人有 4 名，其中有秦姓工匠 2 名，他们显然是归化汉人或其后裔。[⑤] 随着中日两国贸易发展，移民日本的中国工匠也日渐增加。南宋时期，旅日工匠的足迹遍布博多和奈良等地，十分活跃。

从代表性艺术作品而言，最具艺术和学术价值的要算臼杵石佛的雕凿。这些石佛被雕凿在日本大分县臼杵市深田的崖壁上，巧夺天

① 〔日〕木宫泰彦：《日中文化交流史》，胡锡言译，商务印书馆，1980，第 37 页。

② 〔日〕依田熹家：《简明日本通史》，卞立强、李天工译，北京大学出版社，1989，第 10 页。

③ 罗晃潮：《日本华侨史》，广东高等教育出版社，1994，第 24 页。

④ 何芳川：《中外文化交流史》，国际文化出版公司，2008，第 198 页。

⑤ 罗晃潮：《日本华侨史》，广东高等教育出版社，1994，第 57 页。

工。从规模、技术和艺术造型等方面来看，创作这些石佛的高人是来自中国宋代的佛像雕刻师和石艺工匠。[①] 在日本关西地区，最负盛名的工匠是陈和卿与陈佛寿兄弟等人。《东大寺造立供养记》明确记载，东大寺之大佛像为宋佛师陈和卿与其弟陈佛寿等宋工 7 人所铸造，南大山之石狮子及四天王像亦为宋工字六郎者等数人所造。东大寺法华堂正面的石灯笼、般若寺的十三重石塔为宋石工伊末吉所造，有石刻为证。[②]

元代有不少雕版工匠赴日，得益于移民过程中的"推力 + 拉力"。"推力"就是当时中国处于元代末年，天下板荡，失业者多，人们多有去国避乱之愿；"拉力"在日本一边。据入元日僧传闻，其时日本雕版事业正盛，有吸引中国相关人才的需求。于是，在"推力"和"拉力"的双重作用下，众多福建福州一带的中国雕刻工人结伴东渡日本。例如，至正二十六年（1366），福建刻工陈孟才、陈孟荣、陈伯寿东渡日本。陈孟荣在日本刊刻了佛典《禅林类聚》20 卷。俞良甫，福建兴化路莆田县仁德里人，侨居日本 20 余年，一生从事雕版事业，雕刻过《李善注文选》《唐柳先生文集》等八大部过百卷图书。福州南台桥人陈伯寿、陈孟千也是著名的雕版工匠。[③] 木宫泰彦指出："元朝雕工大批来日，是在日本南北朝时代，日本唐式版之所以出现了黄金时代，老实说应归功于他们的努力。"[④] 华侨雕版工匠孜孜不倦地从事刻板事业，对日本文化的进步与繁荣功不可没。

元代旅日工匠中的铸造工人也将中国优良的铸造技术带到日本。例如，镰仓末期的"芦屋锅"是茶道中最高级的器皿，即为日籍华人太田氏所制。其时这些制造铁锅的华侨居住在九州北部远贺州河口

① 罗晃潮：《日本华侨史》，广东高等教育出版社，1994，第 78 页。

② 罗晃潮：《日本华侨史》，广东高等教育出版社，1994，第 78 页。

③ 〔日〕木宫泰彦：《日中文化交流史》，胡锡言译，商务印书馆，1980，第 484 页。

④ 〔日〕木宫泰彦：《日中文化交流史》，胡锡言译，商务印书馆，1980，第 479 页。

的芦屋（今日本福冈县远贺郡芦屋町），故他们制造的茶道用锅以“芦屋”名之。

日本《新撰姓氏录》中记载了归化日本的汉人集团之姓，皆为译语、史、文首、船首之类。人们注意到这些姓都与海外交往有关。归化汉人的使命就是奉日本朝廷的旨意到海外开展贸易活动，有机会带回珍稀器物、招聘到技术工匠。可见他们肩负的使命很重，非一般人所能完成。举例来说，很多国家使节希望在对中国贸易中获得珍稀器物。若遂愿，首先要给中国皇帝上表，否则绝无可能获得。然而，给中国皇帝上表的“专业性”很强，非他国人所能胜任。因此，这些归化汉人就要想尽办法得到中国鸿胪寺官员的协助，精心撰写上表书，方有可能如愿以偿。

随着茶叶经海路输出，茶叶也与茶具等一起向外扩散，更使一门崭新的文化——茶艺和茶道登上大雅之堂，成为人类文明史上一颗璀璨的明珠。日本茶道与其他东亚茶仪式一样，也是以品茶为主而发展的一种特殊文化。日本茶道原称为“茶汤”，是一种仪式化的为客人奉茶之事。实际上，日本茶道源自中国。中国茶文化传至日本，在“日常茶饭事”的基础上发展起来。

这里应将日本茶道文化的产生做一交代。宋代，日本著名的遣宋使千光荣西，曾经两度入宋学习佛教文化。他曾在明州天台万年寺、天童寺等寺院学法。日本建久二年（1191），荣西从中国带回茶籽，种在背振山、拇尾山周围以及附近寺院。建保二年（1214），幕府将军源实朝醉酒，千光荣西献茶一盏，并另献一本赞誉茶德之书《吃茶养生记》。此书分上下两卷，用汉文写成，对日本饮茶风习影响很大，基本上奠定了日本茶道的基础。千光荣西根据自己在中国的体验和见闻，记叙了当时的末茶（即制成细末的茶砖）点饮法。此书问世后，日本的饮茶文化不断普及，300年后日本茶道建立。千光荣西既是日本的禅宗之祖，也是日本的“茶祖”。千光荣西第二次渡宋回国后，再次带回中国茶、茶具和点茶法，茶一时风靡僧界、贵族、武士阶级而及于平民。茶园不断扩增，名产地不断增加。在宋代，径山寺的佛教僧侣“茶宴”也传到日本。16世纪末，千利休继承和汲取了历代茶道精神，创立了日本正宗茶道，成为茶道的集大成者。村田珠光曾提出“谨敬清寂”为茶道精神，千利休只改动了一个字，以“和敬清寂”四字为宗旨，简洁而内涵丰富。“清寂”也作“静寂”，指审美观。在日本茶道的本质中，“和”的真谛为人与人之间的相处，只要随时随地从内心体认茶道里的“和”，就可以了解到“和”的真谛。古代习俗经过多少世代流传下来，自然保存了数百年来的美感。对自然的爱好，随四季的变迁，以古老的习俗来做心的沟通，这就是“和”的感觉。此后，饮茶之风在日本国内通过佛教禅院得到传播与推广，逐渐将日常生活行为与宗教、哲学、伦理和美学熔为一炉，经过“日本化”改造而形成日本茶道、日本茶文化，成为一门综合性的文化艺术，并延续至今。它不仅是物质享受，而且通过茶会、学习茶礼，能够陶冶性情，培养人的审美观和道德观念。还值得一提的是，平安末期至镰仓时代，日本社会动荡，贵族失势，新兴武士阶层走上政治舞台，佛教净土宗应运而生。很多贵族文人离家出走，或隐居山林，或流浪荒野，在深山野外建造草庵，过着隐逸的生活，创作“草庵文学”，以抒发思古之幽情，排遣胸中之积闷。这种文学色调阴郁，文风玄幽，与茶道的传播有密切关系。

以上描述可以让人强烈地感觉到，早期茶叶经东海航路向朝鲜半岛和日本列岛传播时更像是中华文化代表，因为茶叶传播的过程更能体现和附载文化交流的各种“构件”。茶叶传入当地后便在文化、艺术上逐渐发酵，年深日久便产生一种专门的艺术，再升华为一门富有哲理和文化意象特质的茶道。客观地说，茶艺和茶道在世界上各国都不同程度地流行过，但中国东邻日本的茶道尤其精致，特别是其哲学意蕴的深邃令多少后来人沉浸其中。

第三节 太平洋航路上的大宗商货

1565年6月，在西班牙入侵菲律宾两个月后，西班牙航海家弗里亚尔·安德烈斯·德·乌尔达内塔率领满载中国丝绸、瓷器等商品的“马尼拉大帆船”，借西南季风自菲律宾起航北上到达墨西哥阿卡普尔科，就此拉开了菲墨贸易的序幕。于是，从1565年开始，连接菲律宾和墨西哥的航线正式开通，一直到1815年才废除，时间长达250年。人们一般将这一时期连接菲律宾马尼拉和墨西哥阿卡普尔科这一跨洋航路上的贸易称为“大帆船贸易”。笔者认为，“大帆船贸易”航线也应包括从阿卡普尔科到秘鲁利马这一段航线。利马是西班牙在拉美殖民地的统治中心。

“大帆船贸易”给墨西哥带去大量中国商品，还带去东南亚各地的商品。中国商品基本上是从漳州等沿海港口城市运到菲律宾马尼拉的。“大帆船贸易”航线可以说是中国到菲律宾航线的延伸，故漳州与马尼拉之间的贸易实际上就是中国与墨西哥的贸易。通过“大帆船贸易”，中国的丝绸、瓷器和其他各种各样的工艺品源源不绝地运往墨西哥阿卡普尔科，再以此为中转地，行销拉美各地。另外，织工、裁缝、木匠、泥瓦匠、铁匠、金银首饰匠以及理发师等中国工匠从马尼拉陆续转往美洲务工。① 可以说，作为新的“海上丝绸之路”航路，太平洋航路虽然由西班牙人主导，但往来于这条航路上的很多商人是华侨或其后代，其去程的大部分货物为中国商品。

太平洋航路一经开通，中拉间的经济交流很快发展起来。清代张荫桓的《三洲日记》描述了当年的贸易状况：“查墨国记载，明万历三年，即西历一千五百七十五年，曾通中国，岁有帆船数艘，贩运中国丝绸、磁、漆等物，至太平洋之亚冀巴路商埠（即阿卡普尔科

① 李春辉、杨生茂主编《美洲华侨华人史》，东方出版社，1990，第11页。

港），分运西班牙各岛（指西属美洲大陆和加勒比海诸岛）。其时墨隶西班牙，中国概名之曰大西洋。”①

在这时候作为“大帆船贸易”目的地的墨西哥和秘鲁两个国家，经济发展水平相对较低，居民的生存方式长期处于原始农林业状态，与世界文明发展较快的地区隔洋跨海，交通不便。虽然“大帆船贸易”开始时两国作为西班牙殖民地已历数十年，但两个国家被西班牙人纳入拉美统治中心的时间尚短。不过，西班牙人这一举措极大地打开了当地贵族的眼界，刺激了他们的消费欲求。当地“中产阶级”以及周边殖民地那些尚属下位发展层级的地区也受到这股消费风潮的影响。所以，当来自遥远东方的珍稀商品运抵阿卡普尔科后，受到当地人的欢迎。如上所述，这些中国商品并非墨西哥一国独享，而是以阿卡普尔科为起点，销往墨西哥各地以及西班牙其他美洲占领地，有的转销西班牙本土，显然会长久地刺激当地对东方珍稀商品的消费热度。

粗略地看，“大帆船贸易”的商品与传统“海上丝绸之路”其他航路上的大部分商品一样，即中国、印度、波斯与日本等国的丝绸、瓷器、漆器、棉布、象牙、地毯、茶叶等。中国商品中公认价值最高、最具中国文化特色的仍然首推丝绸和瓷器。有学者认为从更广的层面来理解，16～19 世纪跨太平洋的“大帆船贸易”作为早期全球贸易体系的重要一环，既是中国、日本、菲律宾等东亚和东南亚国家同西属美洲殖民地及西班牙等欧洲国家各种物产、人员大流动的通途，也推动了贸易航线沿线各地的文化大交流。②

中国至马尼拉航段实际上早在“大帆船贸易”正式出现之前 300 多年就已存在。宋朝，中国商人已到菲律宾群岛进行贸易，《诸蕃

① （清）张荫桓：《三洲日记》，此据福建师范大学历史系华侨史资料选辑组编《晚清海外笔记选》，海洋出版社，1983，第 235 页。

② 《“马尼拉大帆船——现代早期跨太平洋互动”学术研讨会召开》，《中国社会科学报》2019 年 10 月 17 日。

志》记载了双方的交易方式。在三屿，“番商每抵一聚落，未敢登岸；先驻舟中流，鸣鼓以招之。蛮贾争棹小舟，持吉贝、黄蜡、番布、椰心簟等至与贸易。如议之价未决，必贾豪自至说谕，馈以绢、伞、瓷器、藤笼，仍留一二辈为质，然后登岸互市。交易毕，则返其质。停舟不过三四日，又转而之他”。这里记载的应是世居民族的内部交易，不过可以推测，世居民族代理人从华商那里得到从中国带来的商品（批发），然后到各小岛交易（零售）。

但《诸蕃志》中记载的另一种交易方式更加爽达：

> 麻逸国，在渤泥之北；团聚千余家，夹溪而居。土人披布如被，或腰布蔽体。有铜佛像，散布草野，不知所自。盗少至其境。商船入港，驻于官场前。官场者，其国阛阓之所也；登舟与之杂处。酋长日用白伞，故商人必赍以为赆。交易之例，蛮贾丛至，随笼篱搬取物货而去。初若不可晓，徐辨认搬货之人，亦无遗失。蛮贾乃以其货转入他岛屿贸易，率至八、九月始归。以其所得准偿船商，亦有过期不归者，故贩麻逸舶回最晚。三屿、白蒲延、蒲里噜、里银、东流新、里汉等，皆其属也。土产黄蜡、吉贝、真珠、玳瑁、药、槟榔、于达布，商人用瓷器、货金、铁鼎、乌铅、五色琉璃珠、铁针等博易。

按这段话的意思，当时中国商人在菲律宾群岛的贸易形式是以货易货。由于地理与民情、风俗陌生的缘故，华商一般要请当地民众作为在当地销售中国商品的代理人。但华商与世居民族的信用关系很好，完全是一种十分纯朴的原始社会民俗。华商初到该地，通常让当地民众帮忙搬运货物到别地交易，彼此虽是初次见面，但世居民族从无欺诈，华商的货物也无遗失。世居民族从华商那里拿到货物，即到其他岛屿与他们的同胞交易。一去就是几个月，有时因为山重水阻和交易耗时而迟归，华商总在等待他们归来。不管哪一种交易方式，都是菲律宾当时与中国商人交易的写照。当然，由于社会发展存在差异，宋代至西班牙人到菲律宾之前，中菲之间的贸易基本上是单向的，即中国商人携带中国货物到菲律宾与当地人进行交易。菲律宾世居民族携带当地货物到中国交易的例子目前还未找到。

到16世纪后期，在平定倭乱的过程中，一些明朝官员认识到“海禁”既不能限制私人海上贸易，也不能防止倭寇侵扰，反而驱使沿海居民走上武装走私的道路，与倭寇内外勾结，为害颇大。大海大洋是闽人赖以生存的基础，在福建禁止海外贸易是不可能的，于是隆庆元年（1567），明朝政府宣布准许在福建漳州有限度地开放“海禁”。这时候，中国丝织业和陶瓷业仍然处于世界领先地位，技艺精湛、质地优良的中国丝绸和陶瓷产品继续远销欧亚大陆，声名鹊起。这也是“大帆船贸易”得以发展的基础。

如上所述，1565年西班牙航海家弗里亚尔·安德烈斯·德·乌尔达内塔到达阿卡普尔科，拉开了菲墨贸易的序幕。因为船上货物主要来自中国，当地墨西哥人称之为“中国之船”。载有中国商品的帆船抵达后，举办大规模集市贸易，各路商贾云集，成群结队前来交易，甚至吸引了远在利马、瓜亚基尔和加拉加斯等地的船只前往转运物资。

“大帆船贸易”为西班牙王室所垄断，西班牙王室采取各种措施加强管控。其一，在贸易配额上，实施严格的上限控制，1593年，西班牙当局限定每年从马尼拉运往墨西哥的货物总值不得超过25万比索，而从墨西哥运回的货物总值不得超过50万比索（主要是白银）。每年用两艘大帆船运输货物，每艘不超过300吨。但实际上输往墨西哥的商品大大超过了限额。其二，在贸易范围上，划定了一个货物转销圈，即不得转销秘鲁等西班牙占领地。但“大帆船贸易”是菲律宾殖民当局的重要财源，西班牙王室与菲律宾殖民当局发生尖锐的利益对立，菲律宾殖民当局采取应对策略，千方百计扩大贸易额。西班牙王室迫于无奈，不得不数度放宽贸易额的限制，1593年法令在形式上维持了100多年，后来又做了多次修改。到1776年，马尼拉运往墨西哥的货物总值允许增加到75万比索，而运回货物总值则增加到150万比索。由于“大帆船贸易”迅速发展，大量白银流向东方，西班牙王室感到不安，采取种种限制措施。与此同时，塞维利亚等地商人为了保持其贸易垄断地位也阻挠东方商品输入，“大帆船贸易”因此受到阻碍。至18世纪末，在欧美各种政治和经济因素的影响下，“大帆船贸易”逐渐式微。19世纪初，墨西哥爆发独立战争，阿卡普尔科受到战火破坏，阿卡普尔科的中国商品集市也逐渐退出历史舞台。1813年10月，西班牙国王正式宣布废止“大帆船贸易”。1815年“麦哲伦号”从墨西哥驶回马尼拉，成为“大帆船贸易”结束的标志。①

“大帆船贸易”开始后，在马尼拉到阿卡普尔科这条航线上，每年或隔一年都有一两艘大帆船往返。通航初期，大帆船还从墨西哥港口驶往秘鲁的卡亚俄港（1582年西班牙王室禁止秘鲁同菲律宾通商）。大量的中国商品由从漳州月港出发的福建商船运至马尼拉，然后由“马尼拉大帆船”横渡太平洋转运到阿卡普尔科。在当地举办盛大集市后，商人们又从这里将货物贩运到墨西哥城，再从墨西哥城转销墨西哥其他城镇。有一部分商品输入中美洲，辗转南下哥伦比亚；也有一部分被运到西海岸港口维拉克鲁斯，再装船转销加勒比海诸岛，或越过大西洋远销西班牙和欧洲其他国家。② 此外，还应有一部分从阿卡普尔科运到西班牙在拉美的殖民统治中心秘鲁利马。这样，在菲律宾的西班牙商人用大帆船将东方商品运销到美洲各地。另一种说法是，中国商品在阿卡普尔科登岸并举行集市贸易后，各有所获的商人便马上兵分两路：一路乘船沿太平洋海岸南下秘鲁，并转销

① 刘文龙：《马尼拉帆船贸易——太平洋丝绸之路》，《复旦学报》（社会科学版）1994年第5期。

② 韩琦：《马尼拉大帆船贸易对明王朝的影响》，载南开大学世界近现代史研究中心编《世界近现代史研究》（第10辑），社会科学文献出版社，2013。

智利、阿根廷和南美大陆的其他地区；另一路雇用骡队，将商品运至墨西哥城高价出售，由此分销到内地。一部分则经由墨西哥城运销至西海岸港口维拉克鲁斯港，再由此运销到加勒比海诸岛；一部分输入中美洲，其中包括哥伦比亚。[①] 还有商品转销西属美洲的其他地方。这样，从中国运来的商品到达美洲后，便广泛分散到拉丁美洲各地。当时，在墨西哥城和秘鲁首府利马的商店摆放着中国的商品，南美沿太平洋海岸也到处可以看到中国的丝绸。当时不少拉美城镇因“大帆船贸易”繁荣起来。南美洲南部特别是阿根廷的开发比较晚，这时候还不大可能接受远方的舶来品。应注意的是，这里没有提到巴西，因为中国输入巴西的商品应通过另一条航路，即印度洋大西洋航路。

“大帆船贸易”时期，每年都有中国商人驾驶商船来到马尼拉进行转口贸易。在西班牙人占领马尼拉的最初几年，中国商船的数量迅速增加。据统计，1572 年抵达马尼拉的中国船只仅 3 艘，到达菲律宾其他地方的中国船只有 5 艘；1574 年抵达马尼拉的中国船有 6 艘，1575 年增至 12 ~ 15 艘。到 1576 年，这种贸易已稳定发展。1580 年，到达菲律宾的中国商船增至 40 ~ 50 艘，大部分来自福建漳州和厦门。至 18 世纪，每年驶往菲律宾的大型商船大多数来自广州和澳门，有 200 吨的，也有 250 吨的，还有少数 300 吨的。小货船的载重量为 100 ~ 150 吨。还有称作“小艇”的双桅船也从中国沿海出发驶往菲律宾，甚至有百吨以下的无龙骨船（舢板）。[②] 据统计，1575 ~ 1815 年，“每年驶往马尼拉的中国帆船数通常为 20 ~ 60 艘”。[③]

菲律宾殖民当局从“大帆船贸易”中获得了巨额利润。在菲律

① 刘文龙：《马尼拉帆船贸易——太平洋丝绸之路》，《复旦学报》（社会科学版）1994 年第 5 期。

② 刘文龙：《马尼拉帆船贸易——太平洋丝绸之路》，《复旦学报》（社会科学版）1994 年第 5 期。

③ William Lytle Schurz, *The Manila Galleon*, New York, 1959, p. 71.

宾，西班牙垄断商人集团快速形成，均获利颇丰。“大帆船贸易”还有一个明显的好处是，菲律宾殖民地建设快速发展，马尼拉迅速发展为一个繁荣城市。不过，菲律宾并没有全面分到“大帆船贸易”的红利。最明显的是，菲律宾的工农业发展停滞不前。然而，在吸引外来移民方面，“大帆船贸易”吸引中国人（主要是福建人）大批移居菲律宾，客观上促进了中菲之间、中国与亚洲和拉丁美洲地区之间的经济文化交流。

“大帆船贸易”的商品，分为去程（中国—马尼拉—拉丁美洲）商品和回程（墨西哥—马尼拉—中国）商品，两个航程的商品迥然不同。

去程商品以阿卡普尔科为转运中心，以墨西哥和秘鲁的主要城镇为主要销售范围，形成包括大部分拉美国家在内的庞大销售网络。中国输入拉美的商品以有形商品为主。有形文化指表现为物质形式的文化，包括各种各样的商品、民居、庙宇和教堂等，其中销售到拉美的最重要商品如丝绸、瓷器、茶叶等就是最能展现中国有形文化的商品。此外，还有无形文化，一般由民间传说、传统观念、著作与画作来表现，在此不赘。

丝绸、瓷器、茶叶等只是去程商品中最重要的，其实去程商品种类繁多，也不乏工艺精湛者，代表了当时中国物质文化的发展水平。当然，最受欢迎的中国商品还是丝织品（包括生丝），价值相对较高。中国丝绸自古闻名于世，明代中叶以后，丝绸工业发展快速，技术先进，产量丰富，价廉物美，成为美洲市场上的畅销品，使欧洲同类产品黯然失色。在墨西哥，质地精美的中国丝织品最受西班牙人赞叹。在秘鲁，由于发现了丰富的银矿，社会购买力大为提高，中国丝织品更是获得了广阔市场。实际上，在拉丁美洲，不仅西班牙贵族购买中国丝绸，西班牙僧侣也乐于购买，用来缝制法衣，装饰教堂，甚至连印第安人的教堂也用便宜的中国丝织品作为装饰物。在西班牙本土，中国丝绸同样供不应求。

客观地说，中国丝织品的大量输入与西班牙人在菲律宾的积极经营分不开。西班牙人占领菲律宾后，菲律宾自身的经济无法满足本地与拉丁美洲广大民众对工业品和生活必需品的需求。为了维持其殖民统治，西班牙人企图利用中菲贸易为殖民地服务。一方面，利用久居菲律宾的华侨；另一方面，鼓励中国商人前往菲律宾进行贸易。其时恰逢明代重开海禁，又受到西班牙人的政策鼓舞，中国商人便成群结队地来到吕宋，来到马尼拉。为了便于管理，西班牙殖民政府在当地建立了一个特定的华侨商业区，名曰“涧内”，意即“生丝市场”。顾名思义，生丝市场主要交易生丝，生丝都来自中国。其实很多个世纪以来，生丝贸易就一直在华商和菲律宾世居民族之间进行。到 16 世纪，漳州、泉州商船每年有三四十艘满载各种生丝和丝织品的船停泊在马尼拉，西班牙人的到来使丝绸贸易更趋旺盛。其时，日本商人也将马尼拉作为中介贸易地。但众多竞争者中，西班牙殖民者更需要丝绸和纺织品，企图垄断这一贸易，使之服务于菲律宾和西班牙在拉美的殖民地。在此背景下，西班牙人在马尼拉建立了涧内市场。

按照笔者理解，当时的转口贸易包括两种方式，一是从中国来的商人把中国货物卖给菲律宾当地华商或西班牙等国商人，再由他们转卖给从墨西哥来的西班牙等国商人；二是从中国来的商人把中国货物直接卖给从墨西哥来的各国商人。不管哪一种方式，中国商人带来的货物最终都出口到墨西哥，其中一部分又被转卖到拉美其他地方。由于菲律宾与中国沿海地区紧密的商业联系，拉丁美洲便通过菲律宾与中国联系在一起。菲律宾在中国与拉美地区交流中具有不可替代的中转站作用，但并非整个菲律宾群岛所有岛屿都有同样的历史机遇，有此机运的主要是吕宋岛上的马尼拉。

在 1636 年以前，每船登记运载的各种丝织品为三四百箱。但 1636 年出发的船中，一艘船装载的丝货超过 1000 箱，另一艘多至 1200 箱。每箱的容量以 1774 年起航的商船为例，内装珠色广州光缎 250 匹、深红色纱 72 匹，共重约 250 磅；装长筒丝袜的箱重 230 磅，内装1140双丝袜。[①] 另一说在“大帆船贸易”中，从马尼拉起航的大帆船每艘都满载中国丝绸，多至1200箱，所以人们称之为“丝绸之船”。据记载，到18世纪末，在墨西哥的进口总值中，中国丝绸等商品就占63%。[②] 由此可见中国与美洲丝绸贸易的盛况。

丝绸贸易对拉美市场的影响是巨大的。例如，16世纪30年代前后，西班牙殖民者曾在墨西哥经营养蚕业，建立丝织工场。墨西哥城、普埃布拉和安特卫拉这些重要的纺织中心主要使用米斯特加地区的生丝，也使用西班牙的生丝。到1600年，西班牙为发展本国的蚕丝业，对殖民地养蚕业加以限制，墨西哥等地的丝织业生产一度陷入危机。中国生丝的输入为墨西哥纺织厂提供了原料，使14000多人获得了就业机会。[③] 另外，由于美洲市场上的中国丝织品价格只有西班牙丝织品的1/3，西班牙的丝织品处于竞争劣势而出现滞销，西班牙本土的丝织业受到严重打击，趋于衰落。[④]

另一种受到拉美人民喜爱的中国商品是瓷器。除了主要通过伊比利亚与澳门之间的航线输入巴西的瓷器外，瓷器作为大宗商品输往拉丁美洲始于“大帆船贸易”，即通过太平洋航路。1573年驶向美洲的“马尼拉大帆船”所载货物清单中有中国瓷器22300件，这是最早的记录。[⑤] 初入美洲的瓷器价格昂贵，往往要用同等重量的白银交换。殖民地贵族往往将拥有中国瓷器的数量作为衡量其财富和文明教养的一个标志。日本学者三杉隆敏在《海上的丝绸之路》

---

① 全汉昇：《自明季至清中叶西属美洲的中国丝货贸易》，《中国经济史论丛》（第1册），新亚研究所，1972，第465页。

② 参见陈炎《海上丝绸之路与中外文化交流》，北京大学出版社，1996，第50页。

③ 何芳川：《中外文化交流史》，国际文化出版公司，2008，第954页。

④ 韩琦：《马尼拉大帆船贸易对明王朝的影响》，载南开大学世界近现代史研究中心编《世界近现代史研究》（第10辑），社会科学文献出版社，2013。

⑤ 韩琦：《马尼拉大帆船贸易对明王朝的影响》，载南开大学世界近现代史研究中心编《世界近现代史研究》（第10辑），社会科学文献出版社，2013。

一书中介绍，1968～1970 年，墨西哥城在修建地下铁路时出土 291 片中国陶瓷残片。中国陶瓷对墨西哥本地的陶瓷制作业从造型到釉彩都产生过影响。18 世纪末，普埃布拉城有 46 家制瓷工场仿造中国瓷器。①

“大帆船贸易”的回程主要运载西班牙银圆、铜、可可等，换言之，“大帆船贸易”是以墨西哥的银圆来换取中国的丝绸、瓷器等货物。但由于中国丝绸畅销拉美市场，抢占了西班牙丝绸在美洲的销路，甚至远销西班牙本土，直接影响到西班牙丝绸的生产，打击了格拉纳达的丝织工业。而包括拉丁美洲国家和菲律宾在内的西班牙殖民地，却拿不出任何受中国人欢迎的可交易商品。西班牙无计可施，唯一可以平衡贸易逆差的手段就是向中国输出白银。因而，“大帆船贸易”直接刺激了当地银矿开采业的发展。

西班牙殖民者自然很不愿意看到宝贵的白银大量外流，但也不得不支付白银。权衡之下，只得对中国丝绸进口和白银出口多次下达禁令，也就是说两相减少，这样丝绸来得少了，白银也就少流出去。但两相减少只是当局的一厢情愿，拉美民众对中国市场的喜爱不是当局一纸禁令可以禁止的。市场的力量是巨大的，特别是对拉美这样一个商品消费水平与其他大陆有天壤之别的地区。由于丝绸拥有的魅力，太平洋上这条丝绸的流通纽带不可能被隔断。

丝绸、瓷器等中国货物一船又一船、一年又一年络绎不绝运到拉美，西班牙当局苦思无策，曾经征服菲律宾的莱加皮斯把希望寄托在本地的香料上，但希望很快落空，朝野上下不知如何应对。而此时，大批储量丰富的银矿被发现。1545 年在上秘鲁（今玻利维亚）发现了丰富的银矿矿藏，1572～1610 年西班牙殖民地进入了白银开采的高峰期。可惜秘鲁人虽拥有丰富的金银资源，但不知道使用金属货币。在波托西银矿开采盛期，银子价值低廉。

① 何芳川：《中外文化交流史》，国际文化出版公司，2008，第 954 页。

在墨西哥，16 世纪中叶不断有新的银矿发现，到 16 世纪 90 年代产量达到了高峰。16 世纪末，世界贵金属开采中约 83% 为西班牙所有。[①]

在美洲银矿大量发现与开采之际，“大帆船贸易”正走向发展高潮，明中叶以后普遍采用白银作为货币代替宝钞。这时候明王朝白银匮乏，远远不能满足需求（明中叶虽已使用纹银作为货币代替传统的铜钱和纸币，但白银作为流通媒介尚未取得应有地位）。这时，美洲白银大量涌入，加上明朝政府在税收中征收白银的政策，白银在大额交易和政府财政中发挥了纸币和铜钱无法取代的作用。[②] 据资料记载，19 世纪初，每年流入中国的银圆多至四五百万元。[③] 到 19 世纪末，清朝发行的第一版银圆龙洋，很可能是受到西班牙人在墨西哥所铸造的西班牙银圆的启发。在中国流通的龙洋银圆散发着古老的魅力，在历史的长河中熠熠生辉。

从海外流入的西班牙银铸币，时称“番银”，又叫“本洋”，为西班牙或墨西哥、秘鲁铸币厂铸造。西班牙一枚银圆，即“黄币崎”(Un Peso)，相当于辅币 8“料厘”（雷亚尔，Real），约合中国库平银七钱二分，与中国的银圆并行流通，成为法定的本位货币。西币规格统一，成色和重量比较一致，在中国市场上广为流通。美洲白银的输入还引起了中国银两在形制上的变化，由原来束腰形的银块变为船形，俗称“元宝”。19 世纪初西属美洲独立后，又有大量墨西哥银圆流入中国，俗称“鹰洋”，数额据估为 5 亿以上。中国对外贸易一般都采用西班牙银圆支付和结算。从清中叶起，还仿效西币铸造洋式银币，逐渐取代了中国的传统货币，“在中国的货币文化上，引起了一

---

① 何芳川：《中外文化交流》，国际文化出版公司，2008，第 956 ~ 957 页。

② 参见戴建兵《西属美洲殖民地银元对中国货币的影响》，《亚洲钱币》（新加坡）2000 年第 2 期；何芳川：《中外文化交流》，国际文化出版公司，2008，第 959 页。

③ 魏建猷：《中国货币史》，读书·生活·新知三联书店，1956，第 108 页。

次大革命”。[①] 换言之，“大帆船贸易”的主要特征就是丝绸从中国源源不断流向美洲，而白银则从美洲源源不断流向中国。这一描述或许失之简单化，但如果把丝绸和白银看成主线，辅以其他商品，这一描述是简明扼要且大致符合历史事实的。

通过“大帆船贸易”等各种渠道，究竟有多少白银从美洲流入中国，尚无确切的统计。有人估计 1565 ~ 1820 年的两个半世纪间，自西属美洲运抵马尼拉的白银共约 4 亿比索。[②] 全汉昇对美洲白银输入中国问题做了专门研究，从马尼拉输入中国的白银，初时每年约 10 万比索，16 世纪末已超过 100 万比索，17 世纪每年约 200 万比索，18 世纪曾增至每年三四百万比索，但 19 世纪又下降至 150 万比索。可以推知，在西班牙人到达菲律宾群岛的头两个世纪，“自美洲输入复输出共约二万万西元（比索）的银子，大部分都运到中国去了”。[③]

对于整个美洲殖民地时期通过马尼拉流入中国的白银数量，庄国土指出，1567 ~ 1643 年，从菲律宾岛屿输入中国的白银约为 7500 万比索；1700 ~ 1840 年从菲律宾岛屿输入中国的白银为 9360 万两左右，按每两为 1.33 比索换算，约合 12448.8 万比索，与前者相加共为 19948.8 万比索。可见，从明代到 19 世纪初，自菲律宾岛屿输入中国的白银应不少于 2 亿比索。[④]

贡德·弗兰克在《白银资本》一书中根据多种资料对流入中国的白银做了估算，他指出，“中国获得了大约 6 万吨白银，大概占世界有记录的白银产量（自 1600 年起为 120000 吨，自 1545 年起为

---

① 何芳川：《中外文化交流》，国际文化出版公司，2008，第 960 页；彭信威：《中国货币史》，上海人民出版社，1958，第 539 页。

② 何芳川：《中外文化交流》，国际文化出版公司，2008，第 960 页；严中平：《丝绸流向菲律宾白银流向中国》，《近代史研究》1981 年第 1 期。

③ 何芳川：《中外文化交流》，国际文化出版公司，2008，第 960 页；全汉昇：《明清间美洲白银输入中国》，《中国经济史论丛》（第 1 册），香港新亚研究所，1972，第 445 页。

④ 庄国土：《16 ~ 18 世纪白银流入中国数量估算》，《中国钱币》1995 年第 3 期。

137000 吨）的一半”。而按照保守的估算，“中国也占有了世界白银产量的 1/4 ~ 1/3”。[①] 除了拉丁美洲的白银通过两条航路（太平洋航路和印度洋大西洋航路）运往中国外，美洲输往欧洲的白银也通过不同渠道流入中国。明朝人也很难想象，中国对白银的巨大需求导致欧洲白银的枯竭，后来不得不进行货币改革。而中国仍然使用白银作为货币，直到 1935 年才结束了白银的主币地位。

可以说，马尼拉对中国和墨西哥的三角贸易，在某种意义上可以说是以墨西哥银圆交换中国丝绸。有学者把这条航路称为“白银之路”，只是为了强调输往中国的白银之多及其对中国社会影响之大。不管怎样，这两种货品在各自的市场上独领风骚，成为双方市场上的璀璨明珠。

从美洲传入中国的，还有玉米、甘薯等农作物。通过“大帆船贸易”，甘蔗、玉米、花生、烟草、向日葵等“新大陆”特有的农作物传播到亚洲和欧洲各地。单就中国而言，根据史籍记录，从元末至清代传入中国的美洲农作物除上述几种外，还有南瓜、辣椒、番茄、菜豆、菠萝、番木瓜、陆地棉等 14 种。[②] 另有研究指出，从美洲传入中国的作物，除粮食作物外，还有品种繁多的蔬菜、水果，如花生、向日葵、番茄、辣椒、南瓜、菜豆、菠萝、番荔枝、番木瓜、可可、鳄梨、腰果、番石榴等。前后两个清单互有重复，姑且不论。不管怎样，这些古代印第安人的基本食物后来皆成为中国人的日常蔬菜和喜爱的果品。所有这些物种，不只是通过太平洋航路传入中国的，

---

① 何芳川：《中外文化交流》，国际文化出版公司，2008，第 960 页；〔德〕安德烈·贡德·弗兰克：《白银资本》，刘北成译，中央编译出版社，2000，第 208、210 页。

② 《中国与海上丝绸之路——联合国教科文组织海上丝绸之路综合考察泉州国际学术讨论会论文集》，福建省人民出版社，1991，第 119 页。明代以前的中国传统蔬菜分为五大类，后来随着外来品种的不断引进，增加到 12 个类别，参见《中国烹饪》编辑部汇编《烹饪理论》，中国商业出版社，1987，第 49 页。

有的也通过印度洋大西洋航路传入。不过，如果要问哪些物种通过太平洋航路传入，哪些物种通过印度洋大西洋航路传入，就很难区分了，在这里只能统而论之。不过笔者认为，无论是就种类来说还是就数量来说，主要是通过太平洋航路传到中国的，原因是太平洋航路所联通的美洲国家比印度洋大西洋航路多，且大多数传到中国的物种生长地位于太平洋航路沿线国家，如中美洲各国。下面将通过两条航路传到中国的物种一并论之。

中国引进的海外粮食作物中，最著名者非甘薯莫属。在福建与广东的一些史籍与族谱中，或详或略地记载了华侨从海外引进甘薯之事。南美洲热带地区印第安人栽培的甘薯在明代传入中国。明末著名学者、系统介绍西洋学术的开山大师徐光启曾积极推广从海外传入的高产作物甘薯，用于备荒，并著有《甘薯疏》小册子。① 玉米则是印第安人首先将之从野生植物改造为农作物，进而成为重要粮食作物，最终奠定了古代美洲文明的物质基础。1494 年，哥伦布首先把玉米种带回西班牙，从此传播到美洲地区之外。1496 年，玉米种又被葡萄牙人带到爪哇岛，约 16 世纪初，复从南洋传入中国。明代一些史籍，如正德年间《颍州志》（1511 年）、万历田艺蘅的《留青日记》（1573 年）和大医药学家李时珍的《本草纲目》，都有关于玉米栽培的记载。到 18 世纪，中国开始大面积种植玉米，玉米逐渐成为中国饮食文化中的重要组成部分。②

甘薯和玉米的引进，为中国人提供了粮食生产的新品种，改变了

① 李天锡认为，番薯的引进当以明洪武二十年（1387）晋江安海苏厝村华侨苏得道从苏禄国（菲律宾南部之群岛）引进薯苗到故乡种植为最早，经刘文龙考证是可信的。这比通常所说明万历年间华侨从海外引进番薯要早 180 多年。参见李天锡《从泉州华侨看泉州港在海上丝路的历史地位》，《泉州师范学院学报》2003 年第 1 期；刘文龙《马尼拉帆船贸易——太平洋丝绸之路》，《复旦学报》（社会科学版）1994 年第 5 期。

② 刘文龙：《马尼拉帆船贸易——太平洋丝绸之路》，《复旦学报》（社会科学版）1994 年第 5 期。

中国人的食物构成。几千年来，中国人赖以生存的是“五谷”，即水稻、小麦、谷子、高粱、大豆以及其他杂粮。自16世纪甘薯和玉米来到神州大地，即以惊人的适应性安家落户。明代《本草纲目》《农政全书》《群芳谱》等书均将甘薯列入菜部，嘉庆以后的《本草纲目拾遗》就将之列入“谷之属”了，也就是说，甘薯实现了从蔬菜到粮食的用途转变，可以看出甘薯在民众饮食生活中日趋重要。甘薯的引进对这一时期中国人口的快速增长可谓功莫大焉。比起甘薯，玉米具有更强的耐旱能力，在干旱的中国北方地区更受农民欢迎。陕、川、鄂三省交界的广大丘陵山地原是旱粮作物的重要产区，以生产谷子为大宗，到19世纪初，玉米种植迅速普及，“遍山漫谷皆包谷矣”。1846年，包世臣在《齐民四术》中把玉米与“五谷”并称为“六谷”。玉米的广泛种植和甘薯的推广促进了全国土地的开发，大大扩大了耕地面积。①

南美洲印第安人所培育的马铃薯也是对世界文明的另一个巨大贡献。1822年，马铃薯从南美洲传入南洋群岛，后来传入中国，先在台湾种植，后传播到福建、广东等沿海各省。马铃薯既可作为粮食又可烹制菜肴，丰富了饮食文化内容。②

辣椒原产于墨西哥，本身是一种富含维生素的蔬菜，同时具有调味、增香、添色等功能，所以深受中国人喜爱。17世纪中叶，辣椒的种植已经遍布中国绝大部分省区，成为许多地方的蔬中要品、调味品，每食必备，不可或缺，某些地区甚至形成了“辣椒文化”。辣椒具有驱寒祛湿功能，在云南、贵州、湖南等地受到欢迎。中国的八大菜系中，川菜、湘菜以辣为特色，徽菜中的皖南菜也以辣为主。

番茄，又名西红柿、番柿，起源于南美安第斯山地带。明万历年

---

① 何芳川：《中外文化交流史》，国际文化出版公司，2008，第964~965页。

② 刘文龙：《马尼拉帆船贸易——太平洋丝绸之路》，《复旦学报》（社会科学版）1994年第5期。

间，番茄传入中国，既可作为蔬菜，又可作为水果，既可生吃，又可熟食，加工成的番茄酱、番茄汁更是烹调佳品。

此外，来自美洲的木薯和豆薯在中国各地也多有种植，菠萝、鳄梨、腰果皆为南美热带果品。16 世纪末菠萝由葡萄牙人经澳门传入中国内地。①

顺便指出，华侨也将家乡的农业生产技术传播到居住地，对拉美诸多农作物品种传入中国有所“回报”。早年拉美很多华侨出国前生活在中国农村，擅长农业生产和园艺。他们来到拉美后，也把家乡的农业生产技术带到居住地。例如，早在 17 世纪末，华侨就将水稻种植技术传入古巴，后来经过大批到来的“契约华工”不断改进，古巴水稻种植业获得很大发展。1862 年，古巴可耕地面积已超过 100 万公顷，比 1827 年扩大了 1 倍。古巴华工还成功引入并种植了芝麻等中国作物。首都哈瓦那以及其他不少城镇居民食用的蔬菜也一度依靠华侨生产和供应。秘鲁华工则带来了家乡的谷种、菜种和水稻培养技术，改变了秘鲁人的饮食习惯。华侨还解决了秘鲁北部沿海旱地种植缺水问题，教秘鲁北部农民种植水稻，秘鲁北部成为全国第一产米区。

中国人种烟和吸烟的习惯是明万历年间由菲律宾传来的。通过“马尼拉大帆船”，西班牙人首先把烟草带到吕宋，而后传入中国。烟草最初传入中国时，人们认为烟草有防病治病的功能，但烟草很快成为一种嗜好品，各种烟具制作日益精致、多样，如旱烟袋、水烟袋、烟筒、烟盒、鼻烟壶、烟荷包等。鼻烟壶还成为一种奇特的手工艺品，成为时髦之物。中国的制烟技术后来又传入菲律宾，再传入同为西班牙殖民地的古巴，影响到古巴制烟业和雪茄业的发展。

上述美洲作物大致可以分为三大类：一是粮食类，以甘薯、玉米为代表；二是蔬菜、水果类，以番茄、辣椒和花生为代表；三是嗜好

① 何芳川：《中外文化交流史》，国际文化出版公司，2008，第 972 页。

品类，以烟草为代表。美洲作物的传入对中国食物构成和习俗产生了广泛而深刻的影响。如果提升到精神层面，则可以说给古老的中国文化注入了新鲜的成分。这些美洲作物对中国农业发展和人口增长意义巨大，也间接推动了明清以来中国的社会变化。有趣的是，这些作物一传入中国，由中国农民栽培，中国一旦自给，其历史使命就完成了。这些美洲作物在中国实现自种自食，一部分还进入区域市场，转销本地。毕竟，这些舶来物只是“种子”而非“商品”。“商品”输入可以无穷无尽，而“种子”输入仅一两次就足够了。于是，“大帆船贸易”中某些进口商品慢慢就消失了。

简言之，16 世纪，“马尼拉大帆船”首次越过太平洋，就意味着中国和拉丁美洲开始跨越海洋屏障。“大帆船贸易”的基本运行模式就是在太平洋地区建立一个贸易循环体系：先通过中国商船把中国的丝绸、瓷器、工艺品等货物运往马尼拉，然后由西班牙商人用其大帆船把货物运销墨西哥港口阿卡普尔科；大帆船回程时，装载美洲的白银回到马尼拉，西班牙人再用这些白银采购中国商品，从而形成了以马尼拉为中转站的中拉转口贸易回环。

因为经济与文化的相互关联，所以随着“大帆船贸易”的展开，文化上的相互吸纳、相互交融也在进行。往返于太平洋航路的大帆船不仅运载货物，开展器物层面的文化交流，也带动了精神层面的文化交流。精神层面的文化常常以经济活动为依托，通过经济活动渗透到社会的方方面面。[①] 这种现象延续了近两个半世纪，在两个大陆的近现代文化发展史上留下了浓墨重彩的篇章。

随着种类繁多的中国商品大量输入，中国文化元素影响到墨西哥、秘鲁等地的各个社会阶层。例如，从有形文化来看，以丝绸、瓷器、工艺品等为主的中国商品以及传统文化在墨西哥甚至在中南美洲各地得到传播，影响了当地居民的服饰、家庭陈设和日常用品，以及某些

① 何芳川：《中外文化交流史》，国际文化出版公司，2008，第 956 页。

地方的生活习俗，甚至关系到墨西哥港口阿卡普尔科的社会经济活动。

中国丝绸影响到上层社会的服饰，在一定程度上改变了部分居民的服饰习惯。在“大帆船贸易”兴盛时期，中国丝织品几乎取代了西班牙产品。西属美洲从贵族、教士到普通民众都以穿着中国丝绸为荣。据说墨西哥妇女非常喜爱中国女子的服装，争相仿效。后来墨西哥妇女仿制的“普埃布拉中国女装”流行至今，成为墨西哥妇女的一种民族服装。

随着丝绸、瓷器等众多中国商品的输入，中国的实用工艺美术技法和风格也在拉美传播。中国瓷器上绘有各种花纹、图案、风景和历史故事，表现了中国优美的文化传统和审美观念，成为了解古典东方情趣的媒介。中国的漆器、画屏以及形式多样的扇子、梳子也通过大帆船传入美洲。据记载，1767 年“圣卡洛斯号”帆船一次就带去 8 万把梳子。著名的墨西哥城大教堂瓜达卢佩圣母堂中的一些木雕据说也是乘坐“马尼拉大帆船”来到这里的中国工匠的作品。①

在拉丁美洲国家从事各行各业的华侨在生产实践中把中国的传统技艺传授给当地人民，成为中华文明的传播者。例如，扎制风筝和灯笼的方法、制造鞭炮和礼花的方法、刺绣和剪裁技术等。中国烟火在秘鲁的影响就很大。16 世纪末，随大帆船到达秘鲁的中国人中有烟火制造工，他们经常制造并传播一种“人造火焰”（即烟火），过节日时用它们来增加娱乐活动的喜庆气氛。当时利马的烟火制造业十分发达。②

① 何芳川：《中外文化交流史》，国际文化出版公司，2008，第 956 页；刘文龙：《马尼拉帆船贸易——太平洋丝绸之路》，《复旦学报》（社会科学版）1994 年第 5 期。

② 刘文龙：《马尼拉帆船贸易——太平洋丝绸之路》，《复旦学报》（社会科学版）1994 年第 5 期。

第四节 印度洋大西洋航路上的大宗商货

一 葡萄牙殖民当局的对东方贸易

葡萄牙人东来的目的是希望通过与东南亚国家、中国和日本等国开展贸易，获取东方的财富，以满足葡萄牙本土王公贵族的奢侈生活，同时得到充足的财政来源，以维持各个殖民地（马六甲、果阿、莫桑比克和巴西等）的运转。1517 年，葡使与明朝官方第一次交往失败导致广东“闭关”后，葡萄牙人便转与中国南方沿海私人海上贸易集团（实为海盗兼海商）合伙从事走私贸易，后来进驻双屿岛海商基地。在该岛被明朝军队荡平后，葡萄牙人又转与中国民间开展贸易，并与日本“浪人”（倭寇）勾连，获利众多。葡萄牙人在双屿岛时期虽然没有独占该岛的贸易，但为日后葡萄牙占领澳门后主掌从澳门到巴西的全航路贸易积累了经验。1557 年，葡萄牙人进入澳门，正式在此立足开展贸易，中国商民、工匠“趋者如市”，也开始了中国通过澳门的葡萄牙人与巴西交往的历史。葡萄牙商人用其从拉美取得的白银（当然还有其他物品）换取了大量来自中国民间的商品，同时在从马六甲到巴西的各个殖民地间辗转交易。

明朝政府允许葡萄牙人进入澳门，公开的理由是“资贸易以饷兵”，迫切需要走向海外市场，缓解捉襟见肘的财政压力。嘉靖初年，白银在中国流通领域的主导地位已经确立。嘉靖九年（1530）林富上疏，以两广资财窘迫之由，请求重开市舶司，以获“抽分”（对外国货物征收的实物税）之利，得到批准，不过那时候葡萄牙人仍被排除在外。再过 20 多年，澳门才开放给葡萄牙人，主要目的是获取白银。于是，葡萄牙人获得一个对华贸易的重要基地，澳门也成为助推中国商品走向海外的重要港口。实际上，中国也通过澳门参与了经济全球化的历史进程。此后，葡萄牙占领下的澳门主要发展航运和贸易，澳门的触角逐渐延伸至亚洲主要地区，如马尼拉、爪哇、帝汶、暹罗、孟买等，当然也间接到达巴西。①

澳门对葡萄牙人开放，对中巴关系和巴西华侨华人史的历史影响巨大，葡萄牙通过澳门这一港口保持与其各个殖民地的频繁往来。到后来，1690 年巴西米纳斯吉拉斯发现金矿之后，形成了世界性的移民巴西潮，澳门与巴西之间的航线就显得更加重要，两地人员来往更加频繁。中国与巴西的人员和经济贸易往来，都是以澳门为始航站的。到 1880 年，清政府与巴西帝国在天津签订了《中国巴西和好通商航海条约》。然而，两国的民间交往先于官方接触，早就发生了。在已形成的东西方贸易网络中，“巴西、葡萄牙和欧洲的产品贩运至印度和中国；印度的产品被贩卖至中国；中国的产品被贩至巴西和欧洲”。②

葡萄牙人要维持印度洋大西洋航路上的对华贸易以及对其他地方的贸易，需要足够的白银。白银不仅是货币，也是葡萄牙重中之重的外贸商品，故这里需要对巴西殖民地的白银来源做一交代。葡萄牙殖民者在巴西的白银来源主要靠“抢”，当然在抢白银的同时也抢其他货物。要抢到白银，就要有足够的地盘。对葡萄牙人来说，地盘也靠抢。所以，葡萄牙殖民者把抢白银跟抢土地联系在一起。葡萄牙在巴西的土地（领土）来源，主要是《托德西利亚斯条约》签订之后在南美洲的领土扩张。

巴西成为殖民地初期，葡萄牙王室主要经营巴西沿海地区，采伐“巴西木”，发展蔗糖业，驱赶外来入侵者，并不鼓励巴西人越过西葡分界线。到 1580～1640 年，西班牙兼并葡萄牙期间（史称“西葡

① 张宝宇：《中国文化传入巴西及遗存述略》，《拉丁美洲研究》2006 年第 5 期。

② 张宝宇：《中国文化传入巴西及遗存述略》，《拉丁美洲研究》2006 年第 5 期。

合并时期”)，西班牙人对巴西人特别是圣保罗“旗队”① 越界听之任之。但1654年后，荷兰人的蔗糖业生产转旺，巴西糖因而失掉了欧洲市场，这导致巴西糖业自1670年前后开始衰落。葡萄牙王室为克服经济与财政危机，寻求其他财路，复派出许多“开拓队”深入巴西内地加紧寻找金矿，并公开支持与鼓励圣保罗“旗队”和垦民越界寻矿。同时，葡萄牙人在“旗队”和垦农所到之处派军队修建军事要塞，并设立“都督辖区”。葡萄牙人这些举动，稳住了其在巴西内陆的殖民统治，也为巴西东部沿海的发展创造了条件。历史上的巴西重要商港集中在东部沿海城镇。其中葡萄牙殖民地时期最重要的巴西港口是东海岸的萨尔瓦多和里约热内卢。实际上，巴西东部港口的发展是巴西与澳门航路上贸易保持兴旺的基础。只有这些港口兴旺，葡萄牙人才可能维持与澳门等港口的畅通，以维持其海上贸易。

二 澳门与巴西间的贸易往来及商品

在15~16世纪欧洲的海外扩张中，葡萄牙居领先地位。由于葡萄牙人将东方产品带回欧洲，进而葡属巴西的贵族较早得以见识。伯南布哥沿海和巴伊亚万圣湾地区的巴西贵族得以享用在欧洲只有皇室在16世纪才认识的东方产品，如来自中国和印度的扇子、用作餐具

① 在葡萄牙统治下，16世纪80年代，圣保罗“旗队”组建，约在西班牙与葡萄牙的“合并时期”开始之时，实际上在此之前很长一段时间，圣保罗“旗队”就已开始活动。因为每个旗队都在前面高举一面大旗，后面的队伍紧跟着这面大旗前进，故有此称。“旗队”基本上由圣保罗人组建，“旗队”队长称为“旗士”（Bandeirante)。“旗队”成员由组织者家人、随从、贫穷白人、马梅卢科人（Mamelucos，即印欧混血种人）、世居印第安人组成，小者有几十人，大者有数百人甚至几千人。白人殖民者与印第安女奴所生的下一代，往往被“旗队”吸收为成员，参与新一轮探险。它们大多从圣保罗和圣文森特两镇出发，前往今巴西南部、中西部和米纳斯吉拉斯地区，每次长达数月或数年。参见陈正荣、刘正勤《巴西版图形成简史》，2011年7月1日作于巴西累西腓，2012年5月9日修改文字。此处引文据作者向笔者提供的文字稿，特此感谢！

的瓷器、床单、茶具和太阳帽等。①

萨尔瓦多是历史上巴西第一个首都，早在16世纪就大量引进了中国瓷器、丝绸、扇子等商品。这些来自中国的商品成了殖民地时期上层人士彰显身份的重要标志，至今在当地博物馆中还能看到，成为早年中国商品远销巴西的历史见证。在萨尔瓦多作为巴西首都时乃至首都迁走后的一段时间内，很多华侨在当地经商。萨尔瓦多失去作为巴西首都的地位后，政治和经济地位每况愈下，华侨华人才越来越少，到了今天的新移民时代才又有所增加。

最初引进中国粗、细瓷器的主要是葡萄牙商人，后来荷兰和英国商人也争相参与中国瓷器的贩运，当时主要转销欧美，但巴西处于印度洋大西洋航路上，也得以享受其利。16世纪初，巴西的葡萄牙殖民贵族家庭开始使用中国瓷器。17世纪，昂贵的中国瓷器在巴西上层社会已非罕见之物。18世纪后期，有些贵族为了炫耀门第，专门到中国定制绘有家族纹徽或勋章图案的成套茶具或餐具。葡萄牙贵族阿维拉斯公爵曾将一个茶壶带往巴西，此壶就是在中国定制的，壶上绘有公爵家族的纹章，可见王室贵族对奢华生活的追求，也可看出其时中国瓷器已经美名远扬。19世纪初，葡萄牙王室为逃“拿破仑之难”而从欧洲本土迁往里约热内卢。若昂六世即位后，1818年清朝嘉庆皇帝还赠送了一套精美的茶具，瓷盘中央绘有葡萄牙－阿尔加维－巴西联合王国的徽章，四周有汉字：“书有今古文，诗分大小雅”。这很可能是因为葡萄牙王室曾专门到中国定制瓷器炫耀门第，引起了清王室的重视。②

1822年里约热内卢成为巴西首都后，中国商品也大量涌进这里。葡萄牙人对中国商品的爱好使里约热内卢继萨尔瓦多之后成为另一个中国商品的热销地。1830年，在里约热内卢海关街的商店里，人们

① 张宝宇：《中国文化传入巴西及遗存述略》，《拉丁美洲研究》2006年第5期。

② 何芳川：《中外文化交流史》，国际文化出版公司，2008，第953～954页。

可以买到中国的丝质大披肩、刺绣头巾以及印度的餐巾等服饰、生活用品。这些商品以成箱或散装方式从中国运来。[①] 应指出的是，当年从中国通过各种渠道引进巴西的贵重商品，不只是在萨尔瓦多和里约热内卢等当时的中心城市热销，在巴西其他大城市也十分流行。例如，虽然当时圣保罗市的地位还比不上萨尔瓦多和里约热内卢，但也可以看到中国的贵重商品。居住在里约热内卢的葡萄牙贵族为了享用中国茶叶，还招募中国茶农来巴西种茶，拉开了巴西华侨华人历史的序幕。

巴西葡萄牙当局19世纪初从中国引进茶农种植茶叶，茶农和茶树都是通过印度洋大西洋航路来到巴西的。1812～1819年，一批中国内地茶农受葡萄牙殖民者招募经澳门前往巴西里约热内卢。里约热内卢植物园（建于1811年）于1812年获得了自澳门寄来的茶种。《巴西游记》一书的作者于1817年写到，在里约热内卢植物园中有600株中国茶树。来到巴西的中国茶农“不是那些因生活贫困而背井离乡流落到爪哇及邻近岛屿，像西班牙和葡萄牙的加利西亚人那样找工作的沿海居民，而是来自中国内地种茶经验丰富”的人。文献记载，1808～1812年任巴西外交大臣的D. 罗德里格·德索萨·科蒂尼奥·利尼亚雷斯伯爵制订了将熟知种茶的中国垦殖农引进巴西的方案。巴西森林协会于1994年在巴西国家图书馆、国家档案馆查阅大量文献资料后证实了上述情况。今天在里约热内卢的蒂茹卡国家公园建有一座“中国亭”，就是对这些茶农的纪念。[②] 不过，巴西多个州的茶叶栽培每况愈下。清廷官员傅云龙在光绪十五年（1889）曾游历里约热内卢。后来他在游记中写道：“泰西语茶曰秭，厥音转自福建，而巴西语茶曰沙，据言传自湖北，时在嘉庆十七年（1812）。嗣是茶植彼土，而焙茶之工，专资湖北之民，今则华工凋谢，三年以前

① 张宝宇：《中国文化传入巴西及遗存述略》，《拉丁美洲研究》2006年第5期。

② 张宝宇：《中国文化传入巴西及遗存述略》，《拉丁美洲研究》2006年第5期。

焙茶仅遗八人矣。”①

关于巴西茶叶出口的输送路线，加工后的巴西茶叶通过巴西—欧洲航线跨过大西洋运送到欧洲葡萄牙本土，供王公贵族享用或出口到其他欧洲国家。由于拉美国家大部分是葡萄牙和西班牙的殖民地，葡萄牙人和西班牙人经常需要跨越大西洋回到本土，在某种程度上巴西—欧洲航线也可以算是印度洋大西洋航路的延伸线。可惜巴西茶叶的商业性生产时运不济，后来受到恶化的外贸形势影响而衰落。当时葡萄牙与巴西的外贸均受英国控制，英国东印度公司既垄断了对华贸易，也垄断了世界茶叶贸易，导致巴西茶叶在国际上没有市场。当时中国茶叶价格低廉，为牟取暴利，英国东印度公司不允许在其茶叶国际贸易垄断中出现竞争对手，故极力反对巴西种茶。在此过程中，英国人开始在印度种茶，印度生产的茶叶也开始登上世界贸易舞台。19世纪50年代后，英国东印度公司增加对印度阿萨姆茶的投资，发展茶叶产业。巴西茶叶无法与之竞争，挤不进国际市场。

简言之，早年输入拉美的商品包括产自中国、印度、日本等国的货物，有花色品种丰富的棉麻织品、农产品、工艺品和珠宝饰物，漆器、象牙、地毯，金属面盆、铜水壶、铜锅和铁锅，以及床、桌、椅和绘有图案的板凳，小箱子、文具盒、玩具，各种精致的陶器、描金细瓷，等等。这些商品既通过太平洋航路输入西班牙殖民地，也通过印度洋大西洋航路输入巴西。中国商品对巴西的影响很深，以至巴西葡萄牙语中出现了一个新词“chinesice”，意即“中国风格”。② 还可以肯定，其中的实用类商品，不仅在输入拉美的第一站供当地居民使用，还辗转流传到其他地方。笔者在加勒比海的荷属圣马丁博物馆看到一个来自中国的古代瓷器，被放在突出位置。虽然其输入年代很难

① 参见何芳川《中外文化交流史》，国际文化出版公司，2008，第957页。

② 刘文龙：《马尼拉帆船贸易——太平洋丝绸之路》，《复旦学报》（社会科学版）1994年第5期。

确定，但应是通过太平洋航路或者印度洋大西洋航路来到拉丁美洲某地，然后辗转流传到圣马丁岛的。圣马丁岛位于加勒比海边缘地带，过去不可能有任何商船把中国商品直接运送到这里。

传入巴西的除商品外，还有农作物，如大豆。大豆是如何传入巴西的至今尚没有定论，但具有权威性的巴西《拉胡斯文化辞典》认定大豆原产于中国。这似乎表明，巴西的大豆是直接或间接自中国引进的。1882 年，巴西在巴伊亚地区开始种植大豆。通过澳门形成的中巴货物贸易网络应该是中国大豆传入巴西的渠道。但巴伊亚地区属于热带气候，不适宜种植大豆，在相当长一段时间里，巴西的大豆种植未形成规模。直到 20 世纪 70 年代后，大豆种植方在巴西振兴，种植地域由南方逐渐扩展到中西部地区。① 今天，亚马孙地区成为大豆的重要产区，巴西也成为世界上重要的大豆生产国。

通过印度洋大西洋航路运到中国和东南亚国家的巴西物产中，一些也在中国“安家落户”，今天中国人餐桌上的腰果便是其例。“腰果”又称“槚如”，为外来词，源自巴西印第安人的图皮（tupi）语“acaju”，意为“生产的坚果”（noz que se produz）或“黄色果实”(fruto amarelo)。据估计，“槚如”在 1560 ~ 1565 年传播到葡萄牙在印度的殖民地果阿，再传入亚洲，并经澳门传入中国内地和其他沿海地区。有记载指出：“槚如树在中国并不多见，但它长起来后，它的枝叶都很茂密。它也生长在和中国交界的一些国家里。有人认为，它主要生长在云南、广西和一些中国岛屿上。这种树很大，它的叶子很漂亮，当它长得枝繁叶茂的时候，便呈现出一片绿色。它的果实呈黄色或红色，成熟后有香味，但其中的果汁不好吃，果瓤也容易卡在喉咙里。”② 今天，中国人皆知腰果口感清脆，营养丰富，既可当零食，

---

① 张宝宇：《中国文化传入巴西及遗存述略》，《拉丁美洲研究》2006 年第 5 期。

② 参见金国平《“槚如果子”漂洋过海——从巴西到中国》，载李庆新主编《学海扬帆一甲子——广东省社会科学院历史与孙中山研究所（海洋史研究中心）成立六十周年纪念文集》，科学出版社，2019，第 841 ~ 848 页。

又可烹制成美味佳肴。

毋庸置疑，中国与葡萄牙的交往有赖于漫长的首尾相连的海上贸易航路——印度洋大西洋航路。中国一头的起航点是澳门，巴西一头的目的地则是东岸的重要港口（主要是萨尔瓦多和里约热内卢）。通过这条联通东西方的航路，葡萄牙王室悉心经营的巴西地位日益重要。明朝政府之所以与包括葡萄牙商人在内的西方商贾打交道，一个重要目的是获得海外白银。当然，明朝政府和中国商人起初可能还不知道遥远的巴西。中国商人向外推销中国商品，也不一定会销往巴西。一些中国商品远销巴西是通过包括华商和葡商在内的多国商人的辗转运销，反映了当时全球化的大景观。

粗略地看，通过太平洋航路输入拉丁美洲的物品和通过印度洋大西洋航路传到拉丁美洲（主要是巴西）的物品没有太大的差异。或问，中国商品通过西班牙人的“大帆船贸易”辗转传播，有没有可能传到巴西？笔者认为，不能完全排除中国的丝绸、瓷器、工艺品等商品在到达墨西哥或秘鲁后，再转销巴西的可能性。不过这种可能性很小，即使存在，输入的商品数量也很少。

在中国商品通过印度洋大西洋航路输入巴西的同时，中国文化一起传入巴西。可以说，中国商品和中国文化是中巴交往的最早使者。传入巴西的中国文化，包括有形文化和无形文化。除了器物层面的文化交流，精神层面的文化交流也通过各种方式深入巴西社会生活的各个方面。实际上，在中国人来到巴西以前很久，中国文化就已经在巴西传播，主要是通过商品的介质，尤其体现在农作物的移植（比如茶树）、器物（水磨、瓷器、纺织品、服饰）和艺术品的传入。传入巴西的中国文化以有形文化为主，无形文化次之；在传入时间上，亦非齐头并进，而是有形文化居先，无形文化随后。①

① 张宝宇：《中国文化传入巴西及遗存述略》，《拉丁美洲研究》2006 年第 5 期。

三 中国与欧洲的茶叶贸易

宋代中国的丝绸大量远销东南亚、南亚和西亚各地，然后再通过西亚商人的中转销往欧洲。但那个时候大航海时代还未到来，印度洋大西洋航路也未开通，输往欧洲的中国商品只能靠中转且中转量有限。新航路开辟后，加上航海技术和制船技术的进步，海路运输日益兴旺，国际贸易迅速发展，中国商品通过海路热销。海路不仅使运输量增加，运输速度也加快了，因而运输成本大大降低，使路途遥远、成本昂贵的陆上运输相形见绌。虽然印度洋大西洋航路上去往欧洲的航线只算作这条航路的延伸线，但中国与欧洲（主要是沿海的西欧、北欧一带）的往来还是大大增加了。大量中国商品输入欧洲，欧洲的商品和工艺技术也传到中国，产生双向交流。例如，17 世纪，受中国影响，欧洲陶瓷业获得了长足进步，其技术回流又影响了“广彩”新瓷器种类的产生。不过，关于丝绸和陶瓷输入欧洲的情况，这里从略，下面主要谈谈茶叶输入欧洲的情况。

到明代，中国茶叶开始大量传入欧洲，这与新航路息息相关。这里的新航路包括葡萄牙人主导的印度洋大西洋航路和太平洋航路。然则中国茶叶传入欧洲是通过哪条航路？笔者认为基本上是通过印度洋大西洋航路。如前所述，葡萄牙人、西班牙人和荷兰人发现了中国茶叶的商业价值，大举贩运中国茶叶至欧洲。有一点值得注意，与丝绸、瓷器这些主要商品比较，茶叶包装简单，放置简易，不像瓷器那样容易被损坏，存放不像丝绸那样讲究，这对运销欧洲这样遥远的地方更是至关重要。还有一点应指出，中国的瓷器用途众多，其中一项功能就是用作茶具。所以，茶叶外销的兴旺在很大程度上也带动了瓷器的外销。与丝绸和陶瓷传入欧洲既通过陆路也通过海路不同，中国茶叶的外销只能通过“海上丝绸之路”，这应与茶叶的来源和储存相关。茶叶自古产自中国南方，茶叶消费也盛行于南方，后来以外运茶叶为主的“茶马古道”也位于中国云贵、川藏高原和中南半岛一带，而没有延伸到“陆上丝绸之路”的主要经过地即中国西北地区。

据记载，明万历二十九年（1601），荷兰人第一次将绿茶从澳门运至爪哇的雅加达，后于明万历三十八年（1610）转运至欧洲其他国家。[①] 1637 年，饮茶之风开始在欧洲大陆扩散。1738 年瑞典东印度公司耗费巨资建造了“哥德堡号”商船，这艘商船是当时这家公司 38 艘远洋商船中第二大船只，有 140 多名船员，装备大炮 30 门。“哥德堡号”曾 3 次沿着印度洋大西洋航路来到中国广州，第一次是 1739 年 1 月至 1740 年 6 月，第二次是 1741 年 2 月至 1742 年 7 月，第三次是 1743 年 3 月至 1745 年 9 月。最后一次在广州装载了约 700 吨的中国物品，包括茶叶、瓷器、丝绸和藤器等，于 1745 年 1 月 11 日启程回国。这批货物如果运到哥德堡市场拍卖的话，可获利无数，不幸的是，“哥德堡号”在即将到达目的地的时候触礁沉没。[②] 据 1986 年开始的持续近 10 年的对“哥德堡号”的考古发掘，打捞上来 400 多件完整的瓷器和 9 吨瓷器碎片。大部分瓷器上绘制了中国传统图案，少量绘有欧洲特色图案，应是当年中国窑户为欧洲特定客商专门烧制的“订烧瓷”。打捞出来的部分茶叶色味尚在，其时哥德堡船主将一小包茶叶送回广州，由广州博物馆展出。

茶叶传播至欧洲之后，欧洲人陆续尝试引进茶树种植。瑞典是最早试种茶树成功的国家。著名的瑞典植物学家卡尔·冯·林耐（Carl

① 〔美〕威廉·乌克斯：《茶叶全书》（上册），中国茶叶研究社译，中国茶叶研究社，1949，第 14、54 页。

② 参见蔡定益《哥德堡号与茶——两百六十多年的时空跨越》，《农业考古》2010 年第 5 期。20 世纪 90 年代，瑞典新东印度公司采用 18 世纪工艺造出仿古商船“哥德堡号”，2003 年 6 月顺利下水，2005 年 10 月 2 日离开瑞典哥德堡港远航中国，先后经西班牙加的斯、巴西累西腓市、南非开普敦、澳大利亚弗里曼特尔、印度尼西亚雅加达，于 2006 年 7 月 18 日上午抵达广州。回程中先后访问了中国香港和澳门、新加坡、毛里求斯、阿森松岛、亚速尔群岛等国家和地区。不过 18 世纪“哥德堡号”来到广州的航程中应没有到过巴西、澳大利亚和印尼等地，当时回程应依来程。

von Linné）在1737年获得一棵茶树，并定下茶的学名，经过多年努力，在1763年种植茶树成功。[①] 同年，英国植物学家也从广东获得若干茶籽，在回途中播种，虽然茶苗被移植到英国，但是这些茶树只能用作观赏，不能饮用。后来，法国、俄国、意大利、保加利亚等国也相继种茶成功。

随着茶叶在欧洲大陆传播，茶叶消费数量迅速增加。由于茶叶贸易带来巨额利润，特别是经由海路的茶叶进口和转销，各国之间的贸易竞争也日益剧烈。从中国茶叶外销至荷兰、英国等欧洲国家的路线来看，中国沿海闽、粤两省为主要出口地，途经马来半岛、印度半岛，沿着非洲东海岸，绕过好望角进入欧洲。所以，开展茶叶贸易的荷兰东印度公司就设在被其占领的印尼巴达维亚，而英国东印度公司设在被其占领的印度。这样，荷属巴达维亚、英属印度等地就成为中西茶叶贸易的跳板。进入18世纪，英国东印度公司几乎成为中国茶业在欧洲市场的代理商。至19世纪，为了扩大茶叶贸易利益，英国人在其殖民国家寻找适宜种茶的地方，将中国的茶籽、茶苗、茶工、种植和制作技术，引入印度、斯里兰卡、肯尼亚等地，并获得成功，从而将与中国的茶叶贸易转向印度、斯里兰卡等地。[②]

与丝绸和瓷器早期有过赠予的历史不同，茶叶没有对外赠予的历史，自始至终以商品的面目出现，销往世界各地。究其缘由，茶叶与丝绸和瓷器不同，后二者主要属于贵重商品，茶叶则属于市场广、利润大的大众化和平民化商品，虽然价格有高有低，但很多茶叶价格低廉，可以说这是茶叶重要的属性之一。因此，丝绸和瓷器在长期的外销过程中能保持相对的稳定性，一般情况下不会受外部因素影响，除

---

① F. M. Robert, *Western Travelers to China*, Shanghai: Kelly and Walsh, 1932，转引自王建荣、冯卫英《探索海上丝绸之路与中国茶的传播》，《农业考古》2014年第2期。

② 王建荣、冯卫英：《探索海上丝绸之路与中国茶的传播》，《农业考古》2014年第2期。

非发生战争、动乱之类的事件。茶叶则不同，因大众化特性，很容易受到价格因素的影响，价格因素则主要与商人为追求利润而进行的市场开拓有关。特别是欧洲人开辟了新航路后，茶叶的国际市场大为拓展，海洋大国的茶叶商便跃跃欲试，千方百计拓展茶叶来源（主要是通过近地种植），降低运销成本，与茶叶的主要来源国和出口国——中国产生了激烈的市场竞争。欧洲到 17 世纪才开始引进茶叶，时间很晚，但受到利润驱使，荷、英等国便在其殖民国家大力推广茶叶，并于 19 世纪取得巨大成功，特别是印度、斯里兰卡和肯尼亚等地的茶产业后来居上，对中国的茶叶外销产生了巨大影响，形成了激烈竞争，中国茶叶在其后的国际贸易中所占份额日益下降。① 19 世纪 60 年代后期，中国茶叶的主要出口地仍然是英国、美国；但 19 世纪 70 年代，中国茶叶在英国、美国两大中国茶叶市场均遭到其他地区茶叶挤占。英国市场方面，中国茶叶面临来自印度、斯里兰卡茶叶的竞争；美国市场方面，中国茶叶则与来自日本的茶叶竞争。其时中国茶叶出口衰落，原因主要在于中国对外贸易机制发展滞后、生产技术落后和资金匮乏等。直到 20 世纪 80 年代中国改革开放之后，中国茶叶的国际贸易才有所回升，此是后话。②

“海上丝绸之路”的历史既是商贸往来的过程，也是东西方人员往来交流的过程。近 300 年来，随着西方商船来到中国的除了商品还有艺术家、科学家、传教士、医生。这些人或出于商业需要，或慕名前来学习中国的文化艺术和了解民情风俗，或出于宗教传教目的来到广东。早期循海路来华的传教士大多选择岭南地区作为登陆之地和宣教基地，如方济略、罗明坚和利玛窦等传教士经澳门进入广州、肇庆再转内地传教。16 世纪中期以来，随着西方人在东方贸易活动的开展，

---

① 王建荣、冯卫英：《探索海上丝绸之路与中国茶的传播》，《农业考古》2014 年第 2 期。

② 王建荣、冯卫英：《探索海上丝绸之路与中国茶的传播》，《农业考古》2014 年第 2 期。

欧洲的传教士也渐次进入中国。利玛窦、南怀仁、汤若望等人在传教之余，把天文、历法、地理、数学、工程等知识译成中文在中国传授，各种西学知识逐渐传入中国。汤若望受到顺治皇帝重用，与南怀仁等人相继在钦天监工作，主持修订历法，制造天文仪器。康熙帝还请南怀仁讲授西方数学、测量、地理、医学、音乐等知识。马礼逊于1807年到达广州，着汉服、蓄长辫、吃中餐、学习中国语言文化，不久便出版翻译《新约》，创立英华书院，创办中文月刊、英文月刊，传播新教。其他传教士也在广州、澳门等地建立学校和医院，开设印书馆，创办报刊，并翻译各种图书，也将中国经典古籍翻译、介绍到西方。传教士为宣教而创办了西式医院和引入西式教育学校，大多坐落在澳门和广州，培养了不少技术人才，对明清科学技术进步发挥了重要作用。中国的第一部中英字典、第一份英文报刊、第一所女子寄宿学校、第一家西式医院、第一批西医人员，最早被翻译成中文的西医西药图书，都出现在广州。[①]“海上丝绸之路”也成了文化传播之路。

“东学西渐”过程中，以传教士为主体的来华西方人士也是传播中国文化的重要载体，向西方介绍中国的哲学、建筑文化和生活方式。广东得风气之先，日常生活和饮食、服饰、艺术等方面吸纳了越来越多的外来元素。19世纪中叶，广州大街上的商店已出现外国日用品，如洋烟、洋酒、洋伞、洋帽、眼镜、化妆品等。20世纪初，每见有富贵人家从事外贸，留洋学生穿着西装、西裙、皮鞋等西方服饰。中西历法渐渐通用，华洋节日纷呈。电话、汽车、相机、收音机等渐次成为国人钟爱的时髦之物。同时出现唐装、西装毕业相片；出嫁新娘既穿中式裙褂设宴款客，亦披上西式婚纱以示新潮的现象时有所见。欧美国家多有以国王或政府名义派使团前来中国，中国留学生、驻外公使及重臣出访，与其他国家或地区人员互动亦成常态。与此同时，东西方文化开始剧烈碰撞、交融。

---

① 李庆新：《历史视野下的广东与海上丝绸之路》，《新经济》2014年第16期。

第四章　海外华侨农、矿、交通诸业

中国移民来到海外之初，一般先在居住地建立自己的生存基地，为此披荆斩棘、筚路蓝缕。有的移民群体居住地可能要二迁甚至多次迁徒，那么生存基地就要重建。在“海上丝绸之路”沿线地区的传统华侨社会中，华侨在生存基地的经济行为是自成一体、相对独立的，并且高度原发性开发居多，很多地方华侨的生产过程基本上不与当地民族发生交集。一般情况下，华侨通过商品流通环节与外界发生联系。中国传统移民（传统华人）就在一种相对封闭的环境下生存发展。在“海上丝绸之路”各条航路沿线很多地方有华侨从事农业、采矿业与交通建设业。

第一节　东南亚和东北亚的华侨农业

今天要了解华侨早期生存形态的较完整版本，仍然是在东南亚传统华侨华人社会。就东南亚地区华侨社会而言，过去的华侨“聚落”居住形态包括三种：一是农村社区，二是矿区，三是港口城市。下面所阐析的华侨农业区、华侨矿业区属于前两种居住形态，港口城市的华侨主要是商人。这三种类型居住形态存在于东南亚大部分国家的华侨华人社会。三种居住形态之间还存在不同形式的社会联系，特别是华商阶层与另两种居住形态下华侨的联系十分密切。

清末，华侨农业区、华侨矿业区和华侨商业网的格局开始发生变化。首先，与华侨商业网的联系比较单一的华侨矿业区，或因外国资本和先进采矿技术的介入而退出历史舞台，或因矿藏枯竭等问题而逐渐消失。东南亚华侨矿业延续时间最长的地方是马来半岛的华侨锡矿，其中不少矿场是在其他领域已致富的华商投资的。其次，早年东南亚华侨的主要发展领域是农业，在东南亚大地，大小华侨农业区、农耕点绘制了一幅范围广泛的碎片式耕垦图。在经济欠发达的时代，东南亚华侨农业不难赢得独立发展乃至在当地鹤立鸡群的机会。华侨农业区与华侨商业网的联系也十分密切，呈多样化网状伸展状态。但随着开发进程加快和商品经济水平提高，越来越多的华侨农民为了更快地致富而转行为商人，他们的后代也越来越多地弃农从商。很多华侨农民"亦农亦商"的双重身份就间接地说明他们趋向于弃农从商的心态，以至到了现当代，华商几乎成了东南亚华侨群体的代名词，人们似乎忘记了早年东南亚华侨的主体是像蒲公英般散落于南洋大陆、半岛和海岛的中国农民。

早年东南亚地旷人稀，华侨一般自建"聚落"居住。他们在居住地的经济行为往往具有"开发区"的性质。华侨"开发区"的最典型形态是华侨农业区，从事原始耕垦、经济作物栽植、捕鱼等劳动。有的华侨农业区只从事单一农业，有的则从事多种经营。从事多种经营的华侨农业区数量不比经营单一作物的华侨农业区少。有的华侨农业区前身面积较小、耕作较粗放、产量有限、商品化程度较低，甚至几乎是自给自足的农业耕垦点，后来因应各种需要而发展为农业区。有的农业耕垦点可能始终保持在低层次，但也有华侨农业区从一开始就以较高层次的形式出现（比如个别拥有较先进生产工艺和较高管理水平的华侨种植园）。

华侨农业"开发区"不一定只是自给自足的，一些"开发区"的农产品可进入流通领域，包括进入华侨和当地民族的市场。也就是说，华侨与当地民族的经济联系主要是通过商业渠道。华商是与当地民族保持较为密切关系的华侨群体。从产品流向角度来看，华侨“开发区”不可能不与当地民族的经济发生不同形式的交集。因此，众多的华侨“开发区”也可以看作当地经济的组成部分。一些比较发达地方的华侨经济与当地民族经济密不可分。

一　个体或小规模农业开发

（一）暹罗华侨个体农业

在暹罗，大多数华侨的农业经营是几家几户联营或者一家一户自给自足，或者从事个体农业劳动。华侨个体或家庭式的农业劳动较容易适应暹罗水土丰美的自然经济，也较容易与当地民族融合。具体表现为，娶当地女子为妻，共同从事农业劳作。在经过一代或数代之后，华侨便完全融入当地社会，个体农业的形式也不复存在。在暹罗历史上，华侨融入当地社会的速度一般很快，甚至在融入当地后，连本人的中国姓氏这个最重要的民族符号也不予保留。这样一来，华侨个体农业更会像流星一般匆匆一现。到 19 世纪初，已有相当数量的中国人在暹罗中南部、东南部和西南部农村定居并与当地女子结婚，种植胡椒、甘蔗、烟草、蒌叶、棉花、果树和蔬菜，也种稻谷。后来一些人成为种植园主，其中大多数是最初定居的华侨与当地女子的子孙。① 这些在当地农村定居的中国人最初从事个体农业，融入当地后，就慢慢转变为当地民族的个体农业了。

（二）柬埔寨个体华侨农民佣工

1863 年柬埔寨成为法国的“保护国”后，移居柬埔寨的中国移民增加。主要原因是，当时柬埔寨橡胶和胡椒种植园劳动力不足，也就是说，已经走上了殖民经济发展道路的柬埔寨需要大量劳动力，法

① 〔美〕G. W. 史金纳：《泰国华侨社会：史的分析（续）》，《南洋问题资料译丛》1964 年第 2 期，第 130 页。

国殖民当局对华侨移居柬埔寨持欢迎态度。晚清时，薛福成曾指出："华民虽多于南圻，皆耕耨佣工之辈，富商不及十之一二，大半来自南圻，随时贸迁，未尝久居。至西国商民不满二百"，然柬埔寨的社会事务多操于华、越商民之手。[①] 当时柬埔寨华侨的主要职业有二：一是为人打工的农民，即"耕耨佣工"；二是商人。

在柬埔寨打工的华侨农民，应与柬埔寨成为法国殖民地后实行的种植园制度有关，不过笔者认为，不可能所有华侨农民都是"耕耨佣工"，应有一部分人从事自由耕垦。同时期的蔡钧指出："中土人居其地者三十余万，长子孙居田园，有历至数代者。"[②] 土生土长的柬埔寨华侨应是从事自由耕垦的农民。从事自由耕垦的华侨农民也有贫有富，家境殷实者应只占一小部分。

从当地经济发展水平来看，柬埔寨的华侨农民多半是自给自足，包括个体劳动者和以家庭为单位的劳动者。"耕耨佣工"当属于人身自由受到限制的个体劳动者，但他们的佣工身份是短暂的。他们做佣工，只是将之作为从越南初到柬埔寨的过渡。在佣工身份终止后，他们会重新成为人身自由的个体劳动者。以家庭为单位的劳动人口主要是子孙居田园，历至数代者。在土地肥美、雨水充足的柬埔寨从事农业有良好的自然条件，基本上能够保障收成，除已开发地区外，还有大量荒芜之地可供开垦。

在华侨的开发下，柬埔寨一些地方后来发展为较大的都市。例如，马德望市与暹粒市原来十分荒凉，后来华侨与当地人民一道开发，特别是华侨肖取氏与郭汉氏分别担任二市的市长（时称"本头官"）后，领导人民不断建设，马德望逐渐发展为柬埔寨第二大城市，暹粒成为柬埔寨有名的城市之一。[③]

---

① （清）薛福成：《出使日记续刻》卷2，清光绪二十四年刻本。

② （清）蔡钧：《出洋琐记》，此据福建师范大学历史系华侨史资料选辑组编《晚清海外笔记选》，海洋出版社，1983，第15页。

③ 《柬埔寨华侨志》，华侨志编纂委员会，1959。

跟越南华侨相比，柬埔寨华侨谋生似更加“窄行业化”。布塞尔在《东南亚的中国人》中指出，华侨到柬埔寨后，拥有独占之米业，也种植胡椒及蔬菜，唯不得插足新设橡胶园、棉田、茶山及椰园等。由于外侨身份，华侨被禁止进入最适宜经营此类农业的土地，法律也不允许他们参与开矿工作。法国人上述政策也应是柬埔寨华侨比越南少的原因之一。①

（三）缅甸华侨个体农业

华侨得以在缅甸从事农业，首先，得益于“海上丝绸之路”开通，华侨能够移入该地；其次，可以通过“海上丝绸之路”将各种各样的农作物带到缅甸栽植；再次，一些农作物通过“海上丝绸之路”得以进入国际市场。国际贸易为缅甸华侨和缅甸人民带来了财富，促进了当地经济发展和社会进步。

华侨到缅甸从事农业劳动的历史很早。如前所述，今天可以数得出来的有历史标识的华侨包括两大类：一是军队离散不归人员，即清初随明永历帝逃入缅甸的部分随从人员，随李定国、白文选入缅“迎驾”的部分军兵，随吴三桂到阿瓦城执获永历帝的部分军兵，以及其他入缅未归人员和失散兵士。他们留居缅甸后，以农业为生计，或种田，或打鱼，或两者兼而为之，或亦农亦商。乾隆年间，清缅战争结束后，大批战俘羁留缅京，或事种植，或事工艺。②二是各省私自入缅民众和不同时期从其他地方入缅者。到乾隆年间，华侨已经遍布全缅，全缅各地皆有务农的华侨。据1783～1808年在缅甸传教的意大利人、天主教圣基曼努神父所著《缅甸帝国》一书，从云南、广东和其他各省来到缅甸的中国人，以及从马来半岛来的华侨，已繁衍遍布全缅，有许多村落中的巨室是华侨。③乾隆

① 参见〔英〕布塞尔：《东南亚的中国人》，《南洋问题资料译丛》1957年第4期至1958年第3期连载。

② 〔英〕哈威：《缅甸史》，姚枏译，商务印书馆，1957，第52页。

③ 吴凤斌主编《东南亚华侨通史》，福建人民出版社，1994，第135页。

四十年（1775）之前，居住在仰光唐人坡一带的华侨多为船户，在江岸建有码头，被称为“中国码头”。“中国码头”显然已成为一个“商标”。这个地方被冠以“中国”，说明居住在这里的华侨甚众。这里的华侨多为船户，很可能以捕鱼为主业。

农业从业者有个体与集体之分，古代华侨集体农业的形成，常常依靠既有的军事组织。缅甸的离散不归兵士，很可能会像蒲公英一样散落缅甸，不具备华侨集体农业的基础，故这里将之看作分散的个体农业或以一家一户为单位的家庭农业。

（四）马六甲和槟榔屿华侨个体农业

迄今史料所记载的马六甲和槟榔屿华侨农业基本上是以朦胧的华侨农业区面目出现的。《马来纪年》载，明初郑和船队到马六甲后，当地人结束了在海上架木为屋的历史，迁居陆上，并向华侨学习耕种新法。马六甲有中国山、中国溪、中国村，以及明初华侨古墓、石碑，表明华侨曾在当地定居耕垦。“中国村”很可能由最初的华侨农耕点发展而来。到1641年荷兰占领马六甲后，令留城的华侨店主、工匠及农夫负责垦殖居留地的田地，人数有三四百人；又要求将郊外已毁田园租予荷兰人、葡萄牙人和中国人垦殖，以供城市需要。荷兰殖民者认为，为使农业免于凋落，留居此处800～1000名华人至为有用。[①]

乾隆二十二年（1757），福建永春丰山人陈臣留到马六甲谋生。他因善于用中草药治病，并治好当地苏丹妻子的不治之症，分得大片山芭的开垦权。陈臣留遂先后招引宗亲戚友数百人前往垦殖。[②] 显然，这是一个华侨农业区。到19世纪中叶以前，大多数马六甲华侨以种植（胡椒、甘蜜等）为业，其次是商贩。[③]

---

① 参见1641年于斯特斯·斯考滕（Justus Schouten）马六甲报告书，据《马来亚华侨志》，华侨志编纂委员会，1958，第76～77页。

② 吴凤斌主编《东南亚华侨通史》，福建人民出版社，1994，第119～120页。

③ 吴凤斌主编《东南亚华侨通史》，福建人民出版社，1994，第257～258页。

在槟榔屿，来自广（府）、潮（州）两郡的华侨多在山谷耕种。[①] 岛上多沃壤，土客之民，居间种蔗、种稻。[②] 华侨多居平地，深山邃谷，其足迹多所未到。[③] 在岸边，华侨与土人所置之来往附近各埠的轮船和夹板帆船林立。岛上有承顺兴公司糖厂，拥田千顷，遍植甘蔗、椰树，雇工数百，华侨占十之六七，皆有工头管领。[④] 土人甚贫苦，悉仰食于华侨。[⑤] 这里描述的是一幅由多个华侨农业区组成的图景，华侨从事多种经营活动，组织化程度很高。

槟榔屿也出现了类似于“外侨农业区”的农业“开发区”。农业“开发区”中，不仅有华侨，还有来自其他地区的侨民，所有外来侨民组织在一起，形成一个“外侨”群体，共同从事农业生产，上述承顺兴公司糖厂的种植园便属于“外侨农业区”。

（五）菲律宾华侨个体农业

在菲律宾，华侨农民耕作地不只是繁华的地方一隅，还远及不少偏僻角落，包括西班牙人鞭长莫及的地方。有不少华侨从事个体农业，有的华侨甚至从个体农耕发展到大规模庄园种植。例如，同治九年（1870），龙海角尾人许玉寰到菲律宾谋生，初期耕种小块园地，以后逐渐发展，拥有大片庄园。[⑥]

很多菲律宾华侨个体农民不是自家谋生，而是与当地民族一起谋生，与当地民族相处得很好。一些华侨农民不只是提供仅可“糊口”的粮食作物，还提供“美食”之物，例如海鲜之类。

---

① （清）黄懋材：《西輶日记》，（清）王锡祺辑《小方壶斋舆地丛钞》第10帙。

② 阙名：《槟榔屿游记》，（清）王锡祺辑《小方壶斋舆地丛钞》第10帙。

③ （清）王韬：《漫游随录》，岳麓书社，1985，第70~74页。

④ 阙名：《槟榔屿游记》，（清）王锡祺辑《小方壶斋舆地丛钞》第10帙。

⑤ （清）吴广霈：《南行日记》，（清）王锡祺辑《小方壶斋舆地丛钞》再补编第10帙。

⑥ 许源兴口述《从许玉寰到科拉松·许寰哥·阿基诺总统》，林本琼、陈亚芳整理，《龙海文史资料》1992年第13辑。

（六）朝鲜和日本华侨个体农业

山东是中国的农业大省，农民拥有丰富的种植经验。1887 年，山东籍华侨王某与姜某，从仁川入境，由烟台运入菜种，在仁川栽培，后到京畿道富川郡多未面经营菜园，从事蔬菜种植。这便是朝鲜华侨农业之嚆矢。[①] 1890 年，华侨王承明也在仁川经营菜园。[②]

1882 年朝鲜开港后，口岸增加，城市人口增多，对蔬菜的需求量也逐步增加。于是，在城市郊区出现了越来越多的华侨菜农种植蔬菜，菜园不断增多。1906 年，华侨菜农人口为 641 人，1910 年迅速增至 417 户 1517 人。[③]

初期来朝的华侨菜农很少有自己的土地，多是帮工或租地开辟菜园。经营数年后，他们积蓄渐多，大多购买土地，用来经营菜园。蔬菜品种主要有白菜、土豆、黄瓜、葱、韭菜、芹菜等。华侨的菜园面积为每户 500～2000 坪，规模不大，相当于当时朝鲜一般菜园面积之半。为了有效利用土地，华侨利用屋子来培育幼苗，对菜园的土地实行轮作，还依季节变化种植不同品种的蔬菜。

华侨经营菜园最特殊的是栽培方法，在土地有限的情况下能充分利用每一隅，“专心一意地使收获增至最多”；在销售蔬菜方面“手段也很高明”，“所以在种菜界的利益完全被华侨菜商占有”。[④] 至于华侨农业的特点，可列举如下数点：一是最大化利用土地，连寝室的一角都用来种葱；二是实行轮作，一年四季没有空闲；三是耕种方法不科学，而基于祖传的经验，没有进步，但也不会遭遇大失败；四是每家都有副业收入，如养猪、养鸡。[⑤] 另外，朝鲜华农有一定的流动

---

① 卢冠群：《韩国华侨经济》，海外出版社，1956，第 57 页。

② 秦裕光：《旅韩六十年见闻录——韩国华侨史话》，韩国研究学会，1983，第 21 页。

③ 王淑玲：《韩国华侨历史与现状研究》，社会科学文献出版社，2013，第 71 页。

④ 参见秦裕光《旅韩六十年见闻录——韩国华侨史话》，韩国研究学会，1983，第 21 页。

⑤ 卢冠群：《韩国华侨经济》，海外出版社，1956，第 58 页。

性，即使他们的定居性较强。他们根据华商的流动和需要，春季到朝鲜耕种蔬菜，冬季返回山东。华侨在家乡的传统农事活动也对其在朝鲜的农业产生很大的影响。

二　华侨领袖领导下的集体性农业开发

华侨集体性农业的一个显著特点是，曾存在一个有号召力的华侨领袖。在华侨领袖带领下，整个华侨农业区具有组织性，生产效率较高。在集体农业区里从事农业耕垦的华侨是相对自由的，与其他在很大程度上具有强制性的农业区（如实行“港主制”的农业“开发区”）明显有别。另外，依靠一位众望所归的华侨领袖领导一片地区的农业开发，能否保持持久性是有疑问的，特别是在移民无法得到补充，华侨社会内部性别比例严重失衡，华侨的“族外”婚姻增加的情况下。一般来说，在第一代华侨领袖故去后，其领导下的华侨农业区可能很快就烟消云散。虽然大多数早期的华侨农业区最后不可避免地消失在历史云烟里，但华侨在当地的开辟之功是不应被忘记的。

（一）越南“明乡人”开发河仙

“明乡人”是越南才有的特殊历史现象。1679 年，3000 多名明朝遗民（包括其家属）在杨彦迪、陈上川和鄚玖等人率领下，搭乘 50 艘战船循水路进入越南，被当局安置在今越南南部河仙地区（其时由柬埔寨控制），开垦定居。“明乡人”与当地越南人及高棉人通婚，逐渐发展成一个土生族群。“明乡人”是一个广泛的群体，杨彦迪、陈上川和鄚玖的部属及其家属只是其中一部分，还包括很多史籍没有记载或只有只言片语记载的南迁越南的前明遗臣、遗民。

据《嘉定通志》记载，在杨彦迪、黄进以及陈上川、陈安平率领的 3000 兵丁、家眷开发的东浦地区，其中美湫（今定祥）屯，“旧为荒林虎豹窟穴，龙门兵至，起房屋、集华夷，结成廛里”。此处说的“龙门兵”应就是杨彦迪等人所率的兵丁、家眷。他们根据越南当局的安排在东浦各地安居，在居住地进行原始农业开发。华侨将东浦的荒地开辟为良田，不仅种稻、栽果蔬，而且从事林业、牧业、渔业等，诸业并举。于是，“中华之风渐渍，东浦遂为‘乐土’”，发展为一大都会。①

越南当局命鄚玖镇守河仙，他在这里“建城郭，起营伍，具僚佐，置幕署，以延揽贤才，民日归聚，河仙遂成一小都会”。河仙的垦辟开发，“惟唐人为勤，而海网、江簦、行商、居贾，亦唐人主其事矣”。② 鄚玖在大力发展河仙地区的同时，也“招徕海外诸国，帆樯连络而来”，于是流民丛聚，户口稠密，“声德大振”。鄚玖令新来的移民耕种田地，垦殖园圃，修建房屋，可泊港埠，来自中国、日本、暹罗等国的船舶会集于此，时安南人谓其“桅帆多得不可胜数”，因而有“小广州”之称，可见其繁荣程度。③ 这块人烟稀少的蛮荒之地被改造成一块人烟辐辏的可居之地。

河仙是三角洲西部的繁荣港口城市，濒临暹罗湾。鄚玖死后，清乾隆元年（1736）春，越南统治者任鄚玖长子鄚天赐（字士麟）为河仙镇都督，赐龙牌船三艘，免征其税。又准其开铸钱局，以通贸易。鄚天赐乃分置衙属，练军伍，起城堡，广街市，诸国商旅凑集，其辖地逐渐转向多民族居住的“外侨化”。河仙大长方形府城周围也出现许多村庄，如禄治、顺安、阳和、平治等，柬埔寨人、中国人、马来人、占城人都在那里定居，居民的民族构成越来越多样化。到清嘉庆十六年（越南嘉隆十年，1811）八月，越南皇帝以河仙为要塞，任命熟悉边情的坚江管道张福教、定祥记录裴德缗分别为河仙镇守和协镇。福教等到任，政尚宽简，不事烦扰，整军寨，招流民，设学舍，垦荒田，规划街市发展，并区别汉人、清人、柬埔寨人、阇婆

① 《大南实录》前编卷5、卷6，此据中国社会科学院历史研究所《古代中越关系史资料选编》，中国社会科学出版社，1982，第643、644页。

② 参见吴凤斌主编《东南亚华侨通史》，福建人民出版社，1994，第74页。

③ 〔法〕保尔·布德：《阮朝的征占南圻和中国移民的作用》，《南洋问题资料译丛》1957年第4期。

人，使其各以类聚。[①] 也就是说，将华侨与其他外侨分开，使之各自群居。在此前后，越南当局以“风俗混杂”为由，将清人区分出另外安置居住，又规定清商有当地证明方可居留和去往他处，擅去留者，坐以罪。清人税收亦较“明乡人”重且不断增加。清人只得走向定居，通婚融入，其所生混血儿即称“明乡人”，“明乡人”数量遂不断增加。

（二）暹罗华侨集体农垦区

在东南亚地区，暹罗原先地广人稀的情况似乎特别突出。华侨前来择地耕垦，可说是较为容易。因此，暹罗的华侨农业开始得很早，元明之际已经存在。不过，那时的华侨农业应属个体、单家独户的零散耕垦，人来了便有农事，人一走，水土充足的耕垦地必定野草再生，田园复归荒芜，是故这类农作不会在地表上留下什么痕迹。

暹罗第一个有史可稽的华侨集体农垦区，可以推测是明万历六年（1578）林道乾率众在北大年建起的华侨聚居区。不清楚他们以何种组织方式群居并从事农业生产，也不知道结局如何，但这么多的外族移民聚集于一个人生地不熟的荒蛮地方，只能开展生产，实现自给。原先的军事化组织形式也有利于他们在到达居住地后迅速转化为适应农业开发的组织形式。到 1845 年，许泗漳被封为拉廊王，随后招得千户至形成有数千户的华民开矿区。华民边开矿，边种植农作物。时攀牙有华侨村落，牧猎植菜，安分守己。[②] 显然，这是一个兼事矿业的综合型华侨农垦区。

前文指出，华侨集体性农业区的显著特点是曾存在一个有号召力的华侨领袖，但在第一代华侨领袖故去后，华侨农业区可能很快就会衰落。但暹罗的吴让是个例外。1775 年，吴让被郑昭封为昭孟，治

① 《大南实录》正编卷 43，此据中国社会科学院历史研究所《古代中越关系史资料选编》，中国社会科学出版社，1982，第 663 页。

② 许钰：《麟郎掌故》，《南洋杂志》1947 年第 7 期，第 138～139 页。

理宋卡，开创了宋卡吴氏家族的百年基业。1784 年吴让因病去世后，宋卡城主世袭至 8 代，历 129 年，直至 1904 年英国侵占马来半岛。

（三）荷属东印度时期西婆罗洲的华侨农业区

《明史》记载，元朝军队征爪哇时，在勾栏山（格兰岛）遗有病卒百余，留养不归，后繁衍。他们应是早期定居当地的中国人，但由于人少，与当地人杂居，很快便湮没不闻。

清代，西婆罗洲的华侨农业才有了较大的发展。谢清高于 18 世纪来到婆罗洲，他在《海录》中记载，华人居此者，唯以耕种为生。谢清高没有细说这些华侨人数有多少，采取什么方式耕种。但根据当时尚十分恶劣的自然条件判断，他们多半是零星的华侨农民，只是三三两两地耕种维生，属个体农业。

西婆罗洲历史上真正的华侨农业区出现于乾隆二十五年至咸丰十年（1760～1860）。当时大批华侨移居此地，建立了诸多华侨“农业公司”，现在可知的华侨“农业公司”有“兰芳会”“天地会”等。它们自我划定垦区从事生产，主掌这些华侨“农业公司”的无疑是强有力的华侨领袖。

这些华侨农业区跟东南亚其他地方的华侨农业区有所不同。其他地方的华侨农业区是独立的经济实体，不涉足其他产业，而西婆罗洲这些华侨农业区是为了满足华侨矿业区对粮食、猪肉和果蔬的需要而建立起来的，是为华侨矿业区服务的“后勤”实体。

西婆罗洲之所以出现这样的现象，是因为其时华侨矿业公司都意识到粮食生产是关涉它们生死存亡的关键。东南亚其他地方的华侨要开发矿业，不需要开发农业作为矿区的后勤保障，可以就近采购所需的粮食和其他食品。但在西婆罗洲，荷兰殖民者为控制当地金矿，封锁海港，中断华侨矿区的大米输入或垄断大米供给。实际上，当时华侨矿区的粮食输入量非常大。荷方与当地王公约定，不跟中国帆船进行贸易。在这种情况下，华侨矿业公司不得不开展生产自救，自己动手垦荒种粮种菜，以求自给。这样便形成了专门为华侨矿业区服务的华侨农业区，华侨在一片片荒野中开垦出阡陌良田。在这种情况下，所有华侨“农业公司”的人员虽附属于矿业公司，但仍然是农民。他们亦工亦农，一身二任。华侨农民辛勤开发了西婆罗洲不毛之地，并使邦戛、古罗尔、巴斯和山口洋等地以“米仓”著称于世。据统计，20 世纪初，该处的华侨农民远在 2 万人以上。[①]

还有一种情况是，金矿衰落后，一些华侨矿业公司便摇身一变成为华侨“农业公司”，所属的华侨矿工变成农民，在当地开荒种地，种植粮食、椰子、胡椒、橡胶和槟榔等。华侨公司在开矿过程中，还辟丛林、修道路、建港湾、兴农业。这些措施也有利于华侨农业区的发展。华侨也饲养牲畜，为当地畜牧业发展打下了基础。同时，近海渔业也为华侨公司所开创。

（四）华侨在北婆罗洲的集体垦荒

20 世纪初，在这个阶段北婆罗洲华侨开发史上，最著名的是黄乃裳等人领导的三次有组织的大规模华侨移民垦殖。第一次是 1900 年在黄乃裳领导下开辟新福州，第二次是 1901 年在邓恭叔领导下开辟广东港，第三次是 1911 年在蒲鲁士领导下开辟诗巫兴化垦场。每次移民垦殖都形成了一个个颇具规模的华侨农业区。此后，沙捞越经济特别是种植业迅速发展起来，商业也随之繁荣起来，新市镇不断出现，诗巫发展为北婆罗洲的重要商贸中心。[②] 于是，越来越多的华侨在当地定居下来。

同西婆罗洲一样，19 世纪 80 年代后，北婆罗洲华侨农业区的一个显著特点是与华侨矿业区同时存在，形影相随。一地若出现华侨矿业区，则必有华侨农业区，且华侨农业区往往先于华侨矿业区出现。一个华侨新客在尚未加入公司或自行采掘矿产之前，一般先寻找或租赁一块荒地种植稻谷、蔬菜，或种植胡椒、甘蜜等热带作物，然后再

---

① 吴凤斌主编《东南亚华侨通史》，福建人民出版社，1994，第 106 页。

② 吴凤斌主编《东南亚华侨通史》，福建人民出版社，1994，第 83～84 页。

去探测和挖掘金矿。各矿业公司均有专人种植稻谷和蔬菜、饲养家畜。

三　新制度下华侨农业区的升级：从个体耕垦到集体耕垦

上面分别解析了华侨在居住地的个体耕垦和集体耕垦情况。其实，华侨在东南亚的农业开发，还有不同阶段的耕垦形态前后接合的例子，即华侨个体耕垦发展到一定程度，升级到较低水平的集体耕垦。经过一段时间的发展，再升级到较高水平的集体耕垦。在不同阶段的可持续发展过程中，很重要的一点是依赖耕垦制度的创新。

（一）“港主制”主导下发展起来的马来半岛内陆华侨农业

马来半岛早期的华侨移民零星而分散，华侨的农业生产方式基本上限于个体小生产，主要是满足他们自身的生存需要。一个生产单元，一般只是一个农业开发点，对周邻的农业示范作用十分有限；种植的作物无法形成规模生产，劳动所得也仅供糊口。每个生产单元很可能是孤立的，不会跟其他地方的生产单元产生联系，这就决定了其劳动产品的商品率极低。早期马来半岛内陆华侨农业开发的最大意义在于为后继者——新的华侨农民的批量到来打下基础。随着内陆华侨人数增加、居住地密集化和相互联系日益紧密，华侨在有些地方的垦殖逐渐走向规模化和集约化，半岛内陆的华侨农业区性质才越来越明显。例如，《海录》记载，乾隆末年，吉兰丹已有数百名闽人居埠头，贩卖货物，种植胡椒。又如，18 世纪初，柔佛城内有千余户华侨定居，其中应有一小部分种植工。[①] 上述华侨的农业开发情况不甚详明，但已经隐约可见华侨农业区的雏形。不过，在 19 世纪 50 年代马来半岛锰矿大开发以前，马来亚各土邦境内的华侨为数不多，略为集中的华侨居住区位于柔佛。

---

① 吴凤斌主编《东南亚华侨通史》，福建人民出版社，1994，第 253 页。

马来半岛华侨农业的发展是这一半岛地带走向国际化与市场化的产物。英国于1786年占领槟榔屿，于1819年占领新加坡，招收大批中国劳动力到马来半岛种植热带作物，以满足英国及国际市场之需。从事农业劳动的华侨由是大量增加，种植作物亦紧随国际市场供求。受国际化与市场化潮流影响，马来半岛的农业“开发区”加快形成。例如，《葛尔氏游记》一书描述威利士省华侨农业区分布的情况：“沿山脉一带是华人的菜园，栽种椰子、生果和香料；巴东浦附近，有许多华人和马来人种禾；在巴眼鲁牙，有华侨约百人，多数为渔民；在北赖港口，有许多华人种蔗和蔬菜；诸鲁有300英亩华人菜圃；巴都交湾有华人蔗园。”《葛尔氏游记》描绘的这幅画卷中的每个地方应就是一个个面积不等、分工不一的华侨农业区。从规模来看，巴眼鲁牙和北赖港口的华侨农业区（分别经营渔业和种植经济作物）规模较小，而300英亩的诸鲁“华人菜圃”则是规模相当可观的华侨农业区。但从市场化程度来看，巴眼鲁牙和北赖港口华侨农业区的商品化程度很低，应属于自给自足性质；而诸鲁“华人菜圃”的产品应是供应市场，是上了一个层次的华侨农业区，人数较多，也应更有组织性。可以猜测他们中的大多数人应是移居当地的“契约华工”。他们原在英国人经营的种植园和矿场劳动，“契约”到期后，多靠种植胡椒、甘蜜、木薯、甘蔗、烟草、蔬菜等经济作物维生。

18世纪80年代以后，马来半岛大开发时代来临。在大开发时代，整个马来半岛内陆的农业发展大体上划分为几个阶段，而每个阶段的发展都覆盖了半岛一大片地方，每片地方都有若干种主要经济作物，流行某种主要的生产方式。这样，某个阶段的某一大片地方就分布着一个个华侨农业区，在其内部形成分层次、互补的生产与流通系统。

第一阶段为1786～1860年，从种植作物来说，以胡椒、甘蜜种植为主，以甘蔗、丁香、豆蔻种植为次；从开发方式来说，则实行“港主制”，主要是在柔佛地区。

柔佛华侨聚居的历史较早。1641 年，荷兰人从葡萄牙人手中夺走马六甲后实行垄断贸易，华商不堪其苦，纷纷迁往对外较为开放的柔佛。18 世纪初，在柔佛定居的华侨已有千余户，主要从事陶器、茶叶和烟草买卖。此外，还有更多往返不定的华商。1786 年，英国人开辟槟榔屿后，许多华侨在岛上开垦土地，种植胡椒和甘蜜。1850 年前后，由于当地找不到更多适合种植的土地，大量华侨便纷纷南下，来到半岛的南端继续种植胡椒和甘蜜。18 世纪末，华侨在柔佛内地辟野开田，种植胡椒和甘蜜，出现了新山、笨珍、麻坡等华侨聚居区。[①] 实际上，柔佛已经出现不同层次、不同分工的华侨农业区。

“港主制”是柔佛苏丹推行的，即通过向前来开发者发放开港证“港契”（Surat Sungai）的方式来开发柔佛。柔佛因在近代东南亚推行了这一别出心裁的农业开发制度而名载史册。当地华侨习惯把支流汇入主流的地方称作“港”，港口附近称为“港脚”（Kangkar，意即“村落”），开港者称为“港主”，直译就是“河流之主”。一条“港”的地理范围通常是一条河的支流和另一条河的支流之间。所以，一条“港”所辖范围其实就是一片特定的开发区域，河流就是“开发区”的天然边界。柔佛的“港主制”正式于 1833 年开始实施，柔佛苏丹开始发放开港证，鼓励开发者在港内种植胡椒、甘蜜。1844 年，年轻的德门公依布拉欣继位，为了抗衡英国人的强势经济活动，在柔佛州颁布“港主制”，鼓励新加坡华侨北迁柔佛开垦。柔佛在十八九世纪时仍多为森林处女地，十分荒蛮。从区域发展的角度来说，柔佛的开发可以使新加坡这个后来居上的国际商港得到一个广袤的腹地，城乡一体，互相依托，有利于新加坡的可持续发展。当时的华侨富豪多集中于“海峡殖民地”，特别是新加坡，与柔佛相距甚近。柔佛实行“港主制”，对于柔佛和新加坡来说都相得益彰，必然得到“海峡殖

---

① 吴凤斌主编《东南亚华侨通史》，福建人民出版社，1994，第 253 页。

民地”的华侨富商特别是新加坡富商的支持。直到1917年，柔佛苏丹才废止“港主制”。

简言之，实行“港主制”就是把商业经营通行的“包税制”（饷玛）移植到土地开发。华侨种植者可以选择一条河流边的荒地，向柔佛统治者天猛公申请一份“港契”，由天猛公拨给一大片土地。[①]“港主制”可以使开发决策权和执行权、资金的筹措权和使用权高度集中，从而最大限度地发挥开发的效能，在当时历史条件下不失为一种可行的跨越式发展路径。当然，柔佛的开发也离不开成千上万名华侨劳动者。这一特殊形式的农业开发是极其艰辛甚至残酷的，充满了恐怖和血泪，特别是种植园的开辟异常艰苦。“港主制”加快了柔佛的开发，使荒蛮地带后来居上，也造就了一批以“港主”名义出现的华侨富豪。据记载，19世纪70年代，柔佛开发了29条港，10年后又增加1倍，巅峰时达138条港。成千上万名华侨涌向各个港脚，挥洒汗水，把柔佛建设成马来半岛的繁华之地。柔佛苏丹发放的这138份“港契”，实则划定了138处华侨农业“开发区”。柔佛境内当年138条港中，现在查知有港名的有109条港。[②]

柔佛华侨的开发形式，有独资经营的，也有合作开发的，均以自己的店号或姓氏为港名。“港主”在港地内拥有行政管理权、林矿采伐权，可以经营赌博、当铺，拥有贩卖烟酒、猪肉和鸦片等各种专利权，还可以抽取输出甘蜜、胡椒以及输入米粮的佣金。每个港脚的居民大多变成了港主的雇员。拥有特权的港主，每年只要奉纳一些金钱给柔佛苏丹即可。这些经营甘蜜和胡椒种植园的“港主”几年后大多致富，成为大资本家。

在柔佛新山开港的华侨主要是从新加坡迁来的，其中潮州人最

---

① 许云樵：《柔佛的港主制度》，载《马来亚丛谈》，新加坡，1961，第148页。

② 〔新加坡〕潘醒农：《回顾新加坡柔佛潮人甘蜜史》，载《汕头侨史论丛》（第1辑），汕头华侨历史学会，1986，第169～170页。

多，因此新山有“小汕头”之称。如陈开顺、陈旭年、林亚相、佘任贵等人都是潮州人，都是著名的大“港主”、大种植家。陈开顺经营陈厝仔港，陈旭年经营老砂陇港，林亚相经营新和林港等。其次人数较多的是福建人，如刘三发经营的二条港、林忠亮经营的老巫许港等。

就参与原始开发的华侨来说，不同的港地按不同的地籍划分。例如，在柔佛麻坡，开港“港主”主要是福建人，因麻坡离马六甲较近，故马六甲闽人多到麻坡开港。麻坡土地肥沃，宜于垦殖。在麻河东南岸，开辟头条、二条至七条港，在麻河西北岸开辟利丰、长发、玉射、新巫许等港。除了少数是潮籍华侨所开港外，绝大多数是闽侨所开港（有十七八处）。①

开放“港”里种植的经济作物主要是胡椒和甘蜜。在“港主制”下，胡椒和甘蜜这两种经济作物的种植可以使一片荒无人烟的地方在较短时间内一跃为繁荣的都市，例如新山便得益于甘蜜和胡椒种植在短短数十年间繁荣起来。因此，甘蜜与胡椒被称为新加坡和柔佛的“兴邦之母”。据说在胡椒、甘蜜生产的最盛时期，柔佛新山有3000口鼎，每年出产甘蜜60余万担，胡椒20余万担。② 但甘蜜种植的缺点是对土壤的侵蚀大，甘蜜园要不断地迁移，另垦新地。

第二阶段为1860～1904年，以甘蔗种植为主，以木薯、咖啡、可可、椰子等种植为次。在这个阶段马来半岛的经济作物种植中，甘蔗取代了甘蜜、胡椒。一是因为灾难性虫害，胡椒树、甘蜜树大面积死亡，豆蔻、丁香也大部分枯死；二是因为世界用糖量增加，食糖供不应求。甘蔗比其他经济作物更容易在陆地平面形成种植区块。甘蔗种植业一般要形成高度集中化的生产与加工流程，因为甘蔗要在平原

① 〔新加坡〕潘醒农：《回顾新加坡柔佛潮人甘蜜史》，载《汕头侨史论丛》（第1辑），汕头华侨历史学会，1986，第158～183页。

② 〔新加坡〕潘醒农：《马来亚潮侨通鉴》，新加坡：南岛出版社，1950，第41页。

或丘陵地带大面积种植，不能分散种植，甘蔗种植区若太分散，不利于甘蔗收获后的运输和加工；甘蔗收获后必须马上集中加工，制成糖块，进入市场。这意味着生产者必须在很短的时间内完成收割、压榨和熬煮的一系列流程。此外，马来半岛在这一阶段以甘蔗种植为主是有欧洲人带来的先进技术作为支撑的。1840 年以后欧洲人已在马来半岛经营糖业，他们当时使用的还是古老的炼糖方法。到 1861 年，欧洲人甘蔗园已占威士利省的 3/4，并采用新式蒸汽推动机炼糖，加快了甘蔗的加工。到 1889 年，霹雳已有糖厂 35 个，华工 5700 人。既然有 35 个糖厂，估计就有 35 个甘蔗种植区。到 1898 年，威利士省有甘蔗园 50000 多亩，华工 9000 人，每年出口糖 100 万元以上。1890～1905 年，马来半岛的甘蔗种植园面积达 6.5 万英亩，出口糖 3.57 万吨，产值达 200 万元以上，成为世界上主要产糖地之一。①

木薯的种植形式是“木薯园”。木薯园显然是单位化的生产形式。木薯从南美洲传入，马六甲于 1855 年最先种植，此后扩展到整个马来半岛。到 20 世纪 20 年代，木薯仍是马来亚的重要出口品之一。

第三阶段是 1900 年以后，以橡胶种植为主，以菠萝、硕莪、油棕等种植为次。

橡胶生产对“马来联邦”经济发展具有特别重要的意义。自 1876 年起，橡胶已从巴西被带到马来半岛种植，但作为马来半岛与新加坡的新行业，橡胶业的兴盛是在 19 世纪末 20 世纪初。当时种植橡胶者获得了巨额利润，吸引了许多人加入这个行业，橡胶业由是迅速发展。20 世纪初，橡胶取代锡、米成为马来半岛与新加坡最重要的出口原材料，是东南亚销往世界市场最主要的经济作物。华侨投资橡胶种植业与当时国际上的需要与橡胶价格的升降有着密切关系。有关资料显示，马来半岛（含“海峡殖民地”）的橡胶园在 1897 年只

① 吴凤斌主编《东南亚华侨通史》，福建人民出版社，1994，第 123 页。

有345英亩，1910年激增至547250英亩，1920年多达2206750英亩。1905年橡胶产量还不到200吨，1914年产量达48000吨，超过巴西，居世界第1位；1920年橡胶产量为177000吨，占世界产量的一半。这主要是橡胶价格的猛涨引起的，巨额利润刺激了当时许多欧洲资本家和华侨从事或投资橡胶种植，也成为华侨积累资本的大好时机。

与此同时，由于橡胶主要供出口外销，深受国际经济行情影响，价格容易大幅波动，从事橡胶业者常常饱饮风霜，不善经营者往往蒙受巨大损失。例如，陈嘉庚在1925年凭着橡胶价格的暴涨将自己的财富推到顶峰，可惜好景不长，1929年因世界经济不景气，橡胶价格跌落，他的公司亦蒙受惨重损失。

橡胶种植与上述其他经济作物的最大区别在于，橡胶是工业品。因此，橡胶种植的本质要求就是“园区化”。实行“园区化”，才可能集中种植、集中护理、集中收获（割胶）、集中运输，进入加工程序。橡胶经营者首先必须有相对雄厚的资金，他们一般是通过打工或在其他低技术、高风险行业赚得足够资本后，才投入橡胶种植行业的。

当时马来半岛橡胶种植工人多从印度和中国招来。1911年，马来半岛各大橡胶园有华工4万人；1917年激增至18万多人，其中“马来联邦”大橡胶园共有华工5.52万人，“马来属邦”“海峡殖民地”有华工3万人，小橡胶园共有华工10万人。胶工以海南人居多，广府人和客家人次之，再次为福建人和潮州人。华工大部分是赊单新客，订立一年契约。这里应指出，华侨橡胶种植园的出现大体上只是种植作物的改变，而非种植园面积的扩大或缩小和生产方式的变化。华侨原来种植甘蜜、胡椒、甘蔗、咖啡等作物，都是小种植园主。1910年掀起橡胶种植热潮后，小种植园主便纷纷改种橡胶，有的全部改种橡胶，有的部分改种橡胶（同时兼种他种作物）。①

① 数据来自吴凤斌主编《东南亚华侨通史》，福建人民出版社，1994。

（二）华侨在英属北婆罗洲的升级型农业耕垦

北婆罗洲人烟稀少，分布着莽莽苍苍的原始森林。明代以前曾有华侨来到北婆罗洲从事垦殖，但人数稀少，多属“分散”或“零星”居住（含定居）。华侨零零星星或三五成群来到北婆罗洲进行仅可维生的农业开发，创建自己的临时家园。可能是这个缘故，直到19世纪中期北婆罗洲得到大规模开发之前，这一地区的大部分地带仍属荒蛮，野兽出没，人烟稀少，古木参天，荆棘丛生，烟瘴掩目。这种情况直到今天也没有改变多少。在北婆罗洲密林深处，仍然栖居着原始民族部落。

明代以后，零零星星的华侨来到北婆罗洲开展贸易活动和定居，栽种胡椒并进行胡椒贸易。这时候华侨在北婆罗洲应有“农业存在”，但基本上呈“点状”分布，以原始垦殖为主，他们的耕垦活动只是自给自足。北婆罗洲的华侨农业开发历史可分为几个阶段。

第一阶段是1840年之前，也就是第一代拉者詹姆士·布洛克统治沙捞越之前，那时这里华侨不多，移民的现象也不常发生。从华侨农业区的角度来说，第一个阶段为其雏形阶段。华侨农业区是作为“新生事物”走到历史舞台前的。有资料表明，1840年英国人詹姆士·布洛克成为沙捞越第一代拉者之前，北婆罗洲已经出现少数尚处于初级状态的华侨农业区，但数量很少，规模不大，耕作水平也不高。另外还有一部分零星的华侨垦荒点。例如，1830年后，有广东嘉应客家人从西婆罗洲来到石龙门，从事开矿及种植，并组建了“三条沟”公司。此中从事种植的那一部分，便可看作华侨农业区，很可能规模不大；而从事矿业开发的那一部分便形成华侨矿业区。又如，1839年詹姆士·布洛克来到拉让河口，看到30名中国人和5名华马混血妇女，他们开辟了很多土地，种上稻谷、栳叶、甜薯和玉蜀黍等农作物。[①] 这5

① 吴凤斌主编《东南亚华侨通史》，福建人民出版社，1994，第110页。

名华马混血妇女仍应看作华侨，因此这35人在拉让河口开辟的土地可视作一个小型华侨农业区。

詹姆士成为沙捞越第一代拉者后，曾到古晋考察过华侨种植园。据说当时詹姆士对华侨“开发利用土地的能力”非常赞赏。这一信息说明，当时华侨所从事的农业劳动已经脱离了刀耕火种的最原始状态，上升到新的层次，最重要的是已经具有一定的农业技术含量。当然，严格说来，詹姆士考察过的华侨农业区仍然处于雏形状态，上面提到的华侨农业区更是如此，均属于“低级组织”、小规模“集体化”，但有一定的技术含量。这类华侨农业区的诞生意味着，华侨已经在北婆罗洲开创了一种新的开发模式。

综上所述，1840年以前华侨在北婆罗洲的开发主要是零零星星的个体或以一家一户为单位的开发，基本上还属于原始农业开发的范畴，商品程度极低。这些零零星星的华侨农业耕垦点和少数小规模的华侨农业区就如孤岛一样，处于四周尚未开发的荒蛮地带。

第二阶段为1840～1881年，为“港主制”下的华侨农业发展阶段。这一阶段的开始也是沙捞越第一代拉者詹姆士·布洛克统治的开始。据说詹姆士·布洛克非常喜欢华侨，主动地欢迎他们来到沙捞越。詹姆士在沙捞越的统治权巩固之后，华侨才开始大量移入。

1850年，大量华侨从荷属三发逃入石龙门，大多数人是种植胡椒的农民，大约有3000人。大多数人到达石龙门后加入“公司”，有些则迁往伦乐和丹加河一带。1857年“石龙门事件”发生之后，没有大规模的移民出现。1870年第二代拉者继任，移民浪潮才重新出现。虽然在第一代拉者詹姆士·布洛克统治期间华侨移民沙捞越经历了一涨一落的过程，但总的来说，在这个阶段，移民沙捞越的华侨还是大幅增加，为华侨农业加快出现和质量提高奠定了必不可少的基础。

第二代拉者继任后出现了新的移民浪潮，持续到清末。华侨在沙捞越开辟荒地，建立垦殖场，战胜重重困难，顽强地生存下来，并繁衍生息。华侨带来了先进的农业文明，促进了当地农业的发展。于是，道路通畅，商业繁盛，新的市镇（准确来说，是相对集中的人口居住点）不断出现，北婆罗洲焕发新颜。

在沙捞越，拉者颁布了土地法令和条规，促进了经济作物种植，尤其是作为拉者政府主要税收来源的甘蜜和胡椒在沙捞越得到广泛种植；吸引大量华侨移民进入沙捞越。土地法令与华侨移民人数的多寡是有密切关系的。

1872 年，几位新加坡资本家来到古晋视察投资种植甘蜜和胡椒的可能性，受到拉者的热情招待。为了实现星砂联合起来投资种植这些作物，拉者特别在 1872 年颁布了新的土地法令（Plantation Law of 1872），给予华族投资者相当宽大的优待。第一，一切投资者可得免费土地种植；第二，立法规定劳工一定要遵守合约；第三，设立“港主制”，由拉者委任华侨甲必丹代理拉者处理各港种植事务；第四，在头六年，免抽取甘蜜和胡椒出口税；第五，在头六年，甘蜜和胡椒的种植者可以获得免税的香烟和食盐；第六，政府将设法替种植园主找回逃跑的劳工及尽力帮助种植园主解决在各方面可能遇到的困难。[①] 这个法令促进了华侨在沙捞越经济活动的发展，提高了他们的地位。

到 1875 年，在拉者的帮助下，已经有 3 家由新加坡人投资的大公司在沙捞越成立。同年 12 月，为了进一步鼓励华侨种植甘蜜和胡椒，拉者颁布了新的土地法令，内容主要包括：第一，种植者每人可得土地 6000 平方尺，其中 1800 平方尺一定要在第一年内种植作物，其他土地分为几年完成，如土地未得到耕作，政府将取消一切优待；第二，新加坡的投资者和劳工得免交通费进入沙捞越从事耕作；第三，园主和劳工的合约要注册，合约不能超过 15 年，同时劳工可以用耕作的作物与园主交换必需品；第四，作物收成 4 年内不必缴纳出口税；第五，

① 饶尚东：《沙捞越华族的移民和经济活动（1870～1890）》，载饶尚东《砂汶沙地理论文集》，婆罗洲出版有限公司，1975，第 14 页。

种植者头六年可免税输入一切东西。从这些条例可以看出，在经济发展上，当时拉者欢迎外地华侨到这里投资和发展。① 这项新法令一传到新加坡，便收到非常良好的反响。不少对种植有兴趣的华侨乘船来到古晋，有些华侨还转往土地肥沃的伦乐县去垦殖。大部分华侨同上面提及的三大公司没有关系，新的园丘也增加不少。拉者还在 1879 年和 1882 年先后修订了法令，主要是给予园主很大的权力追回没有完成合约就逃跑的劳工。从字面上看，上面法令没有提到“港主制”，但法令的内容特别是有关固定合约的规定无疑与“港主制”契合。

如前所述，詹姆士·布洛克成为第一代拉者后，曾考察华侨种植园。考察之后对华侨的土地开发能力印象深刻的詹姆士采取了鼓励华侨入境投资的措施。他与中国侨领订约，直接从中国招募华工。他设立“港主制”，委派甲必丹全权处理垦殖区事务；鼓励种植获利丰厚的甘蜜、胡椒，免抽出口税 6 年。②

詹姆士·布洛克实行的这些措施（特别是“港主制”）促进了华侨农业区的大量出现。很多“港主”可以选择他们认为有利可图的处女开发地，与“港主”同籍贯的华侨也喜欢跟随“港主”自由移民。此后，华侨纷至沓来，北婆罗洲进入了全面开发的新时代，也可以说进入了“华侨开发”新时代。于是，华侨农业区如雨后春笋般出现。从这个阶段北婆罗洲农业区的基本模式来看，大部分农业区已实行集体的种植园式的耕种和管理方式。在这一阶段，更多的是来自同一祖籍地的华侨共同开发的农业区。

华侨一开始便大量种植甘蜜和胡椒。这两种作物是第二代拉者统治时期最主要的税收来源。拉者除了鼓励种植甘蜜和胡椒外，也对其他农作物感兴趣，如鼓励华侨种植甘蔗和生产葛粉的作物。新加坡资

① 饶尚东：《沙捞越华族的移民和经济活动（1870～1890）》，载饶尚东《砂汶沙地理论文集》，婆罗洲出版有限公司，1975，第 15 页。

② 饶尚东：《第二代拉者统治下的沙捞越华族移民和经济活动》，《星洲日报》1972 年 1 月 1 日。

本家纷纷来沙捞越开设甘蔗园，华侨也创建了葛粉园。对于稻米种植（当时大部分还要依靠外地输入），华侨没有怎样介入，只是栽培稻米幼苗，然后卖给马来人种植。①

此时的北婆罗洲初开发，有很多可以自由开发的处女地，所以在不同时间前来的不同规模华侨移民一般尽可能挑选最合适的土地，从事农业开发，或自给自足，或进行商品化经营。在这个阶段，他们一般不会也没有多大可能跟当地民族合伙开发，后来的华侨移民更可能是自立门户而不大可能加入先来的华侨群体。这样，一群群移民建立起来的华侨农业区一般规模有限。

第三阶段为 1881 年到 20 世纪初，英属北婆罗洲四省连成一片，华侨农业区开始进行专业化经营。1881 年，占领北婆罗洲三省的同时，与苏禄王商定，将东婆罗洲山打根之地划归英国的殖民公司开埠、种植，每岁向苏禄王缴纳 5000 元作为地租。于是，北婆罗洲四省相连。②北婆罗洲四省相连的意义在于，华侨可以在连成一片的更广阔区域从事农业开发。经过数十年以华侨农业区形式进行的经济开发，北婆罗洲已走出荒蛮阶段。山打根开埠不过数年，“华人数百，板壁铺户二百余家”。③

第三阶段主要是第二代拉者统治时期。第一代拉者詹姆士·布洛克逝世后，第二代拉者查理士·布洛克接任。在查理士的统治下，沙捞越的领土进一步扩展，并在 1905 年建立了现在的疆界。在查理士统治时期，华侨人口进一步增加。有不少华侨在拉者的鼓励下来到沙捞越垦荒，建立了许多农村聚落。1866 年，查理士·布洛克承认华侨对

① 饶尚东：《沙捞越华族的移民和经济活动（1870～1890）》，载饶尚东《砂汶沙地理论文集》，婆罗洲出版有限公司，1975，第 16 页。

② （清）薛福成：《出使英法义比日记》，此据福建师范大学历史系华侨史资料选辑组编《晚清海外笔记选》，海洋出版社，1983，第 39 页。

③ （清）薛福成：《出使英法义比日记》，此据福建师范大学历史系华侨史资料选辑组编《晚清海外笔记选》，海洋出版社，1983，第 39 页。

沙捞越发展的贡献，肯定华侨任劳任怨的优点。他鼓励华侨移居沙捞越，还制定法令，照顾真正想从事种植业的华侨，同时限制一些投机者想从中取得丰厚利润的机会。事实上，政府曾一度答应拨给真正想从事种植的华侨每人 1500 亩耕地，但他们不能把这些土地转卖出去，以免耕地集中在一两个大投机者手中。这是拉者统治沙捞越时的农业发展政策，也是在此期间沙捞越不可能发展建设大园丘的原因。这些土地政策吸引了众多华工进入沙捞越垦荒，促进了沙捞越农业经济的发展。

在第三阶段，华侨农业区管理模式转型升级，最突出的表现是实行公司化运作。1881 年，英国人成立了一家北婆罗洲特许公司。不管当时像北婆罗洲特许公司这样的开发机构在管理形式上是“徒有其名”还是“名副其实”，至少说明，英国人这时在北婆罗洲的农业开发已经走向正规化和规模化。这是与 19 世纪 80 年代后北婆罗洲的大开发形势相适应的。

在北婆罗洲大开发形势下，这一地区的农业主要是在已经开垦的土地上种植经济作物。因而这个阶段农业经营的理念便是“专业化经营”。在这个理念下先后出现的华侨农业区走向专业化。在此之后新出现的华侨农业区一般根据市场的需要，主要种植一种经济作物。到 1885 年后，整个北婆罗洲的烟草种植划一化，把华侨农业区的专业化推向顶峰。

到 1885 年，英国人在北婆罗洲试种出公认可与世界上最好的雪茄烟相媲美的烟草，急于大量种植。此时只从香港招收劳动力已远远不够，乃于 1886 年开始招收中国人到古达。① 但劳动力仍然不足，于是又向新加坡招收。此时，荷兰人、德国人等亦招诱了许多华工来北婆罗洲马鲁都湾及东海岸河川上游种植烟草。许多客家人在古达、山打根一带垦殖。到 1900 年，北婆罗洲烟草种植达到顶峰。从产业发展角

① 吴凤斌主编《东南亚华侨通史》，福建人民出版社，1994，第 114 页。

度来说，烟草种植业是开发北婆罗洲的重要催化剂，也产生了很多专业化华侨农业区，如古达、山打根等地的华侨烟草种植区。

北婆罗洲烟草种植的划一化浪潮持续了 10 多年，到 1907 年，随着世界市场对橡胶的迫切需要，北婆罗洲又出现了另一个浪潮，即改建橡胶园。于是，华侨农业区出现作物栽植上的划一化转型。1911 年，英国决定于 1914 年起废除“契约华工制”，采用“卡甘尼募工制”，北婆罗洲招募华工制度也随之改变。

上述三个阶段的农业开发，对于改变北婆罗洲这一大片广袤的原始地带来说，仍属杯水车薪。尽管华侨农业区的开发水平有所提高，但仍不过是在北婆罗洲莽野上画下了一个个“疮疤”。华侨农业区的专业化乃至北婆罗洲烟草种植的划一化都不可能成功地使北婆罗洲“去荒蛮化”。由于莽林未开，疾病流行，园主凌虐，华工中死亡者众。资料表明，到 19 世纪 80 年代，北婆罗洲英国殖民者管辖下的“四省”之地还十分荒芜。例如，沙捞越“华人虽逾两万，仅种甘蜜、胡椒，所开不及十分之一”。① 所以，与其说华侨在上述三个阶段的开发改变了北婆罗洲的面貌，不如说催生出华侨农业区这种比较务实的部分改变北婆罗洲荒蛮面貌的开发模式。

四　华侨农业的多种形态并存

苏门答腊和爪哇等地位于“海上丝绸之路”东南亚地区的要冲，故历史上华侨在这些地方聚居较早，那里很可能是东南亚地区最早有华侨农业的地区之一。印尼群岛地域辽阔、资源丰富，但社会经济发展落后，商品交换少，一直至 19 世纪末以前，基本上仍是自然经济处于支配地位。荷兰殖民者允许、鼓励华侨从事与农业生产相关的行业。18 世纪末之前，居住在爪哇的华侨可以自由获得土地，种植甘

① （清）薛福成：《出使英法义比日记》，此据福建师范大学历史系华侨史资料选辑组编《晚清海外笔记选》，海洋出版社，1983，第 40 页。

蔗、胡椒、蔬菜、水果以及水稻。

在南洋地区，荷印的华侨农业区是比较典型的，主要有三种形式。一是多种经营的华侨农业区，二是专业性华侨农业区，三是以种植园形式出现的华侨农业区。

（一）实行多种经营的华侨农业区

在相对偏僻的荷属东印度群岛，很可能存在比较分散的个体华侨农业，但也有规模较大的分散型个体农户长期存在。明末巴达维亚的个体农户便是这样。1619 年巴达维亚开埠后，彼得逊·昆招收大量华侨前来开发，包括华侨商人、工人、农民、园丁及渔民，华侨的工作是酿酒、割草、伐树、挑水、烧窑、制砖、打铁、制造木具、种植蔬菜和养殖牡蛎等，华侨经营的各个行业都要收税。[①] 下面是几幅颇为恢宏的实行多种经营的华侨农业区场景。

其一，明初苏门答腊出现的几大华侨农业区。苏门答腊拥有农业开发的优越条件，《西洋番国志》记载三佛齐“地土肥美，谚谓一季种谷，三季收稻”。就自然条件来说，这里是宜居宜耕之地。当时有陈祖义、施进卿、梁道明等居此，各有华侨户数上千，他们中“多广东、福建漳泉人”。每一支人马聚居之地都可以看作由高度集权的华侨头领领导的农业“开发区”，其中梁道明这一支记载最详。《明史·三佛齐传》记载，三佛齐分裂为三，为爪哇所灭，“爪哇亦不能尽有其地，华人流寓者往往起而据之。有梁道明者，广东南海县人，久居其国，闽、粤军民泛海从之者数千家”。这几个华侨农业区并非单纯的生产单位，也进行武装，居住在其中的“村民”亦农亦兵。

其二，明初爪哇的新村华侨农业区。其时，在爪哇，中国人居杜板，“新村”是华侨对此地的称呼，史籍称“革儿昔”，故地即今印度尼西亚爪哇岛东北岸泗水附近的锦石（或为“革儿昔”对音），在 15 世纪以后为爪哇重要商埠。其时此地有华侨户千余，“居苏鲁马益

---

① 吴凤斌主编《东南亚华侨通史》，福建人民出版社，1994，第 104 页。

（泗水）者户千余”①，是个规模相当大的华侨农业区。据《瀛涯胜览》和《明史·外国列传》记载，其地商舶辐辏，贸易繁盛。一方面，华侨因经商聚居在这里，年深日久，越聚越多，其中多有从事农业者，逐渐形成农业“开发区”。另一方面，这里的华侨农业区也可与该地十分发达的商业网（含华商网）连接，形成一个互相依托的经济网链。

其三，明末万丹华侨农业区。万丹是16世纪后期至19世纪初期统治爪哇西部的伊斯兰王国的首都。《明史·外国列传》和张燮的《东西洋考》称万丹港为“下港”。1602年，艾得曼·斯各特在万丹看到，“中国人种植和采集胡椒，也自己耕种稻米”。② 万丹华侨不但忙于经商，而且勤于经营农业，种植胡椒。这里也是实行多种经营的华侨农业区，人们或商或农，或边农边商，显然也与当时万丹发达的经济产生联系。16世纪下半叶以后，万丹经济获得巨大发展，这是该地出现华侨农业区的基础。重要的是，万丹统治者还重视兴修水利，努力发展农业生产。

其四，明末安汶华侨农业区。安汶以盛产丁香、豆蔻等香料著称。1621年，传教士西巴斯疆·丹克尔特（Sebastiaen Dancket）到该岛时，看到该处有40户中国人，或经商，或拖运木材，或做石工，或烧砖瓦，或捕鱼，或耕种，以及从事其他行业等。这一记载表明，这是一个包括农、商、渔等业在内的实行多种经营的华侨农业区。即使以每户3人算，这里也有100多人了，在明代，这个农作群体的规模已不算太小。

其五，日里裕兴公司与签旺公司。两个公司的创始人都是张弼士。张弼士是广东大埔人。张弼士招收中国工人，发展农业，1875年在日里建立裕兴公司种植胡椒；后与梅县人张鸿南建立签旺公司，

① （明）黄省曾：《西洋朝贡典录·爪哇国第三》，中华书局，2000，第22页。

② 吴凤斌主编《东南亚华侨通史》，福建人民出版社，1994，第105页。

种植橡胶、咖啡、茶、稻米、椰子等作物；又开鱼塘200余处，养淡水鱼。显然，裕兴公司是专业的华侨农业区，而签旺公司则是从事多种经营的华侨农业区。

（二）专业性华侨农业区

所谓专业性华侨农业区（含渔业），指华侨对农业区作物的专门化种植。专业性并非意味着只种植一种作物，可能还种植其他种类作物，只是数量较少。

1. 清代巴达维亚专事甘蔗种植的华侨农业区

巴达维亚华侨的甘蔗种植起源于1619年后发展起来的华侨蔗糖业。1711年，巴达维亚已有131家糖厂，糖厂主84人，其中有79名中国人。种甘蔗的华侨农民主要来自中国南部，特别是闽南同安一带的甘蔗种植区。华侨农民在城郊大抹脚、茄泊、顺达洋、和兰营、干冬墟、望茄寺、十二高地、支亚无、落奔、走马、丁脚兰（文登）、鲁古头诸处开荒种甘蔗。[①] 华侨使用牛拉或水力推动石磨来压榨甘蔗，产量有了很大提高。后来华侨糖业因受荷兰资本排挤而走下坡路。

2. 卡里加韦华侨渔业区

1678年，荷兰海军大将施贝尔曼到三宝垄时，看到一个名叫卡里加韦的小渔村。这是东南亚华侨农业史上较早出现的一个专业性渔业区。三宝垄是重要的华侨聚居地，这个渔业区应可与三宝垄农产品市场对接。

3. 巴眼亚比华侨渔业区

巴眼亚比是苏门答腊岛中部马六甲海峡一个沿岸城镇，位于滨罗干河口东岸，为半岛形沼泽地，红树林广布。1862～1874年，福建同安洪厝人洪思返、洪思良等11人到苏门答腊巴眼亚比落户，筑草庐，捞捕海产，使此地逐步发展为东南亚著名的渔业中心（一般说

① 程日炌：《噶喇吧记略》，《南洋学报》1953年第1辑。

法是自1880年成为重要渔业基地）。后来渔场面积曾达1600平方公里，出产鲜鱼、干咸鱼、虾、虾酱、蟹子等。最初此地全是中国人，福建人居多，其次是潮州人。

虽然上面所列的华侨农业区（含渔业）经营形式多样，有的规模不小，但基本上是为了满足内部需求，商品化程度不高。到鸦片战争前，荷印地区的华侨农业区还是以维持自身生活所需为主，只有少部分产品在市场出售，包括与当地民族交易。鸦片战争后，由于资本主义商品经济的发展和大批“契约华工”到来，华侨农产品大多在市场上转变为商品，连劳动者本身也成为商品。

（三）种植园形式的华侨农业区

种植园是南洋地区组织化程度较高的华侨农业形式，一般来说多为专业性生产基地，即专种一种经济作物，也有种植园从事多种作物经营。种植园只是整体上的特点，实际上很多种植园专业性程度较高。下面是几类经济作物种植园之例。

1. 橡胶种植园

橡胶是进入20世纪后南洋地区销往世界市场的重要经济作物。1876年，橡胶（南洋华侨称“树胶”）树从巴西引进马来半岛。1894年，林文庆首先组织公司在新加坡试植橡胶树，然南洋之最先种植橡胶树者，为新加坡侨领陈笃生曾孙陈齐贤。陈齐贤先经林文庆医生介绍，接受新加坡植物园园长李特礼（H. N. Ridley）的建议，在马六甲武吉冷当园栽培橡胶，大获成功。1897年，又向马六甲政府申请，得到土地5000英亩，投资20多万元，其中2000多亩开辟为橡胶园，后来以200多万元高价卖给英商，获利10倍，消息不胫而走。陈嘉庚乃抓住时机，从陈齐贤园内购得18万棵橡胶树苗，在新加坡实里打福山园种植，大获成功。① 到20世纪20年代初，陈嘉庚还在新马各地开设橡胶加工厂，制造熟胶成品，成为新马地区的橡

① 吴凤斌主编《东南亚华侨通史》，福建人民出版社，1994，第121页。

胶之王。

在新马各地，早期从事橡胶种植和贸易的著名华侨还有新加坡的林义顺、余东旋、李俊源、丘雁宾、陈若锦、陈延谦、周献瑞、侯西反、庄丕南、谢天福、李春荣、李振殿、陈六使、陈文确以及李光前，雪兰莪的陈永、吴福发，马六甲的曾江水、林连登等。① 他们都在新马华侨社会中积累了较雄厚的经济基础。

2. 甘蜜与胡椒种植园

槟榔屿本无土特产，闽籍、粤籍华侨到此地种胡椒，始形成农业。1790 年，莱特在槟榔屿开发了一处占地 400 英亩的胡椒园，由华侨种植。据《海录》记载，1795 年前，闽、粤人到此种植胡椒者万余人。从事甘蜜和胡椒种植的主要为华侨。新加坡在开埠前，天猛公已准许中国人与马来人伐木垦地，开辟甘蜜园。② 莱佛士登陆后，欧洲因拿破仑战争结束，对甘蜜、胡椒的需求量增加，大大刺激了潮籍华侨来新加坡从事甘蜜、胡椒种植。甘蜜树和胡椒树的成长期长，劳动力需求量大，而政府颁布的土地法令不利于种植家投资，故欧洲人裹足不前。

显然，新马地区的种植园都有开某类经济作物种植潮流之先的效果。种植园主一般是欧洲人，也有华侨富商；工人则多为华侨，也有当地人，华侨多以“契约劳工”身份被招募而来。也应看到这类华侨农业区生产效率高、有利于当地经济发展的一面。

3. 荷属东印度群岛的种植园

东南亚的种植园无疑是殖民时代的产物，但如果大部分种植园工是华侨（包括“契约华工”），则仍应将其看作另一类型华侨农业区。不少荷属东印度的种植园是殖民者在华侨垦殖的土地上“翻修”而

---

① 吴萍望：《胶产王国的发祥及壮大》，槟城《光华日报》，金禧纪念待刊，1960，第 186 ~ 194 页。

② 黄成仁：《新加坡的甘蜜和胡椒种植业》，新加坡《新社季刊》1970 年第 1 期，第 33 页。

成的。先是华侨开辟了一小块一小块土地，到 18 世纪末 19 世纪初，荷属东印度公司便从华侨手中买下小块土地，将之辟为经济作物种植园。这些华侨出卖耕地和作物后，便改营商业。① 因此，被殖民者“翻修”后的种植园也就是换了新主人的华侨农业区，大多也仍保留原先的“小块”性质。也有华侨大资本家经营的华侨农业区，例如张煜南和张鸿南兄弟经营的烟草种植园。

19 世纪六七十年代，荷兰在苏门答腊日里地区建立了大批烟草种植园，招募大批中国工人种植。1870 年，苏门答腊东北海岸地区 4000 名劳工中，除 150 名是爪哇人外，其余都是中国华工。随着种植园经济发展，19 世纪七八十年代，每年有三四千名中国劳力来到这里劳动。到 19 世纪末，进入北苏门答腊的中国劳力每年有 1 万多人。1888 ~1908 年仅从汕头前往日里的华工就达 132187 人。② 照上述情况看，这些烟草种植园的园主大多非华侨，而园内工人为华侨（“契约华工”）。

18 世纪末 19 世纪初，日里土地肥沃，但处处是荒蛮瘴疠之地，人烟稀少。荷兰人占领苏门答腊岛后，打算开发日里，但苦无开辟之策。正当这时，在巴达维亚与槟榔屿商场上拼搏了 3 年多的 20 多岁客家人张榕轩来到日里，于 1878 年成立了万永昌公司，在距今棉兰市区 10 多公里的地方租借了一大片土地开垦。张榕轩又从家乡梅县招来一批乡亲，在本地招募一批居民，边开垦边种植甘蔗、烟草和橡胶等经济作物。仅两三年工夫，张榕轩就在日里掘得了第一桶金。光绪五年（1879），他让 18 岁的弟弟张耀轩从家乡来到日里。兄弟俩先后投资数百万荷兰盾，在日里平原上开辟了七八座橡胶园，建设了茶叶、油、糖等加工场，占地面积 100 多平方公里，工人多达数千

① 福建省地方志编纂委员会编《福建省志·华侨志》，福建人民出版社，1992，第 33 页。

② 吴凤斌主编《东南亚华侨通史》，福建人民出版社，1994，第 107 页。

人，最多时达1万多人。张耀轩还买下一处荷兰人经营不善的大种植园。在他们的种植园与加工场的职工里，有中国人、马来人、爪哇人、马达人等，其中绝大部分为当地居民。到这个时候，在日里地区，张榕轩兄弟旗下的种植园已达30多个。30多个种植园组成了一个大种植园，雇用一名荷兰人作为总管，而整个大种植园由张耀轩管理。这些种植园的最大特点是工人来自多个民族，既有华侨，也有外岛民族，但以世居民族为主。种植业的发展带动了市场的繁荣，各国种植园主纷纷前来日里投资。除了中国人外，还有荷兰人、印度人、美国人、英国人、德国人、瑞士人、法国人、波兰人、捷克人、比利时人等。张榕轩兄弟不仅促进了日里地区的开发，还为日里地区提供了大量就业机会。张榕轩独具慧眼，除继续发展种植业外，开始进军房地产业，投资铁路、公路、电力、自来水、煤气等公共事业建设。另创办万永昌商号，经营各种商品。他从家乡引进了各类蔬菜与各种淡水鱼，在日里种植与养殖，拓展了日里种植业、养殖业的范围，满足当地民众日常生活需要。

橡胶种植园是继烟草种植园后出现的另一类华侨农业区。还有胡椒种植园，主要分布在邦加岛。

五　华侨在东南亚的农业经营

东南亚华侨农业史是华侨华人史上光彩夺目的一章。不仅体现在华侨创建的大大小小农业区有力地推动了其居住地的经济发展和社会进步，还体现在华侨将自己家乡的农作物带到居住地，这些农作物逐渐成为居住国的农作物。华侨还带来了较为先进的中国农业生产技术，与居住地民族分享，这些技术也逐渐成为华侨居住国农业技术的组成部分。

（一）主要农作物品种

东南亚早期的原始半原始世居民族主要依赖自然物种维生。即使华侨来到东南亚地区，不会给当地民族增加供给的负担，很多时候也依赖自然物种维生。比如，村子附近有河的话，他们便去捉鱼作为食物补充。但华侨来自社会发展程度较高的中国，在家乡他们就使用较为先进的生产方式和技术，而且发挥人的主观能动性，靠生产维生。例如，在缅甸，华侨农民（“云南人”）自己种植水稻、玉米、茶树、蔬菜、水果等作物，还饲养水牛、黄牛、鸡、鸭、山羊等家禽和家畜。一些汉族华侨还自己养猪。无论是动物类还是植物类，一些物种可能是华侨从家乡带来的。缅甸华侨农业生产除了自给自足外，他们的农业收获也供给当地民众。

蔬菜和水果种植是华侨农业的重要方面。华侨也比较容易获得蔬菜专卖权，很多华侨便从事菜园经营。华侨在缅甸首都种植的蔬菜有芹菜、韭菜、油菜、荠头、蚕豆等，华侨种植的水果则有荔枝、红枣、枇杷、梅、桃子、柿子等。这些蔬菜、水果均从中国传入。缅甸人在这些果蔬的名字前面加上缅语“德田”（意即“中国”），或直接借用汉语音译命名，成为新缅甸文的词语。在缅甸第二大城市毛淡棉，也有华侨农民在丘陵东岭顶以种植果树和蔬菜为业。华侨还在珊邦火荷及旺板等地种马铃薯，称为“珊邦千谷”。英国占领缅甸后，开始大量种植马铃薯。

华侨还大面积栽种一些经济作物，其中以甘蔗为代表。19 世纪，中国人已在缅甸北部进行甘蔗种植和加工。1823 年，在距阿瓦数英里处，有中国人的甘蔗园，中国人制出极好的红糖，堪与最好的古巴糖媲美。[①] 虽然这里的描述不太看得出是不是个体农业，但甘蔗种植和加工的集体化要求高，因此可以把这里所说的甘蔗园看作专业的甘蔗种植区。

饲养业也是华侨对提高缅甸农业水平的一大贡献。在缅北，在萨尔温江两岸河谷中，有近 10 万名华侨从事耕种、畜牧与山道贸易。华侨开发了大量荒地，建立村镇，饲养牛、羊、马等。[②] 虽然不能说

① 吴凤斌主编《东南亚华侨通史》，福建人民出版社，1994，第 136 页。

② 《缅甸华侨志》，华侨志编纂委员会，1967，第 259 ~ 260 页。

明这一带华侨农业的组织化程度（不排除其中很多是个体农业户），但近10万名华侨从事多种经营且建立起自己的村镇集中居住，足以将其看作一个华侨饲养区。

大米是缅甸的主要粮食，也是主要大宗输出商品，缅甸的碾米业发达，与世界的联系也很紧密。因此，缅甸的大米业是与“海上丝绸之路”联系最密切的行业。[①] 到了晚清，缅甸农产品特别是水稻产品被纳入国际市场。华侨除了耕种水稻，还经营米业。粤侨是最先在缅甸经营米业的，1869年苏伊士运河通航后，缅米可输往欧洲，华侨船只可以直驶至下缅甸三角洲购米，由此很多上缅甸人和华侨南迁下缅甸，辟地耕垦。此外，缅甸华侨还种茶树、花卉，生产树胶，养殖牛、羊、猪、鸡、鸭，捕鱼，伐木，采珠和燕窝等。

华侨对暹罗农业的最大贡献是农产品品种增加和质量提高。暹罗高品质的经济作物一般多由华侨种植，大部分农产品还进入市场。总体上，暹罗的经济作物（胡椒、甘蔗、棉花、茶叶、荔枝、龙眼等）大多由华侨引进、种植和经营。可以说，华侨农业使暹罗农业经济逐渐由单一化向多样化转变。与此同时，华侨农业区或者某个华侨农户，既有从事多种作物经营的，也有的从事某一种作物的专业化生产。

19世纪上半叶，暹罗西南部已有小规模棉花种植。到19世纪六七十年代，海南人在暹罗中部和北部开辟丛林，种植棉花，逐渐形成中心，产品供应中国市场。到19世纪末，棉花生产因市场竞争激烈而没落。

1908年后，华侨才将橡胶从马来亚引进暹罗，开始在南部及东南部种植，后形成小型橡胶园。

胡椒自古为暹罗重要物产。17世纪末，暹罗已产胡椒，由柬埔寨人和暹罗人种植。到19世纪初，胡椒种植成为华侨经营的重要事

① 吴凤斌主编《东南亚华侨通史》，福建人民出版社，1994，第396页。

业。胡椒主要产地为东南部的尖竹汶、桐焱以及南部董里、沙敦，种植者多为潮州人。1890 年，胡椒产量达到高峰。在胡椒种植中心的黄土地带，聚集了约 1 万名华侨。后来由于伦敦市场胡椒价格下跌，胡椒生产衰落。但到 20 世纪 10 年代，仍有相当数量的中国劳工从事胡椒种植。

华侨主要在暹罗京城附近和其他主要都市附近种植蔬菜。华农懂得良性循环，以废菜养猪，将猪粪作为蔬菜肥料。19 世纪 70 年代，因城市对劳动力的需求激增，种植园农业减少。到 1876 年，只有最贫苦的中国移民才愿意从事菜园劳动和建筑工作。但菜园经营没有衰落，到 1910 年，曼谷仍有数千名华侨经营菜园。暹罗华侨带来分秧移种等技术，重要菜种及柑橘等果树苗也自潮州引入。

在养殖业方面，养猪业几乎全由华侨经营，从业者以广府人和客家人居多。鸭、鹅主要由潮州人饲养。养鸡者主要是当地人，华侨饲养者很少。

19 世纪 90 年代初，有人访问暹罗时，发现河口的万达邦和巴底尤二地乡村居住着渔民，多半是中国人。春蓬府沿海渔村里华侨居多。北揽是一个渔村，也多半是中国人。华侨渔民中潮州人最多，次为广府人。

甘蔗是 19 世纪暹罗华侨最重要的经济作物。甘蔗的商业种植始于 19 世纪 20 年代。1810 年前后，定居暹罗的潮州人把甘蔗传入暹罗东南部。大约 10 年时间，蔗糖就成为暹罗的主要出口商品。面积较大的甘蔗种植园分布在万佛岁、北柳、佛统诸府。19 世纪五六十年代，暹罗的蔗糖生产达到高峰，在甘蔗园和制糖厂内，中国人数以千计。仅佛统一地，就有 30 多家制糖厂，每家制糖厂雇用 200 ~ 300 名中国人。到 19 世纪八九十年代，由于华侨种植园劳工工资日益提高，蔗糖在国际市场上的竞争力下降，甘蔗种植园日趋衰落。1889 年，蔗糖出口停止，仅少量供应国内。①

① 参见吴凤斌主编《东南亚华侨通史》，福建人民出版社，1994，第 412 ~ 413 页。

暹罗烟草种植的最早记载是在19世纪40年代。时华侨在暹罗东南部和西南部种植烟草，主要供当地和马来亚需要。1875年后，由于暹罗人养成抽外国烟的习惯，本国烟草种植走向衰落。

菲律宾华侨还给居住地带来了多种多样的经济作物，包括中国芋头、莴苣、李子、荔枝、橄榄、柑橘、柿子、枇杷、石榴、梨、莲、杏、九龙香蕉、广州甜桃、中国夏菠菜、南京豌豆等，还有猪、鸭等家畜、家禽。[①] 19世纪以来，华侨在菲律宾从事甘蔗种植和加工。[②] 华侨也从事马尼拉麻的生产和收割。1880年后，华侨在吕宋东北部亚巴里、加牙鄢种植烟草。

一些华侨还在老挝的富散山采集野生茶的嫩芽，经调制后出售，这就是当时有名的“镇宁茶”。[③] 镇宁即今布依族苗族自治县，地处贵州西南部。华侨在老挝调制“镇宁茶”，并不能说明其前辈来自镇宁，但可以说明老挝华侨与中国少数民族的生活习俗一脉相承。

（二）农作技术

最能说明华侨将中国的农作精神传到居住地的案例是菲律宾。菲律宾华侨农业历史悠久，甚至可以说菲律宾华侨农业在东南亚华侨经济史上是最为辉煌的地域性产业之一。与之相对应，菲律宾华侨历史上对居住地民族的农业技术贡献是“海上丝绸之路”上堪称耀目的一笔。华侨对菲律宾农业发展的贡献是在当地农业生产技术极为低下的情况下出现的。历史上，菲律宾农业技术水平低，既表现在耕垦、种植和渔猎等领域技术的低下，也表现在当地农民居住分散和生产关系落后。而与祖国相隔遥远、交通往来不便的华侨，在以单身化、小群体化的形式迁居当地后，在当地的种植、耕垦和渔猎行为就不可避免的是个体化、小规模、自给自足的。

---

① 〔菲〕欧·马·阿利普：《华人在马尼拉》，载中外关系史学会编《中外关系史译丛》（第1辑），上海译文出版社，1988，第134页。

② 吴凤斌主编《东南亚华侨通史》，福建人民出版社，1994，第117页。

③ 郭保刚：《老挝华侨概述》，《印支研究》1984年第3期。

但菲律宾华侨的农业生产管理方式有明显的先进性，同时华侨农民掌握着比当地先进的农业技术。早在14世纪，就有福建人林旺航海到菲律宾从事种植，并向当地人传授耕种方法。[①] 在后来的历史长河中，华侨农民从家乡带来的农业技术包括农业工具和耕作技术等。其一，犁、铧、耙、铲、镰刀等先进农具和耕畜（水牛和马）。据说菲律宾人的家具和农具名称的发音多与福建漳、厦一带的语言相似。[②] 其二，先进耕作方法和制作技术，包括经济作物的耕作方法和施肥方法，如犁田、播种、插秧、薅草、收割、堆稻秆等。中国的制糖、炼铁技术等也是华侨带到菲律宾的。先进管理方式与先进农业技术的结合推动了菲律宾的农业进步。换个角度看，华侨农民掌握比较先进的农业技术也是华侨农业得以生存发展的重要原因。华侨农民不断从家乡引进更多发展成熟的新技术，因而总是位于菲律宾农业技术发展的前端，也处于推进居住地农业进步先驱者的位置。华侨带来的中国先进农业技术的应用和推广是西班牙殖民时期菲律宾的农业得到大发展的关键性因素。

西班牙殖民者在菲律宾实行庄园制，贵族与殖民机构生活必需品的获得依赖在农业方面已占据优势地位的华侨农民，无法通过“自力更生”解决。1603年西班牙殖民者大肆屠杀华侨，市场为之一空，西班牙人顿时感到失去华侨的痛苦，因为无法找到人来取代华侨经营农业。1605年殖民当局下令允许雇用6000名华侨开垦土地。直到18世纪末至19世纪初，西班牙殖民政府仍然颁布各种法令，力图将华侨的经济活动限制在农业方面，中国移民入境要宣誓只从事农业。同时，对不从事农业耕种的华侨征收人头税。1804年，殖民者又下令，只准从事农业及手工业的华侨居留菲律宾。1850年规定，在边远地区从事耕种的华侨与菲律宾人享受同等权利。1852年规定，对华侨

① 吴凤斌主编《东南亚华侨通史》，福建人民出版社，1994，第116页。

② 吴凤斌主编《东南亚华侨通史》，福建人民出版社，1994，第116页。

征收新税，但务农者除外。[①] 是故，这一时期来菲华侨多务农，华侨农业得到较快发展。

荷属东印度很多日用品的生产与制造技术和工艺是华侨从中国带过去的。例如，胡椒种植、积肥养鱼、种茶焙茶等方法是由闽、粤沿海移民传入的；造船、造纸、制陶等技术是由福建工匠带去的。福建华侨的商业活动主要是从爪哇输出糖、烟，再从中国输入茶叶、丝绸、鱼干、其他食品。中国的先进生产技术促进了居住地的经济发展，也带动华侨加入销售这些技术所生产的产品及相关产品的行列。

在老挝的社会经济发展中，华侨移民（很多是少数民族）也发挥了必不可少的作用。当然，作为内陆国，老挝的经济和社会发展明显滞后于其他东南亚国家，故其在“海上丝绸之路”上的地位和影响远在其他国家之下。但云南华侨传入老挝的中国制作技术留下了永久的历史印记。中国史书也提到华侨向老挝人传授先进的生产技术，“教以制酒醴、养蚕丝之法”。[②]

第二节 拉丁美洲的华侨农业

拉丁美洲的华侨农业是在拉美整个地区已经处于外来殖民者统治的状态下展开的。资料表明，拉美的华侨农业并非仅有殖民地农业一种形态，还有华侨在相对自由的条件下的自主农业劳作，两者共同构成了他们对居住地经济贡献不可分割的组成部分。即使是在拉丁美洲种植园里进行苦力劳动的华侨，也应分两方面看。一方面，他们作为“契约华工”，受到压迫、奴役、欺凌；另一方面，他们作为来自中国底层的劳动人民，拥有中国人民勤劳勇敢、艰苦奋斗、不屈不挠的优秀品质。

① 吴凤斌主编《东南亚华侨通史》，福建人民出版社，1994，第117页。

② 郭保刚：《老挝华侨概述》，《印支研究》1984年第3期。

一 巴西茶园的中国茶农

中国是古老的产茶大国，既有成品茶外销的久远历史，也有茶树苗与茶籽外传栽种的悠久历史。根据中国史料记载，中国茶树苗与茶籽最早于805年传入日本，1763年传至瑞典，1824年输入阿根廷，1852年由英国东印度公司先后引进印度和锡兰（今斯里兰卡），自1858年中国茶树苗与茶籽才大量输往美国。这些国家的中国茶叶是通过不同的“海上丝绸之路”航路输入的。

葡萄牙王室自19世纪初开始在巴西种茶，是整个美洲种茶的首创。葡萄牙人很早就占据了中国澳门，澳门与巴西有联系，巴西的茶树苗与茶籽均通过印度洋大西洋航路输入。在中国茶叶输入之前，巴西无人懂得种茶，也无人懂得管理茶树，更无人会焙茶。光绪初年，袁祖志出访拉美，记载巴西“产茶亦多，惟土人不解焙制之法，故颇愿华人之至止也”。① 曾任中国驻巴西外交官、退休后长住巴西的陈太荣、刘正勤夫妇花了大量时间和精力研究早年赴巴西种茶中国茶农历史。他们认为，中国茶树苗与茶籽传到巴西和中国茶农到巴西种茶应是同步的。也就是说，巴西种茶始于中国人，中国人开创了巴西的种茶史。② 应补充的是，除了巴西，拉丁美洲还有哥伦比亚、墨西哥、圭亚那和秘鲁等国都有过种茶的计划，实际上也取得了一定的成功，可惜在这些国家没有形成相关产业，也没能实现茶叶的商品化。巴西则不然，种茶范围大得多，并且形成了一定规模的产业，茶叶也曾远销欧洲，在国际上有一定的知名度。

就目前所知，巴西是唯一曾经邀请中国茶农种茶的国家。这些茶农是由一贯嗜好饮茶的葡萄牙王室邀请到巴西的。根据史料判断，

① （清）袁祖志：《瀛海采问纪实》，此据福建师范大学历史系华侨史资料选辑组编《晚清海外笔记选》，海洋出版社，1983，第231页。

② 参见陈太荣、刘正勤《中国人在巴西种茶史》，此文是作者2018年9月15日于巴西海西飞（累西腓）通过电子邮件发给笔者。

作为拥有专业技能的华侨，中国茶农（包括少数聘来指导种茶的中国茶艺师）在巴西期间基本上是自由的（个别茶园对茶农的行动自由有所限制），地位也颇高。据资料记载，中国茶农先后来了几批，在不同州的多个茶园工作，工作内容既包括栽种茶树，浇水、除草、施肥等茶树护理，也包括摘茶和制茶（可能一年两次左右）。大多数人老实本分，种出来的茶叶都交给了茶园主，本身只领取额定的薪水维持生活。不过，并无记载说中国茶农最后都回到中国，估计有不少人留了下来，并融入当地，娶妻生子，成为外来的新巴西人。留下的中国茶农中，有的人后来离开茶园到外面做生意，即转换身份成为华商。中国茶农除了在里约热内卢植物园种茶外，还在里约热内卢州的圣克鲁斯庄园和巴伊亚州首府萨尔瓦多地区和南部地区试种茶。他们在里约热内卢最初的种茶取得成功后，曾引起巴西其他州纷纷效仿。

另外，前去里约热内卢的一部分中国茶农后来到圣保罗州的巴纳纳尔种咖啡，后来又在当地经商，从而在这个深山谷地留下华侨的印记，至今该市居民中还可以找到当年中国茶农的后裔。

巴纳纳尔的气候适合种植咖啡，但当时庄园中的奴隶劳动不能满足咖啡生产需求。1835 年 1 月 16 日，巴纳纳尔镇议会上书圣保罗州议会，要求派中国人到该镇协助当地奴隶种植茶树、靛蓝植物和制造火药，以及指导焙茶。一批中国茶农来到这里，后在当地种咖啡，但没有继续下去。原因是巴纳纳尔土地贫瘠，加上废除奴隶制后咖啡庄园遭到巨大打击，巴纳纳尔的咖啡业逐渐衰落。实际上在此之前很多年，这些茶农已经开始转向种植茶叶、制作燃料和烟花爆竹等行业。据诺盖拉大使《中国人在巴纳纳尔》一文，中国人不愿种茶，他们也不愿意种水稻和靛蓝植物。他们从事农田耕作时间不长，没多久便放弃了，全到巴纳纳尔城里谋生。他们开烟火作坊、洗衣店、客栈、饭馆，做小买卖。据说，中国人喜欢挑水卖（那时城里无自来水），一洋铁皮桶水 80 雷伊（Réi）。①

华侨之所以纷纷弃农经商，到巴纳纳尔城里开店做买卖，显然是因为做生意收益更快、更多。华侨普遍能吃苦耐劳，经营小商品买卖的辛劳程度不亚于种茶等田间劳作。

二 华侨的原始耕垦开发

（一）巴西

华侨在拉丁美洲的垦荒以巴西最为典型。华侨对这个幅员辽阔的国家曾做出不少贡献，一些贡献甚至不为世人所知，如对一些蛮荒土地的原始开发。兹举一例，巴西帝国时期著名政治家与企业家特奥菲洛·贝内迪托·奥托尼修建家乡米纳斯吉拉斯州东北部的菲拉德尔菲亚—圣克拉拉公路时，有 89 名中国劳工（广东人）应募参加修路。公路修完后，有少数人留下来，在穆库里河流域定居，在乌鲁库军屯区（Distrito do Urucu）垦耕（一起垦荒的还有其他国家的移民）。乌鲁库军屯区是巴西帝国政府于 1854 年 5 月 24 日批准成立的。该军屯区距菲拉德尔菲亚 72 公里，距大西洋海岸 220 公里，位于 1857 年建成的菲拉德尔菲亚—圣克拉拉公路附近。1861 年约有外国垦民 300 人，主要为葡萄牙的马德拉群岛人、瑞士人、比利时人、荷兰人、中国人。他们住在军屯区外围，靠种植农作物维生。1873 年，乌鲁库有移民 402 人。②

那些在乌鲁库军屯区垦耕的广东劳工后续故事如何？1866 年，荷兰圣方济各传教士奥沃拉·蒂默尔斯获准到穆库里河流域传教，他后来撰写了有关荷兰人移民巴西的历史一书，其中提到 1858 年荷兰移民在乌鲁库军屯区看到印第安人和中国劳工。当时如果从里约热内卢出发到乌鲁库军屯区，要先乘船到穆库里河入海处的阿莱格雷港

① 转引自陈太荣、刘正勤《19 世纪中国人移民巴西史》，中国华侨出版社，2017，第 172 页。

② 陈太荣、刘正勤：《19 世纪中国人移民巴西史》，中国华侨出版社，2017，第 157 页。

（今穆库里市），再坐小火轮到圣克拉拉码头。下船后，再步行 6 天才到达目的地。当时这位传教士白天不敢上路，因为怕印第安人袭击，只能夜行。当时乌鲁库军屯区十分荒蛮，来自荷兰等国的欧洲移民被招募到这里垦荒。传教士看到，乌鲁库军屯区与巴西移民公司宣传的完全相反，没有盖好的房子，也没有种好的庄稼等待收割。他们（荷兰移民）要自己伐木盖房、垦荒种地。那里的移民大多来自城里，不会干农活。特奥菲洛买奴隶、租用军屯犯人、买牛来帮助他们（移民）安家立业。播种后，又逢干旱，便进行口粮配给。荷兰移民到这里仅半个月就有 36 人死亡，4 名妇女成了寡妇，由此可看出在乌鲁库军屯区进行原始耕垦之险恶。荷兰人在乌鲁库军屯区看到印第安人和中国劳工。"这些中国人都皈依了基督教，同一些欧洲女性垦民结婚，定居在乌鲁库军屯区。荷兰人后来与德国人、意大利人、中国人后代混血，许多后裔不知其先祖祖籍国情况。"① 这里的中国人都是先前修筑菲拉德尔菲亚—圣克拉拉公路后留下的劳工，只有少数人，大部分修建公路的中国劳工回到当初招募他们的出发地里约热内卢。这些广东劳工显然是听信了带有诱惑性质的招工广告才来到乌鲁库军屯区垦荒的，不知道他们到乌鲁库军屯区看到满目荒蛮的景象后是怎样一种心情。

乌鲁库军屯区的开发应是外来移民筚路蓝缕、战天斗地的结果，其中凝聚着中国垦民的贡献。乌鲁库军屯区建立 30 年后，1876 年撤销，1887 年 9 月 28 日划归特奥菲洛·奥托尼市管辖。1892 年该区政府提交给米纳斯吉拉斯州农业厅长的报告中指出，该区有 500 ~ 600 户（3000 ~ 4000 人），主要为巴西人、葡萄牙人、德国人、荷兰人和中国人。但报告又指出，只有德国人和荷兰人付出了巨大的劳动，创造了财富，"至于来此的亚洲移民，只有那些同日耳曼家族女人结婚

① 陈太荣、刘正勤：《19 世纪中国人移民巴西史》，中国华侨出版社，2017，第 159 页。

的人才兴旺起来，其他人今日仍以编竹箩和竹帽及叫卖为生”。[①] 这些“亚洲移民”有可能是中国人，即修路华工的后代。这个报告不无偏见，在该区政府看来，只有在当地开发中获得了巨大财富的欧洲人（德国人和荷兰人）才算成功，而从事编竹箩和竹帽等手工业工作与叫卖一类商业活动的“亚洲移民”则不算成功。欧洲人对当地财富的占领，虽然与社会分工有密不可分的关系，但不排除是种族歧视的产物。中国人与欧洲人的通婚表明，经过几十年的社会变迁，当年修路华工的后代已经走过了先辈无比悲怆的岁月，尽管他们与其他外来民族还存在明显的经济差距。到 19 世纪末 20 世纪初，又有中国人来到这里，外国移民均住在乌鲁库山谷地区。

（二）墨西哥

华侨在墨西哥的大规模垦荒主要发生在墨西哥波菲利奥·迪亚斯在位时期（1891～1910 年）。墨西哥华侨 20 世纪初在墨美边境一带的垦边活动是华侨华人史上波澜壮阔的一幕，对墨西哥边境开发做出重要贡献。许多华工在美墨边境地区的铁路、铜矿、石油公司与种植园工作，逐渐开发了一些墨西哥边境城市，特别是对下加利福尼亚州首府墨西卡利市和蒂华纳的开发，堪称墨西哥华侨历史功勋的地标象征。这两个地方今天都是墨西哥的边境城市，但华侨参与开发的前期过程完全是农业发展的过程。在美墨边境一带从事垦荒的不少华侨在劳工“契约”到期后选择留在当地继续工作或开发新的行业，如开设餐饮店、洗衣店、黄油店、咖啡馆等，形成早期华侨聚居区的雏形。[②] 蒂华纳与美国只有一墙之隔，华侨来到这里的历史可追溯到 1907 年。后来经过开发，蒂华纳逐渐发展为一个较大的城市。1903 年起，华侨将墨西卡利逐渐开垦成一片荒漠中的绿洲。华侨华人在墨西

---

① 陈太荣、刘正勤：《19 世纪中国人移民巴西史》，中国华侨出版社，2017，第 157 页。

② 许中波：《族群资本视域下的墨西哥华人移民经济》，《拉丁美洲研究》2018 年第 1 期。

哥西北一带长期经营，聚居在这一带，使墨西哥西北地区与美国加利福尼亚州南部形成了一条联结中美洲和北美洲的“华侨华人带”。墨西哥边境一带的华侨几乎全部来自广东，广东话是当地华侨的通用语言。由于文化素质不高、语言水平较差，这里的华侨在异国他乡饱受颠沛流离之苦，生活时常陷入困顿。

（三）圭亚那

圭亚那的华侨农业以“希望城”（Hopetown）的耕垦最为著名。1865 年初，华人牧师胡大全在卡木尼溪附近兴建了圭亚那第一个华侨定居点“希望城”，作为期满“契约华工”居留地。胡大金生于东南亚的英属“海峡殖民地”，曾在新加坡伦敦传教会主办的学校接受基督教教育，19 世纪 50 年代皈依基督教，1851～1852 年开始在华侨中传教。1864 年 7 月 17 日受英国教会安排，举家移居英属圭亚那首府乔治敦，在当地华侨中传播基督教，受到华侨欢迎和尊重。胡大金希望英属圭亚那殖民政府拨出一块皇家土地，同时拨一小笔资金购买斧头、锯子等各种用具，由他本人带领华工开辟这块空地，建立一个可以开展生产活动、贸易活动和传教的华侨社区。仔细来看，此举甚类于黄乃裳在东南亚北婆罗洲拉让江的原始开发，胡大金从新加坡来到这里，未尝不知道此事。胡大金请愿书提出的建议于 1865 年 2 月在英属圭亚那殖民政府的政策院获得投票通过。胡大金此举也应与英属圭亚那殖民政府的主张契合，因为最初来到圭亚那的华工主要是种植甘蔗和稻谷，不少人来到这里后因环境恶劣回国或移居别国。另有华工在“契约”期满并获得人身自由后在当地经商和垦殖等。

胡大金的议案通过后，英属圭亚那殖民政府在离乔治敦约 30 英里的德梅拉拉河畔为华侨指定了一处居留地，并创建华侨农业区，移居者主要是已经期满的“契约华工”。1865 年 2 月，胡大全带领 12 名华工来到德梅拉拉河支流卡木尼溪地方开始开发，一直持续到 1914 年，前后长达近半个世纪。不过，胡大金本人在“希望城”建立两年后便离开了。

值得关注的是“希望城”悲壮而令人嗟叹的故事。1865年底，“希望城”有177名华侨定居，为胡大金采用他熟悉的新加坡雇工办法从中国雇来。胡大金让其在“希望城”为雇主做工2年，雇主只供应食宿，不给工资，以补偿前来的旅费。这里的华侨人口快速增加，1871年有567名（其中成人男性311人、成人女性123人、儿童133人），到1874年已达800多人。德梅拉拉是一片沼泽地带，蚊虫滋生、毒瘴未开、黄热病流行。在这样的环境下，华侨表现出中华民族勤劳勇敢、坚强不屈的特性，希望在此毒瘴之区开辟一片“新天地”。华侨砍掉四周林木，烧成木炭运到乔治敦出卖。然后把砍掉林木的地方整理成一块块田地，种上甘薯、水稻和咖啡等作物。但圭亚那雨水多，一年中没有多少晴天，并且“希望城”鸟类多，好不容易种下后生长起来的水稻却被鸟类吃个精光。华侨辛辛苦苦开垦出来的田地还被附近两家种植园主强占，其他有色人种也乘机混入“希望城”，企图占有地权。华侨无奈，只得外流。到1891年，“希望城”华侨减至330人（男性149人、女性181人），到1901年仅剩198人，多为老弱病残者，年轻力壮的人都已出走。后来圭亚那政府亦曾调查“希望城”的土地所有权，采取措施保障华侨的地权，但无济于事。1911年，“希望城”有男性37人、女性36人。1914年，“希望城”剩下23户76人，其中有纯中国血统男性26人、女性20人，混血男性3人、女性13人，其他非中国血统者14人。① 终于有一天，人们不得不承认“希望城已经失去希望”。华侨没有更好的去路，只好在圭亚那定居下来，生存方式也由农业生产向商业经营过渡，逐渐成为圭亚那“第一商业民族”。

（四）多米尼加

多米尼加1844年独立，目前没有发现殖民时期有关华侨移民的

① 以上内容据吴凤斌《圭亚那希望城的兴衰》，载周南京主编《华侨华人百科全书·历史卷》，中国华侨出版社，2002，第170页。

材料。据报道，1865 年，多米尼加复国后百废待兴，很多城市在战争中被毁，全国农业陷入停顿，大量青壮年男子战死疆场。为填补劳动力不足，一个名叫格雷戈里奥·里瓦的商人从古巴购买了一大批中国劳工，将他们送到多米尼加北部锡巴奥地区从事生产砖头和生石灰的工作。被格雷戈里奥·里瓦带到多米尼加的这些华工后裔分散于北部杜瓦特省。银港省省长塞贡多·英伯特（1887 ~ 1889 年任多米尼加副总统）很钦佩华侨的工作热情和态度，在他的倡议下，银港省华侨数量大幅增加。到 1893 年，官方统计数据显示，远至腹地的圣地亚哥市已有华侨定居。[①]

三　种植园中的“契约华工”

拉丁美洲早期的殖民地区以甘蔗种植园闻名于世，在拉丁美洲“契约华工”时代之初，华侨集中于甘蔗种植园集中的国家和地区。19 世纪中叶，国际市场对蔗糖和棉花的需求旺盛，为拉美农业发展提供了机会。拉美奴隶贸易终止后，热带种植园陷入半瘫痪状态，有约 30 万名“契约华工”被投入热带种植园，其中古巴最多，先后有 8 万多名华工补充到古巴的甘蔗种植园和制糖厂。拉美一些国家还有棉花种植园、香蕉种植园等，这些种植园中也有“契约华工”。

（一）特立尼达和多巴哥

就目前所知，特立尼达和多巴哥是拉丁美洲除秘鲁外华侨最早到来的国家。自 1802 年陆续有“契约华工”抵达特立尼达，他们勤劳、俭朴，最初从事农业生产。1852 ~ 1853 年，又有 990 名华工被运往该地；1862 年，有 549 名华工被运往该地。特立尼达的华工以广东中山县人为多，其次是台山人、南海人、番禺人和顺德人。“契

① 葛元芬：《华人参与多米尼加复国战》，《环球时报》2018 年 5 月 3 日，第 13 版。

约华工”到达特立尼达后主要在种植园中从事甘蔗种植。由于环境恶劣，疾病流行，华工患上疟疾、钩虫病、贫血病，死亡比例很高。[①] 这些华工勤劳俭朴，“契约”期满后一般从事农业生产，逐步积累资本，自营洗衣店、餐饮店等。

（二）秘鲁

秘鲁是拉美华侨人数众多、历史比较悠久的国家之一。1849 年 11 月 17 日，秘鲁议会通过一项移民法，主要目的是鼓励引进中国人，故被称为“中国人法令”。在 1849 ~ 1874 年的 25 年中，有 8 万 ~10 万名“契约华工”来到秘鲁，其中不少人来自广东“四邑”地区。

这些劳工十之八九进入种植园。在种植园集中的沿海地区，原来的黑人奴隶几乎全部由华工所代替，从而对秘鲁的农业劳动力短缺“起到一种挽救作用”。在帕蒂比尔卡和阿乌卡利亚马地区，华侨人数甚至占居民总数的 60% 以上。当时一位法国旅行家夏尔·维奈尔（Charles Winer）曾沿着秘鲁沿海和山区漫游，他说在一些靠近太平洋的谷地，看到的都是中国人，怀疑自己是不是来到“亚洲的田野”。在甘蔗种植业，19 世纪 70 年代，秘鲁蔗糖出口总量的 68% 产自北部、中部沿海华工集中的地区。秘鲁的蔗糖产量由 1870 年的 251 吨增至 1880 年的 8 万吨，10 年间猛增至约 318 倍，这与华工的辛勤劳作是分不开的。华工的生产技能也十分出色。张荫桓在《三洲日记》中记载，“煮糖、管机重要之工亦华人也。大约华人心智较灵，每习一艺，容易见长，但使工价稍优，决不避就；嗜好较西人为多而不饮酒，故西商每喜招置之”。另外，张荫桓记载，“近以蔗园生意日减，遂亦种稻，赖华工为之，岁仅一获，米却不恶”。华工也对棉花种植贡献甚大，秘鲁的棉花产量从 1865 年的 8937 英担增加到 1873 年的 99492 英担，8 年间增长了约 10 倍。另据统计，19 世纪 70

① 据厦门华侨博物院“华侨华人”展览“悲惨之旅”部分介绍。

年代，秘鲁棉花出口总量的94%产自北部、中部沿海华工集中的地区。[①]

华工在甘蔗种植园和棉花种植园的"契约"期满后，便逐渐流向内地谋生。一些人进入秘鲁东部亚马孙河流域的林区，从事割橡胶、淘金、种水稻、种蔬菜和小商贩等职业。一些华工把农产品运到橡胶园和淘金地推销，或以货易货，把换来的橡胶和黄金运到市场出售，返回时又满载林区所需货物，沿途向当地人销售，由是逐步打下了华侨经济的基础。他们也是后来华商的来源之一。

1889年1月12日，清朝海外游历使傅云龙抵达秘鲁首都利马，23日，傅云龙考察了甘蔗园，听华工介绍甘蔗制糖的方法。据傅云龙统计，当时秘鲁人口总数为2621924人，其中华侨59000人，以糖厂工人为主，生活境况悲惨，直到中国在秘鲁设领事馆后处境才有所改善。[②]

顺便提及，早期旅秘华侨主要集中于秘鲁西部沿海各城镇，首都利马的华侨最多，附近的卡亚俄港以及北部的奇克拉约、皮乌拉、特鲁希略等城市也是华侨聚居区。他们大多从事体力劳动，生活十分艰苦，社会地位低下。1870年，在秘鲁修筑利马—瓦乔（Huacho）与奥罗亚（Oroya）—万卡维利卡（Huancavelica）铁路时，有8000多名华工承担了主要筑路任务。[③] 秘鲁许多重要铁路、公路、矿山、港口的建设浸透了华工的血汗。

① 参见何芳川《中外文化交流史》，国际文化出版公司，2008，第980～981页。另见陈翰笙主编《华工出国史料汇编》（第6辑），中华书局，1984；（清）张荫桓《三洲日记》，载福建师范大学历史系华侨史资料选辑组编《晚清海外笔记选》，海洋出版社，1983。

② 王晓秋：《19世纪中拉文明的一次相遇与互鉴——清朝海外游历使傅云龙的拉丁美洲之行》，《拉丁美洲研究》2018年第1期。

③ 《秘华商报连载：秘鲁华侨华人事迹回顾（一）》，世界江门青年大会，2018年6月28日。

（三）古巴

在拉美的种植园经济中，古巴 19 世纪中叶以后的甘蔗种植园也十分有代表性。据统计，1847～1874 年，被贩运到古巴的“契约华工”超过 104 万人。作为廉价劳动力，他们中的绝大部分人是被骗、被拐乃至被绑架、被掳掠而来到古巴的。其中广东籍占九成多，又以来自“四邑”地区者为最多。有九成“契约华工”被卖到甘蔗种植园和糖寮（糖厂）劳动，其余人则在烟草、咖啡、水稻、薯类、蔬菜等种植园工作，也有人充当仆役。他们大多在甘蔗种植园从事繁重的体力劳动，靠出卖体力换取微薄收入勉强度日。

19 世纪中期之后，古巴种植园里的华侨以奴隶、“契约华工”与自由劳动力等多种劳动力形式出现在这个国家的糖业发展史中。其时国际市场对蔗糖和棉花的需求旺盛。作为古巴经济支柱，蔗糖业得到高速发展，从 1850 年到 1868 年古巴糖产量增长了 3 倍。一些最先使用华工的种植园称赞华工“聪明、安分、老实、谦卑”，“具有与我们的文化不同的先进文化”。制糖中一些技术性较强的工作，如榨糖、提纯等，主要由华工承担。相关统计表明，华工输入人数多少对古巴蔗糖产量的增长有重要影响。1858 年、1866 年、1867 年华工大最输入，1859 年、1868～1870 年古巴的糖产量增长也较快。正如陈兰彬所说：“该国入款以古巴糖税为大宗，而糖寮出息，又以华佣多寡为盈拙关键，故该国上下无不注重招工。”① 古巴的华工贩运在 1874 年结束，27 年间被运到古巴的超过 104 万名华工中，只有 6 万余人活了下来。对于这段相当悲壮的历史，相关研究颇多，较可观的是吴剑雄的《19 世纪前往古巴的华工（1847～1874）》和袁艳的《融入与疏离：华侨华人在古巴（1847～1970）》。

① 参见何芳川《中外文化交流史》，国际文化出版公司，2008，第 980 页。

（四）哥斯达黎加

1848 年，哥斯达黎加共和国成立。1855 年，第一批华侨来到哥斯达黎加，但人数很少，只有约 80 人。① 他们从广东中山出发，来到哥斯达黎加太平洋港口蓬塔雷纳斯，身份是“契约华工”。这些华侨之所以有此移民之举，是因为 19 世纪中叶美国人在哥斯达黎加开办香蕉种植园，为解决劳动力问题，又想到华侨能吃苦耐劳，便派人到澳门招募华工。但是，当时作为苦力的他们在当地没有名字，只有阿拉伯数字编号。第二批抵达哥斯达黎加的华侨则大多从美国南下，在大西洋沿岸的利蒙港定居。② 此后，虽然哥斯达黎加国内政局不时发生激烈变化，但没有对华侨移民产生根本性影响，华侨依然顺应哥斯达黎加国内对劳动力的需求而平稳有序地来到这个国家。另外，哥斯达黎加 1873 年还大量引进中国劳工修建大西洋铁路。

（五）苏里南

在苏里南，殖民政府颁布废奴政策后，许多种植园与矿业需要大量劳动力。园主通过招募华工与印度工解决黑奴解放造成的劳动力严重不足问题。据《苏里南百科全书》记载，第一批中国人移居苏里南始于 1853 年，一共有 18 名“契约华工”，他们大多来自东莞、惠阳或宝安。1858 年，有 500 多名华工由澳门被招募到苏里南做工。荷兰东印度公司在香港、爪哇两地招募 2500 名“契约华工”运往苏里南。这批华工中的多数人在 5 年合同期满后不愿再延期，返回中国或去往别国。据《荷属西印度百科全书》记载，1853～1882 年从爪哇岛和中国来到苏里南的华工有 2625 名。1863～1872 年从香港来到苏里南的华工有 2015 名。顺便指出，1867 年苏里南境内发现金矿，

① 李安山：《哥斯达黎加华侨华人概述》，载周南京主编《华侨华人百科全书·历史卷》，中国华侨出版社，2002，第 153 页。

② 《中哥建交，哥斯达黎加华人华侨终于有了自己的家》，中国侨网，2007 年 6 月 14 日，http：//www.chinaqw.com/hqhr/hrdt/200706/14/76166.shtml。

邻近的英属圭亚那、特立尼达、古巴以及美国、中国香港、爪哇的华工涌入苏里南淘金。据统计，1905年苏里南有1160名华侨。①

（六）牙买加

1854年，巴拿马政府将修筑地峡铁路后幸存的472名华工送往牙买加。这批华工在巴拿马时多已染疾，到牙买加后又因待遇不好和水土不服，大部分人相继死去。唯陈八、张旺、凌三等少数华工幸存，逐渐发达，为该岛华侨社会的形成奠定了基础。② 1864年，200多名原受雇于特立尼达和圭亚那的美国农垦公司种植甘蔗的华工，到牙买加从事垦殖劳动。这批华工在3年"契约"期满后，有的继续受雇于种植园或糖厂，有的则自谋生路经营小商店。③ 1884年，牙买加甘蔗种植园主请香港辅政司代为招募的680名（其中成人男工501名、成人女工105名，男童54名、女童17名，婴孩3名）"契约华工"从澳门登船，辗转到达牙买加。他们除20余人属广东"四邑"人外，余者多为广东东莞、惠阳、宝安3县的客家人。抵达牙买加后，初为种植园或糖厂劳工，后来逐渐从事零售业及服务行业。④

由于中国人节俭、肯吃苦，全家老少一起努力工作，点滴积累，所以第一代劳工的子女成人后开始摆脱种植园的奴隶生活。有的华侨不仅很快进入了新的角色，还换了全新的身份。有人研究了19世纪中叶巴西巴纳纳尔镇一些中国移民的遗嘱和遗产清单等公证文件，发现

---

① 白俊杰：《苏里南华侨华人概述》，载周南京主编《华侨华人百科全书·历史卷》，中国华侨出版社，2002，第451页。

② 白俊杰：《牙买加华侨华人概述》，载周南京主编《华侨华人百科全书·历史卷》，中国华侨出版社，2002，第541页。

③ 白俊杰：《牙买加华侨华人概述》，载周南京主编《华侨华人百科全书·历史卷》，中国华侨出版社，2002，第541页。笔者注：一说这200名华人来牙买加时间为19世纪50年代到70年代，1864～1870年，大约又有200名中国"契约劳工"从其他加勒比岛屿来到牙买加。

④ 白俊杰：《牙买加华侨华人概述》，载周南京主编《华侨华人百科全书·历史卷》，中国华侨出版社，2002，第541页。

他们中的大多数人是店主或小商贩，有些人过着相对舒适的生活，有些人生活贫困，只能在杂货店做工。①

第三节　华侨采矿业

采矿业与农业不同，农业相对自由，劳动强度相对较低，可以一人单干，可以一家一户（包括男女老幼）为单位，也可以合伙。但采矿业的技术要求和劳动强度高得多，需要合伙开发，而且要有组织、有分工、有合作，同时需要一定数量的技术工人，故采矿业更能体现华侨集体合作和不屈不挠的奋斗精神。过去华侨居住国的当地民众缺乏采矿技术，政府虽有开发愿望，但监管较严。因此，采矿业一般由当地政府或当地世居民族头人承包给华侨。

“海上丝绸之路”沿线国家和地区分布虽然广阔，但可开采矿藏的地方不多，且多在人迹罕至的深山密林、大河险谷地带。在华侨大量出国的年代，各种矿藏已经成为华侨所在国的重要资源，当局一般限制外来侨民开发，华侨居住地民众也不愿意让华侨独自开采。但开矿需要技术，加上工作艰苦，当地人多不能胜任，因此有条件地允许华侨参与开采，出现了少数华侨矿业开采点和“开发区”。华侨矿业区不同于华侨农业区，由于农业劳动本身的自然经济属性，华侨农业区的组织管理比较松散，范围也可以很大；华侨矿业区的规模则不宜太大，组织管理要比华侨农业区严格得多，劳动强度也大得多，风险也更高。华侨矿工在严酷的环境下，要承受非一般的压力。

一　东南亚华侨锡矿开采业

东南亚的华侨矿业区一般经营单一矿种，开采多个矿种的华侨矿

① Marco Aurélio dos Santos，“Chinese Immigrants in the Coffee Vale of Bananal in the 19th Century”，参见束长生《2018 巴西华人移民研究国际研讨会议：地域特征和全球视角总结报告》，圣保罗大学，2018 年 8 月 22～23 日。

业区并不见记载，这是因为从事矿业开发所需要的技术比农业高得多。原始开发性质的个体华侨矿业点在历史上就应已存在，只是不见记载而已。一般来说，人们所看到的或者史籍所记载的，都是规模较大的华侨矿业区。华侨经营农业和矿业的地盘都比较固定，故华侨矿业区和华侨农业区更多地具有同乡聚集地的性质（一个地方可以存在一个地籍或多个地籍的同乡）。在矿业区和农业区内，往往出现相应的地缘社团。

（一）马来半岛

马来半岛的主要矿藏是锡矿。根据目前所见资料，在各地区华侨矿业区中，马来半岛分布最多且华侨矿业区的面积一般比较大，开矿致富的华侨也较多，出现了不少华侨大亨。究其原因，开矿利润率相对较高，吸引华侨纷至沓来。不可否认，华侨为马来半岛内陆的锡矿业发展做出重大贡献，由于19世纪下半叶马来半岛在世界锡矿业中不可取代的地位，故华侨的贡献实际上也是对世界锡矿业的贡献。

马来半岛锡矿业生产经历了如下几个发展变化。第一阶段，少数人合伙的初级开采形式，应看作分散的小规模“华侨锡矿点”。马来半岛早期的华侨采矿形式史载不详，不过可以相信，在19世纪中叶前，马来土邦的华侨采锡业相对分散，都是小规模开采且工作艰苦，工人是马来人和华侨，以前者为主。采矿方法是露天开采，手锄肩挑。第二阶段为1850～1882年，为大规模生产、华侨包办锡业时期，每个矿场工人多则300人，少则数十人。19世纪50年代以后，马来半岛土酋林立，华侨一般不能自行划地开采。如果某个独霸一方的酋长在其辖区内发现锡矿，因利润率高，一般乐见华侨前往开采。华侨与管辖该地的酋长接洽，议定纳税数额，即可划地开采。这样，便形成了一个个华侨锡矿区。如果当地酋长势力衰微，矿权的大部分甚或全部可归属华侨所有。这取决于华侨内部势力大小（多以乡缘为单位），谁势力大谁就占有矿权。第三阶段为1882～1912年，为华侨锡业鼎盛时期。华侨采矿业实现技术革新，包括蒸汽泵的使用和选矿装置的普及，锡产量的4/5由华侨占据。第四阶段是1912年以后，英国人资本取代华侨资本。表层锡矿开采此时已近尾声，英国人采用新技术“铁船”，淘汰了华侨的旧式开采方法。总之，经过以上几个阶段的开采，锡矿成为马来亚的重要财源，吉隆坡、太平、怡保等马来半岛经济中心相继发展起来，都与华侨的采矿活动分不开。值得注意的是，19世纪中叶以后，马来半岛锡矿业大规模发展，锡矿开采是南洋采矿（锡、金、煤、锌）工业中唯一有大量华侨资本参与并发挥较大作用的部门。从经营权来说，马来半岛内陆的锡矿开采可分为两个时期。在20世纪之前为华资主导，进入20世纪后为英资主导。若从从业员工的角度来看，不管哪个时期，矿工都以华侨为主。①

华侨之所以能在一段很长时间内占据马来半岛内陆锡矿业的龙头地位，首先得力于一批有实力的华侨资本家的投资。他们的参与更容易吸纳越来越多以地缘、血缘为基础的同胞前来开矿，从而形成一个个华侨锡矿区。这时期投资锡矿业的华侨为数不少，出现了一些因经营锡矿致富的巨商，如胡子春（又名“胡国廉”）、张弼士、姚德胜、叶亚来、陆佑、李广霖、陈端连等。

还有一个因素是华侨掌握了当时较先进的技术。1850年后蓬勃发展起来的华侨锡矿区，相对于此前的零星锡矿点来说，有明显的技术进步。19世纪20年代，荷属班加岛的中国矿工采用“露天开采”技术，即在地上挖掘一个深15～25英尺的长方形土坑。② 后来华侨带来了新技术，一是从家乡华南地区带来了水车、水泵等先进生产工具，经过改良，解决了矿区的排水难题。二是改善锡矿开采技术。华工创造了各种采锡方法，如水泵采锡法（利用水泵喷水冲击矿泥沙，再吸到木制洗矿槽上淘洗）、洗琉琅法（用木盘盛锡泥在水中淘洗）等。尤

① 参见吴凤斌主编《东南亚华侨通史》，福建人民出版社，1994。

② 林水檺、何国忠、何启良、赖观福合编《马来西亚华人史新编》（第1册），马来西亚中华大会堂总会，1998，第24页。

其是水泵采矿法普遍应用于马来半岛。另外，华侨矿工的熔锡方法也比马来人的方法先进。华侨使用不同种类的熔炉，有便宜制造的，也有不惜成本用砖块制造的，还有好的熔炉用中国陶土制造，可直立地上。[①] 因技术先进，一段时间内华侨锡矿业在半岛内陆迅速发展。1850～1882 年，华侨几乎包办了马来半岛内陆的锡矿业。

虽然华侨所采用的上述技术对马来半岛内陆的锡矿业做出了不可磨灭的贡献，奠定了华侨锡矿业的基础，但时代在进步，上述技术也不可避免地被更先进的新技术所取代。19 世纪最后 10 年，马来半岛的锡矿业开始抛弃原始的露天表层开采方式，代之以机器挖掘。自 20 世纪初起，外国公司以其雄厚资本和先进的生产技术，很快便取代了技术落后、资金短缺的华侨。

在经营方式方面，马来半岛的华侨矿区可能是南洋所有华侨矿区中唯一用“打包”式买卖进行经营的矿区。“打包”式买卖，有利于有实力的矿主开发经营，也有利于华侨劳动力的集中配置。以有“锡矿大王”之称的陆佑为例，1868 年，陆佑只身来到霹雳邦拿律镇甘文珍锡矿场，同华侨矿工一起劳动，并经营货运，兼做为英军供应粮食的生意。后来，他以小本钱买下一个已废弃的“旧龙口”锡矿。对这个富锡矿的开采使陆佑成为富人。此后，陆佑来到吉隆坡，在台山籍华侨赵煜的扶助下开设了典押店，并通过承办鸦片烟、酒、赌博和典押等饷码而致富。除了经营自己的矿场外，陆佑还收购濒于破产的小矿场。由于经营有方，数年间，陆佑便拥有了新街场、锡米山、双文丹、暗邦、叻思、古毛、万挠、关丹、文冬等多处锡矿场，雇工多至数千人，成为当地的大矿主。

华侨锡矿区的管理制度也值得注意。早期华侨锡矿的经营方式各不相同，劳动组织也各异。但一般来说有两种：一是“公司制”，二

① 林水檺、何国忠、何启良、赖观福合编《马来西亚华人史新编》（第 1 册），马来西亚中华大会堂总会，1998，第 24 页。

是“合份制”。“公司制”由土地所有者、财东、头家和工人组成。收入所得，前三种人各取1/10，剩下由工人分配。也有矿场地主抽取1/10后，剩下由财东、头家和工人进行二七分。一般半年分配一次。“合份制”是合伙生产，进行承包，自负盈亏，收入时多时少，年终结账进行分配。承包地点大多是人迹罕至的荒芜之地。另外，“合份制”的工人都是老客，“公司制”的工人起初大多是由头家向乡亲招引来的自由工人。但随着生产发展，采用“公司制”的组织也发生变化，特别是头家积累了资本后，也开始雇用契约工。原来头家与工人地位平等的情况逐渐变化，大量契约工受到剥削，包括多种超经济剥削。英国人侵占马来半岛后，在“海峡殖民地”推行计件包工制。随着锡矿业的发展与英国对锡矿的攫取和控制，各矿区也逐渐采用这一制度。

在当时的历史条件下，一方面，马来半岛内陆锡矿业的管理制度促进了华侨锡矿业的发展；另一方面，这种发展是以广大华侨矿工的血泪与辛酸为代价的。早期华侨矿区多是露天开采，开发异常艰苦，矿工全凭手锄肩挑，劳动时间长，从早干到晚。劳动时，华工身穿粗棉布短裤，腰缠毛巾，光膀赤足，头戴斗笠。南洋气候长年酷热，华工天天汗流浃背。挖土的要一刻不停；深处挑土的，要沿着一个斜的木制跳板把100多斤土一担担挑到地面上。稍有懈怠，即遭工头斥骂和鞭打，华工受不了非人待遇，自尽者有之，逃亡者有之。[①] 矿工住的是简陋茅草屋，集中居住，一人一床一席。伙食是咸鱼、青菜和粗米饭。不少人因饮食不佳、工作繁重得了胃病，重者毙命。工人生病也得不到很好的治疗。热带地区毒蚊多，疟疾流行，初期没有特效药，死亡率极高。矿主有开赌、卖酒的专利权，常以酒、肉赊给矿工，华

① 布莱司：《马来亚华侨劳工简史》，《南洋问题资料译丛》1957年第2期，第23页。

工因而负债，长期受奴役。[①] 华侨锡矿区里常有这样的情况：初期，锡矿主是马来地方苏丹，矿场由华侨承租开采。当地苏丹向工人出售高价大米和鸦片，同时低价收购锡，将锡专利权控制在自己手里；后来锡矿产量增多，开始允许把锡卖给商人，苏丹则设关卡，专收关税、锡税、鸦片税、酒税和赌博税等。[②]

总的来说，马来半岛采矿业的发展是与种植业的发展相辅相成的，两大产业既是“马来联邦”殖民经济的重要组成部分，也是支撑马来半岛华侨经济圈的主要骨架。两大华侨产业成为整个马来半岛华侨经济圈的两只巨轮，相伴而行。

华侨先驱开拓锡矿业，经营各种买卖和开发城市。不管是英国人直接管制的槟城和新加坡，还是马来州属的吉隆坡、怡保、太平等市镇，原先都是华侨在荒山野岭开辟出来的聚落，后来才逐渐演变为城市。参与马来半岛开矿的华侨，主要是客家人、广府人和福建人三大群体。有趣的是，不同来源地的华侨在马来半岛表现出不同的特点。马来西亚华侨华人中至今仍流行着一句顺口溜：“客家人开埠、广府人旺埠、福建人占埠。”这里所说的“埠”，就是开矿过程中逐步建起的集镇。所谓三大华侨群体分别“开埠、旺埠、占埠”之说不一定很准确，但在一定程度上形象地说明了华侨矿区开发的基本特点。这里笔者试对这句顺口溜进行一个粗浅的演绎。首先，马来半岛各地区最初的开拓者多是华南的客家人，很多人在家乡就已开过矿，掌握了较为先进的职业技术。马来半岛、北婆罗洲和苏门答腊等地发现矿藏后，他们从广东港口出海，来到这些地方重操旧业。他们吃苦耐劳，在炎热的东南亚山区开矿也无所畏惧，故谓之“客家人开埠”。其次，当时客家人的衣食所需，均仰仗于其他方言群的各行业工匠以及其他方言

① 参见吴凤斌主编《东南亚华侨通史》，福建人民出版社，1994，第 173 页。

② 〔日〕山田秀雄：《十九世纪后半期马来亚锡矿业的发展》，《南洋问题资料译丛》1986 年第 2 期。

群的菜农。久而久之，凡是与矿区有关系的乡镇，几乎成了广府籍商人和工匠的天下，可以说广府人使当地市镇兴旺起来，故谓之“广府人旺埠”。最后，市镇初步成形后，福建籍华侨便进来从商，他们也引进了竞争对手，各籍贯、各方言群与原有地缘和业缘纽带相结合，占据某个区域和某些特定行业的优势地位。在这个过程中一般是福建籍华侨容易做大，故谓之“福建人占埠”。其实，所谓“占”，不过是商业竞争的代名词而已。这句话实际上反映了不同地籍的华侨群体在矿业时代不同开发阶段担当的不同角色。

（二）越南

华侨在越南开采的矿种应以银矿为主，例如下文将要论述的送星厂（也作“宋星厂”）就是一个银矿。华侨开发的越南矿业区完全是民间性的。他们人数众多且有较强的持续性和抗压性，事实上形成了一种常态化的移民趋向。清代，广东有陆路可经廉州府所属的钦州到达安南之地。据载，廉州之西，有江曰古森，系两国天然边界，巡防严密。惟西南之东兴街及竹山村地方与安南之砙硿、暮彩等处接壤。东兴街虽有清兵防守，但其地东西绵延三十余里，处处有路可通，河水甚浅，卷衣可涉。砙硿、暮彩多有内地之民在彼开铺煎盐，每日行旅如织。① 显然，两国边界的这一地段涉及两国边民生计，很难禁绝边民往来。久而久之，便有中国民众滞留下来。有清一代，通过这种方式移民越南的中国民众不绝于史。据记载，就采矿业而言，越南边地矿厂人数，或数十，或数百不等，皆随矿厂之兴衰而增减。② 当然，定居者中，既有采矿华侨，也有华商或务农者。

对于中国人移居越南，清政府的态度基本上是阻拦和限制。但对于华侨矿工的到来，越南当局自不会公开表示欢迎，但也不会直接阻

① 参见中国社会科学院历史研究所《古代中越关系史资料选编》，中国社会科学出版社，1982，第 647～648 页。

② 参见中国社会科学院历史研究所《古代中越关系史资料选编》，中国社会科学出版社，1982，第 652 页。

拦，而是采取甄别性接收的态度。中国采矿工人在赴越之前，一般是没有组织的（充其量只是少数同村、同乡人呼朋引类），但到达采矿地后，居住地当局区别不同情况，或遣返，或准予居留在当地采矿。例如，清乾隆三十二年（1767），越南当局根据清朝有“内地民无官给身照者，不得出口”的规定，移咨中国两广当局，查无给照者，一律遣返；无官给护照而愿留者，则听其留发易服，为本国编户。[①] 准予居留采矿者，自须接受越南当局管治，不过越南当局一般委托居住地的中国人头领承担实际管理之责。

根据记载，中国采矿工人是按姓氏、籍贯，即血源与地缘关系进行组织管理的。这是一种比较便利的管理方式，符合海外中国移民群体的通行做法，实际上这样的矿区仍处于高度“自治”状态。很多人只是把矿场当作临时居留地，赚到可观的钱，便返回家乡。加上工作条件艰苦，女性华侨十分稀少，故这一类型移民比其他类型的移民更加归心似箭。可以说，这个行业少有第二代移民（第一代移民在当地生育后代），只有周而复始你来我去的“新面孔”，因而就谈不上融入当地了。

当然，并非所有这一类移民都是如此。在清代数百年间，多有中国内地滞留未归民众在位于越南边地的送星厂“落籍世居，子孙繁息”，久之与当地人无异。据记载，清朝奉行怀柔藩属政策，不禁通商，出关脚夫各色人等因穷困而流寓当地，成为矿工，厂衰则散，厂旺则聚。[②] 中国内地客商因越南人招商而前往送星厂领牌开采，时常往返于两国。[③]

---

① 参见中国社会科学院历史研究所《古代中越关系史资料选编》，中国社会科学出版社，1982，第 649～650 页。

② 参见中国社会科学院历史研究所《古代中越关系史资料选编》，中国社会科学出版社，1982，652 页。

③ 参见中国社会科学院历史研究所《古代中越关系史资料选编》，中国社会科学出版社，1982，第 651～652 页。

越南矿藏的开创者并非华侨，而是本国北部的少数民族。例如，岱依族、侬族很早就用原始的方法开采了一些小规模的露天矿，并出现过专门的矿户和矿村。但随着社会经济的发展，原始开采方法已远不能满足需求，需要引进先进的开采技术和专门人才。于是中国人纷至沓来，参与越南矿藏的开发。开始时，中国矿工还不能包办开采全过程，一般是越南当地人起炉开采，中国内地工人前来并力合作，食力相安。① 所以，在早期的采矿活动中，华侨只是以“合作者”或“技术工人”的身份参与其中，大部分华侨只能算“佣工”，越南商人才是真正的矿主。当时的华侨“佣工”多是中国边民和小本商人，有的是两广和云南地区的农民。农闲时节，到越南矿场做副业，赚些苦力钱，农忙时节再回国。②

随着越南采矿业的发展，这种状况很快便改变了，对技术工人的需求迅速增加，各厂矿工几乎清一色来自中国内地。与此同时，一些华侨矿工久居采矿地，便将采矿当作世业。因之，很多人便投亲靠友，引类呼朋，挟带微资，以贸易为名前来，乃至有“来”无“回”。③ 当地居民虽得地利之便，但不谙矿苗之深浅与砂气之厚薄，中国内地技工却能辨识，故前往开采者多能获利。这类以采矿维生的中国移民是当时的“产业技术”移民。越南边地一带多产五金，矿槽甚多，越南当地民众之所以无法独占矿业开发之利，主要是当地人未掌握开采技术之故。

在华侨在越南矿业执牛耳期间，华侨矿业区的规模是相当大的。北圻的送星厂是这方面的代表。送星厂位于河内北面太原境内通州。

---

① 参见中国社会科学院历史研究所《古代中越关系史资料选编》，中国社会科学出版社，1982，第 649 页。

② 喻常森：《清代越南华侨矿业与矿工问题》，《华侨华人历史研究》2000 年第 2 期。

③ 参见中国社会科学院历史研究所《古代中越关系史资料选编》，中国社会科学出版社，1982，第 653 页。

此厂明代已有，清代开采时间为清康熙元年至清乾隆三十九年（1662～1774），清乾隆四十年（1775）一度封闭，清嘉庆八年（1803）重开。此厂人数倍于他厂，有矿工 5000～30000 人，来自广西、江西、湖南、福建各省及广东嘉应、惠州、广肇和南韶等地者十居其九。[①] 还有一说是清乾隆年间，仅在太原送星厂开采银矿的潮州人、韶州人就达两三万人。[②] 实际上，清代华侨矿业区的规模可以更大，矿业区的数量还可以增多，只是由于越南和清政府两方面的限制，其规模和数量才限于今天所看到的水平。清道光十九年（1839）越南政府收回矿区所有权以后，仍有大量华侨矿工，但华侨的矿业开发开始向其他矿种转移。

（三）缅甸

清代以前，缅甸已经存在零散的华侨矿业，但清代缅甸的华侨矿业开发明显增加。文献记载，云南省山多田少，民鲜恒产，但地产五金，滇民遂以之为生计，江、广、黔等省民众，亦多来滇开采。采矿之业，也延伸至缅甸。然缅甸虽富矿产，当地人却不谙冶炼，故多为中国内地人前往开采，食力谋生，缅人亦乐于分享其利。清政府虽然定例禁止内地人潜越开矿，但边地土司及徼外一切食用货物，或由内地贩往，或自外地贩来，彼此相需，是故，向来两地间贸易不在禁例，只查有无违禁之物，便可放行。贸易商民若遇资财损失而欲归无计，也不得不在缅地从事矿业谋生。因之，在缅甸打槽开矿及走厂贸易者，“不下二三万人”。其平常出入两地，常携带货物，故在缅甸的矿工与商贾无异。因攸关两三万人，同时以缅地之余，也有利于补内地之不足，故边境当局对此状况从不断然禁止。边境内外各矿厂，

① 参见中国社会科学院历史研究所《古代中越关系史资料选编》，中国社会科学出版社，1982，第 651～652 页。

② 吴凤斌主编《东南亚华侨通史》，福建人民出版社，1994，第 84 页。

除发生战事，从无不宁。[1] 这样，云南的矿业开发便与缅甸连成一片，华侨参与其中，从开采到运输、销售，在地理上连为一体，形成一条隐秘的“滇缅华侨矿业经济带”。

缅甸华侨采矿虽与云南不太一样，但矿业的高投入与专业化、矿工的艰辛，应与云南大同小异。云南矿业，既有公营，也有私营，一般是“公亏私赚”，两者相抵，总体持平。公营之亏，主因是官府盘剥等，私营没有这一层，因而获利。缅甸的华侨矿业纯属私营，能够保证获利。因此华侨才趋之若鹜，到缅甸开矿。当然，缅甸华侨矿业最主要的得利者是“矿头”、承包商和各级中介商，下层矿工不过分得一点蝇头微利。

有清一代，多有源源不断来往于两地的内地矿工与商人，矿工则参与各类矿藏的开采。在北缅甸，形成了诸多矿业区，其中最著名者，数波龙银矿。波龙（Bowtwin），亦名“波顿”“波童”，缅文意为“银矿”，位于腊戍西北约 45 英里处。清人周裕《从征缅甸日记》记载，其地层峦叠峰，高峻异常，道旁树木丛杂。所过村寨，皆在山谷。明永乐十年（1412），中国人始开采之。[2] 雍正元年（1723），因故停歇。乾隆元年（1736），经桂家杰出人物宫里雁重新整顿后，渐达兴旺。据计，波龙银矿工人获利达三四十两银，则岁常被带回内地之银有 100 余万两。

实际上，华侨对缅甸矿业的最重要贡献应是技术输出，这也是缅甸矿业开发能够操于华侨之手的主要原因。缅人不习冶炼之法，缅甸的银矿完全由华侨自行开采、管理，彼只管收税。

缅甸华侨矿业开发的一个基本特点是“矿头”的绝对负责制，

① 余定邦、黄重言编《中国古籍中有关缅甸资料汇编》，中华书局，2002，第 437 页。

② 参见陈序经《南洋与中国》，西南社会经济研究所，1948，第 55 页；〔日〕铃木中正、荻原弘明《贵家宫里雁与缅甸华侨》，中外关系史学会编《中外关系史译丛》（第 3 辑），上海译文出版社，1986，第 16 页。

由此带来了华侨矿业在内部组织管理上的半军事化或准军事化。一个矿场的“荣”与“损”往往同“矿头”的去留密切相关。矿场的经营成功与否，也与“矿头”的“强势”与否（往往指其对部下的管治水平、与官府的关系乃至“军事化”程度）密切相关。

一个大型矿场还必须有相应规模的后勤和服务体系。波龙银矿的枯荣就是突出的例子。波龙银矿的“矿头”叫宫里雁，李定国部下宫氏的后裔，祖籍江宁。其妻囊占（一作“囊古”）为掸族，当地孟良土司之女。18 世纪上半叶，宫里雁年轻时，见销售棉花可获厚利，就把各自独立的采购商组织起来进行经营，大获成功。又以积累下来的资财，用于振兴波龙银矿。在宫里雁主掌下，波龙银矿逐渐发展壮大。①

波龙银矿的规模、矿工的构成和人数相当可观。据《征缅纪略》记载，前来波龙以采银矿为生者，多为内地贫民，来自江西、湖广及云南等地。赵翼《平定缅甸略述》记载，波龙银矿分老厂、新厂，民居延数里，矿工达 4 万人之多。周裕《从征缅甸日记》记载，商贾云集，比屋列肆，俨然一大镇，富甲诸邦。从管理上看，波龙银矿实行半军事化管理，矿工被编成自卫组织，平时采矿，战时打仗。北缅甸的新老华工、华商、华裔（包括从中国出逃的罪犯）均团结在宫里雁旗下。波龙银矿这样一个显赫一时的矿场兴衰却系于一个当地强人宫里雁身上，宫里雁的人身安危直接影响到银矿的命运。乾隆二十七年（1762），宫里雁被害后，波龙银矿遂一蹶不振，矿工大多散去，以后又遭战火洗劫，成为废墟。

（四）暹罗

暹罗华侨矿业也是“海上丝绸之路”商品贸易的组成部分。暹罗锡矿比南洋其他锡矿更早由华侨开发。据谢清高《海录》的记载，18 世纪八九十年代暹罗产金、银、铁、锡。槟榔屿开拓者

① 吴凤斌主编《东南亚华侨通史》，福建人民出版社，1994，第 195 页。

莱特在1787年指出，1786年以前中国人已在养西岭（时属暹罗）开采锡矿。1821年，有福建平和壶嗣北门社人吴福星、吴万利父子到北大年开采锡矿，继而创办进出口商行“金利号”。其后，吴万利当上北大年第一任海关监督，吴氏族人纷纷前来，故暹罗锡矿多闽人。[①] 整个19世纪，南暹罗锡矿几乎全部由华侨经营。锡矿分布地区主要有二：一为普吉岛，二为半岛地区之董里南部，从海边直到六坤一带。从记载来看，暹罗锡矿的开矿方法很原始，全靠矿工一锤一锤地把矿石敲打出来。这与马来半岛地区的锡矿开采大异其趣。

即使这样，清代暹罗华侨中的多数大小矿业主，仍可从贫苦群体中脱颖而出。最突出的例子首推龙溪人许泗漳。许泗漳1810年来槟榔屿时一贫如洗。初为苦工，稍有积蓄后，便于1822年到暹罗攀牙经商，来往于槟城与泰南之间。1844年，他以每年缴纳16060斤精锡为条件，向暹王拉玛三世谋得泰南拉廊一带的采锡权。[②] 1845年，许泗漳受封为“郎州（拉廊）伯”，招华工前来开采锡矿。其时郎州四周荒凉，经修桥铺路，建房舍，开辟锡矿，居民增至千户，此后不断增加，当地日渐繁荣，政府收入也日益增加。1862年，又加封为“郎郡侯”，复晋升为“拉廊总督大郡侯”。这是古代暹罗的习惯，有出色业绩并与国王关系密切者，就可以获得封号。许泗漳离世后，他的子孙仍然因开采锡业有功而受封。长子心正，封子爵；次子心广，袭“拉廊侯爵”；三子心泉，封子爵；四子心钦，封“克拉子爵”；五子心德，封“弄旋伯爵”；六子心美，封“董里子爵”，后升侯爵。心美子裕利，封侯爵，曾任暹罗驻新加坡总领事。当然，在华侨看来，他们最重要也最现实的身份是“矿场主”。许氏三代在泰南拉廊经营锡矿开采，为当地经济发展做出了杰出贡献，华侨受其吸引，纷

---

① 吴凤斌主编《东南亚华侨通史》，福建人民出版社，1994，第86页。

② 吴凤斌主编《东南亚华侨通史》，福建人民出版社，1994，第86页。

纷前来。1824 年，泰南有华侨 5000 人，19 世纪 50 年代已达 40000 人。[①] 这么多华侨到来，除了做矿工外，还应有相当一部分从事包括农业在内的其他行业或者为矿区提供服务。也就是说，许氏的采矿业带动了泰南的经济发展。

不过，暹罗的华侨采矿业发展一直处于恶劣的环境中，一直没有与华侨经济的其他领域形成链接，最后无法抵挡国际资本主义采矿先进技术的挤压而走向衰落。

（五）荷属东印度

荷属东印度公司的华侨采矿区不少，最著名的是邦加岛采矿区。邦加岛在苏门答腊东南，锡矿丰富，矿产遍布全岛。邦加岛锡矿于 1710 年发现，最先由世居民族开采，不久巨港苏丹任命华侨管理锡矿开采。这样，整个邦加岛就成了一个庞大的华侨矿业带。1910 年，邦加岛有锡矿场（区）361 个，1911 年有锡矿场（区）366 个。有材料指出，1910 年的工人平均数为 19823 人，1911 年的工人平均数为 21292 人。

邦加岛的锡矿大规模开采进程应是华侨启动的。先是，华侨甲必丹阿生带领中国人来到邦加，建立有系统的矿业组织，并对开采方法进行重大改进。此时起邦加锡矿差不多由华侨掌握。1720 年，荷兰开始购买邦加锡，两年后取得锡矿贸易专利权，但锡矿权仍归巨港苏丹所有。其时统治者已经知道中国矿工的专长和技术，便派专人到中国南部招收工人。18 世纪以来，许多矿区基本上都有中国人。[②] 就邦加锡矿区华工的地籍来源来看，广东人最多，广西人次之，也有来自福建、湖南、江西、湖北、贵州的矿工。从语言来看，绝大多数是客家人。

勿里洞在邦加岛的东边。1825 年，荷兰当局派出代表带着 20 名

① 杨建成《华侨史》，中华学术院南洋研究所，1985，第 170 页；许钰：《麟郎掌故》，《南洋杂志》1947 年第 7 期，第 138～139 页。

② 吴凤斌主编《东南亚华侨通史》，福建人民出版社，1994，第 148 页。

中国苦力重新勘探了勿里洞锡矿后，1827 年由荷方哈斯（Hease）事务官与华侨陈鸿奎签订开发合同，规定一切经费由陈鸿奎负担，开采出来的锡卖给荷兰。当时中国采用土法即洗炼法采矿，规模较小。早期开发勿里洞锡矿的华工死亡率很高，后来华工的死亡率虽逐年下降，但华工的人数从 19 世纪 50 年代的几百人发展到 20 世纪的上万人。有资料说，19 世纪和 20 世纪头十年，在勿里洞矿区采矿是手锄肩挑的笨重劳动，苦力劳动都花在挖土和挑土上面。矿深达几十米以至百米，阶梯式地往下挖，为防倒塌，每层要有七八十人砍树并打上木桩。锡湖有水时，要用“水车”一个接一个地把水抽到地面上。

新及岛（Singkep）是苏门答腊东部廖内群岛中的一个岛。锡矿开采较晚，1899 年，荷兰殖民当局授予海牙勿里洞私营公司开采新及锡矿特许权，有几个华侨企业家经营该岛锡矿，产量不高，每年有数百吨。①

荷属东印度公司各华侨矿业区是如何进行内部管理的？据 1890 年出生、1909～1910 年在邦加烈港 10 号做矿工的傅世茂的口述，荷兰锡矿总公司下设分公司，邦加岛 8 个港口（汶港、南榜、勿里洋、烈港、流石、槟港、高木、沙横），共有 8 个公司。每个分公司下辖“巴力”，各个“巴力”都有编号（民国以后由荷兰殖民者编号）。②如下文所述，每个“巴力”都属于一个独立的锡矿开采区，而“巴力”的负责人都由华侨担任，故可以把一个“巴力”理解为一个“华侨矿业区”。

关于每个“巴力”的管理。首先，每个“巴力”都有一个“巴力头”。“巴力头”由华侨充任。“巴力头”从带工中提拔，也有“猪仔”出身的。荷兰殖民者给予“巴力头”较高待遇。其次，每个

① 吴凤斌主编《东南亚华侨通史》，福建人民出版社，1994，第 152～163 页。

② 黄重言等：《邦加烈港锡矿工傅世茂访问录》，载厦门大学南洋研究所编《华侨问题资料》（内部刊物），1980 年印制，第 37～38 页。

“巴力”的工作和相应人员由“巴力头”安排。“巴力头”之下有大工头（亦称“挂沙”，Kuasa）、二工头（亦称“副挂沙”）、小工头、财库、烂脚曼律等职务。他们应是非直接生产者，人数在各个时期不同。再次，各“巴力”的负责人由荷兰殖民政府安排，称作“鸭信勒”（音译），每一个“鸭信勒”管理两三个巴力。他们每天都乘车前往矿区检查和视察，有时晚上也来。来时，“巴力头”向其报告锡产量。“鸭信勒”再把了解的情况上报“泰格米西”（音译）。“泰格米西”又向最高的被称为“锡王”的荷兰矿主报告。“泰格米西”每两个月或每一季度到矿区来巡视一次，“锡王”到矿区的次数则更少。“泰格米西”也由荷兰人充任。① 从上述情况来看，荷兰人对华侨锡矿区的管理是十分苛刻的，带有一定程度的奴役性。华工星期天不休息，一月只放假两天。

每个“巴力”的开采大约经过以下两个步骤。一是制订计划。荷兰锡矿各分公司每年 12 月召集各“巴力头”开会，研究锡矿事宜，议定下一年生产计划。荷兰殖民政府有预先钻探好的锡矿分布图，对各地区锡矿的好坏和锡床深浅都了如指掌。“巴力头”若挖完一地锡矿要转移到他地时，由荷兰殖民政府再行分配。荷兰殖民政府则派荷兰人到划定的地区，一边测量，一边计算，测量队长是荷兰人，队员是华侨。此时“巴力头”也得想办法收买钻探工人和测量工人，了解该“巴力”蕴藏量情况，否则所得矿区若产锡量不够，不仅无奖励，还会亏本。二是订约开工。“巴力头”欲开一矿区，要与荷兰“泰格米西”订立合同，由“泰格米西”统一发给米粮和工具，按人数拨给。每月 20 日发放米，锄头一人一把，编上号码，锄头坏了按号码领取新的，遗失要赔偿。②

① 黄重言等：《邦加烈港锡矿工傅世茂访问录》，载厦门大学南洋研究所编《华侨问题资料》（内部刊物），1980 年印制，第 37 ~ 38 页。

② 黄重言等：《邦加烈港锡矿工傅世茂访问录》，载厦门大学南洋研究所编《华侨问题资料》（内部刊物），1980 年印制，第 37 ~ 38 页。

除了“巴力”这种面积比较大的华侨锡矿区外，荷兰殖民政府还组织私人开采，分“巴力仔”和“做份”两种形式。私人开采的锡矿只能算作华侨锡矿开采点，因为面积很小。“巴力仔”一般不能进行大规模开采，深度一般只有一两米，最深不过五米。开采用手锄肩挑，没有机器。“做份”工人则自由组合，一般由二三十人凑成，少则八人、十人，人人（包括工头）平等，一年分红，故规模很小。①

二 海外华侨淘金业

金矿一般分为山金和沙金两类。山金即原生金，是从坚硬的石头中开采并经加工选矿而取得的；沙金多存在于河流的泥沙中。淘金指打捞起河里或湖里的淤泥后，在淘盘中洗涤淤泥，以便找出淤泥里的天然金砂。淘金曾是冒险家的致富手段，一些国家历史上的重要华侨移入潮就是因为当时当地掀起淘金潮。淘金潮起，招来外来移民潮；淘金潮衰，则参加淘金的移民散而成为侨民。

（一）西婆罗洲

16 世纪末，已有华侨在西婆罗洲开采金矿．但华侨大规模开采金矿始于 18 世纪中叶，形成了一个个华侨矿业区，但每个华侨矿业区的规模都很小。华工勤劳、技术熟练，得到当地人信任，当地苏丹派人招募华工前来开矿。在 19 世纪二三十年代华侨采金业兴旺时期，西婆罗洲华侨人口共 12.2 万余人，其中矿工 5.3 万余人，约占华侨人口的 43%。

西婆罗洲华侨矿区的一个重要特点是实行“子母制”，即在一大片地方，由一个“母公司”统领，这个“母公司”之下有大大小小的“子公司”。每个小公司开发的地方，可以看作一个小矿区，整个大公司的开发地带则是一个大矿区。在西婆罗洲的华侨矿业中，“子

① 黄重言等：《邦加烈港锡矿工傅世茂访问录》，载厦门大学南洋研究所编《华侨问题资料》（内部刊物），1980 年印制，第 37～38 页。

母制”是乡缘性的，即每个华侨矿业公司（或矿区）成员基本上来自同一个祖籍地。例如，到西婆罗洲开矿的华工大多来自潮阳、揭阳、海丰和陆丰，其次是嘉应、惠州。华工在一个公司（矿区）内共事，都是基于乡缘关系。华侨首先有了乡缘性的集结，才可能产生矿业公司，才有华侨矿业区；而矿业公司或华侨矿业区为了进行更好的生产分工，才有分分合合的“子母制”。“子母制”是动态的，一批子公司对某个母公司的隶属关系不是长久不变的，一个子公司内部的成员也是分化组合的。但是，子公司内部成员之间的关系以及子公司与母公司之间的关系并非现代对等的商业关系而是封建色彩浓重的旧式帮会关系。

“子母制”的形成模式是由“子”到“母”。早期的华侨矿业公司都是小公司，有的才几人，多的二十几人。随着采金由表层到里层，技术进一步提高，需要进行大规模开采，公司便由最初个别承租发展到联营开采。联营开采大约从18世纪70年代开始。例如，1776年，在大港公司倡导下，蒙脱拉度（华侨称为“打劳鹿”或“鹿邑”）地区14个华侨公司联合组成和顺十四公司，又称“和顺总厅公司”，由谢结（伯）任总厅负责人，而后分合甚多，兹不俱列。

婆罗洲华侨矿业公司在走向联营以前，一般采取劳动组合生产方式。劳工自备伙食，自带工具，在租来的矿山中共同劳动，得金后按利均分。随着时间推移，各矿区逐渐形成领导集团，和顺总厅公司设有议事会，由各公司驻厅代表（厅主）组成，下有文书、会计等。大矿场有2名“伙长”、3名“财库”、3名“鼎工”（管工），对公司有贡献的人才有股份，新客没有股份。所有矿工由公司供给食宿，新客在淘到金沙后才按工发薪。其他矿工则领固定薪水，盈利多时才能分红。

荷兰殖民者于1823年以欺骗手段取得三发开矿权后，便开始分化瓦解华侨矿业公司。爪哇战争（1825~1830年）结束后，荷兰开始从海上封锁三发等港口，迫使以大港公司为主的和顺总厅公司屈服。华侨矿业公司各矿区人口开始减少。1850 年荷兰对大港公司发动第一次军事进攻，以失败告终。因战争之故，大港公司华工也陆续疏散。1854 年，荷兰以优势军力再次进攻大港公司。华侨矿业公司因内部竞争而削弱了彼此力量，兰芳公司也没有帮助大港公司共同对敌。大港公司遭荷兰镇压，部分人疏散到沙捞越。以大港公司为主体的和顺总厅公司从 1776 年联营到此，共存在 78 年。此后兰芳公司虽然存在，但已岌岌可危。1888 年，因力量悬殊，兰芳公司被荷兰殖民军完全消灭。兰芳公司共存在 111 年之久，前后经历了 10 位总长。①

从东南亚各个华侨经济圈的整体角度来看，由华侨农业区和华侨矿业区组成的西婆罗洲华侨经济圈十分特殊，突出表现在两个方面，一是华侨社会内部的“帮会性”，二是华侨的“外部压力”。

西婆罗洲华侨经济圈基本上是在没有世居民族参与的基础上形成的。婆罗洲是一个大岛，开发程度低，生存和居住条件恶劣。虽然历史上中国与婆罗洲的交往十分密切，但实际上这种交往多为中国航船与婆罗洲沿海地带带有原始商业性质（物物交换）的有限度接触而已，广袤的内陆地带还鲜有被垦辟的机会，华侨没有深入婆罗洲内陆地带。就是生活在沿海地带的相对“发达”的民族，也难以知悉内陆地带的深浅。在这样的生存环境下，华侨来了，他们无须向当地民族“索要”地盘。那里地多人少，华侨只要能够立足，除了猛兽毒蛇，基本上没有其他人群来跟他们打交道。华侨只要抱团取暖，就可以在当地居住下来。他们把自己成立的组织叫作“公司”，不管是从事淘金的组织，还是务农的组织，都以“公司”相称。但从其内部组织形式和行事方式来看，就不难明白其实是“帮会”的翻版。

但荷兰殖民者不这样看，荷兰人认为西婆罗洲是他们的“地

① 参见吴凤斌主编《东南亚华侨通史》，福建人民出版社，1994，第 139 ~ 145 页。

盘”，华侨到这里来进行经济开发，是在抢夺他们的“地盘”。荷兰人要把这一大片地方变成自己的殖民领地。如果要开发，也要由他们来主导开发，而不能任由华侨自主开发。于是，荷兰人对华侨的打压就变成了华侨的“外部压力”。“外部压力”始终是西婆罗洲华侨生存发展过程中的最大压力。最大的问题是，这种“外部压力”还不是和平的，而是杀戮性的。这样，具有“帮会”性质的华侨社团组织不仅要“与天斗，与地斗”，还要“与人斗”，且与殖民者抗争的过程要惨烈得多，华侨只能绝地求生。

（二）马来半岛

吉兰丹和彭亨是清代华侨在“马来联邦”地区采金的最主要地方，形成了“华侨金矿区”。其中最重要的“华侨金矿区”位于波赖。先是，华侨张伯才到吉兰丹采金，他于18世纪上半叶率众逃至吉兰丹的波赖，据地自雄，其后中国前往当地开发金矿者日众。矿区位于深山丛林中，匪徒很多，开矿者多组织武装自卫。谢清高的《海录》记载，18世纪下半叶，“（咭囒丹，即‘吉兰丹’——引者注）其地名双戈及呀喇顶等处皆产金。由咭囒丹埔头入内河，南行二日许，西有小川通太呢阿罗帅，又南行日余，双戈水会之，又南行十余日，则至呀喇顶，与邦项后后山麻姑产金处相连。河中巨石丛杂，水势峻厉，用小舟逆挽而上，行者甚艰。中国至此者岁数百，闽人多居埔头，粤人多居山顶。山顶则淘取金砂，埔头则贩卖货物及种植胡椒。凡洋船到各国，王家度其船之大小，载之轻重，而榷其税。”

除开采金矿，华侨还拥有铸造锭币独占权，每年铸造4次，限定一定数量。华侨在关丹、立巴、思门丹及北干拉麻诸地设有铸造厂。华侨铸造独占权一直保持到1893。①

① 吴凤斌主编《东南亚华侨通史》，福建人民出版社，1994，第174页。

（三）巴西

巴西是华侨淘金的重要目的地，实际上也是除了北美以外华侨淘金最向往的国家。巴西最著名的采金遗迹就是圣保罗西北部的黑金城。黑金城的历史从传统华人时代就已经开始。但黑金城有没有华侨参与黄金开采，目前还没有原始资料可以证实。不过在米纳斯吉拉斯州州府贝洛奥里藏特市南 22 公里处，有新利马市，过去称“老山矿”，原为巴西人的庄园，1822 年巴西帝国允许外国人参与巴西矿业开采，1830 年此地被英国上尉乔治·弗朗西斯·利翁购买，1834 年，利翁将之转卖给英国圣约翰·德尔雷伊矿业公司开矿。1850 ~ 1867 年，年产黄金 1 吨。1867 年 12 月此矿毁于火灾，1873 年恢复生产。翌年，“巴西进口亚洲劳工会社基金会”从广州引进约 1000 名中国劳工到英资“老山矿”。[①] 值得注意的是，该公司引进的约 1000 名中国劳工是在英国政府（1855 年）、美国政府（1862 年）、葡萄牙政府（1873 年）下令禁止从香港和澳门海运中国劳工去外国的背景下进行的，可见该公司的实力非同一般。约 1000 名中国劳工到了矿区后，可能听说了此事故，一半人拒绝下矿井，一小部分人表示接受，但不久后也离开了。[②]

又据《四个世纪的大庄园》一书，“老山矿进行大规模开采奇妙的试验，进口一名中国人仅花费 3 万雷伊，但劳动艰苦，每人年薪则需 24 万雷伊”。[③] 暂且未详此“大规模开采奇妙的试验”是从广州运进约 1000 名中国劳力之前还是之后，也不知道此“试验”用的是不是这些工人中的一部分。可以明确的是，中国劳工在 19 世纪 70 年代

---

① 陈太荣、刘正勤：《19 世纪中国人移民巴西史》，中国华侨出版社，2017，第 167 页。

② 陈太荣、刘正勤：《19 世纪中国人移民巴西史》，中国华侨出版社，2017，第 24 页。

③ 参见陈太荣、刘正勤《19 世纪中国人移民巴西史》，中国华侨出版社，2017，第 166 页。

确实参与了巴西的金矿开采。

1879～1885 年，由于缺少劳动力，该矿复招募了 90 名中国劳工。1886 年，法国矿物学家埃内斯特·罗塞尔·德科尔西访问了米纳斯吉拉斯的一些金矿，1889 年在巴黎出版了其访问记《在巴西金矿的六个星期》。书中指出，“老山矿”有矿工 1500～2000 人，其中有近 400 名奴隶，还有许多中国人。但在他访问后不久，1886 年 11 月 10 日，矿井发生大面积塌方，坑道被封堵，在矿井里干活的矿工没有一人逃出来。今天在矿井入口处仍竖立着一块墓碑，纪念历次矿井事故罹难者。①

此外，今巴西马拉尼昂州马拉卡苏梅市（Maracacume）原有许多金矿。巴西帝国时期，在实业家伊里内乌·埃瓦热利斯塔·德索萨（马华男爵）发起下，马拉尼昂州矿业公司（私人公司）获得大量投资，于 1855 年在马拉尼昂州马拉卡苏梅地区开采金矿，中国人参与了金矿开发。1855 年 2 月，“巴西中国航运公司”从新加坡运送 303 名中国劳工到巴西。他们全是男性，1855 年 2 月 9 日乘美国“埃莉萨·安娜号”抵达里约热内卢的萨普卡亚港。他们的合同期是两年，期满后有免费回程船票。开始时他们因为“听话”还受到巴西帝国公有土地总管马诺埃尔·费利扎尔多·德索萨－梅洛的表扬，说他们身体强壮，完全适合巴西农业劳动，然后将他们全部安排到里约热内卢皇家海军造船厂干活，但不久就予以遣散，称他们什么“也干不了”。这批华工离开造船厂后，有 40 人于 1855 年 7 月被招聘到马拉尼昂州开金矿。② 到 1865 年，此处金矿转让给一家英国矿业公司开采，直至 1870 年巴西政府不再更新转让合同。开矿的工人住在“马

① 陈太荣、刘正勤：《19 世纪中国人移民巴西史》，中国华侨出版社，2017，第 167 页。

② 陈太荣、刘正勤：《19 世纪中国人移民巴西史》，中国华侨出版社，2017，第 21、168 页。

拉卡苏梅垦民村”，此处也是公司总部所在地。[①] 但不知道参加此地开矿的中国劳工一共有多少，下落如何。

第四节　华工与拉丁美洲的交通建设

出国参加修路（含铁路和公路）和挖河工程曾是华侨华人在国外建立的重要功绩。若说其艰辛与危险程度，居华侨华人史上所有职业之首恐不为过。华侨以勤劳勇敢、吃苦耐劳闻名于世，所以这些工程也可以说是华侨精神最真实的写照。

一　修筑巴拿马铁路与巴拿马运河的华工

巴拿马位于中美洲，地理位置十分重要，恰好处于太平洋与大西洋之间、南美洲与北美洲之间。这种重要性在巴拿马运河开通后更是展现无遗。

实际上，在近代巴拿马的交通开发史上，除了巴拿马运河外，还有“巴拿马铁路”，后者比前者要早半个世纪。巴拿马铁路从科隆至巴拿马城，全长75.6公里，于1850年动工，历时6年建成。巴拿马运河开通后，巴拿马铁路才黯然失色。但对巴拿马华侨华人史来说，巴拿马铁路的重要性不亚于巴拿马运河，华侨也因参与巴拿马铁路同巴拿马结下了不解之缘，华侨的吃苦耐劳精神也在巴拿马铁路修建中得到了充分体现。

巴拿马的第一次华侨移民高峰就是起因于修建巴拿马铁路。1850年，美洲刮起修筑铁路的热潮，美国人决定投资修建巴拿马城与科隆港之间横跨地峡的铁路。尽管这条铁路日后了无声色，但在当时是浩大工程。“马铃薯大饥荒”下，美国人引入了不少爱尔兰工人。同时，美国业主还从加利福尼亚州招募约1000名华工来到巴拿马。但

① 陈太荣、刘正勤：《19世纪中国人移民巴西史》，中国华侨出版社，2017，第168页。

在奴隶制逐步瓦解的背景下，劳动力总是供不应求，廉价劳动力更是求供无门，于是修路公司把目光投向遥远的东方。此时中国已进入晚清时期，国内失业人口众多，连富庶的华南城镇也满是谋生的游民。这些人成为到中国沿海的西方招工者及其代理人的目标。口岸、洋行成了灰色交易的中转站，人贩子引诱中国人到巴拿马修铁路。于是，华工纷至沓来，翻开了巴拿马华侨华人史新的一页。华工一上岸，即被买主领走，被赶到铁路上或运河边终日劳作。

巴拿马铁路艰难动工之后，最先参与建设的是爱尔兰人和从美国加利福尼亚州来的约1000名华工。爱尔兰人主要负责东段建设，华工主要负责西段建设。这约1000名华工因遭遇恶劣气候与黄热病的轮番打击，数周后仅剩200人。1852～1856年，从中国广东和福建省招募的华工约2万人，经香港或澳门来到巴拿马。[①] 参与巴拿马铁路修建的华工中，有不少为广东“四邑”人。从1851年开始，先后从香港、澳门、广州黄埔招收华工2万余人，参加巴拿马铁路西段的施工。[②] 华工工作时间长，基本生活必需品无保证，待遇很差。有的华工吃不饱饭，甚至被饿死。此外，华工自杀和遭受虐待的情况严重。然而，源源不断的华工迅速补上空缺，修路工程成了华工生命的消耗战。1868年随蒲安臣出使的志刚写道：“帕那马（巴拿马）之地……闻昔修铁路时，因其水土恶劣，天气炎熇，西班牙国（应为美国人——引者注）用所贩‘猪仔’粤人两万余执其役，乃听其穴居野处，餐生饮冷，逼以苦工而疾困死者殆尽，狠哉！”[③]

到19世纪80年代初，即在美国人修筑铁路30年以后，法国人开始在巴拿马开凿运河，为此专门成立了巴拿马运河公司，到美国加

① 杨金发：《走近巴拿马华人》（上），《侨务工作研究》2006年第6期。

② Lucy M. Cohen, “The Chinese of the Panama Railroad: Preliminary Notes on the Migrants of 1854, Who ‘Failed’”, *Ethnohistory*, Vol. 18, No. 4, 1971, pp. 309－320.

③ （清）志刚：《出使泰西记》，此据福建师范大学历史系华侨史资料选辑组编《晚清海外笔记选》，海洋出版社，1983，第216页。

利福尼亚州以及古巴、秘鲁等地招诱了近5000人。① 开凿运河工程十分艰苦，工地环境恶劣。清朝驻美大臣张荫桓在光绪十四年(1888)九月十一日的日记中写道，巴拿马招工开河在广州“拐贩至六千人，已往者五百六十一人，瘴殁逾半”。② 繁重劳动加上疫病流行，几年后就有近千名华工葬身此地。雪上加霜的是，法国运河公司连年亏损，公司老板又在巴黎投机失败，宣告破产，成千上万的人失业，被骗来的华工无从遣散，只得在运河附近流浪，依靠经商的同胞救济度日，也有一些华工离开了巴拿马。

一说19世纪中期开凿巴拿马运河的华工都是从广东、福建等地招募的。据说陆续参加铁路和运河工程的华工达两三万人之多。原因是欧洲劳工无法胜任工作，工程当局看中了华工的吃苦耐劳精神和工费低廉。当地报纸报道，首批华工上岸后排成长队，穿过城区前往工地，“每个人都很沉默，没有人在路上说话”。他们工作态度极为认真，每天工作时间都比原先的白人劳工长，完成的工作量远超白人劳工，并且没有人停下来吸烟或说话，只为完成工程以便早日回乡。但他们依然饱受歧视且工程量远超预期，回家希望渺茫。加上热带病流行，很多华工最终因抑郁而精神崩溃。据调查，当年至少有400名中国劳工在一片叫 Matachin（意为“清人死去之地”）的树林中含恨自杀。紧挨巴拿马运河航道的地方有一处华工墓林，见证着华工长眠于异国他乡的悲惨故事。此外，有数千人因恶劣的气候、残酷的工作条件丧生。③

① 杨金发:《走近巴拿马华人》(上),《侨务工作研究》2006年第6期。

② (清) 张荫桓:《三洲日记》,此据福建师范大学历史系华侨史资料选辑组编《晚清海外笔记选》,海洋出版社,1983,第235页。

③ 参见《巴拿马,寻找华工之墓》,《北京青年报》2018年11月30日,第9版。早年巴拿马华侨如不幸在巴拿马过世,往往葬在一个叫“华安义庄”的墓园。故此处所说的Matachin墓林应是另一个地方。2004年,巴拿马在巴拿马运河大桥前库莱布拉山山顶高坡上建设“同胞公园”。此处为当年开凿运河的最艰苦工段。公园建有中国式带石狮子的大门,尖顶红柱的凉亭,还建有一座高大纪念碑,上书汉字“华人抵达巴拿马150周年纪念碑”。

所有死者均埋骨于此。幸存者也多无力还乡，留在当地繁衍生息。

清廷出访大臣傅云龙留下有关巴拿马两个地方的珍贵记载。作为游历巴拿马的第一位中国官员，傅云龙一行经哥伦比亚（时称“新加拉那大国”）的大其那（可能是今巴兰基利亚）于1888年12月31日泊中美洲巴拿马的果龙港（今科隆港）。1889年1月2日，傅云龙游历巴拿马城，描写其“居岩石颠，堂院插霄，卉木怒发”，“一街横贯半岛，繇海达海”，拉美名胜“罕有其匹”。他指出巴拿马之所以繁荣，是因为在美国加利福尼亚和哥伦比亚发现金矿，而此地为人员往来的交通要津，而且当时正在开凿联通大西洋和太平洋的巴拿马运河。他还见到当地一位姓曾的华侨商人，这位华侨自称参与过美国南北战争，现在无用武之地。傅云龙也为其叹惜。①

1903年，巴拿马独立，同年巴美签署了修建巴拿马运河的不平等条约。美国人接手修建运河后出现中国人移居巴拿马的高潮。美国和巴拿马的法律不允许当时负责修建巴拿马运河的美国工程师约翰·斯蒂文斯雇用中国劳工，因此美国运河当局采取了一些法律以外的措施，如提供假证人、冒名顶替、用地下方式运入等方式，雇用中国劳工修建巴拿马运河。1914年巴拿马运河开通不久后发生了世界经济大萧条，巴拿马也进入经济衰退期，但中国人继续移居巴拿马。这次华侨移民期间，进入巴拿马的中国移民约5000人。② 大多数中国人居住在巴拿马城、科隆市和牛口市。1911年巴拿马第一次人口普查结果显示当时有中国人2003人。人口统计公报同时指出，由于受到1904年法律的限制，很多中国人没有在当地登记，官方估计当时在巴拿马的中国移民有约3000人。实际上，当时在巴拿马定居的中国

① 王晓秋：《19世纪中拉文明的一次相遇与互鉴——清朝海外游历使傅云龙的拉丁美洲之行》，《拉丁美洲研究》2018年第1期。

② 管彦忠：《中国人移居巴拿马的历史进程》，《拉丁美洲研究》2002年第2期，第33页。

人多达 7000 人。[1]

随着修路或修建运河工程结束，华侨逐渐向繁荣的巴拿马城和科隆市两地集中。这两大城市集中了巴拿马大多数华商。1885 年 3 月 31 日，一场大火和几乎同时发生的一场暴动使科隆市华侨财产严重受损。没有资料说明财产遭受严重损失的华侨是否多为经商者，但历史上发生反对华侨的种族暴乱多数是针对华商的，估计这次暴动也有同样的可能，故留待查考。不管怎样，经历过灾劫的部分华侨只能从头开始创业，也有部分华侨转往正在开垦香蕉业的牛口。居住在巴拿马城的华侨有的移居内地，如贝诺诺美镇进行发展。[2] 到今天，巴拿马每个省几乎都有华侨华人的身影。

二　在巴西修公路和铁路的华工

历史上华侨华人曾经参与巴西的铁路和公路修筑工程。修路是临时性工作，工人都是巴西修路当局通过中介从中国招聘而来。路修完意味着工作结束，修路工人可以选择留下来寻找其他工作。其他职业基本上是华侨自主选择的，做了一段时间后也可以再自主选择放弃，然后谋求别的职业。

巴西独立后很长时期内，大部分地方还没有得到开发。在经济开发过程中，需要进行各项基础设施建设，其中包括修筑铁路和公路。当时巴西的铁路和公路要经过荒蛮的地带，工程艰巨。华侨被招募参与基础设施建设，为巴西铁路与公路建设、促进巴西内地经济发展做出积极贡献和重大牺牲。他们的大无畏精神，他们的功绩，将永远铭刻在华侨华人史册上。今天可以找到的早期华侨参与的交通基础设施建设有菲拉德尔菲亚—圣克拉拉公路、佩德罗二世铁路以及位于亚马

---

① 管彦忠：《中国人移居巴拿马的历史进程》，《拉丁美洲研究》2002 年第 2 期，第 34 页。

② 杨金发：《走近巴拿马华人》（上），《侨务工作研究》2006 年第 6 期。

孙森林腹地的“魔鬼之路”马代拉—马莫雷（Madeira-Mamoré）铁路。

（一）菲拉德尔菲亚—圣克拉拉公路

巴西第一条收费公路是特奥菲洛·贝内迪托·奥托尼集资修建的。特奥菲洛·贝内迪托·奥托尼，米纳斯吉拉斯州东北部塞罗市人，是巴西帝国时期著名政治家与企业家。他的哥哥克里斯蒂亚诺·贝内迪托·奥托尼是博尼托河（Rio Bonito）的子爵，也是巴西帝国政府顾问、后来的佩德罗二世铁路公司董事长。在政坛一度失意后，1847 年，对当时政坛感到心灰意冷的特奥菲洛·贝内迪托·奥托尼回到家乡，组建了穆库里河商业与航运公司（穆库里河公司），于 1853 年 9 月 7 日建设了菲拉德尔菲亚镇①。1853 ~ 1857 年，他集资在巴西大西洋森林腹地修建菲拉德尔菲亚—圣克拉拉公路，全长 270 公里，中间建 54 座木桥。但 1898 年 5 月 3 日巴伊亚—米纳斯铁路通车后，这条公路便完成了历史使命，被废弃不用。今天纳努基市还遗存有 200 米的公路旧址。②

起初，特奥菲洛·奥托尼计划从新米纳斯镇招募居民去菲拉德尔菲亚，但因自然条件太艰苦，印第安人又经常出没袭击，所以只有少数人去。后来，特奥菲洛·奥托尼一开始招募德国人修菲拉德尔菲亚—圣克拉拉公路。1856 年，有 15 名德国人因闹事被抓，有 30 多名工人逃走。在此情况下，特奥菲洛·奥托尼才转念招募中国人前来修路。1856 年 8 月 25 日，他同巴西帝国政府签订合同，在里约热内卢招募 100 名中国劳工（广东人）到米纳斯吉拉斯州东北部修建这条公路。但实际上没有招到 100 名中国劳工，只去了 89 人。1857 年 10 月 15 日，特奥菲洛·奥托尼在股东大会上做的年会报告中谈到他对

---

① 华侨华人称菲拉德尔菲亚为“费城”，1878 年 11 月 9 日易名“特奥菲洛·奥托尼”，脱离新米纳斯镇单独建镇。菲拉德尔菲亚离州府贝洛奥里藏特 470 公里。

② 陈太荣、刘正勤：《19 世纪中国人移民巴西史》，中国华侨出版社，2017，第 154 页。

这些中国劳工的看法："他们（中国劳工）比黑人聪明，完美地完成修路工作，不需要工头向他们解释第二遍"。①

根据记载，这条公路的修建时间为 1855 年 12 月至 1857 年 8 月，中国劳工参加修路的时间应为 1856 年 9 月至 1857 年 8 月。又据特奥菲洛・奥托尼 1859 年的《穆库里垦殖》报告，89 名来到穆库里的中国劳工中，有两人死亡。他在报告中写道，他对这群中国人独特的卫生习惯印象深刻，他们特别爱干净，注意保护头、脚，从不会得有可能导致死亡的脚虫病，等等。这也应是绝大部分中国劳工在十分恶劣的自然条件下能够生存下来的重要原因。

菲拉德尔菲亚—圣克拉拉公路修好后，这些华侨只有少数人留下来（具体人数不详），在穆库里河流域定居，先是在乌鲁库军屯区垦耕，后来慢慢融入当地。大部分人则返回当初的出发地里约热内卢，因为他们当初与穆库里河公司签署的是临时合同。回到里约热内卢的华侨后来可能在当地先后找到工作，很可能也留了下来，没有回到中国。

菲拉德尔菲亚—圣克拉拉公路很可能是华侨在巴西参与修筑的第一条公路。虽然参与的人数不多，但此举具有开创性意义。这些华侨来自广东，应是先期来到里约热内卢。本来与菲拉德尔菲亚—圣克拉拉公路"无缘"，只是因为招募德国工人修路失败，才被招募前来替代他们。该公路的工程要求严格，表明这些修路华工必须符合更高的技术标准，仅仅忍苦耐劳是不够的。

（二）佩德罗二世铁路

巴西在 19 世纪中叶开始修铁路是紧跟当时世界上交通基础设施建设潮流的结果。世界上第一条铁路是 1825 年 9 月 27 日由英国修建开通的；美国 1826 年在宾夕法尼亚修建的铁路是美洲第一条铁路；

① 陈太荣、刘正勤：《19 世纪中国人移民巴西史》，中国华侨出版社，2017，第 154 页。

1837 年 8 月，古巴修建了拉丁美洲第一条铁路。巴西则是美洲第 7 个修建铁路的国家，完工时间是 1854 年 4 月 30 日，排在美国、古巴、牙买加、墨西哥、秘鲁和智利之后。但巴西这条铁路里程很短，只有 14.5 公里①。

巴西第一条铁路没有中国劳工参加修建，巴西第三条铁路佩德罗二世铁路修建时才开始招募中国劳工。同参与修建菲拉德尔菲亚—圣克拉拉公路相比，参与修建佩德罗二世铁路的中国劳工人数更多，但付出的代价也更惨烈。参与修建佩德罗二世铁路的中国劳工生还者很少。佩德罗二世铁路以里约热内卢为起点，计划先连接里约热内卢州、米纳斯吉拉斯州与圣保罗州 3 个州，再北上经过沿海各省一直通到帕拉州州府贝伦市。

1855 年 5 月 19 日，佩德罗二世铁路公司成立，为股份制私人企业，博尼托河子爵克里斯蒂亚诺·贝内迪托·奥托尼任副董事长，1857 年 2 月被任命为董事长。② 关于第一期工程招募华工的缘由，公认的说法是，英国承包商爱德华·普赖斯最初从欧洲招募了 1000 名修路工人（英国人和爱尔兰人）。因为第一期路段经过伊瓜苏河流域低洼地，伊瓜苏河经常泛滥，加之当地卫生条件恶劣，黄热病、疟疾等时疫流行。欧洲工人看到这种情况，大多数人打起了退堂鼓，拒绝上岗。爱德华·普赖斯只好通过当地一位华侨自行从国外招募数千名华工，以代替欧洲工人。于是，中国劳工就成了修建佩德罗二世铁路第一期工程的主力军。但这些中国劳工成百上千染上时疫。“据当时一个证人估计，这些不幸的工人有 5000 多人被埋在贝伦。”③。当时

① 陈太荣、刘正勤：《19 世纪中国人移民巴西史》，中国华侨出版社，2017，第 143 页。

② 陈太荣、刘正勤：《19 世纪中国人移民巴西史》，中国华侨出版社，2017，第 144 页。

③ 陈太荣、刘正勤：《19 世纪中国人移民巴西史》，中国华侨出版社，2017，第 146 页。

人们都知道在伊瓜苏河流域低洼地时疫（包括疟疾、天花和霍乱等）经常发生，爱德华·普赖斯当然知道这一点，但他仍然招募中国劳工，只能说爱德华·普赖斯向中国劳工隐瞒了当地的疫情和恶劣环境，也没有对华工说出欧洲工人离开的实情。根据一位工程师的报告，霍乱疫情暴发期间，在9个月中有5000多名中国劳工死于霍乱、天花与疟疾，成为华工出国史上惨痛的重大事件之一。这次霍乱最先于1855年7月在里约热内卢市区暴发，当年就有4813人死亡。同年9月，疫情蔓延到伊瓜苏镇，死亡237人。[①] 中国劳工居住和工作的地方位于伊瓜苏河流域，这里的低洼地草木丛生、蚊虫漫天，工棚的卫生条件极差。他们来到异国他乡，水土不服，工作还异常辛苦。中国工人本来身体就十分虚弱，在突如其来的疫情面前，中国工人首当其冲，毫无阻拦之力。此外还有人为因素，当时里约热内卢州、佩德罗二世铁路公司和英国承包商几方面都没有采取有效措施，因此中国劳工死亡情况尤甚。由于霍乱之故，佩德罗二世铁路的竣工时间不得不延期。

（三）马代拉—马莫雷铁路

巴西还于1907～1912年在亚马孙大森林腹地修建马代拉—马莫雷铁路（被称为“魔鬼之路”），中国劳工参与了这条铁路的修建。实际上，当时为建设这条铁路，铁路公司除了招聘中国人，还在多个国家招募人员。据统计，公司一共在25个国家的港口招募了正式合同工21817人，加上非法招工1万人，一共有50个国家的3万多名工人，其中包括中国人。这条铁路的修建过程一样惨象重重，估计有6208人死于修路过程，死者中也有中国人。死亡原因包括：一是死于时疫，如黄热病、疟疾、伤寒、肺炎、肺结核、痢疾等；二是事故死亡，如翻船溺死等；三是被印第安人的毒箭射

① 陈太荣、刘正勤：《19世纪中国人移民巴西史》，中国华侨出版社，2017，第144页。

死等。①

概言之，早年巴西中国劳工参加的修路史，可以用“死亡枕席”来形容。修建佩德罗二世铁路和修建马代拉—马莫雷铁路的情况都十分惨痛。菲拉德尔菲亚—圣克拉拉公路同样位于巴西的森林腹地，其艰险程度不容低估。其中很重要的原因就是自然环境险恶。修路的地方大多在原始森林地带，瘟疫横行，工程竣工往往以很多劳工的生命为代价。今天还可以找到当年华工参与修铁路的实物证据，包括19世纪中叶来巴西修筑铁路华工的后裔和当年修建的铁路遗址。

三　在墨西哥修路的华工

早年墨西哥华工的来源地之一是美国，这些华工是先前到达美国淘金的华侨，从美国到墨西哥是他们的二次移民。如前所述，华工来到墨西哥要归因于19世纪下半叶美国的西部大开发。那时候，广东沿海地区的贫苦农民开始漂洋来到美国西部参与淘金，成为劳工。其后，陆续有少数华工应外商跨国铁路开发公司招募，进入墨西哥北部。1864年前后，美国商人承建墨西哥中央铁路，在美国招募华工到墨西哥筑路。19世纪70年代，因美国经济萧条以及针对华侨的暴力、抢劫与杀害等排华行为时有发生，墨西哥成为华工新的移民去处。1876～1877年，一些华工受雇于英商，先后由美国南下美墨边境的恩塞纳达市，做伐木工人和金矿工人。1882年美国排华法通过后，华侨转往墨西哥的意向更加坚决。1884年，广东南海九江的一批华侨共18人由美国来到墨西哥北部索诺拉州的夸伊马斯。于是，到19世纪80年代中期后，从美国进入墨西哥的华工逐渐增多，大多数人原先在美国西部参加修建南太平洋铁路

① 陈太荣、刘正勤：《19世纪中国人移民巴西史》，中国华侨出版社，2017，第150～151页。

和得克萨斯州境内铁路，被美国公司解聘后，来到墨西哥修筑铁路。

四　在秘鲁修建铁路的华工

19 世纪 70 年代，美国人恩里克·梅格斯在秘鲁承包兴建从利马到奥罗亚的中央铁路工程，他获得特许权引进 6000 名华工来从事这项工程建设。这条铁路以海港卡亚俄为起点，穿越安第斯山，直通位于秘鲁中部的奥罗亚，这里是秘鲁矿产品种繁多、矿藏量丰富的心脏地带。这条铁路的修建大大地促进了秘鲁白银及其他矿藏和物资的开发利用，使秘鲁在“鸟粪年代”后，又迎来了新的“白银年代”。华工在修筑这条铁路的劳工总数中占到一半。美国承包商梅格斯称赞这些华工“是我们所能找到的最优秀的工人”。①

① 参见何芳川《中外文化交流史》，国际文化出版公司，2008，第 979 页；陈翰笙主编《华工出国史料汇编》（第 6 辑），中华书局，1984，第 249 页。

第五章　海外华商传统行业贸易与经营

在“海上丝绸之路”沿线地区经商的华侨一般从小商贩做起，积累了一笔资金后，才开始投资其他领域。必须指出，小商贩在华侨群体中占很大比例。实际上，无论是在南海航路或东海航路沿线，还是在去往拉丁美洲的两条航路沿线，华侨小商贩都存在流动小贩、固定摊贩和小商之别。

流动小贩为最低级的经营形式，为小本经营。例如，肩挑或用小推车（或用自行车）装载杂货、蔬菜等商品的货郎，走街串巷叫卖和到农村收购土特产的小贩，等等。流动小贩的经营形式多种多样，有专门从事叫卖活动的，有专门收购土特产的，也有两者兼做的。例如，在荷属东印度群岛，最常见的小贩称为“克郎当”（Kerongton的音译），指沿街、沿村叫卖的流动小贩。一些华侨零售商喜欢走乡串村，赊售进口的布匹、小五金和日用百货，待农民作物收成时，以烟叶、椰干、胡椒等土特产偿还。华商还充当殖民者收购土特产和销售工业品的中介商。一般华商的经济活动仅限于传统种植业、零售和中介的范围。在荷印时期，福建华商多数是靠经营土特产起家的，在当地流通领域一直占有重要地位。而福建华商大多数是小本微利的中小商和零售商，一些较大商号的经营活动大多以家庭为中心，发展得比较慢。

固定摊贩多设在政府当局指定的集市，与各族小商贩混杂在一起，设摊经营，一般有固定的摊位和营业时间。例如，早期的下港是爪哇最大的港口，华侨居民约有 2000 人。[①] 据记载，下港白日有 3 个地方开设市场，各种商品在此交易。第一市场一般开市到上午 9 时。第一市场闭市后，第二市场就在王宫广场开市，贩卖各种日常用品。第二市场的交易一般进行到中午，有时也继续下去。下午市场就在唐人街内开市，这里也贩卖各种日用品，山羊和鸡也在这里出售。这个市场一直从下午开到夜半。[②] 据张燮《东西洋考》一书记载，中国人的市场街位于“大涧西”，市场上有许多摊贩。

小商活动根据地域有所区分且世代相传。在荷印地区，闽南华侨主要经营与输出土特产、鱼产品等；客家人大多数从事与工业品进口相关的零售商品的生产；福清人大多做布匹生意；广府人大多经营酒楼、餐馆、旅馆、洗衣店等。华侨的行业区分不是绝对的，不过各籍华商的经营活动有所侧重是极为明显的。

流动小贩、固定摊贩和小商的分野主要与华商的经营地点有关，也取决于资本的多寡。就经营领域来看，则可分为零售商、中介商和批发商 3 种类型。华侨零售商、中介商和批发商都已达到或超越了上述小商水平。在东南亚地区，他们出现的重要原因是 1870 年后荷兰殖民政府的华侨政策发生变化。最主要的变化是一些限制华侨商业活动的措施先后废除，例如，19 世纪 70 年代，荷印殖民政府被迫放弃过去实行的政府垄断政策，废除“强迫种植制”，开始实行倡导“自由竞争”的新殖民政策；1870 年，荷印殖民政府颁布“土地国有法”，禁止华侨拥有土地，也不许印尼人把土地转让给非印尼人。实施这些措施的目的并非鼓励华侨经商，但在客观上迫使华侨的经营范

① 〔日〕岩生成一：《下港（万丹）唐人街盛衰变迁考》，《南洋问题资料译丛》1957 年第 2 期，第 109 页。

② 〔日〕岩生成一：《下港（万丹）唐人街盛衰变迁考》，《南洋问题资料译丛》1957 年第 2 期，第 109 页。

围向商业领域转移和集中。再者，在商品经济的猛烈冲击下，印尼传统的自然经济逐渐解体，向具有资本主义性质的经济发展。这一社会经济大转型客观上为富有拼搏精神而又善于经营的华侨提供了更大的活动空间。他们扬长避短，开拓市场，建立商网。因而，无论是从事工业、零售业、中介行业，还是从事进出口业和批发业，华侨都获得了较大的发展空间。

华侨零售商在1870年以后得到进一步发展。这是因为这时候华侨源源不断来到荷印，土生华侨人口迅速增加。第一代华侨中，除“契约华工”外，大多数人是处于社会底层的贫苦农民、无业游民和自由职业者。他们来到异国他乡，要找到一份工作并不容易，很多人只能加入小商贩行列。荷印殖民政府推行“自由经济”与“门户开放”政策，西方商品大量涌入，也导致商品市场的形成及扩大；荷印殖民政府废除通行证及居住区域限制，间接促进华侨零售业的扩大和发展。做小商贩也有一些优势，主要是需要的资本少，筹措易，经营自由且简便。虽然赚钱不易，但作为谋生手段来说还算相对较好。

中介商是在1870年后逐步冲破殖民政府的种种限制发展起来的，原因类似于上述零售商的发展，还因为中介商本身的职业便利，如不需要很多资金，也不需要多少专业知识，重要的是比较容易得到输入商的信贷和赊欠代销。1870年荷印殖民政府颁布“土地国有法”，不许华侨在爪哇经营种植园，华侨的经营范围受到极大限制，只得另觅出路，中介商便是可选之路。当时欧洲人经营的进出口贸易大商行越来越多，彼此激烈竞争。这些商行利用华侨中介商来推销其输入品，收购当地农副产品、土特产，再输出到世界各地。对于资金不多的华侨来说，通过中介商之途谋生进而求取发展，无疑具有一定吸引力。

华侨批发商出现较晚。因为从事这类商业经营的基本条件是拥有相当雄厚的资本、一定的商业贸易知识以及经营管理能力。时移岁易，到20世纪初期，华侨大批发商和进口商逐渐发展起来。其时，荷兰及西方资本对荷印进出口贸易实行垄断政策，华侨的商业发展大受阻挠和排斥，一部分有条件的华商便试图打破这种垄断，直接经营进出口业和批发业。最典型的例子莫过于黄仲涵的建源公司。该公司在华侨工业、华侨进出口业和批发业及荷印的经济贸易中都占有一定地位。在经营农副产品、土特产，特别是糖业出口及其他工业品进口等方面，该公司一度可以与荷兰及欧洲其他国家的公司匹敌。到19世纪末20世纪初，荷印殖民政府取消了一些原来由华侨经营的专卖承包项目。这些华侨在过去的经营中已经积累了一定资金，便转而经营批发业和进出口业；一些华侨原来经营中介贸易，也逐步发展到直接经营进出口业和批发业。在荷属东印度的外岛如婆罗洲、马鲁古和新几内亚（今西伊里安）等地，因欧洲进出口商势力较弱，经营进出口业和批发业的华侨原本就较多，存在华侨批发业发展的良好基础。此外，关于华侨批发业发展的基本原因与上述零售业、中介业大致相同。①

第一节　东南亚华商在居住国的经营

一　中南半岛地区

（一）越南华商

正常的贸易从来都是互利互惠的，这种情况以离中国较近、华侨较多且两国贸易往来频繁的越南最为明显。按照李塔娜的说法，东南亚地区的18世纪是一个“中国世纪”。经过数十年的冲突，新生的清政权稳定了海疆，并以广州为中心创设了新的贸易体制，随之而来的海上贸易浪潮极大地促进了欧洲人在中国和东南亚的商贸活动，影响深远，遍及整个亚洲。“中国世纪”意味着中国移民增加以及

① 朱陆民：《二战后印尼华族政治地位变迁研究》，博士学位论文，暨南大学，2000。

经济作物生产规模的变革。这些情况多数出现在交趾支那沿海地区（广平至归仁）的狭长平原上，但商业贸易和人口迁移的流向集中在湄公河三角洲一处边界地区。据范岱克关于18世纪广州贸易和行商的研究以及零星散落的各种语文资料，交趾支那是18世纪中叶广州华侨帆船贸易的主要目的地和重要华侨经济作物生产地区。在有记载的300多艘赴东南亚的华侨贸易船只中，广州赴交趾支那特别是湄公河三角洲的船只数占比竟然高达82%～84%。[①] 运到广州的商品包括胡椒、糖等。

两国贸易的发展吸引大量华侨来到越南，越南的华商比例特别高。华商中从事中越双边贸易、越南国内贸易和越南国际贸易的群体分工合理；华商以地缘关系为基础，形成行业与地域布局，全方位、网络化地覆盖越南的城镇、村落。到19世纪上半叶，华侨足迹已经遍及越南全国。清人蔡廷兰在流寓越南期间，从越南中部到北部，贯穿南北，游历10余省，包括富春、会安、河内等城市，并留下相关记载。除广治、北宁省没有记述外，据其记载，在各省和大城市直至靠近中越边界的谅山，几乎随处都有华侨寓居。

越南的华侨主要经商，其中以坐商性质的小零售商为主。华侨经营零售杂货店，举凡生活所需，各色俱全，受到当地人民的欢迎。中国商船贩运的货物充斥越南市场，“市中百货云集，其茶叶、药品、瓷器、故衣诸货，皆中国客船贩至售卖为多”。即使中国商船受越南政策变化的影响而减少，中国货物也由当地的小船通贩到越南市场。“数年来，官禁肉桂、生糖等货，不准私贩出口，定官价采买，归王家商贩；又增商船税例，以此中国船益稀少，十减五、六，民甚苦之。其河内（即古东京）、平顺（古占城……）等省，悉本处小船通

① 李塔娜：《18世纪的交趾支那：经济作物、华人和西山》，载李庆新主编《学海扬帆一甲子——广东省社会科学院历史与孙中山研究所（海洋史研究中心）成立六十周年纪念文集》，科学出版社，2019。

贩，粤货甚多。”中国对越南贸易在华侨对东南亚的通商网络中占有重要地位，对越南也极为有利。“大抵滨海利赖，最喜帆樯辐辏，货产流通，不然，贫无业者，悉转沟壑矣！”①

在堤岸，广府华侨开办的店铺被称为“馆仔”。“馆仔”多是家庭式小店，家庭成员既是店主，又是售货员。在店里，米、油、盐、酱、茶、针线、纸烛、鞋袜、绸匹，举凡日常生活所需，自高价而至贱价，各色俱全，任何时候去购买都有供应，十分方便。对于经济拮据的常客，还可以“赊数”。因此，和华侨杂居在一起的越南百姓对华侨开设的“馆仔”十分称道。越南《南天报》指出：“华侨杂货店，自高价而至贱价的都有，任何时候去购买都有供应”。“贫苦人家每餐购米”，因此“零售杂货店是贫苦人家的贮藏仓库，也是贫困人家的银行，实在是十分重要的”。华侨商业经营获得成功的一个重要原因是华商能够过着同当地居民一样或只是水平稍微高一点的生活；其次是华商很快就学会了当地语言，了解当地居民的心理。由于语言、感情相通，华侨能更好地取得当地居民的信任。

说到清代越南的华侨商业，不能不提及“堤岸”区。在法国殖民者占领期间，西贡嘉定港逐渐发展为整个中南半岛的主要港口。西贡有着优良的地理位置，与新加坡、雅加达、马尼拉、香港、广州的距离适中，加上季风现象，使它成为一个国际性港口。西贡港位于东南亚和整个远东地区的中心，是东方世界与欧洲的交通枢纽，柬埔寨的大米大部分从西贡港出口，而西贡港也是中国人移居柬埔寨的重要入口。

在法国人来到越南之前，华侨在阮氏政权鼓励下，先是移居越南中部，后来在越南东南部立足。阮氏继续南进，采取有利于来自粤、闽等省的新移民有秩序迁入的政策。在“西山起义”期间（1771～

① 戴可来、于向东：《蔡廷兰〈海南杂著〉中所记越南华侨华人》，《华侨华人历史研究》1997年第1期。

1802 年)，1778 年，一部分华侨社团受到仇视。于是，为躲避屠杀威胁，华侨建立了“堤岸”区。堤岸城万商云集，舟车辐辏。在河川上，运载货物的各种帆船和舶板基本上都属中国人所有，甚至整个交趾支那的河上运输业都由中国人操持。关于堤岸的商业盛况，清代张德彝在《航海述奇》一书中有载。他见到“广州府香山县谷字都监生张霈霖，字沃生，年近四旬，慷慨好客，广交游，解英、法、安南语等”。询问张霈霖，得知“一切器造皆来自广东。每半年自中国来船两只，往来运货。张公按年往粤省贩卖越南米粮，又自粤省运货在此售卖，如此往来，得利甚重”。再向东一段街市，铺户多是广东人开没，“虽不华丽，亦甚热闹。往来种作，老幼咸集”。[①] 堤岸逐渐发展为华侨的经济和文化中心，当时法国人称之为“华人城”。堤岸市所有马路、街道的文字标识以法文为主，街牌和路牌的中文名称大部分为译名。堤岸的主要街道分为“街”（两旁有住房和商店）和“路”（两旁为河或堤道），有百余条，如巴黎街、马赛街、波拿街、福熙将军路、霞飞将军路、阿尔萨斯洛林街等，都用法文命名。工厂、商店、学校、社团的招牌大多用中文，也有一些街道使用中文路牌，如总督坊街、水兵街、广东街、匠人街、仙翁街、新兴街、梅山街、塔梅街、福建街、云南街、品湖街、七府街、大市街等。这在一个方面反映了华侨商业的重要地位和影响。

华侨的商业活动形成了遍布越南城乡的商业网。这个商业网层级分明，联系紧密。在其中心，是华侨大资本；在其外围，则是遍布广大城乡的批发商、零售商以及肩挑背负、走街串巷的小商贩，构成了日用商品流通和销售网点。特别是在堤岸，行业划分既具体又细微，供应全市 3/4 华侨和 1/4 当地居民的日常生活必需品。[②] 通过这个网

---

① （清）张德彝：《航海述奇》，载福建师范大学历史系华侨史资料选辑组编《晚清海外笔记选》，海洋出版社，1982，第 3～4 页。

② 朱桂莲：《近代越南经济的发展与华侨》，《武汉教育学院学报》（哲学社会科学版）1992 年第 4 期。

络，既联通了越南国内的农业生产地和民族市场，也联通了越南国内的华侨农业区和中国货市场，在越南的国计民生中扮演着不可或缺的角色。这个商业网络以一个个华侨商号为节点，节点彼此联通，但网络中各节点的地缘性质十分明显，若干个节点组成一个地缘性的“节点群”，一个个“节点群”的有机组合和有效运转，不仅维系和调剂着越南社会生产与销售之间的平衡关系，保障越南城乡民众生活必需品的供应，而且极大地带动了越南市镇繁荣发展，促进了越南商业经济发展，特别是推动越南农村自然经济向商品经济转型。

可以看出，华侨商业范围很广，涵盖了越南民众日常生活的方方面面。华侨商号集中于越南的大中城市，但这些城市只是它们的基地，它们的经营范围犹如一根根血管，接通了越南全国城乡，为越南各地的经济发展输送血液。随着华侨商业发展，华侨基于同族同乡关系开设商号，在各地往往通过行号联系，建立商业网，俗称“联号”。华侨商号不仅遍布越南全国各个城镇，而且远及柬埔寨、老挝、泰国、中国香港、新加坡和马来亚各地。物货畅通，供应充足，给越南城乡居民的生活带来了极大便利。

华侨在越南的经济活动具有帮派特征。众所周知，帮派的形成是地缘与业缘关系所致。正因为这种职业与乡土关系的结合，各帮存在非常明显的职业同一性。例如，广东帮，主要经营绸店、木材行，从事裁缝、造船、屠宰等业，经营米店及从事河运业的也不少；福建帮，主要经营米店，次之为五金店等；海南帮，主要经营旅馆、茶坊及从事胡椒买卖；潮州帮，多为船夫和苦力；客家帮，主要经营茶坊、中药店等，或做鞋靴买卖。此外，也有商帮做陶瓷、布皮买卖，开办银行等。①

帮派的地缘鸿沟非常明显（主要是广东商帮、福建商帮等），但

① 参见朱桂莲《近代越南经济的发展与华侨》，《武汉教育学院学报》（哲学社会科学版）1992 年第 4 期。

各自内部的聚合力十分牢固。各帮派向来秉承刻苦自励的精神，在越南逐步建立起自己的经济基础，其中有富商巨贾，但大多数为一般商贩。在“帮”的作用下，富商巨贾与一般商贩的鸿沟大大缩小。资本与地位相差无几的商贩一起打拼，同甘苦共患难，一起赚钱，一起分红，一起拜自己信仰的神，乃至一起分享自己帮派的商业地盘和商业领域，例如福建商帮就在洋酒领域占有优势地位。华商注重分工协作、互利协作，不喜欢单干。他们设立自己的行会，工作上耳目灵通，也会与其他团体开展合作，无组织的商人很难跟他们竞争。比起越南当地人，中国人对业务更熟练、更勤勉、更有组织性。应指出的是，由于历史上的文化交往，华侨尤其是来自中国南方（如广东、福建）的人与越南人并没有多大差别，不仅在外表上、体质上无甚差别，在性格上、心理上也有诸多相近之处。这样，两个民族做起生意来就很融洽。

做生意是华侨的长项，不论是小生意还是大生意，都能做得很好。因为他们能吃苦、勤奋、节约，都很爽快，大小商品都可以比越南人卖得便宜一点，获利少一点。在经营中，华商敢于冒险、果断、团结，常得到家族和朋友的帮助，也注意磨炼社会组织、同业公会的传统职能。华侨能够把传统的方法、经验与现代化经营方法很好地结合起来。

对华侨来说，诚信是经营活动的最基本要求，也是经营活动的最大法宝。在买卖中，最重要的就是诚信。华侨守信用，不欺诈、不坑蒙拐骗。因为有了诚信，华侨做买卖的手续就很简单，谈买卖很少发生争端，也很少打官司。万一需要打官司，他们也不会诉诸法庭，而是找帮会解决。①

越南华侨的商业活动，不仅打破了当地长期存在的自给自足的经济体制，还为越南商业城市的发展做出贡献。华商推动了京徽、庸

① 裴雪贞：《越南胡志明市华人教育现状》，硕士学位论文，广西大学，2011。

宪、会安、西贡等商业化程度较高城市的形成和发展。华侨在越南的商业城市居民中所占比例一般比较高，在进出口业占据主导地位。此外，清代越南华商与一部分散居华侨农民相互支撑，很难说得清某个地方是先有华商还是先有华农。一个地方先有了华商，然后把华农引到那里，或者先有了华农，然后把华商引到那里，这两种可能性都是存在的，这里不做考究。但有一点值得注意，在一些地方分散居住的华农中，很多人同时也是华商，准确地说是来回游走的华侨行商在当地的零售商或代理商。这种例子在中越边境农耕点最明显。华商的职业特点决定了其具有很大的流动性，他们主要在港口地区和商业中心城镇活动，把在中国或越南发达地区采购的货物销往有华侨农民或零售商居住的地方。因为有华侨行商的来回奔忙，华侨农民在农耕点的收入提高了，愿意在那里长期居住下来（有的人后来还入籍越南）。反过来，也因为有华侨农民在一些偏僻地方从事耕垦兼零售活动，中国商品流通不再仅仅局限在越南的沿海港口和商业中心城镇，而是流入内地村镇，从而促进了越南经济相对均衡发展和社会进步。

（二）中老民间商品贸易与官方商品贸易

先看民间商品贸易。老挝的华侨多来自云南和两广，主要居住于湄公河沿岸琅勃拉邦、万象等地，大部分人从事商业，也有人经营采矿业。据记载，从明代永乐朝起，就有中国人移居老挝，此后逐步增加，到明末清初已有约3000人。在传统的联通云南与东南亚的商业通道中，有一条路是从云南进入老挝北部的丰沙里，再由丰沙里南下到琅勃拉邦和万象，然后由万象越过湄公河到泰国东北部地区。不同时期移居老挝的云南人与分布在东南亚各国和故乡云南的同胞保持密切关系，后来逐渐发展为“金三角一带的商业霸主”。①

民间贸易主要在滇老两地之间进行。普洱府与老挝接境，经边境

① 何平、饶睿颖：《历史上迁移老挝的“云南人”》，《思想战线》2009年第4期。

地猛腊（今勐腊），出猛润隘口，可至老挝的猛温（今芒温）；另经猛烈（今江城县），由猛乌、乌得、整发，可入老挝、越南及暹罗。[①]这些道路也是双方间的主要商道，云南商人利用马帮运进茶叶、布匹、黄蜡、蚕丝、绸缎、铜器、铁锅、地毯等物，收购鹿茸、象牙、安息香及山货等土特产回内地。

中国输进老挝的货物多由常居住于当地的华侨销售。清末以来，绝大部分老挝华侨从事工商业活动，以经商为主。上寮一带经商的小资本行商多，主要靠马帮运货；少数在山区农村的华侨以务农为主，兼营小资本生意。在主要城市，华侨经营的商店比比皆是，经营范围有土特产、酿造品、木材、洋杂货、服装、钟表、眼镜、车辆、食品，开办舞厅、旅社、茶室、咖啡店等，也开办碾米、染布、肥皂、蜡烛、木炭、皮革、烟草、汽水、糖果、化妆品、机械、砖瓦等工厂。[②]

1869 年，法国派遣了一支以特拉格来为首的考察队，沿循公河而上，考察柬埔寨、老挝的情况。这次考察活动的参加者之一安邺（晃加士尼）后来撰写了《柬埔寨以北探路记》一书，详细地记述了这次考察的所见所闻，从中也可以一窥华侨经济在老挝社会生活中占据重要地位。作者认为，在当地的各国侨民中，华侨“最为机敏，善谋生计”，他们在当地起着重要作用，“此间南掌（即老挝）人之贸易未必胜于柬埔寨人，若无中国人与之贸易，则几与外处隔绝不通”。特别是在老挝下寮地区有更多经商的华侨，作者写道：“阿刀卜（即阿速坡）者，昔产金沙甚多，今则已罄……此贸易利权秉之于中国闽商……其进货如槟榔核、木棉货及绸缎、糖、盐、药材、铜锡器皿之类，自奔山（即金边）贩出者如豆落、火麻、蜡、漆、象牙、兽皮、鹿角、犀角、孔雀毛、各种草器及野番巧制之木器。”在

① 陆韧：《云南对外交通史》，云南民族出版社，1997，第 353 页。

② 郭保刚：《老挝华侨概述》，《印支研究》1984 年第 3 期。

孔阜，“华商之有恒产者，每娶土人之女，握商贾之权”。一些华商在当地贸易中还起决定性作用，“南掌人又爱杂货、铜锡器、肥皂、棉货，番人又爱铜、丝、料件、火药。向例贸易以官吏居间，必馈以礼，诸货物经官吏及华商之手，其价定之于华商”。[①] 华侨经营的这些商品都是外来货，通过贸易进入寻常百姓家，成为当地人必不可少的生活用品。很多商品应通过陆路从中国运进来，但细心观察，不排除一部分商品是通过“海上丝绸之路”运进来的。例如，闽商的经营活动一般经过海路，商品主要来自海路。

老挝也有物品销往外地，例如老挝的特产名花神品兰，滇民移植入内，“新兴（今玉溪）人善养之”，并移栽到扬州一带，“人争来看，门几如市”。[②] 当地边民相互间的市易更络绎不绝。《皇清职贡国》载：“老挝，俗呼为挝家，即南掌夷民也……其近在普洱府东界外者，常入内地贸易。”

很早以前，滇、川等地的马帮商队就来往于中国西南至缅甸、印度、泰国、老挝、越南等国的古道上，元明以后则以回族商帮最为有名。“茶马古道”有多条路线，其中的“中老道”就是中国到老挝的古道，进桑麋冷道，从红河往越南。这一条路是茶山之路，串联云南六大茶山。显然，“贡茶路”与“中老道”都可接通老挝。

清代回族马帮运到缅甸、老挝、越南、印度等国的货物，大部分是西南地区出产，换回的物品也多为当地的土特产。例如，到老挝，运进去的货物有土布、黄蜡、蚕丝、铜器、铁锅、缎子、毡子、鞋子和故衣（清朝末年用绸缎做的衫子马褂，当地少数民族用来装饰），收买的货物有鹿茸、象牙、山货等。[③]

再看官方商品贸易。中国与老挝的双边友好关系源远流长。据统

① 郭保刚：《老挝华侨概述》，《印支研究》1984 年第 3 期。

② （清）檀萃辑《滇海虞衡志校注》，云南人民出版社，1990，第 223 页。

③ 申旭：《回族与西南丝绸之路》，《云南社会科学》1994 年第 4 期。

计，明清时期，中老使节往来达65次。[①] 老挝多以象、金银进贡，中国多回赠丝织品、瓷器。

在官方交往中，入贡使团从云南普洱府入境，沿途均有接待护送，仅今西双版纳地面即设有勐仑、勐嫎、勐征－勐腊－把岛、橄榄坝、勐型5个接待站，每站接待时要依制向对方出赠礼品。[②] 普洱府成为滇老交往的重要门户。老挝使者所带礼物一般是大象、象牙、犀角、孔雀尾、土绸等特产；清王朝按照薄来厚往惯例，招待对方和赏赐费用，至京后另有大量回赠物品，如绸缎、布匹、服装、毛毡、茶叶、玻璃、纸张、瓷器及若干生活文化用品、工艺品等，类别、数量繁多。

客观地说，中国与老挝间的商品贸易主要通过中国西南的“陆上丝绸之路”，具体来说是依靠马帮。可以说老挝是东南亚乃至中国“丝绸之路”贸易体系中唯一依赖陆路的国家，但不能因此把老挝看成一个与“水（海）上丝绸之路”毫不沾边的国家。如上所述，华侨曾经主导老挝的零售业和进出口贸易，贸易范围远达曼谷、新加坡、金边等地。这说明，老挝的商品还可以运销到一些必须经过水（海）路的国家，尽管在运出老挝国境时，还是要走一段陆路。

（三）柬埔寨华商

早年柬埔寨土地上零星的华侨得益于中国与中南半岛各地的水路商业往来。唐宋时期，从福建、潮州、广州出发的航道成为中国与外部世界联系的主要航道。到宋代，潮州成为海外交通贸易的重要港口地区，潮州港、凤岭港和揭阳港等商贸港口成为重要的海外贸易基地。

柬埔寨的潮州人众多，主要得益于以樟林港为标志的潮州对柬贸易的发展。潮州沿海居民开始大规模投入海上商业冒险活动是明朝正

① 周一良主编《中外文化交流史》，河南人民出版社，1987，第724页。

② 申旭：《老挝史》，云南大学出版社，1990，第209～210页。

德年间（1506～1521 年）。当时大批潮州人与船为伴，涌向茫茫大海。在这个时候，澄海的樟林港也在历史上崭露头角，为后来潮州人大量移居柬埔寨奠定了基础。到了清代，随着海上商贸活动日益繁盛，人员交流不断增多，形成潮州人向东南亚的第一次移民高潮。据记载，清乾隆、嘉庆、道光、咸丰四代皇帝的约一个世纪间，从樟林港乘坐红头船漂泊到暹罗的潮州人有 150 万人之多。潮商在海外的足迹最先遍及东南亚，依托东南亚潮州人社会的经贸网络，长期掌控着“汕（头）香（港）暹（罗）国际贸易圈”，形成以暹罗为中心的近代潮州人商帮。柬埔寨也在这个国际贸易圈之内。而近代柬埔寨华侨最主要的出口港是汕头，最主要的入口港是西贡。从汕头出洋的柬埔寨华侨一般乘汕头—西贡线的轮船，经西贡转运，沿湄公河从东而西经越南入境；或者乘汕头—曼谷线的轮船，沿陆路从西而来，经暹罗入境。1840 年鸦片战争以后到 1949 年中华人民共和国成立，这 100 多年是华侨移居柬埔寨的兴盛期，奠定了现代柬埔寨华侨社会的基础。

柬埔寨的华侨商业网包括“国内商业网”与“国外商业网”，前者指华侨在柬埔寨国内的商业存在，后者指华侨与国外的商业联系。

先来看华侨经营的对外贸易。入清以后，随着南方政局逐渐稳定，潮州人再次掀起海外贸易的高潮。康熙二十三年（1684），清廷放松海禁，潮州人纷纷集资，造船出海。雍正五年（1727），内地各商援照闽省之例，开始与南洋进行贸易。时闽、浙、江南等地前往南洋贸易船只均自广东虎门起航，经由老万山（即鲁万山）一岛出口。[①] 广东商人的回航路线，必经七洲洋（海南岛东部一带洋面），到老万山，再由虎门入，计程 7200 里。而从柬埔寨到厦门，计水程 170 更（大致为一昼夜分 10 更，每更合 60 里）。《清文献通考·四

① 《署两广总督庆复奏覆仍准各国船只来粤贸易折》，载中山市档案局、第一历史档案馆编《香山明清档案辑录》，上海古籍出版社，2006，第 708～709 页。

裔考》载，每当冬春时节，浙、闽、粤省的商人便前往柬埔寨互市。后来，还携丝绸前往贸易，及至夏秋始归。据说，福建商舶所至，大多为旧水真腊之地。[①] 经厦门出洋的货物，有漳州的丝绸、沙绢，永春窑的瓷器，以及各处出产的雨伞、木屐、布匹、纸扎等。但福建出产的茶和铁则严禁出口。[②] 柬埔寨华侨中经营出色者，被推为巨擘，"所贩中国土产较诸欧洲所贩华物，其值约贱十倍"。[③] 柬埔寨"地所产为鱼、盐，每岁春夏之交，必发洪水，一、二月间水始退，满地皆鱼，民收而贩之外埠，以敷一年食用。今粤人所食咸鱼，盖多由金边来者"。[④]

在柬埔寨与中国的贸易中，潮州商人居多，故潮州地位十分重要。据载，18 世纪 20 年代清廷准许与暹罗进行大米贸易后，潮州樟林港由于远洋航海事业发达，由原来一个小渔港一转身变为商业港。雍正元年（1723），清廷为了方便管理，对各省商船、渔船的标识做出规定，进行审批、登记、发牌，随时派兵船巡海稽查。其中一个规定是广东商船大桅杆上部及船头均油红漆，船头画上两只圆圆的大眼睛，浮在水面，犹如一条大鱼畅游于海上。这便是"红头船"的由来。第一艘红头船从樟林港扬帆起航。以红头船为特征的潮州商帮也逐步形成。"红头船"使潮州商帮在东南亚地区特别是柬埔寨的对外贸易独树一帜中。潮州华商此后曾在柬埔寨、泰国等地叱咤风云，独领风骚。

① （清）周凯等：《厦门志》卷 8《番市略 · 柬埔寨》，此据陈显泗、许肇琳、赵和曼、詹方瑶、张万生《中国古籍中的柬埔寨史料》，河南人民出版社，1985，第 238～239 页。

② （清）周凯：《厦门志》卷 5《洋船》，此据陈显泗、许肇琳、赵和曼、詹方瑶、张万生《中国古籍中的柬埔寨史料》，河南人民出版社，1985，第 238 页。

③ 阙名：《金边国记》，此据陈显泗、许肇琳、赵和曼、詹方瑶、张万生《中国古籍中的柬埔寨史料》，河南人民出版社，1985，第 236～237 页。

④ （清）蔡钧：《出洋琐记》，此据福建师范大学历史系华侨史资料选辑组编《晚清海外笔记选》，海洋出版社，1983，第 15 页。

红头船最初运载大米，不过这项生意获利甚微，于是，精明的船主们从南洋运来奇珍异物（如象牙、犀角、珠宝等）、贵重药材（如肉桂等）、各类物产（如暹绸、胡椒等香料）、高级木料（如柚木、桑枝、铁梨木等），输入潮州市场；又把中国产品运入南洋市场，如潮州的陶瓷器、潮绣、雕刻品、蒜头、麻皮、菜籽等特产，以及北方的人参、鹿茸、兽皮、丝绸等佳品，从中赚取厚利。与之相对应，很多华侨经营稻米贩运，他们以帆船及舶板替华侨米商运米。这些船就是他们的住处，可沿岸停泊。柬埔寨的碾米业也主要由华侨创办和发展起来。

再来看柬埔寨国内的华侨商网。早期有很多华侨从事商业活动，多为批发业或零售业，亦有从事“朝贡贸易者”。海禁一开，民间贸易逐渐取代了“朝贡贸易”，如有的开店铺，贩卖锦缎、瓷器、纸料、珠装，或经营书坊、药肆、茶铺、面店，南北江洋，无物不有。

19 世纪下半叶以后，柬埔寨的华侨商人基本上是从越南过来的。华侨商人与从越南来的华侨农民不同，华侨农民作为来自越南的新移民，属于长居性乃至永居性居民；而华侨商人则“随时贸迁，未尝久居”，只把柬埔寨当作一个货站，或为批发站，或为转运站。在这种环境下，柬埔寨商业落后，民众消费水平低，很多稍微高档的商品都从越南等地运进，而从柬埔寨运出的主要是原材料和土特产之类的货物。

不过，柬埔寨从越南来的华侨商人应只占华侨商人的一小部分，“富商不及十之一二，大半来自南圻”，说的就是这个意思。大部分华侨商人应是长居当地的中介商，他们是“随时贸迁”者与当地生产者（包括华侨与居住在当地的其他民族）之间的联系桥梁。只有存在这样一个从业结构，一个商业网络才可能建立起来，才可能合理运转。当然，当地的华侨中介商也是有具体分工的，应包括流动摊贩、固定摊贩和小商等。

顺便说明，从南越过来的商人还有越南人。以当时柬埔寨的商情而言，华侨商人不可能一家独大，但他们与越南商人相比应该更有优势，比如柬埔寨的华侨总人数比越南侨民多，华侨在柬埔寨更有人脉。许多华侨自己也当工匠，有些华侨也会雇用工人及招收学徒。在城市中，华侨会做裁缝、鞋匠及细木匠。①

华侨商人主要居住在城市，特别是集中居住在首都金边。有记载指出，居住在柬埔寨首都金边的华侨比例极高，"华人居半"。② 居住在首都的华侨应主要为商人。从地区商业布局来看，在当时的柬埔寨，首都是个高度发达、人口（特别是商人）高度密集的城市。柬埔寨其他地方城市也有一定的商业存在，同时也应有一定数量的华侨商人。

（四）暹罗华商

清代暹罗华侨经济圈是比较发达的，集中表现为华侨贸易网系的发达。华侨很早就通过深度参与暹罗王室的对外贸易（特别是朝贡贸易）获得了暹罗对外贸易的主导优势，尽管华侨对暹罗对外贸易的主导优势后来被英国人夺走一部分，但华侨在对华贸易（包括朝贡贸易和民间贸易）中仍占主导地位。暹罗国内贸易（主要是小商贸易）也主要由华侨承担。暹罗最发达的国内贸易网系集中在湄公河流域，以首都曼谷为中心。这一带的小商品贸易基本上是华侨的天下，以此为中心，扩散至全国各地。

随着暹罗国内商业发展，华侨零售商分散到全国各地定居，无论是农村、山区还是海岛，都可以发现他们的踪迹。到 19 世纪上半叶，暹罗各地城镇建设了许多华侨街区和地方市场，华侨的经营也带动了这些地方的繁荣。当时出现"无华不成市"的盛况，"有的城市住的全是中国人"，其中大部分是潮州人。到 19 世纪 50 年代，

① 张国英：《17 世纪中期—20 世纪柬埔寨华侨华人的特点》，云南师范大学，硕士学位论文，2010。

② 阙名：《金边国记》，此据陈显泗、许肇琳、赵和曼、詹方瑶、张万生《中国古籍中的柬埔寨史料》，河南人民出版社，1985，第 236～237 页。

以潮州人为主体的暹罗华侨在暹罗商业中占据举足轻重的地位。在城镇地区，他们从事进出口业、批发业、零售业，或做小商小贩；在农村地区，他们充当中介商和土特产收购商，在生产者和消费者之间扮演中介人的角色。[①] 正是他们，把暹罗偏僻农村的农民和商业市场联系起来，也把华侨农业区与暹罗市场联系起来。他们是暹罗发达的华侨贸易网系中的一根根联结各种类型华侨农业区和华侨个体农业的网线。如果暹罗没有发达的华侨贸易网系，暹罗的华侨农业区只是一个个自给自足的孤岛。有了这个网系，各地的华侨农业区就变成一个个活水之源，华侨农业区的作物也走向适应市场需要的商品化生产。

华侨农民来到暹罗后，最先只是为了生计而种植一些满足糊口需要的作物，在接通了华侨贸易网系后，便开始种植和生产适应市场需要的作物。华侨农业区种植的作物逐渐多样化是与市场接轨的必然结果。再到后来，华侨农业一些领域的作物大规模进入市场，成为华侨开展贸易的货物来源。一些作物的市场化程度较高，其行情往往随着国际市场的变化而起落。例如，黄土地带的胡椒种植，胡椒产量曾一度达到高峰，后来因为伦敦市场胡椒价格下跌而生产衰落。棉花种植由小规模种植兴起，产品曾供应中国市场，后来因市场竞争激烈而没落。主要供应本地和马来亚的暹罗东南部和西南部烟草种植后来也因为暹罗人改抽外国烟而走向衰落。一些农业领域的衰落并不一定意味着华侨农业区的衰落，因为华侨可以因应市场的变化，改种其他作物。华侨农业区的市场化带动了当地市场经济的发展，促进了当地的社会进步。

二　东南亚海岛地区

（一）马来半岛内陆的华侨商业

马来半岛内陆的华侨商业发展比沿海地带的华侨商业发展滞后。

① 杨锡铭主编《海外潮人史话》，中国文史出版社，2009，第63页。

沿海地带的华侨商业发展最发达的地方是“海峡殖民地”的马六甲、槟榔屿和新加坡。“海峡殖民地”虽然发展程度较高，但并非沿海地带发展最早的地方。早在明代，华商就在马来半岛沿岸的土邦地区进行贸易。例如，《东西洋考》记载，在彭亨，“舟抵海岸，国有常献，国王为筑铺舍数间，商人随意广狭，输其税而托宿焉”。北大年也是华商会聚之地。北大年国王允许华商运货，进口免税，对华商礼遇有加。华侨流寓甚多，接踵而来，货卖彼地，不征税；而荷兰人到北大年售货，则要纳税。

西方殖民者来到东南亚后，才改变了马来土邦华侨商人的分布。葡萄牙人占领马六甲后，对华商横征暴敛，又常劫掠往来商船，实行垄断贸易，华商不堪其苦，纷纷逃离，马来半岛的其他土邦苏丹趁机招徕华商。《明史·柔佛传》记载，在柔佛，“华人贩他国者多就之贸易，时或邀至其国”。18 世纪初，柔佛城内定居的华侨有千余户。此外，还有更多往返不定的华商。《海国闻见录》记载，柔佛“用汉人理国事，掌财赋”，应更有利于华侨前往贸易。

总的来说，到 19 世纪 50 年代马来半岛锡矿大开发以前，马来各土邦境内的华侨人数不多，较为集中的华侨居住区是柔佛，其中以商人居多。有人估计，19 世纪 20 年代，在马来土邦从事贸易或金矿和锡矿开采工作的华侨约有 2 万人。① 这应指沿海商埠和矿区的华侨人数，不包括在马来半岛内陆从事垦殖的华侨，他们也应多是华商。

在马来半岛内陆，华侨商业网的出现是华侨农业分流的结果。如前所述，华侨移民最初在荒凉之地搭寮棚，种杂粮和经济作物，从个体耕垦到大小农业区的集体耕作，风餐露宿，披星戴月，生活贫困艰难。后来，他们中极少数劳动能力强、有技术且运气较好的人，积蓄了一定的本钱，便转而经营小商品买卖，或者作为中介商，翻山越岭，走街过巷，挨家串户收购土特产和原材料，或为欧洲商人推销日

① 参见吴凤斌主编《东南亚华侨通史》，福建人民出版社，1994，第 253 页。

杂百货。一方面，他们向城镇市民和农村老百姓推销来自西方国家的日用百货；另一方面，他们收购土特产和原料，转卖给英国人的大商行。总之，一些华侨充当中介商的角色，开始参与同转口贸易相联系的经济活动。个别华侨越做越大，最终成为远近闻名的富商。但大多数华侨小商人仍然收入无多，聊以度日。还应该看到，华侨店主、伙计等，不是宗亲、同族，就是同乡，管理方法难免是家长式的，管理水平难以与欧洲商人相比，因而发展比较慢。尽管后来马来半岛内陆也出现华侨富商，但无论是人数还是资本量都难以与“海峡殖民地”的华商相提并论。

（二）菲律宾的华侨小商贩与小工匠

菲律宾华侨社会的一个显著特点是小商贩和小工匠群体人数众多，几乎与华侨农民形成“三分天下”的态势。资料表明，菲律宾华侨小商贩出现的历史很早。早在宋代，中国商人就与麻逸等菲律宾群岛的古国进行有规律的季节性贸易。这可以看作后来华侨在菲律宾经商的先声，但还不能看作华侨小商贩的起始，因为华侨小商贩是一个与居住地民族进行广泛接触的销售群体。目前可以认定在菲律宾的华侨小商贩最初出现于西班牙人乍到之时。西班牙人在 1571 年占据马尼拉后就鼓励华商来这里开展贸易，翌年就有中国帆船照常前来通商。当时的华商要求给予安全保证才进港，西班牙马尼拉总督随即给予保证。西班牙人还将城内的华侨奴仆放归，随华商船只回国，期望让他们带回马尼拉安定易贾的信息，吸引更多华商前来。此举很奏效，以后每年都有相当多的华商前来贸易，同来的还有很多其他华侨。从这些材料来看，这类华侨应该就是小商贩，而且人数越来越多。菲律宾华侨小商贩和小工匠行业的历史也很长，乃至到现代，小商业仍是菲律宾华侨经济圈的主要象征。

小商贩分为流动小贩和小商。菲律宾称流动小贩为“叫卖贩”或“行脚贩”，无固定的买卖地点，哪里有生产，就往哪里买卖。小商即坐商性质的小零售商，菲律宾将他们所开的店称为“莱仔店”

（或莱亚店）。菲律宾的华侨“莱仔店”数量很多但营业额不大。①

华侨小工匠主要从事织匠、砖匠、烧石灰匠、木匠、铁匠、修靴匠、蜡烛匠、油漆匠、银匠等职业。他们在马尼拉生产出甚至在中国也未生产的物品，制造出比西班牙本国还好的物品，且价格低廉。

华侨小商贩和小工匠在经济上密不可分，以菲律宾华侨史上最大、最著名的市场马尼拉八连（Parian，又译“涧内”）市场为例。据记载，八连市场建于1582年，1784年被西班牙总督撤销，存在达202年之久，但它的组织和名称一直保留到1860年才完全废止。其间，八连市场曾遭受火灾；华侨几次惨遭西班牙殖民者屠杀，八连市场也遭破坏；英国人占领马尼拉时八连市场又一度为战火所焚毁。八连市场遭受破坏与重建，有十余次之多。其地址曾五度迁移，共有3个地方。但八连市场始终有许多华侨摊贩在经营。当时马尼拉市周围5英里范围内，华侨经商者随处可见。市场上既有负贩者，也有设摊贩卖者。八连市场既是华侨零售商业基地，也是手工业中心。小工匠的工作已经与中国没有多少联系。他们可以就地取材，依靠自己的技术进行产品生产和修理，进行简单的成本核算，进而从中牟利。

八连市场本身就是“海上丝绸之路”的直接见证者。在其存在期间，登岸的华侨居住在用茅草与竹竿搭盖的大铺舍中，聚货为市，货物中中国丝绸最多，所以西班牙又称之为“生丝市场”。华侨商舶从中国运来大批丝绸、陶器、瓷器、铁器、军械、面粉、其他粮食和日用品等，在市场上销售。每当中国船舶在八连市场停泊时，西班牙总督即派西吏检查所载来的货品，进行登记，征取3%的关税。②

直接经营中菲贸易的海商，带来了中国商品，包括丝绸、瓷器等欧洲市场的畅销品。明朝时，因中国政府不许欧洲人直接到中国贸

① 吴凤斌主编《东南亚华侨通史》，福建人民出版社，1994，第356、359页。

② 刘芝田：《中菲关系史》，正中书局，1979，第417～419页。

易，华商便运载大量中国商品到菲律宾，解决了西班牙人不能到中国贸易的问题，马尼拉由是成为日益旺盛的转口贸易地。① 在马尼拉开埠后一段时间内，中国帆船载来各种西班牙人所需商品。华商在市场上贩卖鸡、鸭、蛋类、家猪、鹿、野猪、水牛、鱼、面包、蔬菜以及其他食品，连柴薪也运来市场贩卖。他们也在街上叫卖大批中国杂货。在这个时期，华侨小商贩的很大一部分功能是作为中国货物的代销商。但是，好景不长，明万历三十一年（1603）西班牙人对华侨进行大屠杀，市场一空，华商在菲律宾开埠中的作用便告结束，一部分华侨小商贩也开始从事中菲贸易。

后来华侨小商贩之多，引人注目。据 18 世纪末侨居中国的法国人吉纳司提供的资料，1797 年马尼拉涧内有华侨 3000 人；1828 年，菲律宾全境华侨 5703 人中有 5279 人居住于马尼拉和东杜，其中绝大多数人是小商贩和手工业者。②

西班牙殖民当局十分依赖华侨农业，实际上，殖民当局也十分依赖华侨小商贩与小工匠。西班牙殖民者多次屠杀华侨，使马尼拉经济受到影响，商品缺乏，甚至连鞋都买不到。“当时没有理发师、没有裁缝、没有鞋匠、没有厨师，也没有农夫和牧人。”殖民者多次想以当地人取代华侨，但难以实现。西班牙面包师制作的面包，不仅远远满足不了马尼拉西班牙人的需求，而且烤得不好，吃这种面包的人感到不好吃。这真实地反映了华侨在菲律宾经济生活中的作用。殖民者不得不采取招徕政策，使菲律宾有一定数量的华侨，满足当地社会、经济生活的需要。③

菲律宾华侨小商贩的经营范围应不限于中国商品的代销，虽然在

① 吴凤斌主编《东南亚华侨通史》，福建人民出版社，1994，第 55 ~ 56 页。

② 〔英〕布塞尔：《东南亚的中国人》，《南洋问题资料译丛》1958 年第 2 ~ 3 期，第 185 ~ 186 页。

③ 泉州市华侨志编纂委员会编《泉州市华侨志》，中国社会科学出版社，1996，第 76 页。

某一段时期内可能以代销中国商品为主。经过一定时间后，华侨小商贩的经营范围会扩展到当地小商品，从而逐渐过渡到以销售当地小商品为主。在西班牙人和美国人统治的漫长时期里，菲律宾华侨中，小商贩（包括流动小贩和小商）是商人的主体。当然，在很长时间里，华侨仍然做中国商品的代销商，只是到 16 世纪末和 17 世纪初以后，由于西方殖民者加强贸易垄断，经营海上贸易（包括对外贸易和岛际贸易）的华侨商人（含华侨小商）逐渐在沿海城市及地区定居，华侨的海上贸易因而逐渐衰落，华侨小商贩的活动便集中于本地商品的经销。

从明代后期到清代中叶，菲律宾华侨在马尼拉以及苏禄、明达瑙地区的经贸活动甚为活跃。马尼拉至苏禄间的贸易几乎都由马尼拉的泉州籍华侨经营。苏禄的泉州籍华侨则多从事南部地区岛屿间土特产收购，以及苏禄至中国闽南地区、巴达维亚、新加坡等地的转口贸易。19 世纪 20 年代，华侨逐步冲破西班牙殖民者的限制，基本上恢复了传统的商业贸易地位。1834 年，马尼拉港对外开放。1839 年、1843 年，西班牙殖民当局相继放宽对华侨旅行、居住和营业的限制。华侨经济获得发展机遇，在商业活动的中介贸易方面发挥了重要作用。至 19 世纪中期，华侨经济在传统领域得到完全恢复。19 世纪下半期，菲律宾种植园经济迅速发展，对外贸易不断扩大。华侨在经营范围和规模上有了新的发展，出现了早期的华侨资本。华侨不仅仍旧是主要零售商，而且成为重要的中介批发商。少数华侨还建立了进出口贸易公司和工厂。有的华侨还从事木材业、烟草加工业和房地产业。

18 世纪 50 年代，西班牙政府开始限制在菲律宾定居的华侨总人数（据说为 4000 ~ 5000 人），并把在各地定居的大部分华侨召到马尼拉。华侨人口减少以及地理分布区域缩小，为非华侨提供了新的经济机会。这时，马尼拉的商品供应已主要由当地人承担。在马尼拉的零售业和手工艺领域，当地人也开始打破华侨的垄断地位。19 世纪

50 年代以后，菲律宾走上发展出口农作物经济的道路，诸如糖、马尼拉麻和咖啡等物产均供应国外市场，而欧洲制造的工业进口产品亦遍及菲律宾绝大部分地区。新的出口农作物经济刺激了菲律宾很多经济领域的发展，为日益增加的华侨人口提供了很多机会。为了促进菲律宾经济发展，西班牙殖民政府改变了以往的移民政策，允许华侨移民几乎无限制地进入菲律宾。不仅如此，华侨还被允许在群岛的几乎任何地方定居。从 19 世纪 50 年代初到 80 年代中期，华侨人数从 8000 人增加到 10 万人以上，广泛分布于菲律宾各地。在那些生产出口作物的地方，如马尼拉麻产区的吕宋岛东南部和米沙鄢群岛东部，糖产区的米沙鄢西部，以及烟叶产区的吕宋东北部等地，到处都有华侨的踪迹。

华侨人口地理分布范围的扩大带来了华侨经济活动性质的变化。华侨的新角色是商业代理人或中介商。他们收购出口物产，通常卖给欧洲人的进出口商行，欧洲人的商船再运往国外市场。华侨代理商店通常是杂货店，提供了一个具有巨大经济潜力的批发零售体系。可以说，菲律宾华侨最大的一个成就是建立了产品的分销网络，并将之延伸到菲律宾群岛的边远地区。华侨代理商所经营的杂货店成为本地的粮食、日常用品以及进口货物的零售分销处，同时是本地农民信用贷款和作物贷款的一个来源。由于对新的进口货物的需求增加，华侨也进入了新的零售领域。华侨作为欧洲、美洲和亚洲各地进口货物（特别是纺织品、铁器和奢侈品）的批发商和零售商，把货物分销至各省，在城市地区供应商中占有一定地位。

虽然在菲律宾很多地方，华侨商店建在固定的地方，已脱离了旧的定期集市制度，但华侨并未完全废弃旧的集市制度。尤其是在吕宋岛，流动华商同菲律宾人和混血华裔竞争，取得了商业经营的优势地位。

总之，1850 ~ 1898 年，菲律宾华侨的经济势力迅速增长。到 1898 年西班牙殖民统治结束时，华侨在菲律宾经济中所占有的分量已非1850年时可比。1850年以前，华侨被限制在西班牙殖民者规定的居住区内。1850年以后，华侨人数增加、分布广泛以及经济实力增长，与混血华裔和菲律宾人的企业相互竞争，这些企业是在1750～1850年发展起来的。①

1898年美国接管菲律宾后，在政策上扶持华侨商业发展，华侨经济也由此得到迅速发展。与此同时，在美国统治时期，美国当局限制华工移民，加上菲律宾民族主义高涨，造成各行业对华工的排斥。这样，菲律宾华侨社会几乎变成了仅由老板和店员组成的商人社会。菲律宾华侨从事各种新行业，如进出口业、米黍业、劳工承包等。20世纪初，菲律宾华侨经济活动更为活跃，在港口贸易、零售、批发等传统行业基础上向国际贸易的中介商、银行业、保险业等新领域拓展。例如，杨嘉种开设的洽成行在菲律宾有30多个分支行，购置大轮船2艘、小轮船多艘。施光铭的泉益行和郑焕彩的郑正益行均有自置的轮船四五艘。20世纪初，菲律宾开始出现华侨金融业，但华侨金融业的崛起已经是民国后的事了。1916年，埃米略·叶（南安人）创立菲律宾信托银行，首开菲律宾华侨金融业先河。② 李清泉在1920年发起成立的中兴银行是菲律宾的第二家华人银行。

这里顺便说明，华侨在菲律宾木材业中占有很大份额，但相对于农业、小商贩和工匠等行业及职业来说，华侨木材业的起步时间应晚得多。1901年，菲律宾有46家木材厂，其中华侨在马尼拉经营的有21家（占46%）。早期菲律宾华侨木材经营可以李清泉为代表。③

① 〔美〕E. 威克保：《菲律宾华人早期的经济势力（1850～1898）》，《南洋问题资料译丛》1963年第2期。

② 泉州市华侨志编纂委员会编《泉州市华侨志》，中国社会科学出版社，1996，第339～342页。

③ 参见〔日〕李国卿：《华侨资本的形成和发展》，郭梁、金永勋译，福建人民出版社，1985，第208页。

（三）荷属东印度群岛华商

荷属东印度华侨的突出特点是，早期普遍从事商业活动。大多数人从艰苦的体力劳动开始，有一定积蓄后，便做小贩或开设“亚弄店”（杂货店），然后发展到做中介商、批发商，有了更多资本后，有的人就投资矿场、农业种植园乃至兴办近代大型工厂和金融业。

虽然第一代华侨在家乡时的强项是从事农业生产，经商非其所长，但来到爪哇后，很多人便不再与土地打交道，而是弃农经商，并且很快成了经商能手。与其他国家的华侨一样，爪哇华侨也拥有中华民族的优良传统，不畏艰辛，吃苦耐劳，勤俭节约且善于理财。荷属东印度群岛华侨来到东南亚的历史久，人数多，华侨小商贩在不同历史时期均占有一定比重。

早在西方殖民者来到南洋以前，华侨小商贩就在东印度群岛进行经营。14～16世纪，东印度群岛的华侨小商贩已在沿海城市进行贸易活动。他们多半来自贫困的中国乡村，到东印度群岛后，受雇于富商，往来于东印度群岛与中国之间经商。其时每年从中国到印尼的小商贩约为1000人。其中一些人定居下来，在万丹、占卑等地经商，繁衍后代。郑和下西洋时，在爪哇的杜板、苏鲁马益、革儿昔等地已有闽人、粤人居住。16世纪90年代，荷属东印度有华侨20多万人，其中华侨小商贩就有25927人，当时中国人分布在3000个以上的爪哇乡村中，大部分乡村有华侨在那里经营，且多数华侨小商的经营很成功，营业额较高。16世纪末，荷兰人德·霍特曼率船抵达万丹时，就见到穿着伊斯兰教徒服装的华侨小商贩，也有头戴方巾，身穿广袖、淡黄色中国服饰的华裔小商贩。据估计，从17世纪20年代至30年代，平均每年有5艘中国商船抵达巴达维亚；1655年后，平均每年有10艘。[①] 随船来的华侨中有小商贩，有的人上岸后肩挑中国瓷

① 〔荷〕包乐史：《东印度公司时期中国对巴达维亚的贸易》，《南洋资料译丛》1984年第4期。

器到处叫卖。[①] 还有华侨小商贩随船去往东印度群岛的其他岛屿。从17世纪70～80年代直至1740年巴达维亚“红溪惨案”发生前夕，居住在巴达维亚市区的不少华侨从事商业，其中大部分是小商贩，包括在市场上或者街边摆摊者、肩挑货物往来城乡的叫卖者以及开设小店铺者。另据估计，18世纪中叶，巴达维亚华侨从事商业者占华侨总人数的22%～26%。到19世纪70年代，荷兰殖民政府在东印度群岛推行自由经济和门户开放政策，西方资本大量涌入，当地工业、农业发展，商品市场扩大，也使华侨小商贩人数猛增。

鸦片战争前，爪哇地区的华侨中，在巴达维亚，小商贩约占华侨一半；在其他各埠，小商贩的比例应大于巴达维亚，至少占40%，其次是种植业者和手工业者。[②]

历史上，出国的大部分华侨是脱离了土地的农民和失业的手工业者，到南洋后，只要能谋生，还是愿意与当地的土地发生关系的。实际上，早年很多华侨到当地以务农开始。在荷属东印度，已经踏入小商贩行列的华侨却没有能力购买土地，只能继续做小商贩。到了18世纪末，在西爪哇，荷印殖民当局开始禁止华侨拥有土地，禁止华侨拥有土地的法令在19世纪初正式颁布，并作为一项固定政策。于是，一些原来务农的华侨只好弃农经商，从事手工业或小商小贩的经营活动。1870年，荷印殖民政府公布土地法，不许华侨在爪哇从事小种植园生产，规定印尼人占有的土地，不许转让给非印尼人，而这里的非印尼人主要就是华侨。因此华侨的经营范围就被局限在商业和手工业，其中华侨商业发展更快。有的华侨小商贩经过数年辛勤劳动，积蓄了一些资金，便在乡间山区开杂货店，做起了零售商。

华侨之所以普遍经商，还有一个因素来自华侨的比较优势，即南

① 黄文鹰等：《荷属东印度公司统治时期巴城华侨人口分析》，厦门大学南洋研究所，1981，第38页。

② 参见吴凤斌主编《东南亚华侨通史》，福建人民出版社，1994，第256～257页。

洋地区的当地居民多有“重农轻商”观念，华侨则不然。就印尼群岛而言，当地土地肥沃，自给自足的自然经济占主导地位，当地居民愿意依附于土地，不愿改变传统的劳动方式和生产方式，缺乏商品意识，村社制度仍然十分牢固。到19世纪初，印尼各岛屿的当地人仍然如此，尤其是爪哇人，对商业不屑且鄙视，视之为“可恶的牟利活动”。故当荷兰殖民者到来之时，在当地社会很难找到摆脱封建土地束缚关系的雇佣劳动力，更谈不上出现商业阶层了。其实，当时殖民者迫切需要两种人，一是能够创造财富的廉价劳动力，二是可以助力商品流通的中介商。这两种人在当地民族中都很难找到。荷兰人建立起殖民政权后，掠夺当地资源和财富，当地贫困和落后局面加剧。在一个需要商业运营的社会，无疑缺少竞争。在这个时候，大规模华侨来到这里，补上这个空缺。华侨不用进行经商的“前期培训”，很快便可以施展拳脚。

18世纪以来，华侨在商业领域的活动总体上发展很快，经济力量有所增强，其中一个重要表现是出现了少数致富的华侨。例如，在爪哇万丹的华侨中，就有被称为“阿姆斯特丹人雇主”的陆美（英文作“Lakmai”）、从事胡椒与檀香木经营的沈树安（英文作“Simsuan”）、皈依伊斯兰教的林哥（英文作Limco）、华侨甲必丹连富光，以及建有蛰园别墅的黄梁峰等。还有一位三宝垅华侨甲必丹，“煮海为盐，丈田为租，皆其所有，得膺其职，富逾百万”。[①]

不过应清楚，在总体上，华侨的商业活动受到当时历史条件的限制和荷兰殖民政策的制约，致富者属凤毛麟角，能跻身商业宝塔顶端的更是寥若晨星。绝大多数华侨特别是华侨雇工和小商贩与当地民众一样，处于社会底层。与当地民众不同的是，他们拥有善于经商的外来民族的集体特征。但华侨的大型商业，无论是资本、规模，还是经营数额，都无法与西方大资本进出口商相比。

① 吴凤斌主编《东南亚华侨通史》，福建人民出版社，1994，第379~380页。

荷属东印度群岛华侨早年的经商活动，既与当地的商业发展落后有关，也跟当地统治者和荷兰人的鼓励有关。就荷属东印度群岛来说，荷兰殖民者开拓巴达维亚，缺少商人，特别是华商，而当时华商集中在老牌商业城市万丹。17 世纪初，繁盛的万丹港就活跃着华商。万丹王厚待华侨，利用华商参与管理对外贸易。1609 年到过万丹的德国人约翰·威尔根记载，万丹的华侨经营着全东印度群岛未曾见过的盛大贸易，有几千人在那里居住，其中大部分人很富有。在这种情况下，荷兰殖民者便极力招徕万丹的华商。巴达维亚开埠初期的大华商杨昆和继苏鸣岗后成为甲必丹的林六哥，原都是万丹王室的座上客，后来杨昆、林六哥还充当非正式外交使节，负责与万丹王谈判。[①] 1619 年，荷兰人占领巴达维亚后，世居民族民众随酋长逃到万丹，巴达维亚几成空城。巴达维亚总督库恩一心想打开对华通商之门，急于把巴达维亚建成贸易大本营，而当务之急是充实巴达维亚人口。库恩双管齐下，一方面，尽力招徕华侨；另一方面，动员荷兰平民移居巴达维亚。后一计划很快搁浅，因为很少有荷兰平民愿意到位于热带而又未经开发的巴达维亚。于是，库恩将重点放在招徕华侨上。他提出，万丹的华商来到巴达维亚后可得到贷款，并帮助华商从万丹出逃。库恩又训令荷印公司舰队和商馆，招徕南洋各地区商埠的华商。荷印公司不但在巴达维亚草创时期尽力招诱华侨，在该城建设基本完成后，仍采取措施吸引华侨前来，发展各项事业。于是巴达维亚华侨逐渐增加，1619 年只有 300 余人，1661 年增至 5000 余人。[②] 华侨迅速增加，使巴达维亚各项建设和贸易走上正轨。到了 19 世纪末 20 世纪初，华侨小商贩人数大量增加，除了适应社会经济发展变化的原因外，还与殖民当局的改革有着直接关系，如禁止华侨拥有土地、废除通行证及居住区域的限制。这样，不少华侨就从沿海城市或

① 吴凤斌主编《东南亚华侨通史》，福建人民出版社，1994，第 58 页。

② 吴凤斌主编《东南亚华侨通史》，福建人民出版社，1994，第 57 页。

沿海地区来到乡村或内地集镇从事经营活动，加快了华侨小商贩的扩大和发展。

东南亚各地城市人口增加也有利于华侨小商贩的发展。城市人口增加加大了对商业的依赖，特别是对日常消费品的需要，有利于贫苦的华侨移民加入小商贩行列。城市里早就有定居的华侨富商，可为华侨小商贩提供货物或资本，这也是华侨小商贩在沿海城市发展起来的原因之一。

客观地看华侨在居住地从事的诸多经济活动，商业是不可或缺的，也是华侨最容易得到当地民族认可的领域。华侨是公认的经商能手，有华侨足迹的地方一般存在华侨商业，除非那片地方荒蛮未开。可以这样说，在海外华侨居住地，大大小小的华侨“开发区”之间是通过一张巨大的四通八达的华侨商业网联结起来的。华商群体中存在不同阶层，绝大多数华商是小本经营的摊贩、行商、小商，富商是少数，巨商更是屈指可数。不同“阶层”的华商存在下一“阶层”向上一“阶层”攀升的愿望，也存在自下向上发展的空间。不同“阶层”之间跳跃式的向上发展机会虽有，但不多。华侨商人虽然游走四方，但其商业网络多与农业区和矿业区发生联系，都有自己的根脉。因此，华商所归属的地缘社团往往是某个华侨农业区或矿业区内的同乡社团。

华侨农业区与华侨矿业区是当地民族经济的重要组成部分，表现为空间上的“区块”形式。华侨商业则不同，不是以空间上的“区块”形式表现出来的，而是表现为“网络”结构。一方面，这个网络连接了华侨农业区与华侨矿业区以及当地民族经营的农业区、矿业区；另一方面，这个网络内部也形成一个畅通的循环系统。这样一个蛛网式商业网是清代东南亚各地的基本商业形式。在某一片地区，一般存在一个或大或小的作为地区商业枢纽的商业中心。当然，历史上东南亚各国的华侨商业网没有也不可能发展到现代的成熟形态。不过，就“海上丝绸之路”沿线国家和地区而言，在距离中国越近、水路交通越便利的国家，华商的双边贸易越活跃，这无疑指处于南海航路和东海航路的沿线国家和地区。在去往拉美地区的延伸航路上虽然也有华商足迹，但大多从事个体、小规模的国内零售或批发活动。

第二节　东北亚华商在居住国的经营

到了近代，中国人的移民方式已经发生了质的变化。最重要的变化是华侨利用以大机器为动力的船舶作为移民工具，而不再使用木帆船。中国与日本和朝鲜之间一苇可航，往来方便快捷。中国人移民日本和朝鲜就可以“多程”往返，不用再像古代那样做“单程”移民了。

一　《中日修好条规》签订后的日本华商

日本安政年间（1854～1859年）的“安政开国”是在西方列强的威胁之下主动采取的举措。此后，日本的“锁国”政策日趋瓦解。据统计，1794～1854年的60年间，欧美国家到日本活动要求开国的次数达48次之多，其中英国19次、俄国14次、美国13次、法国2次。① 安政元年（1854）三月，美国将军佩里率军舰9艘来到江户湾。经过交涉，八月日本被迫签订《日美亲善条约》（亦称“日美神奈川条约”），同意开放下田、箱馆二港。安政五年（1858）一月，美日商定了修好通商条约的14项条款和7则贸易章程，日本再开放神奈川、长崎、新潟、兵库4个港口，江户、大阪2市（神奈川开放后，日本关闭下田港），作为开展自由贸易的国际商港。从此，日本的国门被打开，英、俄、荷等国接踵而至，相继迫使日本缔结条约。日本历史上称这一系列事件为“安政开国”。

开国后，日本国内矛盾更加严重。1866年十二月五日，德川庆

① 信夫清三郎編『日本外交史：1853－1972』、每日新聞社、1974、19頁。

喜继任将军。1867 年，反对倒幕的孝明天皇去世。同年二月，睦仁继位，经过一年半的战争，推翻了德川幕府的统治。1868 年十月，改元“明治”。11 月，明治天皇驾临江户城，改江户为东京。明治天皇在位的 44 年中，实施了一系列改革措施，包括“殖产兴业”、“文明开化”和“富国强兵”等，被称为“明治维新”。

在整个幕府时代，日本与清朝之间存在有限的通商。幕府末期，长崎与上海之间的地方性交涉日渐频繁。明治政府建立后，感到有必要与清政府缔结条约，建立近代化的关系。1862～1870 年，日本先后 3 次提出与清政府订约通商，但都未能如愿以偿。1870 年 8 月，日本政府派遣官员到北京与清政府进行预备谈判。经过多次谈判，于 1871 年 7 月末签订了《中日修好条规》。

1854～1871 年，“安政开国”后的十几年间，随着欧美商社的到来，华侨以无条约国的侨民身份纷纷来到日本的各开放口岸。他们聚居在日本各港口城市外国人居留地附近的杂居地，如大阪的富岛町、安治川通南一丁目、本田町、梅本町，神户的元町、荣町、海岸通，横滨的小田原町、丰后町、前桥町、加贺町等。这些华侨聚居地后来随着港口的不断发展逐渐形成唐人街，除了二战时期华侨人数减少之外，一直兴盛到现在。

1871 年之前，中国和日本没有签订条约，在管理中国侨民问题上，日本各个地区分别采取了一些管理措施。1867 年，日本制定了《横滨外国人居留地管理规则》，其中第 4 条规定，无条约关系侨民一律进行登记，并在民事、刑事上受神奈川知县的管辖。在横滨，包括华商在内的华侨被分为上、中、下三等进行登记。按照等级征收户籍税，上等（买办、商人）15 元，中等（用人、手工业者）7 元，下等（一般劳工）3.5 元。根据统计，1869～1870 年登记在册的中国人有上等 36 人、中等 63 人、下等 903 人，女性未被统计。为了开展华侨登记工作，日本方面雇用了英国驻日公使馆的中国人翻译梁兆胜等人。

1870年，日本外务省颁布《支那人取缔法》，对在日本的清朝人实施籍牌、门牌的户籍登记制度，登记项目包括姓名、居住地、地号（住所）、年龄、出生地、职业、来日（到港）时间、籍牌颁发日期与号码；登记者分为上、中、下三等，各需要缴纳数额不等的登记手续费。

1870年4月，神户聘请了广东籍华侨龚慎甫做华侨登记的准备工作。到1870年11月，神户政府援引横滨的管理规则，制定并实施了《清国人管理暂行条例》，对清商及其他华侨行使裁判管辖权、外国侨民登记制度。大阪也实行了户籍登记制度，并设立专门的清人管理职位。[①] 因此，日本华侨处于日本地方当局的严格监控下，没有多少自由，许多身份不明确的人只好回国。

1871年，日本政府与清政府签订《中日修好条规》，标志着中日关系进入了以近代条约为基础的新阶段，日本华侨社会也随之发展到一个新阶段。一是在侨民身份上，《中日修好条规》签订后，日本华侨不再是无条约国的侨民，而是正式邦交国家的侨民，在法律上与各国侨民地位相同；二是日本华侨从两国经济关系的扩大中获益。

根据《中日修好条规》第7条，日中两国指定口岸，以便彼此通商，并另立通商章程，以便两国商民遵守。这样，华侨就可以名正言顺地在日本从事各种贸易。此举吸引了众多中国人赴日，日本华侨人数迅速增加。

1874年2月，日本政府外务卿寺岛宗则向三条太政大臣提出《在留清国人民籍牌规则》15条，继续对包括华商在内的华侨实行籍牌管理制度。其中规定，华侨在到达日本30天内，必须由华侨总代认证申请籍牌。尽管当时华侨名义上在日本享有种种自由，实际上并没有取得与欧美各国侨民同等的地位和待遇，如华侨不能到箱根、热海等温泉地旅行、治病，也不能到侨居地以外的地方经商。华侨在职

① 罗晃潮：《日本华侨史》，广东教育出版社，1994，第178~179页。

业上也受到多种限制，还要承担较重的课税。清廷在日本设立领事馆之前，华侨仍归日本地方当局管辖。①

互派使臣是中日两国的大事，但日本置之不顾。“日本政府在明治初年对外国的态度，对欧美各国是采取极其妥协的低姿态；与此相反，对亚洲的各邻国则采取高压的态度。这是因为当时的统治阶层居心叵测：他们企图通过侵略中国、朝鲜等亚洲国家来谋求本国的发展，提高其‘国际地位’。”② 1874～1876 年，日本先后武装侵犯中国台湾、吞并琉球、侵犯朝鲜，清政府派遣的驻日公使因而迟至光绪三年（1877）才到达日本。

1877 年 11 月，何如璋作为清政府的首任驻日公使，经长崎抵达神户，受到日本友好人士和华侨的热烈欢迎。12 月，何如璋到达横滨，受到华商欢迎，最后在东京芝山月界僧院开设了中国驻日公使馆，并在横滨、神户、长崎等地先后派驻领事。③ 1878 年 6 月 21 日，清廷任命刘寿鉴为神户首任理事官，管辖神户、大阪两地的中国人。9 月，在海岸通 6 丁目开设理事府（领事馆），并通知各国领事开始办理公务。刘寿鉴理事出席了居留地会议，并被介绍给各国领事。④ 1878 年，清朝驻横滨、筑地、神户和大阪 4 个口岸的理事府正式设立，候选同知范锡朋出任横滨和筑地两地的领事，内阁中书廖锡恩则任神户和大阪的领事。⑤ 自此，日本华侨的地位才有所改善。

受《中日修好条规》影响，日本华侨社会发生了一些变化。首先，华侨人数明显增加，居住地更分散。日本在各口岸设立贸易区，

---

① 罗晃潮：《日本华侨史》，广东教育出版社，1994，第 181～182 页。

② 〔日〕依田熹家：《简明日本通史》，卞立强、李天工译，北京大学出版社，1989，第 216 页。

③ 罗晃潮：《日本华侨史》，广东教育出版社，1994，第 182 页。

④ 中华会馆编《落地生根——神户华侨与神阪中华会馆百年史》，香港社会科学出版社有限公司，2003，第 22 页。

⑤ 故宫博物院明清档案部、福建师范大学历史系编《清季中外使领年表》，中华书局，1985，第 76～77 页。

吸引了大批华商前来。于是，日本华侨的居住地先是向横滨集中，并掌握了日本对北美和南美的贸易；继而，华侨的居住中心转移到神户、大阪地区。神户和横滨是当时日本新兴的对外贸易城市，华侨纷至沓来，进而掌握了日本对华贸易的实权。[①] 1874 年，日本横滨、长崎、神户、函馆各处共有中国商民近 1 万人，相当于当时外国人的半数。据《横滨市志》记载，到 1874 年，横滨已有华侨 1290 人。大阪、北海道等地已有华侨居住，长崎、神户等港口城市的华侨也有所增加。1875 年，日本三菱商社开辟了上海与横滨航线，华侨多聚集到横滨。到 1877 年，横滨有华侨近 3000 人，是日本华侨最多的城市。1880 年，在日本各通商口岸，横滨华侨最多，长崎、神户、大阪、函馆、东京次之。长崎的华侨人数也在不断增加。据山田信夫《明治十一年长崎华侨试论》一文，1878 年长崎华侨总人数是 476 人，到 1899 年长崎华侨人口达到 1000 多人。1926 ~ 1930 年，长崎华侨人数达到 2000 多人。[②]

日本华侨人数变动的主要原因是，在日本“安政开国”初期，日本港口正在开拓发展，因此那些具有丰富经商与贸易经验且与东南亚联系密切的华商较受欢迎，在开港初期，华侨人数有了较快增长。随着日本资本主义快速发展，日本走上了军国主义道路，华侨受到各种限制，故华侨人数在不稳定中缓慢增加。中日甲午战争后，日本大阪与中国大连、汉口、天津等地航线开通，促进了日本与中国华北、华东地区的贸易，进入日本的华北、华东商人人数也不断增加。

其次，华侨的籍贯有了明显变化。日本华侨以往以江、浙两省的华侨为多，其次是福建人。他们在历史上有驾船远航的传统，熟练掌握驾船技术。在地理位置上，闽、浙与日本隔海相望。到了近代，情况有所改变，广东籍华侨逐渐增多，原因有二。一是鸦片战争后，香

① 池步洲：《日本华侨经济史话》，上海社会科学院出版社，1993，第 28 页。

② 池步洲：《日本华侨经济史话》，上海社会科学院出版社，1993，第 221 页。

港被英国占领，香港、澳门、广州等地建立了不少欧美商社。为了向外拓展业务，在日本横滨港，欧美商社从在广州、香港等地设立的机构或抽调或雇用一些广东人到日本工作，有些广东人以欧美商社的名义去横滨开设店铺。华侨除受雇于欧美商社外，更多的是因为亲缘关系赴日。二是广州为港口，广东人有向外拓展的传统。因此，当日本某一港口开拓时，最早出现的华侨大多是广东人。总体上，1875 年上海与横滨的航线开通后，日本华侨中三江人人数虽有所增加，但仍以广东人为多，三江人和福建人次之。不过，各地情况有所不同。在横滨、神户等地，起初广东籍、福建籍华侨居多。到后来，日本对华贸易主要集中在华东、华北各省，故这些省份的华侨比较多。大阪的山东籍华侨居多，长崎的福建籍华侨居多。华商为求生存和发展，组建了以地域和方言为基础的社团。

若与东南亚等地同时期的华侨比较，日本华侨的情况明显不同。一是日本政府长期限制外侨进入，日本华侨人数较少；二是由于日本对华侵略扩张政策的张弛，华侨人数变化较大，战争期间华侨进入日本人数明显减少；三是日本华侨认为城市大则发展空间大，主要集中于横滨、神户、东京、大阪等几个大城市；四是省籍多样化，华侨大多数来自广东、福建，还有华侨来自华北（山东、河北）、华东（江、浙、皖、赣、鄂）等地区；五是女性出现早，人数增加速度快，比例逐渐上升。总的来说，明治维新后的日本华侨是在中日关系不好的环境下生存发展的。

二 华商在近代日本主要海港的经营

1868 年，神户和大阪开辟为商埠。其时，大阪有华商 21 家，1871 年有 16 家，1872 年有 18 家，1887 年增加到 28 家。[①] 在大阪，华侨大多居住在川口居留地周围，主要从事海外贸易和杂货业。神户

① 罗晃潮：《日本华侨史》，广东高等教育出版社，1994，第 218 页。

和大阪的华商主要从事海产、土货贸易，他们从中国运来丝织品、茶叶、中药材、书籍等，向中国运去海产品如海参、鲍鱼、鱼翅以及铜等。神户和大阪成为日本对外贸易中心后，华侨利用自身优势，积极开拓中国和东南亚市场，使这两个港口取代横滨的地位，成为日本对外贸易的中心。神户是日本对东南亚的贸易中心，大阪是日本对中国的贸易中心，并且华侨在大阪的海外贸易中占主导地位。根据1870年的《商业报告》，华侨贸易占据神户港贸易的1/4。著名华侨商号有同孚泰、合昌、复兴等，郑雪涛（同孚泰）、王敬斗（复兴）、陈平济（合昌）等人成为开拓时期的代表人物。[①] 在朝鲜市场上，日本曾经比中国更有优势，但到甲午中日战争之前，中国与日本几乎并驾齐驱。[②] 同时，神户和大阪两地的华侨人数持续增加，在甲午战争前达到近千人。

开港前，横滨只是一个只有101户，人口大约350人的小渔村，几乎没有中国人来过这里。1859年，横滨开港后不久，有四五十名华商来到横滨侨居。后来长崎等地的华商纷纷来到横滨，横滨华侨人数迅速增加，1862年有40～50人，1870年即有1002人。当时华侨属于无条约国侨民，由于人数逐渐增多，为管理方便，日本政府在紧邻外国人居留地的地方划出一隅，让华侨集中居住，这便是今天横滨中华街的由来。[③] 1867年，华侨在此组建“中华会议所”，以此为中心开展互助活动。

当时华侨居留地位于山下町西南部一带，即小田原町、丰后町、前桥町、加贺町、木村通等地。华侨建设胡同式住宅与中国式店铺，其间杂有一些日本住宅，形成异国色彩，时人称之为“南京町”。尤其是小田原町街道上有多家大规模的中国饭店，相邻而立，其间

① 罗晃潮：《日本华侨史》，广东高等教育出版社，1994，第214页。

② 中华会馆编《落地生根——神户华侨与神阪中华会馆百年史》，香港社会科学出版社有限公司，2003，第17页。

③ 池步洲：《日本华侨经济史话》，上海社会科学院出版社，1993，第99页。

又有西服店、食品店、理发店、杂货店等。1872 年有华侨 130 户共 963 人，1874 年有华侨 1290 人，1876 年增加至 152 户 1231 人，1880 年华侨达到 2000 多人，1883 年又增加到 2691 人，人数为当时横滨欧美商人的 2 倍。[①] 1887 年，华侨达到 3000 人。

横滨开港后，广东华侨开拓了日本对美洲的贸易市场，使横滨成为日本对美洲贸易的中心港口。上海至横滨航线开通后，不少浙江、江苏华侨来到横滨，他们从事理发业、洋服业。华侨以居留地为中心经营绢丝、海产贸易，逐渐扩大到糖、米、杂货等，直至甲午战争之前仍十分活跃。华侨贸易商在横滨开港后的三四十年间对欧美出口生丝、茶叶、棉制品等贸易中占有举足轻重的地位。[②]

日本华侨中的小贩行商出现很早，主要是布匹、杂货行商，大多数是福建侨胞。中日甲午战争以后，来到日本的华侨大增，小贩行商迅速发展。餐饮业曾经是海外华侨从事的主要行业之一，在日本华侨经营者较多。随着日本政府对华侨经济活动进行限制，日本垄断集团发展，华侨贸易逐渐衰落，不少华侨贸易商转而从事餐饮业，横滨中华街华侨餐饮业的发展便是很好的说明。据调查，1887 年，横滨华侨经营的饮食店有 10 家；到 1910 年，有 151 人从事餐饮业，从事贸易的有 42 家。一些老字号饮食店就是在这个时期诞生的。

横滨大多数华侨在开港前十分贫困，在街上赤手空拳干体力活或从事被称作“三把刀”的工作，“三把刀”其中之一就是剪刀。日本开放初期，在各开放港口城市从事裁缝工作的华侨只有两三家。1887 年，横滨有 3 家华侨裁缝店；1910 年，从事裁缝工作的华侨达到 222 人。[③] 在山下町 87 番，有招牌为“隆新”的中国人西装店，缝制高

---

① 罗晃潮：《日本华侨史》，广东高等教育出版社，1994，第 197 页。

② 参见陈昌福《日本华侨研究》，上海社会科学院出版社，1989，第 102 页。

③ 罗晃潮：《日本华侨史》，广东高等教育出版社，1994，第 231 页。

级西服。第一代店主为明治初期从浙江宁波来日的刘忠孝，继承者为陈阿财。陈阿财病故后，由陈愈康接任第三代店主。故此店是历经明治、大正、昭和三代的老铺。

最初，裁缝店的顾客基本上是欧美人。到陈家父子时期，除欧美人之外，日本顾客也逐渐多起来，这是因为日本人迎来穿西服的时代。当时中国在西服缝制技术上属于先进国家，中国裁缝手艺高超。新的衣料和设计经香港、上海而至神户、横滨。明治、大正时期的西服样式主要是由中国人西服店介绍到日本的。当时与“隆新”比邻而立的，还有10多家华侨开办的西服店。这些经营西服店的华侨几乎都来自浙江、江苏，在日本幕府末期因横滨开港而来。横滨居留地的华侨西服店生意兴隆，又因地近东京，日本显贵常来光顾，从“隆新”所存历年卡片来看，日本政治家吉田茂，财政界池田成彬、山本丈太郎，作家菊池宽、谷崎润一郎、石川达三、小林秀雄等都曾光顾此店。①

横滨开港之时，西洋人接踵而至，日本人深受西方影响，发型从“丁髷”（明治维新之前的日本男子发髻）转入洋发时代，于是“剃刀”职业受到欢迎，大量理发师从中国来到日本横滨，中国人理发店应运而生，十分繁荣，被誉为横滨名物之一，人们甚至认为日本西式理发店的普及应归功于中国人。②

横滨华侨多为贫穷百姓，到达日本后，面临资金缺乏的问题。华侨在经济上得不到来自祖国方面的任何援助，也得不到日本方面的贷款，完全依靠自力更生、互助。作为华侨团结力量的具体表现之一的金融互助组织“标会”对华侨社会的经济发展起着极为重要的作用。标会简称“会”，原本就是中国传统的民间经济互助办法，在海外具有强大的生命力。华侨约集朋友组建标会，筹措资金，互相帮助。华

① 池步洲：《日本华侨经济史话》，上海社会科学院出版社，1993，第130页。

② 池步洲：《日本华侨经济史话》，上海社会科学院出版社，1993，第129页。

侨建立的金融互助组织“标会”不仅使华侨克服缺乏资金的困难，同舟共济，获得了生存机会，而且有力地推动了华侨经济的发展。

长崎开港的时间最早，华侨在此开发最早，对当地的经济发展贡献颇多。1870 年，长崎有华侨 462 人，其中以福建华侨为主，主要从事海产贸易和杂货业。横滨、神户开港后，华侨在各港口自由流动，长崎华侨的经济发展相应缓慢。

浙江慈溪东山头西房村（今属观城镇）人吴锦堂（1855 ~ 1926 年）是这一时期日本的著名华商。吴家世代务农，吴锦堂家贫，1880 年到宁波一家水作坊做工，1882 年到上海虹庙萃丰油烛店帮工 3 年。1885 年，受店主李遂生委托东渡日本长崎采办东洋杂货。吴锦堂与人合作，在日本和上海分别开设杂货店。经营 7 年后，赚得 15 万元，吴锦堂分到 3 万元，开始单独经营事业。1888 年，吴锦堂在大阪创立贸易商号“怡生号”；1890 年移居神户，集资 30 万日元设立“怡生商号”，经营杂货贸易和棉花输入等业，获利颇丰，逐渐成为当地最大的华商。①

函馆的开拓和发展也主要得力于华侨。广东华商陈玉松是最早开拓函馆贸易业的华侨。他于 1859 年 7 月来到函馆，大量收购海带。不久，有浙江籍、四川籍商人来此地经营海产品贸易。不少华商在函馆积极从事海带贸易，大大活跃了当地的海产市场。华商张尊三在开发北海道的海产资源以及扩大函馆的贸易市场方面贡献尤大。张尊三祖籍浙江鄞县，1870 年到日本，有商号德新号（后改名“裕德成”）。张尊三因贡献突出，被日本政府授予蓝绶褒章。到 1875 年，函馆已有华商 40 人。1877 年，有近 10 家华侨开设的商号，如潘延初的成记号、张尊三的万顺号、黄宗佑的东昌盛号。

概而言之，华商在日本对外贸易中发挥了重要作用。据日本大藏

---

① 参见〔日〕松浦章《明清时代东亚海域的文化交流》，郑洁西等译，江苏人民出版社，2009，第 346 页。

省统计，1893 年度，日本对外贸易出口总额中外商占 84.1%，进口总额中外商占据 95%。而当时所谓外商几乎全部为华侨，可见当时华侨在日本对外贸易中占有重要地位。① 日本华侨经济具有鲜明的地方特性。日本华侨来自中国各省份，聚族而居，互相提携。他们在居住、文化、经济等方面都有着浓厚的地方色彩。

总体上看，华侨的职业逐渐多样化。日本各地华侨从事杂货、饮食、理发、印刷、中药、陶瓷等业，开设银钱铺、鞋铺、当铺、裁缝铺，还有不少人从事小手工业、做搬运工等。这些华侨还派人回国或亲自回国，将亲属带到侨居地，作为学徒、店员或者助手，协助其发展事业。在血统、家族和乡谊等因素下，店东、店员、雇工、学徒之间已超出纯雇用范围，很多人在同乡或同姓那里找到安身之所，然后徐图发展。随着旅日者日渐增多，经营的行业也就日渐扩展了。②

三　近代朝鲜半岛华商

1876 年，朝鲜被迫与日本签订《日朝修好条规》，拉开了朝鲜近代史的序幕。1910 年，朝鲜被日本吞并，沦为日本的殖民地。1911 年，中国爆发辛亥革命，清王朝被推翻，中华民国建立。昔日清朝与朝鲜的藩属关系也在各自与西方列强和日本的关系演变中发生了深刻变化。

1882～1910 年是朝鲜近代华侨史的第一阶段，虽属创业阶段，但华侨经济发展很快，主要表现有二。一是朝鲜经历了长期的封建社会封闭，大规模开港后，华侨为经商而来，也因经商致富，朝鲜半岛的华商、华工、华农人数不断增加，华侨经济快速发展。早在 1876 年朝鲜初步开港后，日本和西方势力就已蜂拥而至，朝鲜自给自足的封建经济逐渐解体。1882 年《中国朝鲜商民水陆贸易章程》签订后，

① 卢冠群：《日本华侨经济》，海外出版社，1956，第 35 页。

② 陈昌福：《日本华侨社会形成初探》，《上海师范大学学报》1985 年第 1 期。

朝鲜民族资本主义经济再次发展，华侨大批进入朝鲜，华侨经济也迅速发展。二是朝鲜华侨经济受到清政府的保护和支持。19 世纪后期，日本和西方列强加紧了对中国和朝鲜的侵略。清政府为了维护自己的宗主国地位和朝鲜的安全，加强其在朝鲜的经济存在，对朝鲜华侨采取保护与支持政策，朝鲜华侨经济得以逐步发展。

由于外国资本主义入侵，朝鲜社会经济遭到严重破坏，封建王朝与本国民众的矛盾日渐加深。在朝廷内部，以闵妃为首的后党与大院君斗争日渐激烈。1881 年 7 月 23 日，朝鲜爆发了“壬午兵变”。1882 年，应朝鲜朝廷的平乱请求，清军吴长庆奉命率兵入朝。随这批清军到达朝鲜的还有 40 余名中国商人。①

“壬午兵变”后，清政府与朝鲜几经交涉，1882 年 8 月签订了《中国朝鲜商民水陆贸易章程》。依据该章程，清政府与朝鲜政府废除了海禁，开展海上贸易。双方可在对方开放的口岸派驻商务委员，以照料本国商民。清政府任命陈树棠为总办朝鲜商务委员，驻汉城。清政府还在朝鲜仁川、釜山、元山、汉城设商务署，管理中朝海上贸易。清政府对朝海上贸易港口为天津、牛庄（营口）、大连、烟台；朝鲜对清政府贸易港口为仁川、元山、釜山。中国商民还在朝鲜享有所谓“治外法权”，可在朝鲜经商，并享受低税优惠。因此，华侨得以名正言顺地在汉城、平壤、仁川、大邱、光州等大城市经商；两国渔民可在两国相邻的海域自由捕鱼，两国边民亦可通过陆路自由往来交易。② 这方便中国人移居朝鲜，也有利于中朝两国贸易的发展和朝鲜打破封闭状态。此后，中国商人、农民和工人等陆续来到朝鲜，成

① 1885 年陈树棠在给李鸿章的报告中明确提出“随营偕来贸易者四十余人”。韩国学者吴在环认为，吴长庆带领的船上有 30 名清朝商人，参见〔韩〕吴在环《朝鲜末期以来在韩华侨对韩国认识的变化》，第三届近代中国与世界暨纪念近代史所成立 60 周年国际学术研讨会论文，2010。

② 参见王淑玲《韩国华侨社会的形成、变迁及特征》，《世界民族》2011 年第 5 期，第 57 页。

为近代朝鲜华侨之始。1883 年，两国又签订《吉林朝鲜商民随时贸易章程》《奉天与朝鲜边民交易章程》，进一步为中朝贸易开展和中国人移居朝鲜创造了条件。

在朝鲜开放釜山、元山、仁川、汉城等通商口岸之前，这些地方的华侨人数极少。仁川开港后，中国侨民逐渐增加，并在居住地从事不同职业。1882 年，随吴长庆赴朝的 40 多名中国商人成为近代最早一批到达朝鲜的华商。他们是为 3000 名驻朝将士提供粮食和军需物资的军役商人。朝清贸易仅持续 3 年，1885 年《中日天津条约》签署后清朝驻军奉命撤离朝鲜，清商也一同回国。

1882 年，在朝华商增加到 82 名。1883 年，赴朝鲜的华商共计 162 人，半数来自山东，其次为江苏、浙江和广东。① 1884 年，朝鲜华商数达到 520 名，汉城和仁川两地华侨占绝大多数。其中汉城华侨达 352 人，籍贯包括山东、湖北、江苏、浙江、安徽、河南、江西、湖南、广东、直隶（河北）和福建。山东地近朝鲜，朝鲜的山东华侨为数较多，特别是在朝鲜开埠早期。据《山东侨务志》记载，1883 年，由山东进入朝鲜的华侨共 209 人，1886 年激增至 3661 人。

当时朝鲜华侨有很大的流动性。由于《中国朝鲜商民水陆贸易章程》等条约的签订，一些华侨便在朝鲜扎根。顺便指出，一些居住于日本长崎、神户的华商在日本人大批进入朝鲜的时期（1876 ~ 1882 年）也随日商一起到朝鲜，有的则独自来到朝鲜扩展商业活动。

1883 年 9 月至 1885 年 9 月，陈树棠受命担任总办朝鲜商务委员。其间，1884 年朝鲜发生“甲申政变”。事变之后，清政府对朝鲜华侨采取保护与支持政策，朝鲜华侨经济逐步发展。

陈树棠到任后即在汉城设立商务公署，接着在仁川、釜山、元山设立分署，负责保护华商以及推行中朝贸易等事务。1884 年 4 月，《仁川华商租界章程》签订，允许中国在仁川开设租界地。该章程不

① 杨昭全、孙玉梅：《朝鲜华侨史》，中国华侨出版公司，1991，第 132 ~ 134 页。

仅使华商拥有在朝鲜安全居住和保障子女教育的租界地，而且确保华商死后有可以享受永久保障的墓地。同时，该章程还为华商在仁川口岸居住并从事贸易活动提供了便利。

1884年初，中国驻朝鲜道员袁世凯以吴长庆军营务处留朝。1887年，清政府任命袁世凯为“总理朝鲜商务”。在他的统领下，华侨商务迎来第一个繁盛时期。这一时期，华侨向朝鲜国民提供了绝大部分日用品，还在当地开矿、务农，从山东引进种植技术，将食品和杂货等运入朝鲜，将朝鲜的沙金等输往中国。朝鲜官民给中国客人很高的礼遇，称他们为“大国人”或“清商”。华商主要以仁川为贸易中心，仁川事实上成为朝鲜华商的商业基地，和汉城一起，逐渐形成两大华侨聚居地。日本商人以釜山为贸易中心。

仁川租界设立后，华商数量迅速增加。1883年，仁川府的华商还不超过48人。1884年，设立租界后华商达到235人。1886年华商人数增长至468人。1887年袁世凯在元山设立了“租界”，前往朝鲜的华商人数迅速增加。虽然各省华商人数略有变化，但山东籍华侨人数一直位于前列。此后华商人数稳步增加，到1890年，华商数量较多，仅在仁川活动的华商就有近1000人，1891年为1489人，1892年为1805人，1893年则达到2182人。

清政府掌握了朝鲜海关后，华商在朝鲜的进出口贸易中享受免税等优惠政策，华商势力得到了极大的扩展，并最终压倒了日商势力。袁世凯还支持大华商参与货物运输。1887年，袁世凯在李鸿章支持下，开辟定期往返于上海与仁川之间的定期航线。

清政府在平息朝鲜1884年“甲申政变”后，积极扩大在朝经济势力。当时朝鲜因无法偿还德商10万两白银的债款，曾拟向西方国家借款。清政府为了防止西方国家对朝鲜的渗透，加强对朝鲜经济的控制，极力阻止朝鲜政府向外国借款。但清政府担心引起西方国家抗议，也担心朝鲜政府拒绝接受，于是，1892年8月，李鸿章奏请清政府出资白银10万两，以华商商行同顺泰名义贷给朝鲜政府，由驻朝鲜税务司与同顺泰和朝鲜政府签订朝鲜向同顺泰借款的合同，以仁川海关收入做担保。[①] 8 月 19 日，清政府以同顺泰的名义，与朝鲜政府签订《朝鲜转运衙门与华商同顺泰贷款合同》，合同中对还款与利率做了规定。

除同顺泰贸易商行外，当时朝鲜还有 7 家较大的商行，也从事中朝两国间的大宗货物进出口生意，如元山华商同丰号也颇有声誉。1892 年同丰号曾经向朝鲜元山地方政府提供贷款 2000 元，用于修筑元山石堤。1893 年，朝鲜华商募股创立惠通公司，经营内地航运和漕米运输，同顺泰出资 8000 元，怡生号出资 3000 元，北洋通商大臣袁世凯和龙山领事唐绍仪也出资若干。[②] 汉江的航运一直由日方控制，惠通公司建立后，积极与日商竞争。但惠通公司因为轮船过大，每月开支浩繁，运费偏低，入不敷出，致有亏损。最后李鸿章出面，洽请清政府补助，惠通公司才勉强苦撑下来。[③] 朝鲜华商在清政府的保护下，迅速在商贸领域崛起。华商在仁川进口贸易中逐渐占据优势地位，在各商埠开设各类杂货店。[④] 1894 年，为了整合华侨社会力量，获得更大的经济利益，汉城华商成立了中华会馆。

1894 年甲午中日战争爆发，中国战败，被迫签订《马关条约》，中国在朝鲜的影响力渐弱，朝鲜华侨的社会、政治地位随之降低，经济亦开始受到制约，原来清朝驻朝商务机构被撤销，华侨也失去了清政府强有力的保护。日商在日本政府保护下大批进入朝鲜内地经营商店，并将日本的商业势力扩大到朝鲜各地，独占了朝鲜市场。

---

① 《直督李鸿章奏借给朝鲜银十万两由华商出名订立合同期限拨还折》，载王彦威、王亮辑编《清季外交史料》（第 4 册），湖南师范大学出版社，2015，第 1772 ~ 1773 页。

② 杨昭全、孙玉梅：《朝鲜华侨史》，中国华侨出版公司，1991，第 161 页。

③ 林明德：《袁世凯与朝鲜》，“中研院”近代史研究所，1984，第 243 ~ 244 页。

④ 庄国土、刘文正：《东亚华人社会的形成和发展：华商网络、移民与一体化趋势》，厦门大学出版社，2009，第 147 页。

1897 年，李氏朝鲜国名改为“大韩帝国”。1910 年，日本吞并朝鲜，此后日本殖民者对华侨多有限制（限制华侨居住区域等），并不时迫害华侨，因而朝鲜半岛上不时发生排华事件，华侨经济受到极大破坏。

第三节　拉丁美洲华商在居住国的经营

在开始叙述拉美华商经营之前，先简单交代拉美殖民地的经济环境。

在殖民统治制度下，几乎所有拉美国家都存在商品经济极度落后、人力资源受到变相摧残和总体人口素质低下的问题。商品经济发展水平滞后，当地的商人自然就十分短缺。拉美当地人原善于耕作，但在单一作物的大种植园经济建立后，当地大片农田荒废，很多当地人成了在种植园工作的“自由民”，实际上成了矿工或种植工具。作为底层平民，他们没有接受很好的教育，很难步入上流社会。而殖民者通过土地赏授，在当地形成了一个种植寡头阶层，即考迪罗（Caudillo）阶层。考迪罗原意是首领、头领，类似独裁军阀。他们人数稀少，却掌握着绝大部分土地。考迪罗制是拉美特有的军阀、大地主和教会三位一体的本土化独裁制度，在 19 世纪 20 年代至 20 世纪前期盛行。考迪罗经济依靠大地产大庄园主、军人专政来维持其存在。同时，考迪罗控制的克里奥尔人（即他们与当地人生育的后代）更亲近欧洲殖民国家，也更容易充当他们的代理人。

相对来说，在中国家乡有过不同程度的商业历练的华侨来到拉美后不难找到从商空间。如上所述，早期移居拉美的华侨大多迫于生计或躲避迫害才外出做劳工。在他们内心深处，不管到了哪里，总有一天自己是要回归故里，居住地只是他们人生道路上的一个驿站，尽管不知能否衣锦还乡。这样华侨与当地民族便形成了居住心理上的反差，华侨不得不努力在当地的商业活动中取得成功。

杂货店是华侨打拼取得成功的一个高地。经营杂货店需要一定的启动资金，除此之外最重要的是营商观念。自清末开始，在中国尤其是在东南沿海地区，资本主义经济已经萌芽，大量中国人早就拥有了一定的商业意识和商业理念。他们到海外后，希望通过劳动赚钱，快速致富，积累钱财，荣归故里。这种动机使华侨选择行业时十分重视经济效益。经商可以提供收益多、周期短、灵活性强、赚钱快的机会，这样商品意识本来就较成熟的中国移民很容易进入华商角色。而当地商人阶层的短缺更加凸显华商的存在。在地缘意识相当浓厚的华商看来，与同乡华商合作容易实现共赢。久而久之，华商群体就越来越大。殖民者在拉美殖民地制造的无工业、单一种植业的“逆发展环境”，无意中助力华商阶层的形成和壮大。

所谓“逆发展环境”，指宗主国在其殖民统治拉美期间不事经济发展专事宗教的类似活动。王室对发展工业毫无兴趣，但对宗教充满热情。一则笑话说，当英国和荷兰用西班牙的黄金开展蒸汽革命时，西班牙的卡洛斯五世正按照圣母的旨意在全欧洲狂热地追捕魔鬼。西班牙在拉美的殖民国家最多，地域辽阔，但这个南欧国家封建主义色彩浓厚。从哈布斯堡王朝到波旁王朝，西班牙整个王室宛如生活在中世纪一般，国家更像是王室的私人财产。令人诧异的是，哈布斯堡王朝的继承人对发展工业了无兴趣，甚至有意破坏拉美西班牙领地的工业。如果哪个西班牙贵族异想天开，要搞什么实业，就会被剥夺爵位。王室最感兴趣的只是金银。有学者统计过西班牙在其拉美殖民统治期间和葡萄牙从巴西掠夺的黄金、白银，数目大得惊人。[①] 一听说哪个地方发现了金银，便千方百计去挖掘。如果确实无金银可挖了，殖民者就让世居民族领主驱使其手下的农奴从事种植业，但要

① 钱江：《十六—十八世纪国际间白银流动及其输入中国之考察》，《南洋问题研究》1988 年第 2 期；樊亢、宋则行主编《外国经济史：近代、现代》（第 1 册），人民出版社，1980。

严格按照欧洲人的兴趣进行种植。宗主国需要什么就生产什么，欧洲那边需要什么，拉美这边就种什么，所有西班牙治下的总督领地都是如此。西班牙王室从不关心种植技术的改善，导致种植业生产效率极低。实际上，拉美西属殖民地能够为宗主国种植的作物只有咖啡豆、甘蔗或可可等几种。其他所需作物则依赖其他欧洲国家进口。另外，殖民者并不想将拉美西属殖民地生产的初级农产品加工为成品或者半成品，而是将一半左右分给拉美的世居民族领主，另一半几乎原封不动地运往欧洲。世居民族领主拿走的一半流入了西班牙总督及世居民族酋长的腰包。殖民地上层人物用这些财富维持奢侈消费及修建教堂。因为殖民地没有工业，自然不需要工人，只需要农奴。殖民地的农奴一无所有，属于无技术阶层，只有两手能种地。

有学者指出，从“契约华工”制度结束，到中国改革开放后的新移民涌入之前，大多数拉美华侨华人主要从事商品零售业，特别是开杂货店。① 杂货与百货本属两种类型，但在拉美，有的国家分开经营，有的国家混合经营。这里姑且放在一起陈述，统称“杂货业”。杂货业经营的商品均为当地民众所需，因此这一行业是老一辈华侨安身立命之本。他们往往从私人资本起家，都属私营企业，故而没有或外来压力或压力较小，一般较快地发展起来。从事杂货业本钱可多可少，生意可大可小，商品范围也广。在海外，对来自中国的杂货（特别是食品类）需求最迫切的首先是初到居住地的华侨。他们刚从中国出来，衣、食、住、行仍保留在家乡时的习惯。因此，他们所购杂货多来自中国。这也是当时码头和新华侨聚居处出现小摊、小贩和杂货小店最多的原因。

① 刘叶华：《他乡·故乡：拉美华侨华人社会百年演变研究（1847～1970）》，中国人民大学出版社，2015，第50页。这里所说的杂货店（食品店），应该包括百货店（生活日用品店）。

睹物思人、思乡、思家，乃人之常情。杂货店是休息、娱乐、传播信息的聚会场所，也是华侨消除孤寂、排解乡愁之地。一些华侨或择日来此享乐，或委托回乡的人把自己辛苦积攒的一点钱带给家乡亲人。一批批华侨集中到杂货店，形成了消费群体，杂货店也获得了稳定而独特的消费市场。

顺便指出，早年一些地方的华侨杂货店有一个并不显眼的功能，即有利于孕育和形成一个松散的华工劳务市场。华侨与居住地民族语言不通，交往闭塞，华侨来到偏僻的国家谋生，总希望找到一份相对好的工作，或者因为收入低、工时长、工作条件恶劣，总希望换一个较好的职业。如果没有杂货店，他们找工作或换工作只能通过私人关系，看机会，碰运气。因为有了杂货店，向他们提供就业信息的渠道就宽多了，就业机会也增加了。这在一定程度上可以让有语言障碍、文化程度低、对当地社会缺乏了解的华侨节省很多时间和精力。反过来，不同行业的雇主也应喜欢通过杂货店来散播招工信息。因此，一个杂货店“准劳务市场”便具有某种工人与雇主互利互赖的属性。这种功能本来是由唐人街承担的，但若唐人街还未形成或没有，杂货店便可以发挥这种功能了。

一　中美洲地区

（一）墨西哥华商

墨西哥华侨移民历史在拉美国家中是较早的，早年移居墨西哥的华侨中就有一部分是华商。如前所述，墨西哥华侨源起墨西哥和遥远的菲律宾都曾沦为西班牙的殖民地。由于同为殖民地，早在16世纪中叶，就有在西班牙船上做船工的部分菲律宾华侨移居墨西哥，在当地造船、经商和做工。来自中国的医生、裁缝、织工、金银首饰匠、木匠、理发师以及商人已活跃于西班牙的经济生活中。① 16世纪末，

① 周南京主编《华侨华人百科全书·历史卷》，中国华侨出版社，2002，第341页。

墨西哥城就已有唐人街。没有详细史料表明不同类型的华侨各有多少，但以上华侨职业已可表明，当时的墨西哥殖民地需要掌握这些技术的华侨，应是需要他们在墨西哥民间销售其他华侨带来的商品和依靠自己掌握的技术在当地生产的商品。不过，“大帆船贸易”时代到来，在墨西哥经商的华侨乃至可能走得更远的华侨就如断了线的风筝，与一两百年后移居墨西哥的华侨历史无法对接。他们很可能来到墨西哥不久就逐渐融入当地，再经过一两代，便了无踪迹。这或可说明早年从菲律宾来到墨西哥的华侨是间歇性、阶段性的，人数不多。后来的墨西哥城多洛雷斯的唐人街与上述16世纪末建立的唐人街，与其说是空间上的延伸，不如说是精神上的联系。

如果从后来移居墨西哥的华侨算起，则他们要晚于很多中南美洲国家的华侨。19世纪70年代后，墨西哥国内的开发建设、此前的革命战争和瘟疫造成墨西哥国内劳动力资源短缺，华侨成为墨西哥移民的重要来源。到1910年，墨西哥华侨有13203人，散布在墨西哥京城及顺拿腊省等，多从事开矿、园艺、洗衣工作，开餐馆、旅馆，或经营进出口业。① 显然，这时候的华侨主要经营居住国的国内商业。

（二）巴拿马华商

巴拿马华商的一个特点是出现时间早、人数多、华裔商人的比例高。一说早在1854年华工到巴拿马修建铁路前就有部分华侨从美国南下巴拿马，从事垦殖及贸易活动。② 也就是说，巴拿马的华商活动在修建铁路的华工来到这里前就已经存在。可以肯定，即使这样的华商真的存在，他们也是从事小生意的华商，人数也应不多。重要的是，他们之所以一到巴拿马就能够从事经营活动，是因为他们有移民

① 李春辉：《拉丁美洲史稿》，商务印书馆，1983，第351页。

② 《巴拿马运河和中国的百年故事》，《人民日报》（海外版）2016年7月6日，第10版。

美国时的原始积累乃至有初期的商场历练，而不是乍到巴拿马就可以马上进入商业领域。当然，不排除这些华商是因为听说巴拿马要修建铁路，提前来捕捉商机。这种情况是巴拿马华侨移民与回归的一些特殊现象造成的，也与巴拿马特殊的地理位置和发达的营商环境相关。

一般来说，中国移民的“散落”程度与华商的上升比例呈正相关关系。例如，华工完成修路工程后，几乎没有人想马上回到家乡，绝大多数人留在当地，相当大一部分人还出于各种各样的原因而终老当地。很多留下来的人与当地民族融合，随着时间流逝，出现一代又一代的新华人，他们中很多人在居住地经商。显而易见，“散落”是华侨融入当地社会的最重要途径。所谓“散落”，包括一开始就打定主意的一以贯之的“散落”，也包括起初犹豫不决、且行且看，最后出于各种因素才下定决心居住下来的“散落”。不过，这两种情况的区别只是理论上的，实际上很难区分当初华侨留在当地的主观意愿。

值得注意的是在巴拿马第一次移民高峰中按“契约”参与修建铁路及此后幸存的中国劳工，他们主要有两个去向。一是一部分人被送到牙买加的甘蔗种植园里干活，中国劳工开始流向加勒比国家。为什么如此？因为他们这时已被从牙买加雇来的黑人劳工取代，失去了工作。那时老板认为黑人劳工比中国劳工体质好，故雇用黑人代替他们。实际上，这些来自中国农村的劳工更擅长农业劳作。这个去向可以看作这些劳工作为巴拿马劳工生涯的终结而在其他国家延续其劳工生涯的开始。这一延续并非他们通向华商进程的终结。他们还有机会在另一个国家完成其劳工生涯，转身成为华商。二是有相当一部分华工散居到巴拿马各地独立谋生。他们修路或开河时的劳动范围和生活范围主要是铁路沿线或运河沿线的村镇。这些村镇后来便成了他们的谋生地。他们先是做农工或非专业壮工，稍有积蓄后，便转向商业领域。还有一部分华侨一到巴拿马就涉足铁路工程以外的经济活动，先给别人打工，后来做自己的生意，凭借不知疲倦的努力，从无到有，从小到大。[①] 他们一般是先做小本生意，摆摊或沿路兜售，日夜辛苦劳动，后来拥有固定的地点，办起食品店、水果店、杂货店。值得注意的是，这些店先是开在铁路沿线的小镇，随后走向铁路沿线两侧和两端的聚居处。经营方式则是从摆摊、跑卖发展到批发，经营范围也扩大到洗衣店、五金店甚至小型制造业。总之，修铁路结束后幸存下来的中国劳工的商业起跑线很有代表性。毫无疑问，这是华工转身为华商的传统路径。他们会在尽可能短的原始积累过程结束后，通过对其熟悉的某个领域的投资而转身成为小华商，之后再努力成为更大的华商。

有一种说法是，铁路、运河工程完成后，中国移民一开始从事农牧业，奠定经济基础，再从单纯的农牧业逐渐发展到工商贸易等行业。应该说，上面说法所反映的情况在理论上都存在，最后都是以商业为他们的归宿。到这个时候，华商阶层（包括小商贩和专事贸易者）就应已经形成。

资料表明，到了19世纪70年代，第一批到达巴拿马的中国移民已分散到巴拿马各地定居下来，有的开始经商。华侨很快施展经营小本生意的才能，抢占了巴拿马的市场。据张荫桓所著《三洲日记》的记载，19世纪80年代，“（巴拿马）仰望龙旗招展，则华人酒楼也，车经开河之地，畚锸未缀，华人沿衔列肆，卖食物，不一而足”。巴拿马城的永和昌、华安、永利成、朱氏公司、三环公司等大商行已是全国有名的大型公司。例如，郑始发于1885年来到巴拿马，1903年接管父亲郑昆俊的生意，经营进出口业务，并在上海和香港开设郑氏分公司，还曾担任首届中国商会主席，被公认为当时侨界首富，拥有很高威望，中国政府还任命他为巴拿马商务代表。[②] 这说明，华侨抵达巴拿马三四十年后，一些人不仅在经济上已经站稳脚跟，生意亦初具规模。

---

① 杨金发：《走近巴拿马华人》（上），《侨务工作研究》2006年第6期。

② 杨金发：《走近巴拿马华人》（上），《侨务工作研究》2006年第6期。

在同一时期，1882 年，美国加利福尼亚州政府关闭华侨移民的大门，因此许多原先计划到加利福尼亚的人就来到巴拿马。他们开布庄、卖东方物品、经营五金杂货店。1885 年，在巴拿马市及科隆市两地已有相当多的中国人做小生意和从事餐饮业。

到 19 世纪末期，旅居巴拿马的华侨已数以千计。他们稍有积蓄后便转而从事商业活动、农业和渔业生活，在经济上渐居优势。1903 年巴拿马独立时，清政府鉴于巴拿马“华民众多”，宣布承认巴拿马政府，两国建交。1909 年清政府在巴拿马设领事馆，保护华侨并“徐订商约”。

20 世纪初，巴拿马有华侨 5000 人左右，居住在巴拿马市及科隆市一带，从事餐饮业、商业及农业等。[①] 到 20 世纪初，被贩卖到巴拿马的华工大多转为经商，华侨经济奠基，由此渐入佳境。1908 年，华侨占据了巴拿马零售业的近八成份额，华侨小商铺遍地开花。1910 年中国驻巴拿马总领事欧阳庚致外务部呈参信中更是颇为自豪地讲道：“我华民商务之在巴国者，以巴京（巴拿马城）为最大，次则个唧埠（科隆港）。由巴京至个唧埠开河一带，火车所经共华里一百四十余地，华民店铺约三百家，零星散处各埠者亦不下百十家，约共四千人。”据记载，1908 年，巴拿马城商业活动的 82% 由外国人经营，其中华侨占据零售业 79% 的份额。[②]

（三）哥斯达黎加华商

哥斯达黎加华工的出路与其他拉美国家的华工大体相同，即在结束劳工生涯后先积聚必要的财富，然后逐渐转型经商。而留下来在当地发展的劳工都在居住地繁衍后代。早年哥斯达黎加华商经营范围与农业领域密切相关。咖啡业是华商较早经营的一个行业。1729 年，咖啡从古巴引入哥斯达黎加。后来，咖啡成了哥斯达黎加的“金谷

① 李春辉：《拉丁美洲史稿》，商务印书馆，1983，第 351 页。

② 杨金发：《走近巴拿马华人》（上），《侨务工作研究》2006 年第 6 期。

粒”，是仅次于菠萝和香蕉的第三大出口农产品。约到 20 世纪初，哥斯达黎加有华侨约 2000 人，来自广东，多经营可可及咖啡、香蕉等农场。[①] 上述迹象表明，约到 20 世纪初，哥斯达黎加的华侨主要经营居住地的商业。

（四）尼加拉瓜与危地马拉华商

尼加拉瓜的华侨人数少，在当地民族构成中比例较低。尼加拉瓜的华商发展趋势与其他拉美国家稍有不同。在其他拉美国家，一般是华侨移民当地后，先做“契约华工”，合同期满后，就在当地打工，积累资金，到适当时候开始经商，然后一步步做大，成为有实力的华商。在尼加拉瓜，最早移民这个国家的大部分华侨从一开始就经商。不过，后来华商受到很大限制，逐渐走下坡路。早在 1890 年，即有华侨从美国和墨西哥等国移入尼加拉瓜。这些华侨十之八九以经商为主，以打工为生及务农者甚少，这个时候应是有利于华商发展的时期。到 20 世纪初，危地马拉有华侨约 2000 人，多来自广东顺德及中山县，居住在危地马拉首都或散居各地，经营杂货、布匹、成衣、餐馆、农场。[②] 可惜有关早年危地马拉华商的信息不多。到 20 世纪 20 年代末（年份不详），尼加拉瓜华侨人数已有约 3000 人。

二　南美洲地区

南美洲地域辽阔，但整体历史发展十分不平衡。印第安人建立的中心位于今秘鲁一带的印加帝国，是拉美发展最早的地区之一。早在殖民统治时期，西班牙人就通过太平洋航路将中国、菲律宾和墨西哥连接起来，并将太平洋航路从墨西哥延伸到秘鲁，华侨通过这些航线来到秘鲁和南美洲其他地方。较早来到秘鲁的华侨的主要任务应是运输中国商品，后来才是作为“契约华工”。不管做什么，

① 李春辉：《拉丁美洲史稿》，商务印书馆，1983，第 351 页。

② 李春辉：《拉丁美洲史稿》，商务印书馆，1983，第 351 页。

他们都为推动南美大陆的繁荣进步做出重要贡献。进入19世纪，以中国茶农为先导，华侨一批批通过印度洋大西洋航路来到葡萄牙殖民统治下的巴西。在西班牙人和葡萄牙人的殖民统治下，整个南美大陆在16~19世纪发生了很大变化，出现了不少经济高地。但由于拉美的经济发展与同时代“海上丝绸之路”其他沿线地区相比仍然差距明显，这一地区的华侨只能在居住地做小商贩，经营中餐馆、杂货店等。东南亚和东北亚地区出现的包括双边贸易和多边贸易在内的华侨跨国贸易在拉美尚未出现。

直到19世纪，整个南美大陆的发展还是十分不平衡。例如，即使在只有葡萄牙单一殖民者的巴西，也只有东海岸若干个城市及周边地区得到较大发展，巴西内陆地带仍然一片蛮荒。南美洲南部的阿根廷是南美大陆开发最晚的一块区域。在欧洲殖民者登陆以前，广袤的阿根廷大地上仍生活着原始猎人和食物采集者，社会发展水平明显低于南美洲其他地区。

（一）秘鲁华商

“契约华工”合同期一般是5~8年，期满后便可获得人身自由，成为自由华工。他们可以得到一小块耕地，而后从乡村进入城市，慢慢发展为自由雇工或小商人。华侨勤俭节约，务工、经商，逐渐在居住地占有一席之地。一些从商的华侨会留在种植园附近的乡镇开设小店铺，售卖丝绸、陶瓷等中国商品和甘蔗酒之类的当地商品。当然，华侨小店铺的商品种类繁多，举凡关系当地百姓日常生活的大小商品都在他们的经营范围。在大城市，由于市场需求更大，华商的小买卖可以做大一些。但拉美国家的很大一部分传统华侨更愿意经营餐饮业。他们从做中餐开始，先是服务自己的同胞，菜品在慢慢多样化的同时趋于当地化，服务对象也逐渐扩大到当地居民。华侨也会从事家政工作。在秘鲁，自由华工一般都尽可能到首都利马谋生。自19世纪50年代起，华侨的聚居区主要集中在“市场”附近，这大概是传统习惯。

自1849年“契约华工”登陆秘鲁，20年后，“契约”期满后的自由华工及其后代为数不少。到 1869 年，已有不少华工挣得一份家业，有的积累了三四万元资本。第一批来到秘鲁的华工曼－德拉克鲁斯获得自由后，在 10 年之内便成为有地位的富商。后来颇有名气的永发、邓记、郑记、宝隆、保安、和安荣、正和、合昌、永安昌等商号都是华侨在 19 世纪末创办的。[①] 实际上，当年“契约华工”的“契约”期满后，果能存活下来，很少有人愿意回国。他们逐渐流向秘鲁内地，从事割橡胶、淘金、种水稻和蔬菜以及小商贩等职业，由是奠定了华侨经济的基础。早期的华商大多数靠个体手工业起家，如帮佣、厨工、裁缝、木匠、泥瓦匠、鞋匠、马车夫、修理工、洗衣夫等。在秘鲁民间，至今流传着华侨勤劳致富的传说。不少秘鲁人忆及，华侨早晨在利马寒冷、雾重的街头销售热水，捡拾街头烟蒂重新制作香烟，赶着骡车在利马贫民区挨家挨户淘粪……当钱财积蓄到一定数目，华侨就开起了小杂货店、小餐馆甚至酒楼。1869 年 3 月 1 日，《民族报》报道：“有数不清的中国人从挣得饭食、衣着和每月 4 个索尔的工资起家，现在已积累了两万、三万和四万元的资本。”[②] 早年留在秘鲁的华工从事的职业多种多样，其中最值得注意的是小商贩。经过一段时间后，有一部分人因做小商贩积聚了一定的财富。而在一些地方，摊贩集中出现便会形成一定规模的市场。这些市场发展到今天，已经成为秘鲁首都利马的重要商业区。1888 年，秘鲁就有华侨约 6 万人，主要居住在利马及沿海一带城镇，来自广东中山、“四邑”、鹤山、南海、番禺等县，主要开餐馆、粮食杂货店、旅馆、戏院、农场，以及肥皂工厂、蜡烛工厂等。[③] 从事国内商业者甚多。1889 年 1 月 31 日是中国春节，访问美洲的清廷大员傅云龙刚好在秘鲁，他在利马过了春节。中华通惠总局的董事带着华商数十人来访，

---

① 杨发金、刘欣伟：《秘鲁 150 年：看华侨华人业绩》，《光明日报》1999 年 12 月 1 日。

② 《秘鲁女子爱嫁广东“猪仔”》，《羊城晚报》2014 年 4 月 23 日。

③ 李春辉：《拉丁美洲史稿》，商务印书馆，1983，第 351 页。

来者都穿着中国服装，说中国话，十分亲切。傅云龙走在利马的唐人街上，看到许多中国店铺，几乎忘了这是在遥远的拉丁美洲。街上鞭炮声不停，晚上点灯时求他写春联的华商还络绎不绝。①

在秘鲁的当地西语里，“我去中国人那儿”意思是“我要去买东西”。所有的日常必需品都可以在华侨经营的商店买到，华商成为秘鲁社会不可缺少的一部分。随着经济实力和社会地位提高，华侨的后代进入秘鲁当地大学。受过高等教育的秘鲁华人陆续开办华人学校、诊所，出版中文报纸、杂志，成立华人社团和慈善组织。

传统华人时代秘鲁最著名的华商莫过于谢宝山。谢宝山（1860～1939年），五桂山桂南马溪村人。清光绪十年（1884）赴秘鲁经商，才干出众，1885年创立宝隆公司，任宝隆田寮（田庄）股东、总经理。除经营土产批发、进口欧美货品以及中国丝绸外，谢宝山还在利马附近租大田庄4个，雇用1400名工人，主要种植甘蔗、棉花，产品除满足秘鲁需求外，还大批出口国外，特别是向欧洲输出当时紧缺的食糖，使宝隆公司成为当时秘鲁著名的八大商庄之首，1918年公司资产价值100万美元，谢宝山在欧美商界也备受关注。20世纪20年代初，以谢宝山为首组建中华航运公司，该公司“岭南号”大型商船是秘鲁华侨第一艘商船。随着生意蒸蒸日上，谢宝山又向外拓展，在中国香港、广州等地兴办了颇具规模的实业。

谢宝山博爱为怀，品德崇高，乐善好施，热心侨社福利事业。中华通惠总局创立时，谢宝山出力甚巨，1920年任中华通惠总局主席；后又与本邑人士创立香山会馆，任会长，其间大力支持孙中山民主革命运动，并为华侨争取权益，团结华侨社团。1925年在利马创办中华学校。20世纪30年代初，谢宝山回家乡马溪村创办“义学”，免费让农村孩子读书。谢宝山因对秘鲁的杰出贡献，受秘鲁总统黎伊耶

① 王晓秋：《19世纪中拉文明的一次相遇与互鉴——清朝海外游历使傅云龙的拉丁美洲之行》，《拉丁美洲研究》2018年第1期。

赏识，获授秘鲁最高荣誉勋章，成为秘鲁华侨获此荣誉第一人，被誉为秘鲁“侨王”。1939 年，谢宝山在秘鲁病逝。[①]

（二）巴西华商

早年从中国前来巴西种茶的华侨在雇佣期满后，一般留在当地自寻工作。一些巴西的中国茶农因为当地种茶业衰退，也离开茶园自寻职业。例如，德国著名植物学家施皮斯和马蒂乌斯于1817 年12 月10 日参观了圣克鲁斯庄园中的中国茶园，后来在《1817～1818 巴西之行》一书中写到，他们在茶园看到只有少部分中国茶农住在那里，大部分人进城当流动商贩，卖棉织品、中国烟火等“中国小商品”。[②]应注意的是，1817 年距第一批中国茶农抵达巴西还没有几年。可见最早来到巴西的华侨在登陆初期就已改行。这些人应在家乡就已有做流动商贩的经验。再如，19 世纪 50 年代中期，里约热内卢植物园的茶叶种植因出口受挫而中断。据里约热内卢植物园园长坎迪多·巴普蒂斯塔·德奥利维拉 1853 年的报告，园中有巴西与非洲奴隶、自由民 67 人，但未提到有中国人。没有提及中国人并不意味植物园从来没有中国人。这个植物园曾经有大批从中国雇来种茶的华侨，只是因为种茶没有出路而各奔前程。他们去往什么地方、做什么？虽然没有说，但经商的可能性最大。到 1857 年 1 月（这时候离第一批中国茶农来到巴西已有近半个世纪），植物园还雇用了 16 名刚到巴西的中国劳工，由于当时茶叶没有国际市场，加上经费问题，植物园里的中国茶农纷纷散去，一部分人进城当小贩，仅有一小部分人仍留在植物园维持茶园，管理残存的茶树与香料作物。[③] 概而言之，早年的中国

---

① 中山市人民政府地方志办公室编《中山市人物志》，广东人民出版社，2012，第 54～55 页。

② 陈太荣、刘正勤：《19 世纪中国人移民巴西史》，中国华侨出版社，2017，第 106 页。

③ 陈太荣、刘正勤：《19 世纪中国人移民巴西史》，中国华侨出版社，2017，第 97 页。

茶农是后来华侨小商贩的直接来源之一，也可能是巴西历史上华侨小商贩的最早来源。对于只有种茶技术在而其他方面无所长的华侨来说，留在巴西继续谋生，做不需要什么技术的小商贩应是当时最好的出路。

至少在南美洲，杂货店铺[①]是华侨的守成之业。进入19世纪特别是19世纪中期，大规模来到南美洲的中国劳工熬过工作合约期（一般为8年），成为自由之身后，大多靠卖凉茶、花生米、木炭等糊口度日。从事这些买卖一般需要一个固定店铺，即杂货店铺。

在一些拉美国家，“杂货”与“百货”是分开经营的。杂货主要为食品类，如蔬果、肉类、副食品等，无所不包；百货主要为日用小商品。但在一些拉美国家，两者并不分开，即销售杂货的商铺也销售百货商品，销售百货商品的商铺也销售杂货。笔者发现，在巴西基本上属于后一种情况，即不将杂货和百货分开，而是在店铺里将“杂货”与“百货”混合销售。就商品种类而言，无论是传统意义上的“杂货”还是“百货”，都是人们日常生活中不能缺少的商品。对于一个家庭来说，同样都是消费群体大而广、交易量大、交易频繁，本质上都是薄利多销的行业，因此需要从业者非常辛苦、小心谨慎地经营。

根据巴西历史学家若泽·罗伯特·莱特的《中国人在巴西》一书，巴西里约热内卢国家档案馆保存的里约热内卢“外国人登记”资料中，1818～1841年共有54名中国侨民进出里约热内卢市或申办经商许可证等，其中有25人申办经商许可证。1842年后无登记。[②]

① 理论上，“店”的经营是在店内设柜台且是封闭式的；“铺”是半封闭式的，在店的门口会有一个小摊。一般来说，广东籍华侨华人多喜欢称“铺”；非广东籍华侨华人多喜欢称“店”。但多数华侨华人对两者不做细分，店、铺混用，本书统一用“店”。

② 陈太荣、刘正勤：《19世纪中国人移民巴西史》，中国华侨出版社，2017，第12页。

这份“外国人登记”资料中的中国侨民人数应不齐全，但从中可以看到华侨经商登记的一些情况。巴西的中国人如果要经商，需要先领取经商许可证。记载表明，华侨在移民巴西之始就需要领取经商许可证。表5－1是19世纪20年代进出里约热内卢领取经商许可证的中国侨民名单，记录了25名华商到里约热内卢领取经商许可证的时间以及离开里约热内卢的时间和去向。

表5－1　19世纪20年代进出里约热内卢领取经商许可证的中国侨民

姓　名	领取许可证时间	离开时间或去向
伊格纳西奥(Ignacio)	1825年4月9日	不详
安东尼奥·弗朗西斯科(Antônio Francisco)	1825年7月4日	1825年7月1日前往里约热内卢州雷森德 1826年6月9日前往米纳斯吉拉斯州
安东尼奥·若阿金(Antônio Joaquim)	1825年2月18日、3月10日	不详
若昂·费利什·德阿劳若(João Felix de Araujo)	1825年3月18日、8月27日 1826年4月26日	1828年5月10日前往里约热内卢州雷森德
安东尼奥·科埃略(Antônio Coelho)	1825年3月15日	不详
若泽·安东尼奥·达科斯塔(José Antônio da Costa)	1825年4月13日	1827年1月15日前往里约热内卢州海岛格兰德岛和帕拉蒂
若泽·安东尼奥·达库尼亚(José Antônio da Cunha)	1826年3月16日	不详
雅辛托·埃斯皮里托·桑托(Jacinto Espirito Santo)	1825年3月3日	不详
弗洛伦西奥·安东尼奥·费若(Florencio Antônio Feijo)	1825年6月25日 1826年4月8日	不详
若昂·米格尔·费雷拉(João Miguel Ferreira)	1825年2月10日	1826年5月11日前往里约热内卢州雷森德
若泽·费利佩·费雷拉(José Felipe Ferreira)	1825年3月15日	1827年2月15日前往里约热内卢州马卡埃
安东尼奥·贡萨尔维斯·达弗朗萨(Antônio Goncalves da Franca)	1825年3月15日	1827年2月15日前往里约热内卢州马卡埃
安东尼奥·贡萨尔维斯(Antônio Goncalves)	1826年3月15日	1828年1月18日与1829年2月25日前往里约热内卢州雷森德
若昂·弗朗西斯科(João Francisco)	1825年3月18日 1826年4月7日	不详

续表

姓　名	领取许可证时间	离开时间或去向
若昂·米格尔(João Miguel)	1825年3月15日	不详
若阿金·若泽(Joaquim José)	1825年3月5日	不详
若泽·马里阿诺(José Mariano)	1825年3月5日	不详
马诺埃尔·弗朗西斯科(Manoel Francisco)	1824年4月8日 1825年3月10日、3月18日、4月11日	1828年2月1日与1830年7月14日前往里约热内卢州雷森德
马里阿诺(Mariano)	1826年4月8日	去往里约热内卢州雷森德
若泽·贝尔南德斯·蒙泰罗(José Bernandes Monteiro)	1825年3月23日、7月4日	不详
若昂·佩雷拉(João Pereira)	1825年3月10日与1826年2月18日	1829年2月20日前往里约热内卢州雷森德
若昂·席尔瓦(João Silva)	1825年3月18日	不详
马诺埃尔·弗朗西斯科·达席尔瓦(Manoel Francisco da Silva)	1825年3月18日	1826年3月16日前往里约热内卢州雷森德
路易斯·若泽·达席尔瓦(Luiz José da Silva)	1826年3月16日	不详
若泽·费利佩·佩雷拉(José Felipe Pereira)	—	1829年9月14日由里约热内卢州马卡埃来到里约热内卢市

注：表中所有人皆为华侨，均用葡文名，无中文名。在清代，赴巴西华侨在巴西基本上使用葡文名，可查询到原中文名的华侨极少。

资料来源：陈太荣、刘正勤：《19世纪中国人移民巴西史》，中国华侨出版社，2017，第13～14页。

里约热内卢是当时巴西的首都，应是巴西最繁荣的城市，也是商业最发达的地方。华侨一般喜欢到这里来经商。表5-1中留下记载的华侨，大部分可能是第一次来领取经商许可证。有趣的是，有人不只领取了一次，而是领取了两次甚至三次，原因不确定，可能是所需要的证件不足或补办证件或重走程序。值得注意的是，大部分领取了经商许可证的人没有马上离开里约热内卢。这似乎表明领取经商许可证本身是独立的，是一个营商者应最先完成的程序，领证人或许不一定要拥有自己的店铺才可以办理领证手续。他们领证后之所以在里约热内卢逗留，可能是在这座全国最繁荣的城市寻找商业机会，在找到商机并经营了一段时间后，因为生意无起色或者在外埠又找到更好的机遇，才离开里约热内卢。很多华侨在离开首都后来到本州一个叫雷森德的地方，反映出华商喜欢聚集的特点。他们在一个地方尽可能集中居住，彼此帮扶、守望相助。作为巴西首都，里约热内卢营商者领取经商许可证的流程应是比较规范的，但其他城市特别是巴西的边缘城市，情况就很难说了。

尚不清楚表中的华侨领取经商许可证后可以经营什么行业，不过笔者认为应集中于杂货店和餐饮业两大行业。杂货店从事小商品零售，是华侨谋生的一大支柱行业。作为那个时代的主要职业，经营杂货店一直支撑着华侨在异国他乡的艰难人生历程。相对于同样作为主要行业的餐饮业来说，杂货店的经营范围更广，举凡人们衣、食、住、行所需的日用必需品都属于杂货店的经营范围。那时候的商品多半是农产品、手工艺品、资源和材料原产品或半成品、土特产等。

巴西历史上的华侨杂货店似乎很难做到家庭或家族式经营，原因是华侨大多只身赴巴，一般把妻子留在家里照顾一家老小，自己漂洋过海赚钱，原打算赚到一些钱便回家乡，没有在海外长期居留的打算。当然，一些华侨在居留地娶当地女子为妻，目的是帮助人生地不熟的自己打开商业局面，这是一种十分现实主义的利益考量。可以想象，华侨在当地另娶（或“临时”娶）一个当地女子为妻，而后共同经营杂货店，实行家庭或家族式经营。这种杂货店规模应比较大，并且由来到居住地时间较长的华侨经营。

早年在城市里开小商铺的华侨与流动小贩是并存的，在货物销售方面可以互补，在街头经常可以看到流动小贩的身影。1888 年，里约热内卢有 500 名中国人，主要居住在原城堡山（Morro do Castelo，今市中心）的 Misericórdia 街与 Fresca 街一带被称为“铁匠胡同”（Beco dos Ferreiros）的地区。1900 年前后，里约热内卢有几家华侨开设的鸦片烟馆，如市中心的中国人集中地有“天津”“宁波”“上海”烟馆。在铁匠胡同15号就有一家中国人开的烟馆。老板叫阿丰索（Afonso），1874年才来巴西，其时已经70岁。他称自己的烟馆有好几个厅，总是挤满人。[①] 这些华侨开的烟馆无疑是杂货业的一种畸形发展，无论是对华侨的身心健康，还是对华侨艰难的“原始积累”，都起了消极作用。一些人出国前就有吸食鸦片之习，到了国外仍劣习不改。当然，其中应有在异国他乡孤独难耐、寂寞无助的因素。但一些专营烟馆生意的人把这种“业务”带到国外，大发横财，就不是民族正气所提倡的了。

巴西的杂货店和“提包业”起源于什么时候？有记载指出，19世纪末，巴西华侨有2000人，主要集中于圣保罗、里约热内卢等城市，来自广东台山、新会的人最多，其次为来自广东惠阳及浙江青田者，经营台布、绣花、瓷器等手工艺品，以及酒家、农场等。[②] 这里说的台布、绣花、瓷器等手工艺品都是巴西“提包客”上门兜售的主要商品。至少在19世纪末，巴西的“提包客”很可能就已经存在了。

实际上，资料表明，早在19世纪30年代，就有华侨在巴西内地的小镇开设杂货店。他们是从里约热内卢被派到一个叫巴纳纳尔的内地小镇的中国茶农，他们原是去种咖啡的，但没多久就有人经营起不同行业的杂货店，渐渐形成了一个互补互利的“华侨杂货店集群”。如果华侨杂货店集中在一个小镇，各式各样的华侨杂货店常常会成为小镇的一道风景线。当年，传统华侨杂货店店主往往喜欢寻找一个人口和市场达到一定规模的小镇，进行有分工、有合作的小商品经销。他们同处一镇，各安已业，互相帮扶。

今天华侨华人史工作者还没有对这个类型小镇的华侨杂货店历史进行系统发掘。中国驻巴西前外交官陈太荣、刘正勤夫妇整理过当年

---

① 陈太荣、刘正勤：《19世纪中国人移民巴西史》，中国华侨出版社，2017，第142页。

② 李春辉：《拉丁美洲史稿》，商务印书馆，1983，第351页。

巴纳纳尔的一批华商清单，虽然应不齐全，但从中仍可窥见这个小镇存在的“华侨杂货店集群”的一些情况。表 5 - 2 是巴纳纳尔镇一批杂货店店主名单。当然，他们可能不存在于同一段时间，但考虑到巴纳纳尔镇华侨杂货店存在的长期性，代代继承，因此可以推断，同一段时间里应存在一批经营不同日用小商品的华侨杂货店。

表 5 - 2　巴纳纳尔华侨杂货店店主及其经营情况

姓名	经营情况
中国·科罗约(China Coloiô)	巴纳纳尔一家著名客栈的老板,后在客栈原址建成“马兰瓜配旅馆”(Hotel Maranguape,已拆毁),位于今“慈善圣人之家”(Santa Casa)对面、好耶稣大街(Avenida Bom Jesus)与奥斯卡·若泽·德阿尔梅达部长大街(Rua Ministro Oscar José de Almeida)拐角处
中国·卡欣博(China Cachimbo)	向城里和各大庄园销售面包,家喻户晓,非常受人尊重。虽单身,但有后
若泽·佩德罗·达席尔瓦(José Pedro da Silva)	在巴纳纳尔商业街(Rua do Comércio,1878 年易名为“Rua do Comendador Manoel Aguiar Valim”)17 号开鱼肉店
若泽·安东尼奥·皮雷斯(José Antônio Pires)	在巴纳纳尔商业街 33 号开杂货店
若泽·洛伦索(José Lourenço)	在巴纳纳尔商业街 2 号开鱼肉店
若昂·安东尼奥·达席尔瓦(João Antõnio da Silva)	在巴纳纳尔商业街开鱼肉店
若昂·若泽·马沙多(João José Machado)	在巴纳纳尔商业街 16 号开鱼肉店
若昂·达马塞诺(João Damasceno)	在巴纳纳尔商业街开鱼肉店
安东尼奥·达席尔瓦(Antônio da Silva)	在巴纳纳尔商业街 18 号开鱼肉店
若泽·弗朗西斯科(José Francisco)	在巴纳纳尔念珠街(Rua do Rosário)20 号开鱼肉店
若泽·若阿金·费里西奥(José Joaquim Felício)	在巴纳纳尔商业街做土特产生意
马诺埃尔·安东尼奥·达席尔瓦(Manoel Antônio da Silva)	在巴纳纳尔商业街 22 号做土特产生意
马诺埃尔·若泽·达席尔瓦(Manoel José da Silva)	在巴纳纳尔念珠街 21 号开鱼肉店
马诺埃尔·伊纳西奥(Manoel Inacio)	在巴纳纳尔商业街 25 号开肉店、做土特产生意

资料来源：陈太荣、刘正勤：《19 世纪中国人移民巴西史》，中国华侨出版社，2017，第 172 页。

相对于巴西其他小城镇的华侨杂货店，巴纳纳尔可能是个特例。原因是巴纳纳尔的华侨杂货店店主是从圣保罗来的同一批茶农，只是因为到这里后没茶可种或不愿意种咖啡，才先后来到小镇里经营杂货店。他们作为同一批来的茶农，几乎不分先后来到同一个小镇，一下子占据了多个杂货细分行业。

（三）哥伦比亚华侨

一般说法是，19 世纪 40 年代就有一批广东人抵达圣安德烈斯岛。此后早期华侨多由美国旧金山移居墨西哥、秘鲁、巴拿马等国，后再移居哥伦比亚。也就是说，哥伦比亚在早期并非华侨的第一目的地，华侨移居该国难、人数少。19 世纪 70 年代末，今巴拿马东部与哥伦比亚交界的达连地区（当时巴拿马是哥伦比亚的一部分）约有 2000 名居民，在图伊拉和丘库纳克谷地居住，主要是黑人奴隶、黑白混血种人、印第安人与欧洲人的混血种人，以及到巴拿马修筑铁路的中国人和印度人等。由于中国劳工很勤劳，据说当时的哥伦比亚政府曾派人到中国，招募中国劳工到马格达莱纳地区工作。[①] 哥伦比亚华侨似无经商者。约到 20 世纪初，哥伦比亚有华侨 800 人左右，经营杂货、布匹、粮食等业。[②]

（四）厄瓜多尔华商

厄瓜多尔是一个以新兴民族为主体民族的国家。早在 1878 年，厄瓜多尔就有华侨的足迹，但人数应很少，主要从事农业劳动，后来逐渐出现经商者。1898 年，厄瓜多尔政府颁布禁止华侨入境法律，首都及内地均不许华侨居留。但法律不严，入境者仍逐渐增加。19 世纪末 20 世纪初，厄瓜多尔出现了第一次华侨移民高峰。当时以广东人为主体的大批华工来到厄瓜多尔垦荒、开矿和修筑铁路，其中一

① 管彦忠：《中国人移居巴拿马的历史进程》，《拉丁美洲研究》2002 年第 2 期，第 33 页。

② 李春辉：《拉丁美洲史稿》，商务印书馆，1983，第 351 ~ 352 页。

部分来自美国西部。不过这些华工后来有没有留下来经商的人？迄今没有资料可以证明。厄瓜多尔的华商最初也是从华工做起，后来发迹了，才转做商人的。

1889 年 1 月 3 日，傅云龙一行从巴拿马来到泊埃瓜度国（即厄瓜多尔）的博龙。中午，一行人到了泊埃瓜度国第一大港瓦基亚（今瓜亚基尔）。当地华侨听说中国官员到此，纷纷前来见面。其中，有个华侨名叫徐四林，是浙江杭州人，自称当年在太平军攻陷杭州时出城，年仅 12 岁，后来流浪海外，从美国旧金山到此卖酒糊口；还有个华侨姓李，是江西人，从秘鲁贩米到此，据说获利不小，但当地政府征税太重。[①] 到 1918 年，厄瓜多尔有华侨 1500 人，基本上为广东人，多经营布匹、杂货贸易。[②]

（五）委内瑞拉华商

委内瑞拉的华侨移民历史相对较晚。在 19 世纪中叶以前，中南美洲大多数国家先后成为“契约华工”输入地，但委内瑞拉基本上还是一片“处女地”，只有少数华侨来到这里。在光绪年间（1875 ~ 1908 年），广东恩平人移民美洲已经蔚为风潮。光绪《恩平县志》记载，其时，“邑人向业耕稼，远出逐利者少。光绪而后，闻邻邑经商海外者满载而归，心焉向往，乃抛弃父母妻儿，近适南洋，远至欧美”。1856 ~ 1858 年，委内瑞拉军人总统何塞·塔德奥·莫纳加斯（José Tadeo Monagas）执政，宣布放宽政策，准许华侨从秘鲁来委内瑞拉。[③] 一批华侨应是在这个时候来到委内瑞拉的，但他们很快就消失在历史的烟尘中。

稍后来到委内瑞拉的很多华侨在当地种植蔬菜或从事洗衣业。杂货店的出现使华侨有了物资供应站。由于委内瑞拉与中国交通极为不

① 王晓秋：《19 世纪中拉文明的一次相遇与互鉴——清朝海外游历使傅云龙的拉丁美洲之行》，《拉丁美洲研究》2018 年第 1 期。

② 李春辉：《拉丁美洲史稿》，商务印书馆，1983，第 351 页。

③ 据笔者 2010 年 1 月 17 日在委内瑞拉首都加拉加斯对华人陈厚仓的采访。

便，故杂货店里摆放的往往是当地商品，只有少量家乡的杂货，可能有铜壶、铁锅、葵扇等生活用品，咸鱼、茶叶、腊肉、米酒等食品，以及药材。无论如何，那个时候，当地或远处华侨定期或不定期到杂货店采购所需商品，家乡的杂货应是抢手货。到 20 世纪初，委内瑞拉约有 2700 名华侨，集中居住在加拉加斯、马拉开波油矿区，多数经营咖啡馆、水果店，少数从事杂货批发、经营洗衣店等。①

（六）智利华商

傅云龙曾奉旨游历 6 国，智利当时虽然尚未与中国建交订约，也不在傅云龙的任务之内，但他仍然抓住路过的机会，对智利做了认真考察和细致记录，并看望智利华侨。1889 年 2 月 1 日，傅云龙离开利马，乘智利客轮抵达智利阿列格（今阿里卡），华商见到中国官员都很高兴，请其登岸吃饭。傅云龙回船时智利省长还亲自到码头握手告别，9 位华商则一直送他到船上。2 月 6 日，傅云龙一行泊意基克（今伊基克），此地有世界著名的硝石矿，当地居民有 4 万多人，有华侨 600 多人。华商谭芝龙等 7 人上船拜访，除一位福建人外，其他人都来自广东。傅云龙向他们了解当地华侨的情况。② 傅云龙后来还专门撰写了《智利国记》，指出“按五大洲舆图，无狭而长如智利者”。他在给总理衙门的信中写到，智利华侨有一千几百人，“数十年生聚，几与土著等，而云龙等此来，观者如堵，则以向未见中华衣冠也”。③

到 20 世纪初，智利有华侨 1000 ~ 1200 人，在圣地亚哥及智利北部和中部一带居住，多为广东人，为秘鲁华工移居。他们经营牛肉店及杂货店。④ 这时候智利华侨的职业从清一色的华工逐渐向多元化发

① 李春辉：《拉丁美洲史稿》，商务印书馆，1983，第 351 ~ 352 页。

② 王晓秋：《19 世纪中拉文明的一次相遇与互鉴——清朝海外游历使傅云龙的拉丁美洲之行》，《拉丁美洲研究》2018 年第 1 期。

③ 王晓秋：《19 世纪中拉文明的一次相遇与互鉴——清朝海外游历使傅云龙的拉丁美洲之行》，《拉丁美洲研究》2018 年第 1 期。

④ 李春辉：《拉丁美洲史稿》，商务印书馆，1983，第 351 页。

展。当时华侨在智利主要开杂货店、牛肉店，在硝石矿区打工。1913年，在硝石矿区附近的村镇，中国人的杂货店已经发展到92家，还有牛肉店6家、咖啡馆2家，以及1家旅馆。[①]

（七）苏里南华商

早年来苏华工多在种植园种甘蔗、棉花和稻米，“契约”期满后转做小商贩。1853年来到苏里南的第一批华工中，大部分人在劳工“契约”期满后没有回到中国，而是看准黑奴解放后的移民社会零售贸易缺乏的商机，选择留了下来，后来成为小商人。更具体的说法是，第一批华工的后代用祖先存下来的财产投入金矿开采，当苏里南政府将矿业收归国有的时候，这批华工已经积累大笔财富，接着他们便转行经营零售业，开设店铺，做起了生意。19世纪60年代，劳工“契约”期满后留在苏里南的华工在种植园中做自由工人，或为小农，也有华工经营餐饮店或做小商贩。1867年苏里南就已有5家中国商店，1898年大埠区中国商店已发展到93家，一个本土社会的小商人阶层便告形成。[②] 据说，在那个年代，在苏里南从事零售业的华侨主要是广东人和浙江人的后代。很多华侨是经广东老家的亲戚介绍来到这里的。他们通过亲缘与宗族关系来到苏里南淘金，也在苏里南逐渐建立以广东“惠东安”（惠阳、东莞与宝安）地区客家人为主体的社群。

早年苏里南的华侨也擅长种植和养殖，在首都帕拉马里博郊区开辟菜地和家禽养殖场，青菜的种植和鸡鸭的养殖都比本地人好，价格也更低。所以，短短三五年就占据了整个苏里南市场。1890年，荷属苏里南约有10000名华侨。[③] 华商经过百余年的艰苦奋斗，在当地经济领域中逐渐占有相当重要的地位。

---

① 莫光木：《智利华侨华人历史与现状探析》，《华侨华人历史研究》2018年第1期。

② 白俊杰：《苏里南华侨华人概述》，载周南京主编《华侨华人百科全书·历史卷》，中国华侨出版社，2002，第451页。

③ 李春辉：《拉丁美洲史稿》，商务印书馆，1983，第351页。

（八）圭亚那华商

早年圭亚那的华侨是漂泊万里来到这里打工的中国人及其后裔，均属底层劳动大众。1986 年 1 月 12 日，圭亚那中国友好协会在圭亚那第三区温泽林（Windsor Forest）竖立了“首批华人抵达圭亚那 133 周年纪念碑”。纪念碑高约 1.15 米，下部为水泥底座，碑体由红砖砌成，顶部为一块 76 厘米 ×56 厘米的铜牌，铜牌上镌刻着纪念文字，碑文大意是“纪念我们的祖先抵达并在圭亚那定居 133 周年”。2010 年 12 月 3 日，圭亚那总统贾格迪奥在圭亚那国际会议中心与华侨华人见面会的讲话中回顾了 150 年前首批华人来圭亚那生活、工作的奋斗历程，认为华侨华人是圭亚那社会中不可缺少的重要组成部分，为圭亚那社会经济发展做出了重要贡献。历史上圭亚那华侨人数应该不多，但华人是圭亚那官方公认的六大民族之一。

圭亚那华侨历史上成为商人的具体情况，今天也无法详明。但基本上可以肯定，早期作为劳工来到圭亚那的华侨在“契约”期满后，便在当地定居下来，或者为人打工，等到积累了一定资本后便开始做生意；或者一开始就做小生意，通过自己的辛勤劳动，打下基业，然后从小到大，逐步成为当地民族中的富裕阶层，进而取代葡萄牙人，成为圭亚那“第一商业民族”。华侨华人为圭亚那水稻、甘蔗、淘金、木材、矿业等发展做出重要贡献。华侨华人在圭亚那的经商历程与拉丁美洲其他国家的华侨华人大致一样。富裕后的圭亚那华侨华人一般在当地商业区居住。今天，华侨华人主要集中在首都乔治敦，以商人为主，很多还是富裕的大商人。

华侨华人在圭亚那的较高地位与该国第一位华人总统钟亚瑟（Raymond Arthur Chung）密切相关。钟亚瑟作为海外华侨华人的典型代表人物，抒写了一部华侨华人充满艰辛的奋斗史。钟亚瑟的父亲是被贩运到圭亚那的“契约华工”之一。1853 年 1 月 12 日，英属圭亚那迎来第一批中国劳工，他们只是在海上漂泊了半年多最终活着抵达圭亚那的一半，还有一半人早已葬身大海。活下来的华工中就有钟亚瑟的父亲。他来自广东梅州大埔，到圭亚那后从事繁重的体力劳动，生活十分艰辛。“契约”期满后，钟亚瑟父亲曾在糖厂工作，但收入无保障，只能当汽车修理工，靠着父亲的勤劳，全家勉强度日。后来逐步取得经营权，并作为圭亚那第一代华商在当地立稳脚跟。

圭亚那华侨华人常常受到圭亚那政府的称赞。圭亚那前总统拉莫塔尔认为，华侨华人为推动圭亚那的政治、经济、社会和文化发展做出了巨大贡献。圭亚那总统戴维·格兰杰认为，“华人抵圭后很快融入当地社会并成为主流，自20世纪初开始华人已经被视为热心、守法和勤奋的公民。希望华人抵达日进一步促使华人在圭的历史和贡献得到重视和赞赏，并进一步丰富圭亚那公民的世界性。”[①] 2017年1月，戴维·格兰杰总统宣布，将每年1月12日定为“华人抵圭纪念日”，以表彰华侨华人对该国发展与进步做出的特殊贡献。

（九）阿根廷华商

阿根廷与巴西有相似的地方，即在1870～1930年的移民潮中接收了大量欧洲移民。16～18世纪，阿根廷处于西班牙殖民地的边缘地带，地广人稀。1816年阿根廷独立时，全国只有50多万人口，这一片广袤的土地显得格外空寂。而同一时期的墨西哥已经拥有超过600万人口，巴西也有400万～500万人口。就华侨人数来说，20世纪初，阿根廷华侨只有300人左右，主要集中于首都布宜诺斯艾利斯。他们多为店员、工人，少数人经商。[②] 这也从侧面反映出当时阿根廷人口稀少、商业不发达。在大部分时间里，阿根廷是个偏远、易被忽略的西班牙边缘殖民地。可想而知，对于以商业利益为重的华侨来说，阿根廷没有什么吸引力，他们不会涉足这样的地方。

阿根廷开发的历史在独立后才开始揭开篇章。巴西人口基本上是

① 《又一华人的天堂！南美洲国家对华人为啥这么友好》，海外网，2017年4月26日，http://opinion.haiwainet.cn/n/2017/0426/c353596-30882756.html。

② 李春辉：《拉丁美洲史稿》，商务印书馆，1983，第351～352页。

殖民地时期种植园的人口和独立后移民潮涌进来的人口双重混合的结果，阿根廷人口则基本上是19～20世纪欧洲移民的后裔。究其原因，主要有三个方面。一是阿根廷没有殖民者重视的矿产。二是阿根廷没有人口众多、社会高度组织化的世居民族。这一点在殖民地时代并非无关紧要，因为这意味着当地的劳动力资源稀少。阿根廷也有一些世居的游牧民族，其活动范围基本局限于布宜诺斯艾利斯及其周边。但在殖民者看来，他们所发挥的作用是“负面”的，因为他们不断攻击殖民者建立的农庄，让殖民者难以安身。三是在拉普拉塔总督辖区建立（1776年）前，阿根廷隶属于秘鲁总督辖区。布宜诺斯艾利斯作为面向大西洋的港口，殖民者担心该港口会影响作为其殖民中心的秘鲁利马在南美洲贸易的垄断地位。出于保护自身利益的目的，总督辖区长期限制布宜诺斯艾利斯从事出口贸易活动。19世纪末20世纪初，最早移居阿根廷的华侨大多来自秘鲁、巴西、智利，少数来自北美及中美洲国家。如是观来，阿根廷最早的华侨应属“溢散式”移民。其后也有一些中国人从广州、山东和浙江青田来到阿根廷谋生，当属原居地移民。① 当时阿根廷政府“迎欧拒亚”，欢迎欧洲人，而对亚洲移民控制较严，这是旅阿华侨人数较少的原因。

南美洲还有几块经济发展的洼地也是华侨后到或罕至的地方，这里仅拟一提。20世纪初，巴拉圭有华侨约700人。② 1890年后到第一次世界大战，一些广东人或由亲属或由朋友介绍移民法属圭亚那，主要是因为往来自由，无须护照或申请手续。在此之前，法属圭亚那只有零星的华侨。这一时期华侨来此多先在圣洛朗（Saint Laurent）和马纳河（Mana River）地区立足，因为当时该地多产金沙和树胶，

① 杨镕鉴指出，阿根廷侨胞自清末来自秘鲁，皆粤籍。秘鲁应只是华侨最早的来源地之一。另据其云，青田人是1927年前后自欧洲来到阿根廷的，散居在距首都千里之外的查科省。参见杨镕鉴《阿根廷、智利、乌拉圭华侨概况》，正中书局，1987，第41～42页。

② 李春辉：《拉丁美洲史稿》，商务印书馆，1983，第353页。

各地移民纷至沓来，华侨则开设商店，供应生活必需品。后淘金业衰落，华侨多迁至卡宴谋生。由于法属圭亚那荒蛮落后，开发缓慢，移民来此的华侨不多，华商也不多。乌拉圭一直是个较为封闭的国家，到 20 世纪初，约有华侨 250 人，居住在蒙得维的亚，来自广东台山的华侨最多，其次来自中山、新会、开平及惠阳等，多经营洗衣店、餐馆、咖啡店等。[①] 不过，在南美大陆，比较突出的华商经营的真空国家是玻利维亚。由于这个高原国家长期存在的自然与社会“原生态”环境，一般来说渴望勤劳致富的华侨不太愿意前往商机稀少的国家。

三　加勒比地区

早年加勒比地区华商的成长与其他地区华商最大的相同之处莫过于大部分人经过从“契约华工”到自由华工的转身，成为自由华工后，作为创业起步的艰难“原始积累”过程就算开始了。20 世纪初以后，自由移民中直接成为华商的人多了起来。但加勒比地区的华商总体上层次不高。一个有一定参考价值的标准是，在加勒比海地区，属于小店铺、小作坊类型的华商占比较高，而从事承包、投资、金融一类行业的华商在加勒比地区几近于无。应指出的是，很大部分加勒比海岛屿在清廷落幕前还没有华侨的足迹，有的岛屿直到中国改革开放后才开始出现新移民。

（一）古巴华商

历史上的古巴华侨主要由三大群体构成。其一，1847 ~ 1874 年，古巴从中国引进 12 万余名“契约华工”。1860 ~ 1875 年，由于美国排华风盛，约有 5000 名加利福尼亚（华）人转移到古巴。[②] 其二，一些华侨来古巴时普遍携带一定数量资财，故甫到古巴就可以自谋职

---

① 李春辉：《拉丁美洲史稿》，商务印书馆，1983，第 352 页。

② 参见袁艳《融入与疏离：华侨华人在古巴》，暨南大学出版社，2013。

业、自主经商，生活条件一开始就比较好。其三，20 世纪上半期来到这里的自由华侨移民，达数万人。

古巴华侨取得自由身份的时间是在 1886 年古巴废除了奴隶制之后。自那时起，多数“契约华工”成为自由人。华侨除了从事农业生产外，相当一部分人进入城镇，经营商行、杂货店、洗衣店、旅馆、小作坊等。待逐步立足后，一些人又把家乡的亲人带到这个岛国。早年古巴华侨可以自由择业和经商，逐步积累了财力，各城市的华侨社区日趋兴旺。

古巴华侨中的下层民众居多，他们的文化水平较低，职业集中于少数几个行业，主要是经营杂货店、洗衣店和餐馆，都是小本经营，很少雇工。19 世纪最后二三十年，古巴华侨中已经出现了商业公司性质的社团组织，这是华商阶层形成且比较稳定的重要标志。例如，1883 年赞助《外国音书》印刷的捐款者“芳名”中，捐款者共 15 个，包括商行、会馆、个人，共捐款银 90 两，有方燕诒堂、丁积善堂、合兴行、元发兴、乾泰隆、蔡任庵、方纬星、义顺泰、和记行、怡泰行、协泰号、李敬亭、荣利行、南美号、八邑会馆等。[①] 这里所列的商行应是当时古巴比较大的华侨商行，其中除了上述方燕诒堂、丁积善堂、八邑会馆为华侨会馆外，合兴行、元发兴、乾泰隆、义顺泰、和记行等应是华侨商行。1887 年，古巴约有华侨 45000 人，来自广东“四邑”、中山、南海；半数居哈瓦那，次为圣地亚哥、卡马圭，余者散居各地；主要经营粮食、杂货、水果买卖，开餐馆、洗衣店，做市场摊贩。[②]

古巴华侨社群具有高度的地域同一性，十有七八是广东“四邑”人。原因是古巴华侨多属接力式移民，即网络移民，均靠已居住在古

① 陈汉初：《不能忘却的中国故事：“卖猪仔”——从〈外国音书〉讲起》，《侨批文化》2015 年第 2 期。

② 李春辉：《拉丁美洲史稿》，商务印书馆，1983，第 351 页。

巴的亲戚或同乡相互引介、相互扶持才移居过来的。后者先行帮助垫付有关费用，前者抵达目的地后，也靠这些亲戚或同乡帮忙安排工作，然后偿还款项，偿清期常常长达十数年。开店铺的华侨常常喜欢安排来古巴的亲戚或同乡在自己店铺工作，吃、住都在店铺内，这样可以从他们工资中扣除垫付的款项。华侨工作期间所得的大部分收入用于偿还亲戚或同乡垫付款项，一小部分汇回家乡，自己留下支配的十分有限。

（二）特立尼达和多巴哥华商

特立尼达和多巴哥华侨同其他拉美地区华侨一样勤劳俭朴，艰苦创业。他们在劳工“契约”期满后，开始从事农业生产或自营洗衣店、餐饮店等，主要是小本经营，逐步积累资本。19 世纪五六十年代，特立尼达岛的中国商店已经遍地开花。在当地人的语言里，“中国人”和“商店”、“老板”是同义词。20 世纪 20～30 年代，华人华侨已占据了特立尼达和多巴哥中小商业的约 75% 份额。当时已出现第一批华人企业家甚至还有华人银行家。例如，李龙由经营洗衣店、饮料业发家后，投资开发石油、办银行，并受政府委托发行首批特立尼达和多巴哥货币，在社会上有较大影响。[①] 又如，“阿良家族”也是当地华人中的佼佼者。阿良家族的祖辈于 1926 年到特立尼达和多巴哥创业，经过两代人的努力，创立了以食品加工、日用化工、房地产、餐饮等行业为主体的家族公司。华人中的“斯各特”“李龙”“钦李”等家族在特立尼达和多巴哥工商界拥有显赫地位。[②] 特立尼达和多巴哥的华人多为该国国籍，也有少数为英国籍；他们主要居住在西班牙港、圣费尔南多、阿里马等城市；原籍以广东中山县为最多，约占半数，次为客家人、台山人、“三邑”人及新会人。

---

① 参见周南京主编《华侨华人百科全书·历史卷》，中国华侨出版社，2002。

② 《特立尼达和多巴哥庆祝华人抵特 200 年，总统出席》，中国新闻网，2006 年 9 月 28 日，https://www.chinanews.com.cn/hr/mzhrxw/news/2006/09－28/797333.shtml。

（三）牙买加华商

牙买加的华商历史很早，19 世纪中期来到牙买加的华工初为种植园或糖厂劳工，后逐渐改营零售商业及服务行业。例如，1864 年的一批华工在该岛 3 年劳工“契约”期满后，有的继续受雇于种植园或糖厂，有的则自谋生路经营小商店。

（四）马提尼克华商

马提尼克岛位于中美洲加勒比海上，1946 年才成为法国海外省，1977 年成为法国一个大区。1859 年 3 月 15 日，一艘载有 426 名中国人（373 名成人男性、31 名成人女性，22 名儿童）和 891 个货桶的远洋轮船从广州黄埔港出发，经过一年四个月的漂泊，于 1860 年 7 月 8 日到达马提尼克。[①] 他们是作为劳工来到马提尼克的。后来还有很多华工来到此地，但他们的去向如何今天已无从得知。不过，有一点似可肯定，当年来到这个岛屿的华侨都是普通劳工。到 20 世纪，80% 的法属圭亚那华侨开始向马提尼克岛转移。[②] 一个例子是华人何大卫。何大卫的祖辈于 1890 年远渡重洋（当时祖辈们是结伴一起的）来到法属圭亚那，最初干一些体力活。经过辛勤的付出，略有成就后，开始经营一些小生意。今天，仍有中国人与当地居民的后裔在这个距离中国和法国本土几乎同样遥远的蕞尔小岛上生活。

四　拉美地区华侨经商特点

海外华侨以善于经商著称。善于经商在很大程度上就意味着善于做小商贩，世界上大多数地方的华商都是如此。华侨小商贩是华商的主体，在整个华侨职业结构中占据十分重要的地位。当然，早年华侨在商业领域只能做小商贩，经营大商业是后来的事情。在华

① 《加勒比女子赴广州寻找高祖父 150 年前的足迹》，《广州日报》2008 年 2 月 20 日。

② 《乡音不改的“横岗仔”——访法国马提尼克岛华人何大卫》，《深圳侨报》2008 年 2 月 27 日。

侨华人史上，小商贩人数之多、分布之广、作用之大是其他行业难以比拟的。

从华侨职业身份转变和职业选择的历程可以看出，拉美地区早期华侨多是农业劳工，但已有少部分华侨开始经商，尽管大部分华侨是在劳工“契约”期满之后才转而经商的。随着一批批“契约华工”到来以及一批批“契约华工”身份结束，“契约华工”也在转换身份，由“契约华工”变为“自由人”。于是，他们的职业选择也就实现了由“不自主”到“自主”的转变。拉美很多国家地域辽阔，却十分落后，商业空档多，当地政府对华侨经商基本上不加限制。于是，随着移居而来的中国人日益增多，跃入“龙门”成为华商的人也会越来越多，华商在当地人口中所占比重也有所提高。当然，华侨经商能保持稳定性的一个原因是经商一业非拉美当地民族所长，也非当地民族所愿，且华侨经商是满足千家万户的日常生活需要。

在大部分拉美国家，杂货业是老一辈华侨赖以安身立命之本，往往以私人资本起家，故而无外在压力，多半可以较快地发展起来。这里所说的外在压力是一个广义概念，但不外乎华侨所在国政府的政策以及所在国社会治安的影响。政府政策往往对一国产业的发展产生导向作用。例如，个别国家的国有化政策就使包括华侨在内的私营企业、私有财产被收归国有。居住国社会治安的影响方面，包括治安不靖、更严重的社会动乱。果有动乱发生，最先受到冲击的无疑是商业。华侨主要是从事商业经营，故而所受影响首当其冲。如果治安长久不靖，转行有可能是华侨华人最好的选择。

事实上，华侨小商贩一旦入了这一行，一般不会轻易转行，多是选择一路前行，发展壮大，然后坚守地盘、稳扎稳打、步步为营，这便是以“守成”为基本策略的营商之法。守成的基础是稳定、有一定规模的杂货店铺并已在当地占有相当大的市场份额。在拉美地区，由于华侨小商贩进一步跳“龙门”的门槛较高，他们更愿意守成。然而，一旦有了守成的本钱，他们通常坚守这一行。因为在这一行干久了，一者，一路走来着实不容易，回首往事，不胜咨嗟，不能轻易言弃；二者，长年栉风沐雨，已熟悉了这一行的“家传技艺”；三者，在一方地盘，已初步立足，有了自己的品牌和商业信誉，自当珍惜。这些无疑是无形资产，继续走下去，便有望发扬光大。在小商贩群体中脱颖而出一般很难，鹤立鸡群者寥若晨星。所以在小商界，守成不易，如逆水行舟般，不进则退。所以这一行的为商规矩是“占山为王”，地盘站稳了，这一方世界纵使暗淡了，有朝一日东山再起便有指望。

华侨小商贩一般情况下之所以不愿意转行，还因为转行意味着重新出发，成本很高。不过，如果小商贩在“资本原始积累”过程中积蓄了大量资本，不能总让资本处于“休眠”状态，于是转向对另一个行业进行投资或者实行多种经营，把事业扩大到相关领域。

华侨杂货店虽然可以单独经营，但在华侨与较多当地人杂居的城镇，往往比较容易形成“华侨杂货店集群”。究其条件，首先是杂货店应有一定数量；其次是各杂货店之间应有合理的地域分布；但更重要的是，一个居民区内形成销售不同消费品的分工明晰的布局，或形成“杂货店集群”内部的行业分工。行业分工是自然形成的，自然形成的过程主要发生在布局阶段。例如，杂货店甲主销餐具，杂货店乙就不会再主销餐具。只有当所有小商品品类在一个地域内基本上都有主销的杂货店时，才可能因为有新店主主销同类商品而形成行业竞争。不过，笔者相信这种情况在一些拉美小镇不太会发生，如果一个地方已有同胞先行经营了，那么后来者会另找地方开店。由于一个居民区总会形成对各种各样日用小商品的需求，所以这个居民区多半会出现相应的一系列杂货店，就会形成“杂货店集群”。每个杂货店都会逐渐形成对外界货源地相对固定的货源依赖。

一般来说，在“华侨杂货店集群”中，小镇里的华侨小商业会在“各安本分”的状态下巩固其守成性，“华侨杂货店集群”也作为当地超稳定社会经济结构的子系统存在。那个时候，一个华侨小商贩如果转行，除非自己经营的那一行已属“夕阳产业”，没有发展前景；或者运气不好，资不抵债，濒临破产。但在传统移民时代，大多数华侨基本上坚守原先赖以持家的那个行业。

另外，华人杂货店店主也不太可能形成对一个地方日用小商品销售的“全覆盖”，因为“全覆盖”意味着华侨对当地杂货业的“全垄断”。由于一些商品不一定是华侨可以轻易得到的，一些小商品品类需要由当地人经营。从拉美的经验来看，华侨忍苦耐劳，加上经营的灵活性，当地人乐于看到华侨经营杂货店，当然也不排除一些华侨杂货店曾经挤占了原由当地人经营的杂货市场。

第四节　华商与祖籍国的双边贸易

历史上，华侨在居住国开展与祖（籍）国中国之间双边贸易的情况不多，主要集中于与中国相邻的国家以及与中国直接往来的国家，如越南、老挝、缅甸、朝鲜和日本等。原因是过去华侨在居住国与祖籍国之间开展双边贸易，多是个人进行。远洋运输风险较大且那时候的船舶货运量有限，华侨不会贸然进行，也要考虑成本与收益因素。但陆路运输安全系数要高得多，货运量大得多，又可以合伙进行，成本较低且收益有保障。当然，华侨从事双边贸易的重要考量因素是两地间的货物差价。由于对朝鲜和日本的贸易利好，即使需要通过海运，华侨还是愿意劈波斩浪，奋勇前行。当然，也有华侨在居住国开展与其他邻国的双边贸易，但由于资料稀少，这里就从略了。

一　越南华侨与中越贸易

中国与越南的贸易既经由海路，也经由陆路，但海路贸易额大于陆路，原因是海路便捷、运载量大。到清代，海路经粤东海道，“自潮州以西，迤至琼南几三千里，闽粤放洋船只在在可通”。检查粤海关税簿，中国商船每年都到越南置备锡箔、土香、色纸、京果等物。置办完毕，从越南回广州时，则运载槟榔、胡椒、冰糖、砂仁、牛皮、海参、鱼翅等物。是故，越南的土产与清廷所需货物悉从海道往来，十分通畅。[①]

应注意的是，历史上来越南经商的不仅有中国人，还有日本人和西方国家的商人。在越南中部城市会安，经商的外国人有中国人、日本人、泰国人，以及欧洲的葡萄牙人、西班牙人、荷兰人等。其时阮氏政权允许华侨和日本侨民选择适当地点集中居住，于是会安出现了华侨集中居住的“唐人街”和日本人集中居住的“日侨街”，但会安“唐人街”的华侨人口比日侨人口多。至 1750 年前后，往返会安的华商日益增多，华侨约有 1 万人，每年抵达会安的华商船舶多达60 ~ 80 艘。只是到 19 世纪末以后，会安的贸易渐形衰落，华侨分散到顺化、南部城镇及其他地方。越南中部的会安和南部的堤岸为清代华侨经营对外贸易的重要基地。两地华侨主要经营中越贸易，也应经营越南与其他东南亚国家的贸易。下面就前者做一简析。

早在明朝初年，一些闽人、粤人就随郑和下西洋来到占城并留在那里，后来居留的人越来越多，繁衍生息，久之成为一大侨民群体，其中不乏大族。其时，开发越南中部会安的有朱、丁、伍、莫等十大姓，今会安明乡会馆尚有碑文记其事迹。明代中叶，闽人、粤人赴越经商者日众。起初，在越南北方，以云屯为中国船的贸易港，后来因越南发生南北纷争，北方郑氏开兴安，南方阮氏则辟会安为市。当时，福建商人乘“大眼鸡”帆船趁东北风南下，运货抵越。到翌年春夏，便载稻米乘西南风北归。这种运粮船称“艚船”，华商则被称为“艚人”。[②] 明万历五年（1577），有十三四艘福建船到达顺化。明天启二年（1622），有福建船抵达南越的藩朗、藩里。

---

① 参见中国社会科学院历史研究所编《古代中越关系史资料选编》，中国社会科学出版社，1982，第 596 ~ 597 页。

② 《越南华侨志》，华侨志编纂委员会，1928，第 33、36、40 页。

清初，会安华侨社会已经形成。《海外纪事》记载："盖会安各国客货码头，沿河直街长三四里，名大唐街，夹道行肆比栉而居，悉闽人，仍先朝服饰，妇人贸易。凡客此者，必娶一妇，以便交易。"到 17 世纪末，会安之旁屋为数约 100 户，除四五家为日本人外，余均为华侨所居。日本人往昔曾为会安的主要居民，且曾任港口管理官，但后来人口减少，至此时一切贸易为华侨所经营。自日本、广东、暹罗、高棉、马尼拉及吧城，每岁有 10～12 艘中国戎克船航此交易。① 到 18 世纪中叶，估计会安华侨达 6000 人。②

堤岸为越南南方商业经济中心，也是越南华侨较为集中的地区。西贡人口中，当地人最多，华侨次之，法国人最少。华侨又分广肇、潮州、漳泉、客家、海南五帮，各有正、副帮长。华侨中，大多为闽人、粤人，他们世代保持中华衣冠风俗不改。③

在西贡、堤岸两埠做生意的大半为华商，统计华侨达 6 万余人。④ "堤岸市肆，皆闽、广人侨寓贸易者也……华人所居甚富丽，如欧洲屋式。"⑤ 清同治五年（1866）五月，斌椿奉命往外国游历，途中在西贡所闻，闽、广人居此贸易者有五六万人。当地人也用汉文。有"中国城"（当地人所称），华人居之，各货聚集如中土市廛。⑥ 根据维斯托·布森的数据，1889 年，仅越南南方就有 57000 人入境定居，其中有 16000 人居住在堤岸，有 7000 人住在西贡，有 8000 人住在朔

---

① 参见中国社会科学院历史研究所编《古代中越关系史资料选编》，中国社会科学出版社，1982，第 644～645 页。

② 张文和：《越南华侨史话》，黎明文化事业股份有限公司，1975，第 29 页。

③ （清）邹代钧：《西征纪程》，此据福建师范大学历史系华侨史资料选辑组编《晚清海外笔记选》，海洋出版社，1983，第 29 页。

④ （清）张荫桓：《三洲日记》，此据福建师范大学历史系华侨史资料选辑组编《晚清海外笔记选》，海洋出版社，1983，第 27 页。

⑤ （清）曾纪泽：《使西日记》，此据福建师范大学历史系华侨史资料选辑组编《晚清海外笔记选》，海洋出版社，1983，第 11 页。

⑥ （清）斌椿：《乘槎笔记》，此据福建师范大学历史系华侨史资料选辑组编《晚清海外笔记选》，海洋出版社，1983，第 1～2 页。

庄，还有4000人住在茶荣，3000人住在嘉定、芹苴、薄寮和美荻等。[①]

西贡与堤岸两埠毗连，岁产稻米，运粤销售八九百万石。[②] 谷业、米业亦因而成为南圻一大支柱产业。华侨在西贡、堤岸两埠经营谷业、米业的历史很悠久，是当地华侨经济的重要标志，时法国人谓南圻“舍粟米无出产，舍华人无生意”。[③] 华侨米商经营外销中国的越南大米，先在越南农村收购，主要由华侨小商贩来往经营。据清同治五年（1866）二月张德彝在西贡所见，当地有华侨能解英语、法语、安南语。往粤省贩卖越南米粮，又自广省运货在此售卖，如此往来，得利甚重。[④] 由此可见，越南对中国的大米出口是越南对华贸易的重要组成部分，当时越南对中国的大米出口基本上由华商主导。

谷业、米业必定带动碾米业发展。堤岸的碾米业始创于1878年，到清朝末年发展至鼎盛。大型华侨碾米厂有十几家，如万益源、万裕昌、万德源、万丰源、义昌成、南丰成、万泰成、怡昌、思明等，每日碾米各为300吨以上，总产米量日达5000吨以上。其中万益源最早开办，该厂初为法国人经营，后为华侨刘增所有。规模最大的是广东南海西樵人张泰创办的万泰成，日产米达千吨。[⑤] 碾米厂的资本，除了当地的华侨资本外，来自新加坡的华侨投资也不少。例如，新加坡华商邱正忠（邱菽园之父）和陈金钟等人都是有名的大米商，在

① 朱海、许志生：《华人移居越南的各个时期及其特点》，《八桂侨史》1993年第1期，第58页。

② （清）张荫桓：《三洲日记》，此据福建师范大学历史系华侨史资料选辑组编《晚清海外笔记选》，海洋出版社，1983，第27页。

③ （清）薛福成：《出使英法义比日记》，此据福建师范大学历史系华侨史资料选辑组编《晚清海外笔记选》，海洋出版社，1983，第36页。

④ （清）张德彝：《航海述奇》，此据福建师范大学历史系华侨史资料选辑组编《晚清海外笔记选》，海洋出版社，1983，第4页。

⑤ 邬增厚等：《越南华侨商业年鉴》，南越中华总商会，1953，第21页。

西贡都设有庞大的碾米厂。①

华侨在西贡、堤岸经营的出口品，以米为大宗，次则鱼干、豆蔻、燕窝；进口以中国食品、杂货为大宗，次则绸匹、药材；“西商行店除法国轮船公司、银行外，殊寥寥，其余洋货店及华人杂货行、木作店合有数百家。堤岸铺屋二千余纯是华式，皆华人产业”。②

越南北圻的东京、谅山也是华侨通商之地，有不少华侨聚居。这些华商既做越南国内的生意，也应兼事对华贸易，但规模无法与越南南方诸市特别是西贡、堤岸相比，且其贸易也只是发生于清越双边之间，不可能像西贡、堤岸那样开展多边贸易。

应指出，中国与越南的陆地边境贸易还包含云南和广西两段，但官方时放时禁，故贸易量时大时小。“陆路商民赴安南贸易，所带货物有绸缎、布匹、鞋袜、纸张、颜料、灯油、茶叶、白糖、槟榔、糖果、烟筒，并寻常药材之类，进关带来之货只砂仁、薯莨、白铅、竹木等项。此外一切违禁之物，偷漏出口，例禁森严。”③ “内地商民，带货私越隘口到彼贸易，牟利甚多。”④

二　伊洛瓦底江与中国西南地区华侨商业网

缅甸是与“海上丝绸之路”关系比较密切的国家，原因是该国的南部海岸线口岸多而宽阔、吞吐量大，而且缅甸拥有一条直通中国西南的通航河流伊洛瓦底江。到晚清，伊洛瓦底江在联通“海上丝绸之路”方面发挥了非常重要的作用。在这一地区所有大江大河中，

---

① 宋旺相：《新加坡华人百年史》，新加坡中华总商会，1967，第92页。

② （清）张荫桓：《三洲日记》，此据福建师范大学历史系华侨史资料选辑组编《晚清海外笔记选》，海洋出版社，1983，第27页。

③ 参见中国社会科学院历史研究所编《古代中越关系史资料选编》，中国社会科学出版社，1982，第598～602页。

④ 参见中国社会科学院历史研究所编《古代中越关系史资料选编》，中国社会科学出版社，1982，第602～603页。

伊洛瓦底江在航运和贸易方面曾经发挥过的功能是首屈一指的。同时，中南半岛上的陆路支线也可以通过这条江与海上的交通大动脉相连。缅甸独立前，进入缅甸的中国移民都不同程度地为开通缅甸一带联通“海上丝绸之路”的路线做出贡献。

（一）伊洛瓦底江的沿江转运贸易

清朝对缅甸贸易乃至以缅甸为中转地的对外贸易飞速发展，得益于缅甸得天独厚的条件，即伊洛瓦底江自北向南贯穿缅甸。在这方面，伊洛瓦底江的航运贸易意义丝毫不亚于海运贸易。这个时期伊洛瓦底江在“海上丝绸之路”上的贸易地位和作用，不仅远远超过中南半岛地区的陆路、半陆路半水路贸易，而且可与“海上丝绸之路”海洋航路上的贸易相媲美。从整条伊洛瓦底江的沿江贸易布局来看，清末的薛福成说过两段很重要的话。其一，关于港口布局，“缅甸海口之埠凡三处，而仰光扼其要；沿江之埠二十二处，小者二十九处，而阿瓦与新街扼其要”。就商人的地缘布局而言，“海口商务，闽商主之；沿江商务，滇商主之。粤商，生意之大不如闽，人数之多不如滇，等诸自郐以下而已”。①

其二，关于从业人员布局，“海口华商约二万四五千人，巨商则闽商多于粤。至沿江各埠生涯全属滇人。计轮船停泊，装卸货客之大埠二十三，小埠二十九。而滇商之众，首数阿瓦，约万二千人；次则新街、猛拱，不下五千；其余各数十百人。至行商货驼，年常二三万，秋出春归”。②

此外，薛福成指出，缅甸腹地的深山中还有商埠不下数十处。滇商也散布于山中各埠，几与缅商相埒，约为 10 万人。③

薛福成的记载应来自当时人的传说，具体数字未必准确，但应有

---

① （清）薛福成：《出使日记续刻》卷 1，清光绪二十四年刻本。

② （清）薛福成：《出使日记续刻》卷 3，清光绪二十四年刻本。

③ 薛福成：《出使日记续刻》卷 6，清光绪二十四年刻本。

一定的依据和可信性。根据这一记载来看，当时伊洛瓦底江的贸易规模是十分惊人的。

首先，大小港口有40多个，数量不可谓不多，分布不可谓不密，也可推知货物运输量之大。今天已经不可考辨这些港口之所在，有的可能规模很小，无非一两间草房，三四条木船，五六个脚夫，七八个过客，但作为贸易要津，意义非同小可。还应注意，这些商埠不只是分布在沿江两岸，还可以通过马帮（即薛福成所说的“行商货驼”）延伸到腹地，乃至人迹罕至的深山。由此不难感受到当时华商的贸易范围之广，以及华商所主导的伊洛瓦底江贸易给当地民众特别是深山里与世隔绝的民众带来的好处。

其次，一条伊洛瓦底江带动的从商总人数和贸易量是十分可观的。从贸易从业人员来看，单华商就有2万多人（应指专职商人），起服务功能的外围华侨从业群体人数应该更多。从这个意义上说，当时居住在伊洛瓦底江两岸的华侨堪称“全民皆商”。华商做当地生意还必须有当地人的密切配合。当地贸易的开展需要多方面的要素，“硬件”要素有货物、市场、运输手段、从业人员等，“软件”要素如语言、风俗、信誉等也不可或缺。对华商来说，很多“软件”要素必须假手当地人（特别是当地商人）。只有熟悉当地市场需求和民情风俗的当地人才可能把华商运进来的货物或通过零售方式或通过批发方式顺利转卖给当地消费者，同时换取闽、粤、滇等地华商求买的土特产等当地商品。贸易从来就是一个“共赢”的平台，不可能由一方商家包打天下，跨境贸易更是如此。

再次，从华商的贸易分工来看，华商主要分为三大地缘群体，即闽商、粤商和滇商。值得注意的是，三地华商在贸易中各有分工，各守一方，也互相配合。福建商人和广东商人主要是从事岸上和内陆的商业活动。福建商人比广东商人多，则是因为伊洛瓦底江贸易属于航运贸易，其中枢是南部诸大港口，主要货物通过这些港口运送，而南部港口的贸易早就为福建商人所主导。云南商人在伊洛瓦底江沿岸商埠也占据重要地位，散布于山中的商埠和广袤的内陆地区也有云南商人的足迹。显然，这是因为滇商有地缘上和语言、风俗习惯上的优势。当然，来自云南的物产也可运到南部沿江各口岸进行交易。

（二）缅甸北部华商经营的水陆两路转运贸易

在清朝早期，就有少数华侨通过缅甸经营跨国贸易，但只在缅甸和暹罗等国进行。除进出滇缅边境的矿工（兼商人）携带一些商品外，通过边境而专事贸易者很受限制。① 当时，伊洛瓦底江已经成为中缅两国进行民间贸易的天然通道。史载，“蛮暮、新街一带，向为缅夷处所。沿江而下，并有缅夷税口，则其地交易之货必多”。② 随着对外贸易发展，永昌、腾越等地成为国际贸易口岸，商旅丛集，富甲一方，时人称永昌“市肆实物之繁华，城池风景之阔大，滇省除昆明外，他郡皆不及，人以此谓小南京焉”。③

明末至清乾隆年间，中缅双方通过云南开展的陆路贸易相当兴旺，以云南人为主的商队常以三四百头牛或2000匹马在中国及缅甸新街（今缅甸八莫）之间运送丝绸及其他货物。中国商品从云南腾冲、龙陵通过陆路运至缅甸新街、老官屯，然后沿伊洛瓦底江水路进入缅都阿摩罗补罗和缅甸其他地方；缅甸商品则溯伊洛瓦底江而上，至老官屯、新街，取陆路进入滇境，再运往中国其他各处。由此可见，伊洛瓦底江是缅都阿摩罗补罗与云南间各类商品流通的重要通道，新街则是居于贸易路线中段的水陆转运枢纽。在滇缅贸易中，这

① 余定邦、黄重言编《中国古籍中有关缅甸资料汇编》，中华书局，2002，第659～660页。

② 余定邦、黄重言编《中国古籍中有关缅甸资料汇编》，中华书局，2002，第548～549页。

③ （康熙）《永昌府志》卷5，转引自古永继《清代滇桂地区与东南亚国家的交往》，载李晓斌主编《西南边疆民族研究》（第4辑），云南大学出版社，2006，第224页。

条陆路与内河运输相结合的路线比全程走陆路的路线更有活力。因此，马帮商队除了全程走陆路外，其商品还可以通过内河的转运抵达阿摩罗补罗，即行商主要以两种方式抵达阿摩罗补罗：其一，全程走陆路，由云南缅宁出境，经木邦，皆走陆路直抵阿摩罗补罗；其二，陆路结合内河水运，由云南腾越、永昌、龙陵出境，先取陆路至新街，再由新街转由伊洛瓦底江水路运至阿摩罗补罗。[①] 贡榜王朝时期（1752～1885 年），滇缅贸易主要是棉花贸易。华商用大型船只从阿摩罗补罗将棉花沿伊洛瓦底江北上运至新街，在新街的集市与当地华商易得其他商品。当华商获取棉花后，分水路和陆路运回中国。

贡榜王朝时期，阿摩罗补罗曾于 1783～1823 年、1837～1857 年先后两次作为缅甸国都，为当时缅甸的经济和政治中心，也是滇缅贸易中华商的重要目的地。18 世纪，部分华商（以云南人为主）因滇缅贸易而寓居阿摩罗补罗，直至 1857 年缅甸迁都曼德勒城，大部分华商随之迁往曼德勒，阿摩罗补罗的商业地位逐渐衰落。

贡榜王朝时期华侨到阿摩罗补罗的主要目的是采购棉花。缅甸中部是棉花主产区，实阶、阿瓦、阿摩罗补罗等城市则是棉花的交易地点。棉花是云南人不可或缺的衣被材料，但云南产棉不丰，加上清代以来生齿日繁，以致棉花无法自给自足。而在缅甸中部的伊洛瓦底江河谷地带，棉花广植丰产，于是该地逐渐成为云南重要的域外棉花来源地。《阳温暾小引》是云南商人“走夷方”的谋生指南，其中写道：“办棉花，买珠宝，回头销售；此乃是，吾腾冲，衣食计谋。”此处“办棉花，买珠宝”可解释为“棉花”和“珠宝”是华商从缅甸采购回国的两种主要商品。华商前往上述城市的主要目的就是采购棉花。实际上，在 18 世纪中前期，中缅棉花贸易已形成一定规模。此后，由于“清缅战争”及战后的外交争端，商道阻滞乃至封锁，

---

① 李新铭：《马帮、商铺与移民：贡榜王朝时期缅甸阿摩罗补罗的华商群体》，《东南亚研究》2016 年第 3 期。

税口禁闭，棉花贸易受阻。阿里衮、鄂宁向乾隆皇帝上奏此事，乾隆帝乃于1790年下令对缅“开关通市”。此后，滇缅贸易迅速发展，并进入鼎盛时期，缅甸棉花开始稳定地输往中国。①

从事棉花贸易的华商一般直接参与棉花从缅甸首都阿摩罗补罗到中国市场的采购、运输与销售。在缅甸一段，棉花运输主要通过水路。华商在实阶（棉花的主要集散地）、阿瓦等地收购棉花后，或租赁或自备船只，将之运到新街。运载棉花的船都是平底船，每只可载100箩，每箩达100缅斤。而在中国一段，华商则主要通过陆路用骡马将棉花运回云南。但华商收购棉花的方式有所变化。1854年之前，华商可直接向缅甸首都地区的农民收购。那时经营棉花的华商常在棉花收获之前向缅甸棉农提供贷款，缅农在棉花收获后以实物偿还贷款。但在1854年，缅廷开始推行棉花专卖政策（贷款完全由缅廷发放），对棉花收购实施控制。缅甸棉花出口至中国，也带动了云南的手工业发展，众多小手工业者参与纺纱、织布、制衣被或再流通。“办棉花”虽不比“买珠宝”那样易于获取暴利，但棉花在国内市场的加工、流通等各个环节的参与者均有各自的获利空间。②

阿摩罗补罗靠近棉花产区，华侨来得多了，便形成各自的分工，有的做“行商”，有的做“坐商”，此地逐渐成为华商的聚居地。行商常年周期性地往返于滇缅两地，具有较强的流动性，促进了商品和人口的流通。与之对应，那些在缅甸长期从事商贸活动，在缅甸定居并有固定经营场所、开店置业的华商，被称为“坐商”或“坐贾”，即“久居兼有房屋者也”。③ 这一商人群体多是行商的主要贸易对象

① 李新铭：《马帮、商铺与移民：贡榜王朝时期缅甸阿摩罗补罗的华商群体》，《东南亚研究》2016年第3期。

② 参见李新铭《马帮、商铺与移民：贡榜王朝时期缅甸阿摩罗补罗的华商群体》，《东南亚研究》2016年第3期。

③ 参见李新铭《马帮、商铺与移民：贡榜王朝时期缅甸阿摩罗补罗的华商群体》，《东南亚研究》2016年第3期。

或雇主。行商与坐商在贸易中存在密切的合作关系。行商开拓商贸路线，并帮助坐商与远端的中国市场保持稳定的联系；坐商则在缅甸定居置业，掌握当地市场信息，使行商所携商品能够渗透更细分的市场。①

综上所述，到了清末，缅甸北部已经形成了许多华侨聚居区，他们主要来自福建、广东和云南。从有关记载来看，这些缅甸华侨多是经商者，大体上可分为两大部分。一部分人经营伊洛瓦底江沿江贸易；另一部分经营陆上贸易，也有人从事贸易中介服务。事实上，两部分华侨密不可分，彼此支持，互相照应，形成一个庞大的商业网系。两部分人都按照各自的地缘组合，打理某个地区的运输、销售业务，分工合作。在靠近云南的缅甸东北部地区，阿瓦、新街、孟拱等城市和矿区形成不少华侨聚居区，有的称为“德由谬”（中国城）。华侨与缅甸人民友好相处，对双方经济文化的交流和发展起到积极的促进作用。景栋城创建时，云南边民也“负弩以往”，故其城“与汉城无异”。② 云南华侨的商业经营也推动了阿瓦、阿摩罗补罗、曼德勒（华侨因三地近而统称“瓦城”）的繁荣发展。

（三）联通中南半岛与中国西南的马帮贸易

很早以前，滇、川等地的马帮商队就来往于中国西南至缅甸、印度、泰国、老挝、越南等国的古道上，元明以后则以回族商帮最为有名。19 世纪中叶，杜文秀起义失败后，又有相当数量的云南回族商人迁居暹、缅诸国，不少人从事长途贩运，带往暹罗的货物主要有核桃、栗子、丝绒、布料及铜制器皿，驮回云南的则有原棉、宝石、谷物等。③

---

① 李新铭：《马帮、商铺与移民：贡榜王朝时期缅甸阿摩罗补罗的华商群体》，《东南亚研究》2016 年第 3 期。

② 马曜：《云南简史》（增订本），云南人民出版社，1991，第 225 页。

③ 古永继：《清代滇桂地区与东南亚国家的交往》，载李晓斌主编《西南边疆民族研究》（第 4 辑），云南大学出版社，2006，第 231 页。

从中国西南地区可通过陆路至暹罗的景迈及曼谷等地。当时的华商出滇境后，先入缅甸或老挝，再至暹罗，并可择水路或陆路分别南下，到暹罗国都曼谷及缅甸海湾。另外，从云南思茅进入老挝丰沙里，向南穿过琅勃拉邦，再向西也可进入暹罗景迈地区。因地理之便，同缅甸、老挝一样，在暹罗北部也活跃着不少华侨，主要是云南人。①

在清缅贸易的发展中，云南的回族发挥了重要作用。他们也是华商的重要组成部分。早在元明时期，即有回族商人往来于云南与缅甸之间从事商贸活动。至清代，来往更加频繁。在滇西、滇西南一带，凡有回民居住的地方，几乎都有人在滇缅路上从事以马帮运输为主的长途贸易。据记载，19 世纪上半叶，腾冲一带回族已有许多人来往境内外并移居缅甸；嘉庆、道光年间，“旅居缅甸为玉石、宝石、棉花商者半属之”。② 咸丰、同治年间，杜文秀在滇西领导回民起义，利用滇缅贸易通道，向缅甸出口石磺而购进棉花，再经纺织加工、销售以获取收入；在缅甸瓦城开办经营棉花买卖且颇具规模的“元兴”“元发”两间商号，至起义失败被查封时，所有货物本银合 3.4 万余两。③ 起义失败后，大批回民为逃避清军追杀而入缅，一些地区出现了较大的云南回民聚居区。缅甸北部的腊戍、景栋、新街、东枝，中南部大城市曼德勒、仰光等地陆续有不少云南回民定居。④

马帮贸易是异常艰苦的，人身安全且先不说，货物辗转贩运、保管、销售，客舍、餐饮、马队给养和维护等，就是一个十分复杂的后

① 古永继：《清代滇桂地区与东南亚国家的交往》，载李晓斌主编《西南边疆民族研究》（第 4 辑），云南大学出版社，2006，第 231 页。

② 何平：《移居缅甸的云南回族》，《民族研究》1997 年第 1 期。

③ 方国瑜主编《云南史料丛刊》（第 9 卷），云南大学出版社，2001，第 363 页。

④ 何平：《移居缅甸的云南回族》，《民族研究》1997 年第 1 期；古永继：《清代滇桂地区与东南亚国家的交往》，载李晓斌主编《西南边疆民族研究》（第 4 辑），云南大学出版社，2006。

勤系统。马帮往往几十人一伙，到各处开展贸易，风餐露宿，辛苦异常。他们可以行走天涯，但他们不可能包打天下，不可能把货物贩运、保管、销售等所有工作都揽于一身。马帮沿途所至，有专门的商业中介人员和物资供应保障人员提供服务，形成为马帮贸易服务的后勤体系。经过长期实践，马帮贸易的服务体系形成配套，臻于完善。根据资料记载，过去在马帮所经过的路途上，集镇和乡村都有定居华侨为马帮服务。

马帮沿途还要与当地民族打交道。老挝、柬埔寨、缅甸等国对华商征收一定的捐税，例如，在柬埔寨，由于税收太重，“以至南掌运来诸货，裹足不前”。老挝对华侨及外国侨民不征人丁税（老挝当时在国内以征收人丁税为主），而是向每人征捐，数量为一担谷子，遇有别项税捐，再由部酋酌派。“南掌北方之民，纳捐缅人，每人四抵加或七纸加（老挝衡法——引者注），华人则减轻之。”①

总而言之，清代，缅甸的华侨商业已经形成了颇具特色的“华侨经济网链”。这个“网链”在地理上与中国陆路相连，在某种程度上，也可以称为“滇缅经济网链”。在这个“网链”之内，双方人员和货物的流动十分频繁。虽然清政府禁止中国各地的农民、工人和商人进入缅甸，也禁止人员和货物往来，但这种“禁止”充其量只是控制，且控制是象征性的。因为中缅边界线很长，很多路段荒无人烟，清兵很难进行巡逻缉捕，清政府主要对少数关卡实施定点控制和管理。而对于边民来说，祖祖辈辈行走于边界，边界上的路径自是烂熟于胸。至于缅甸方面，对缅中边界的管理更加宽松。是故，两国人员往来（主要是中国人员进入缅甸）一直比较顺利。人员往来便利是货物往来的必要条件，清政府也对来往于两国的货物严加控制，但实效不大。

在缅甸国内，华侨经济“网链”形成了分工、相互依赖的共存局面。一方面，无论是农作物，还是矿产品，各自都存在种植或采

---

① 郭保刚：《老挝华侨概述》，《印支研究》1984 年第 3 期。

集、加工、运输、销售系统。事实上，农矿产品的生产过程都是市场导向的。另一方面，缅甸华侨经济“网链”的市场渠道比较完善，“伊洛瓦底江沿江市场体系”便是重要标志。还必须指出，“伊洛瓦底江沿江市场体系”不只是一个单一的缅甸对华贸易体系，还与东南亚乃至东亚其他国家相连。缅甸华侨在缅王时代和英国殖民时代的商人角色是十分突出和成功的，这也是后来华侨在缅甸社会中的角色主要限于商贸领域的一个原因。华侨最早从事的职业主要是小商贩，销售洋杂货和收购土产，后来扩大到手工业、服务业（包括饭店、茶楼和杂货店等）以及规模不大的工业（包括采矿业、碾米业和锯木业等）。缅甸独立前，华侨工商业已经初具规模，在缅甸经济中的地位仅次于英国资本和印度资本。

三　近代朝鲜华商的对华贸易

朝鲜华商的活动得到清政府的支持。朝鲜华商贩运朝鲜人参到中国销售，获得巨大利润。① 上海和仁川之间的航线开通之后，清政府又支持招商局开通了从上海途经山东抵达仁川的定期航线。这一航线的开通为从事贸易的华商提供了极大的便利，大大节省了华商的运输时间和费用。

朝鲜贸易商行主要从事大宗货物买卖，即从中国进口大宗货物，将朝鲜货物输往中国。从事进出口贸易的华侨贸易商设立商行，通常资金雄厚，还在朝鲜的一些口岸和上海、青岛、烟台等中国沿海城市甚至日本的一些城市设立支行。19 世纪 80 年代，华商对朝鲜贸易以中继贸易为主，商品的主要供给地在中国上海或香港。朝鲜从中国进口的货物主要有绸缎、夏布、纱等纺织品，中药，茶叶、盐等日用品，棉花、稻米、花生、芝麻等农产品，以及欧美的工业品；输往中国的货物主要有人参以及海产品。贸易商将大宗商品输入朝鲜后，既

① 高承济：《韩国移民史研究》，章文阁，1973，第 338 ~ 339 页。

在本店销售，也批发给朝鲜各地华侨中小商店或朝鲜人、日本人商店。贸易商占据市场较大份额，获利巨大，多者可达1倍以上。

最著名的华侨贸易商行是同顺泰商行。经理谭杰生（1854～?），广东高要人。有学者认为他是近代朝鲜华侨第一人。① 据他的儿子谭廷泽和同乡人郑家贤介绍，谭杰生在1874年（21岁）来到朝鲜，在汉城清溪川水标桥旁开设同顺泰贸易商行，主要销售中国的丝绸、中药和朝鲜红参。② 随着生意日益兴隆，他在朝鲜仁川、釜山、元山、镇南浦、群山，中国上海、广州、香港，以及日本长崎设立分行，成为朝鲜最大的国际贸易商行。同顺泰资金雄厚，经营有方。在清政府的大力支持下，谭杰生还和其他华商合资开办轮船公司，经营朝鲜仁川至汉城的内河航运。他还独自发行银票，较韩国政府所发行的纸币更有信用。广东籍旅居朝鲜老华侨郑维芬说："在日治时代以前，特别在大韩帝国时代，韩国经济大半操于华侨之手。当年粤籍侨商同顺泰号的谭杰生信誉昭著。他一手包办出卖朝鲜的红参，腰缠万贯。他发行的银券，较韩国政府发行的纸币，尤有信用。"③ 谭杰生生活勤俭，重视积蓄，得到当时驻仁川日本领事的高度评价："我听说拥有20万韩元流动资金的谭杰生，一年的置装费只有二三十韩元，每月的伙食费也只有三四韩元……拥有10万韩元家财，从事国际贸易的富人，居然如此节俭、注重储蓄，无法不让人佩服。"④

当时朝鲜经济落后，华侨多从事经贸业，朝鲜商业大半操于华侨之手，华侨贸易业对朝鲜举足轻重。⑤ 朝鲜华侨在清政府的支持下，

① 杨昭全、孙玉梅：《朝鲜华侨史》，中国华侨出版公司，1991，第106页。

② 〔韩〕徐德根：《甲午战争前后韩国华商商业活动研究（1882～1910）》，博士学位论文，厦门大学，2011，第24页。

③ 卢冠群：《韩国华侨经济》，海外出版社，1956，第52页。

④ 〔韩〕梁必成、李正熙：《韩国，没有中国城的国家：21世纪型中国城的出现背景》，全敏译，清华大学出版社，2006，第15页。

⑤ 朱慧玲：《东北亚华侨华人经济的变迁》，《八桂侨史》1997年第3期，第24页。

以仁川、釜山、元山的居留地为据点，积极从事贸易及商业活动。朝鲜华侨主要经营棉布绸缎店和中餐馆，从事蔬菜培植，开办工厂，开拓矿山，以及承办土木建筑工程，实力强大。① 当时日本人见此情形，十分焦急又无可奈何，“从来由日商掌握的西洋产物即生金巾等各种棉布，逐渐转移到清商手里，仁川、元山等地如今已成为清商的专卖品地盘”。② 日本人未纯永一郎在1893年考察朝鲜各地商情后，指出：“在朝鲜，华商是供给者，日商则处于需要者的立场。重要的日常用品大半由华商提供，日商只是象征性地提供一些不急需物品。更引人注目的是，大半日商的商品皆购自华商之手，再转卖于韩人。故日人只能赚取蝇头小利，大部分利益及商权已完全控制于华商手中。”③ 需要阐明的是，清政府为了保障政治上的利益，牺牲了华商在朝鲜内海航运的利益，如华商惠通公司在航运方面就存在亏损情况。

朝鲜人以古老的手工方式织布，效率低，不能满足人们的衣着用布需要，依赖从外国进口布匹，布匹供不应求。中国的布料质量好，优于日本，深受朝鲜民众的喜爱。在近代，旅朝华侨绸缎庄生意非常兴隆。绸缎庄除了销售绸缎外，还经销其他布料。当时销售量最大的是夏布（麻布）。麻布透气好，在炎热的夏天，朝鲜人常穿麻布制作的衣服，因此朝鲜的麻布需求量非常大。④ 朝鲜也生产麻布，如忠清南道的苎麻布、江原道的大麻布颇有声誉，但是产量有限，麻布仍需要大量进口。绸缎庄还经销纱布。朝鲜人喜欢纱布，高官和富豪更爱

---

① 〔韩〕李正熙：《近代朝鲜华侨制造业研究——以铸造业为中心》，《华侨华人历史研究》2009年第1期。

② 〔韩〕徐德根：《甲午战争前后韩国华商商业活动研究（1882～1910）》，博士学位论文，厦门大学，2011，第121页。

③ 杨昭全、孙玉梅：《朝鲜华侨史》，中国华侨出版公司，1991，第155页。

④ 〔韩〕吴在环：《朝鲜末期以来在韩华侨对韩国认识的变化》，第三届近代中国与世界暨纪念近代史所成立60周年国际学术研讨会论文，2010。

穿用。纱按照用途可分多种，如国王及王公大臣用于衣冠者为府纱，宫中御用品为库纱，一般官员所用纱为官纱，平民所用为贡纱。在朝鲜，使用纱布最多的是各阶层妇女。①

仁川港是织物成品进口的最大港口，“当时由中国运来的各种货物商品，根本就没有存放到埠头仓库的时间，马上被华侨商人运送到各地去。当时主要输入品是糯米、辣椒、夏布、绸缎、纱及山东省的盐。尤其当时的衣类方面，完全靠中国输入”。② 不少专营绸缎、麻布等纺织品的大型华商商行生意十分红火。例如，华商王连三的德顺福在汉城南大门设有店面，在仁川也设有分店，掌握了京畿一带的销路，销售额超过了 80 万元。傅守亮的永来盛，杨翼之的和聚公，王有栋的协泰昌，张殷三的协兴裕，姜子云的东和昌，孙金浦的人和福、和泰号，林腾九的三合永及聚源和等，都是当时有名的大绸缎商行。③

朝鲜华商还主导了棉布的中介贸易，为以后的发展奠定了基础。1885～1905 年，朝鲜的全部进口商品中，棉布占 60%。朝鲜末期进口贸易的主导权取决于谁能够以低廉的价格将英国生产的棉制品适时投入朝鲜市场。日本商人虽然有政治实力做后盾，但必须在日本的通商口岸将上海的英国棉布买下来，之后再出口到朝鲜，价格较高，而且时间也滞后。而华商通过自身的相互协作占据了优势，客观的背景条件应该是棉布的倒卖商已经被上海的华商掌握，日本商人无法和华商竞争。直到 1910 年日本占领朝鲜，局面才开始变得对华商极为不利。1910 年以后，日本产棉布占领了朝鲜的棉布市场。④

① 王淑玲：《韩国华侨历史与现状研究》，社会科学文献出版社，2013，第 68～69 页。

② 秦裕光：《旅韩六十年见闻录——韩国华侨史话》，韩国研究学会，1983，第 66 页。

③ 秦裕光：《旅韩六十年见闻录——韩国华侨史话》，韩国研究学会，1983，第 53 页。

④ 王淑玲：《韩国华侨历史与现状研究》，社会科学文献出版社，2013，第 65 页。

四　日本华商的对华贸易

历史上中日交流的一个重要特点是，唐代以前，基本上是单向的文化交流，即中国文化尤其是中国匠艺传入日本。到了五代十国，华侨商人才开始出现在中日交流舞台上，历宋、元、明、清上千年的岁月，日本的华侨商人一直十分活跃。到了清代，日本华商大多从事对华贸易，甚至在日本国内形成了若干个对华贸易的基地港口。

人们一般都知道清初郑成功与郑氏家族的海上贸易。纵观郑成功及其收复台湾的过程，其实也是一部中日两国海商海上贸易史。根据史籍记载，郑成功祖籍河南光州固始县，其先世居于福建漳州，后来一度移居广东潮州，最后定居于福建泉州南安县石井乡。祖父郑绍祖，曾担任泉州小官吏。1612 年，郑绍祖东渡日本，到达长崎，受到江户幕府的重视，德川家康亲自接见了他。原籍福建福州的华侨李旦从事来往于日本—中国—东南亚的海上贸易。1623 年，郑绍祖儿子郑芝龙（1604～1661 年）遵照母舅安排作为华商代押货物前往日本，不久后在平户娶平户侯家臣田川氏之女为妻。同时，郑芝龙在平户结识了李旦并依附于他，成为其义子。李旦死后，大部分资产归郑芝龙所有，成为日后郑氏海商集团形成的重要基础之一。1624 年，郑芝龙离开日本来到台湾，最初以台湾为基地，在福建沿海一带活动，海商集团迅速发展，称雄海上，一度垄断了中日间的海上贸易。1628 年，郑芝龙受到明廷招抚，任总兵官，官至都督同知。

1624 年，郑芝龙与平户侯家臣田川氏之女生下郑森，即郑成功（1624～1662 年）。1629 年，郑成功之弟七左卫门出生。郑成功，乳名福松，号大木，字明俨，本名森。1631 年，郑成功离开日本回到中国，仍然与留居日本的田川氏母子保持联系，常委托去日本的船舶赠送银两供养他们。1635 年田川氏来到福建，留下儿子七左卫门在日本生活。1644 年，明朝亡，其遗臣各据一地，拥戴明室各王，谋求光复，在日本正保、万治年间多次遣使到日本请求援助（称“乞师”，史载共 17 次）。明亡后，郑芝龙统率水师先后归属福王、唐王等南明政权，唐王赐郑森朱姓，名成功，时称“国姓爷”。郑芝龙后来拥戴唐王，被封为太师、平虏侯，后于顺治三年（1646）投降清朝。清朝则多次招抚郑成功没有成功，便于 1655 年将郑芝龙关入大狱，于 1661 年将其杀害。郑成功本反对郑芝龙降清，哭谏不成，乃走上抗清道路。后以厦门为根据地坚持抗清。郑成功还充分利用其日本侨生身份来加强与日本华侨的关系，也曾经乞师于日本，请求日本当局援助。

在经济上，郑成功也多得利于与日本通商。1651 年郑成功攻克福建漳浦。郑成功考虑到粮食不足，便从日本获得物资，转卖给吕宋、暹罗、安南等国以补不足。此外，户官郑泰每年从台湾派商船到长崎从事贸易。① 郑成功因运用“通洋裕国”“以商养战”策略，有足够的军饷来支持其长期的军事活动。当时，日本对外贸易只限于长崎一个港口，1647～1662 年，郑成功每年有四五十艘商船驶往日本长崎，抵达长崎的中国商船中绝大多数是郑成功旗下商船，占据长崎华侨的对华贸易优势。② 日本华侨的贸易商船凭郑氏令旗顺利来往于中国与日本之间。明清换代之际，有不少中国沿海民众前往日本谋生，亦主要乘坐郑氏船舶。当时郑氏海商集团直接或间接地促进了当地华侨社会的形成与发展。

但清朝为消灭海上抗清力量，颁布“迁海令”，强迫沿海居民内迁；大兴“通海”之狱，罗织罪名，搜捕内地抗清人士。清朝还加强对厦门的经济封锁，郑成功处境更加困难，乃将目光转向台湾。经过精心准备，郑成功大军于顺治十八年（1661）四月抵达台湾，荷兰守军被迫投降，全部撤离台湾，被侵占达 38 年之久的终于台湾回

① 〔日〕木宫泰彦：《日中文化交流史》，胡锡年译，商务印书馆，1980，第 633 页。

② 〔日〕岩生成一：《关于近世日支贸易数量的考察》，《史学杂志》第 62 卷，转引自庄国土、刘文正《东亚华人社会的形成和发展：华商网络、移民与一体化趋势》，厦门大学出版社，2009，第 140 页。

到祖国怀抱。

据日本学者研究，明末清初，中日两国贸易主要是日本输出金、银，日本从中国进口生丝。随着明朝灭亡和清王朝建立，两国的贸易主要是日本输出铜、金、银，日本从中国进口白丝、砂糖、药材等商品的“牟铜贸易”。到 18 世纪后期，日本开始限制金、银出口，转变为增加出口海产品，“牟铜贸易”逐渐衰落。①

清代，华侨商人把全国各地的商品运到长崎。因为对日本贸易获利丰厚，清代商船也日渐增多。到 1686 年，进入长崎港的华商船只达到 102 艘（其中载回船 19 艘），到次年多达 137 艘。1688 年八月，日本对清朝来日商船数加以限制，规定每年来日的清朝商船中，只允许 70 艘进行贸易。② 在频繁的中日贸易交往中，日本每年都要花费大量金、银尤其是铜来进行交易，换取其需要的中国货物。但日本铜产量减少，不能满足贸易需要，于是日本便以俵物（海参、干鲍鱼、鱼翅、海带等海产品）、杂货来抵偿。③ 虽然日本政府限制商船数、减少贸易额，但仍然不能阻止中国商船大量进入日本港口。清朝需要日本海产品，商人也有利可图，因此乐意运回。日本学者中村新太郎指出：“即使在 17 世纪 60 年代至 19 世纪 40 年代的仅 180 年间（德川幕府实行“锁国”政策、禁止海外贸易时期），唯独中日贸易和人员往来仍不间断，渡海航日的中国贸易船累计达 6200 余艘。”④

在日本，中国商人日渐增多，为了控制华侨贸易和防止发生社会问题，幕府于元禄元年（1688）九月令长崎市民在十善寺村御药园建造唐人坊，次年二月完工。⑤ 当时唐人坊被日本人称为“唐人屋

① 庄国土：《近三十年东亚华人社团的新变化》，厦门大学出版社，2010，第 295 页。

② 〔日〕木宫泰彦：《日中文化交流史》，胡锡年译，商务印书馆，1980，第 650 页。

③ 〔日〕木宫泰彦：《日中文化交流史》，胡锡年译，商务印书馆，1980，第 681 页。

④ 池步洲：《日本华侨经济史话》，上海社会科学院出版社，1993，第 17 页。

⑤ 〔日〕木宫泰彦：《日中文化交流史》，胡锡年译，商务印书馆，1980，第 661 页。

敷”，总面积9373坪8合，当局以此限制前来长崎的华商和水手。① 从这一年起，凡是进港的清朝商人，全部住在唐人坊内。商人可以与日本女子同居，生育子女，不过严禁华商携带子女出国。1689年，杂居于长崎的华侨大约有1万人，大约占当时长崎市民（51395人）的20%。② 杂居于长崎的华侨有福建帮、三江帮、广东帮等，其中福建帮闽南人最多。在1708年日本幕府管理唐人街的167名文译员中，有101名文译员专门从事闽南语的翻译工作。③ 唐人坊多次失火，天明四年（1784）的大火烧毁了一切，仅剩下关帝庙。长崎当局不得不把在此住宿的892名清朝商人暂时分别安置在兴福寺、福济寺、崇福寺、悟慎寺，即所谓“四唐寺”。④

1715年，日本幕府颁布命令，每年抵达日本的商船限制在30艘之内，并发给信牌，有信牌者方可进行贸易，被称为“正德新令”。此时日本的银矿已经趋于枯竭，购买中国货物的能力大大下降。此后，中国赴日商船逐渐减少，长崎华侨区亦逐渐萧条。寓居日本的华商先后回到中国，1784年，长崎唐人坊只有华侨892人，日本华侨社会趋于衰落。⑤

1786年，日方准租9433坪土地，纳租5贯682刃（每贯100刃，相当于中国的6.25斤），修建华商住宅13户，长崎华商聚居于此，日本人称之为“唐馆十三户”，称华商为“唐商”或“唐人”，“唐馆”之名也由此而来。

华侨初期的对日贸易属临时性质，俗称“走单帮”，单身前往，做完一批生意后便回国，所以住在唐馆的人数来去不定，很难统计。

---

① 〔日〕木宫泰彦：《日中文化交流史》，胡锡年译，商务印书馆，1980，第662页。每坪6平方尺，1/10坪称为“合”。

② 〔日〕过放：《初期日本华侨社会》，乔云译，《南洋资料译丛》2004年第4期。

③ 王赓武：《中国与海外华人》，台北商务印书馆，1994，第112页。

④ 〔日〕木宫泰彦：《日中文化交流史》，胡锡年译，商务印书馆，1980，第663页。

⑤ 陈昌福：《日本华侨研究》，上海社会科学院出版社，1989，第31～32页。

根据日本人横井东所作《长崎入港贸易船年表》的记载，由中国来到日本的船只以1686年的117艘船为最多，后来逐渐减少。到1853年，日方每年仅允许华船10艘进口。[①] 这是因为当时中日两国实行闭关政策，两国经济交流锐减。

1859年，日本顺应时势发展，采取开国政策，欧美列强纷纷与日本签订条约，自由进出于开港的横滨、大阪、神户、长崎和箱馆等地。日本开放后，华商在日本的经济活动迅速展开。各地华侨积极开展各种商业活动，经营杂货铺、银钱铺、鞋铺、当铺，从事饮食、理发、印刷等行业，还有不少人从事小手工业，做搬运工、裁缝等，特别是华商利用自己的优势，在日本的对外贸易中发挥了重要作用，推动了日本社会的发展，以下以火柴贸易为例。

1868年，神户和大阪开辟为商埠。据《大阪税关日记》记载，神户开港后的第四年（1872年），华侨从事贸易业者有18家。1877年，神户开始生产火柴，从生产到输出，华商都发挥了很大的作用。各省籍华商云集神户，如吴锦堂（浙江慈溪籍）、麦少彭（广东三水籍）、容翰屏（广东新会籍）、简照南（广东南海籍）、王敬祥（福建同安籍）、马聘三（江苏丹徒籍）、周雄甫（浙江鄞县籍）、郑雪涛（广东中山籍）、张尊三等，以广东籍、福建籍、三江籍为主。

随着明治时代产业革命开始，日本资本主义经济建立，神户的工业得到发展。当时，制造火柴在日本属于新的产业，除了内销，还外销南洋、欧洲各地。1876年9月，金泽藩士清水诚在东京本所柳原町创设了火柴工厂新燧社。1878年1月，上海制造自来火局在上海的大马路（现在的南京东路）开办了祥和丰洋货号，代理销售新燧社的“樱花”牌火柴。在神户，本田义知于1879年4月创设了明治社；1880年6月，泷川辨三与井上清七郎创设了“清燧社”。此后，神户开办了许多火柴工厂。1880年，大阪地区的火柴工厂达

① 陈鹏仁：《日本华侨概论》，水牛出版社，1989，第28页。

到30多家。[①] 日本火柴工业的迅速发展带来出口贸易额急剧增加。1879年的出口贸易额为369672元；到1898年，出口贸易额已经猛增到600万元，其中华侨贸易商占据绝大部分份额。1900年，在神户参与火柴贸易的23家外商中，华商占12家。[②] 这一时期华侨与火柴贸易的关系密切，主要原因是：第一，日本主要出口地中国、东南亚地区的火柴贸易主要由华侨进行；第二，华侨也开始从事火柴制造业，如吴锦堂经营的“义生荣号”，屈炳南也制造火柴。[③] 实际上，大阪、神户地区火柴工业的建立得益于华商网络。在日本不能直接参与火柴制造业的华商，对日本制造商采取了融资、预购的方法，向香港、上海、青岛、烟台、天津等地出口火柴，然后向华南、华中、华北、东北各地转售，从金融和销售层面上参与这一产业，客观上刺激了日本火柴产业的发展，对日本的经济发展做出贡献。

此外，不能不提及华侨买办在中日贸易中的作用。买办出现于欧美人的洋行打入中国时期。由于中国的商业交易制度非常复杂，欧美人要掌握各地方言极其困难，为了方便与中国官方交涉，外国洋行雇用拥有良好信誉的中国人做中间人。买办就是在外国银行、商社与华商之间交易的媒介保证人，买办制度也就是变形的经纪商行制度。买办需要缴纳一定的保证金，以其身份地位负担交易过程的全部风险与责任。买办兼有经纪人、翻译、中间商等多重身份，往往和洋行缔结复合性契约，即所谓“买办契约”。

早期来到日本的华侨买办精通日语，有不少人还掌握商馆实权。他们负责贸易品的买卖、运输、管理，人员的雇用和会计核算等，以

① 蒋海波：《日本华侨与近代中国火柴业——以华中和华东地区为例的考察》，《华侨华人历史研究》2010年第4期。

② 蒋海波：《日本华侨与近代中国火柴业——以华中和华东地区为例的考察》，《华侨华人历史研究》2010年第4期。

③ 中华会馆编《落地生根——神户华侨与神阪中华会馆百年史》，香港社会科学出版社有限公司，2003，第61页。

及开设外币、日币兑换所，从中获利。但买办人员数量极少。

在神户，贸易商行、银行、海运公司也采用买办制度。[①] 神户港一向是日本对南洋和香港贸易的中心港口，华侨贸易商云集在此，必须利用外国银行和轮船公司。为了方便与华商交易往来，那些外国商社和银行雇用专属的中国买办，代为办理华商与银行、公司的交易业务。一些买办有固定的工资，但数额很少；一些买办则没有固定工资，主要是从介绍交易中取得服务费（佣金）。根据不同贸易商品，华侨买办收取不同数额的佣金。一般来说，纤维制品收三分至三分五厘佣金，杂货收二分五厘至三分佣金。神户华侨贸易业中盛行买办制度，从大正末年至昭和初期，神户主要银行、公司的买办中，蓝拔群（香港上海银行）、曾弗臣（渣打银行）、王重山（横滨正金银行）等最为有名。

无论是大阪的行栈制度，还是神户的买办制度，都是一种介于买卖者之间的中介商人形式。这种经纪制度在以人的信用为基础的华侨经济与以物的信用为基础的资本主义经济之间起着媒介和疏通作用，具有很大力量。华侨买办穿针引线，从中收取一点佣金，但他们需要依赖他人，缺乏独立性。

第五节　从事区域多边贸易的华商

区域多边贸易指华商跨越本民族商业网和居住国的国内贸易圈而参与近代国际贸易，在近代史上堪称华侨按照当时贸易规则开展的商业实践的顶尖层次。华侨这一类商业行为只存在于“海上丝绸之路”沿线。从历史资料来看，算得上这一类多边贸易的，一是英国人建立的“海峡殖民地”商业圈；二是通过南海航路的“香叻暹汕贸易体

① 中华会馆编《落地生根——神户华侨与神阪中华会馆百年史》，香港社会科学出版社有限公司，2003，第37页。

系”。两个商业圈都通过当时国际贸易的重要枢纽城市新加坡，后来“香叻暹汕贸易体系”的中心转移到香港。

一　“海峡殖民地”商业圈

18 世纪以来，华侨在东南亚参与的国际贸易主要是在马六甲、槟榔屿和新加坡三地展开。三地主要发挥转运贸易港的功能，是华商和欧洲商人在东南亚地区的国际贸易舞台上竞争的最重要场所。但三地的国际地位前后变化很大，这里需先做一交代。

马六甲本来土产无多。在 1819 年新加坡开埠之前，马六甲因地理区位的独特性而具有较多商业优势。不少地方的物产经由马六甲转运，“贸易日盛，高阁连云，颇有泰西景象”。[①] 自 1729 年，华商与马六甲通市不绝。[②] 1826 年“海峡殖民地”建立后，马六甲便失去了其独特地位。与迅速崛起的新加坡相比，马六甲更是相形见绌，其进出口货物仅及新加坡十之一，被新加坡远远抛在后面。当然，马六甲也并非一蹶不振，到 1880 年，马六甲仍然“进口货值二千零三十万余佛郎，出口货值一千九百二十六万余佛郎”。[③] 前往马六甲贸易的华侨仍然不绝如缕，还有获利者呼朋引类而去。

顺便说明，马六甲虽然在商业竞争方面渐居下游，但在宜居与休闲方面享有“富豪家园”的美称，也出现了最早的海外华侨富豪区。经商发迹的华商在这里广置豪宅，定居下来，娶妻生子，一代两代后，便完全当代化了。例如，乾隆二十二年（1757），福建永春人陈臣留到马六甲经商，获利后回乡，率引亲友百余人前来。[④] 到 18 世

① （清）薛福成：《出使日记续刻》卷 4，清光绪二十四年刻本。

② 余定邦、黄重言等编《中国古籍中有关新加坡马来西亚资料汇编》，中华书局，2002，第 174 页。

③ （清）薛福成：《出使日记续刻》卷 7，清光绪二十四年刻本。

④ 颜文锥、黄温秋：《永春华侨出国原因和对侨居地的贡献》，《福建论坛》1982 年第 5 期。

纪八九十年代，华侨居此已历 200 余年，豪富多置田园[①]，其数世皆已入英籍[②]。因此，马六甲也是海外较早出现土生华人且占比较高的地方。不应忘记，马六甲是“峇峇”的发源地。

槟榔屿也是转运港，此地商业的繁荣和衰落自然也与转运贸易息息相关，华侨商业每因过境物货之多寡而损益。1826 年，槟榔屿与新加坡、马六甲合而为一后，转运中心几易。先是槟榔屿成为中心，致马六甲日渐衰落，新加坡渐兴。未几，南洋各埠以新加坡为中心，槟榔屿因之亦日渐衰落。[③]

在槟榔屿经商的华侨主要为闽人、粤人。《海录》记载，闽人、粤人在槟榔屿经营酿酒、贩销鸦片、开赌场等业，年榷税银 10 余万两。因是，富商巨贾也几乎都是闽人、粤人。此外，云南人居此以贩卖珠宝等为业。[④] 华侨殷商虽不事读书，但因其办事信实，故能发迹。[⑤] 富商皆各建第宅，祠堂、衡宇相望，俨然成一村落。[⑥] 市面风景、人物装饰与中国内地无异。[⑦] 槟榔屿岛上长街数里，尽属华肆。[⑧]

新加坡地处东南亚的交通枢纽位置，1819 年开埠后，发展迅速，商务发达，华侨纷纷到这里建立商业立足点。新加坡的发展速度大大超过“海峡殖民地”的另外两埠，迅速发展为东南亚一个商业中心，郊区也出现蔡厝港、林厝港、杨厝港、曾厝港、刘厝港等城镇。是故，闽人、粤人将新加坡称为“新州府”（《海录》）。新加坡开埠

---

① （清）薛福成：《出使日记续刻》卷 4，清光绪二十四年刻本。

② 《郑观应集》（上册），上海人民出版社，1982，第 971 页。

③ （清）薛福成：《出使日记续刻》卷 9，清光绪二十四年刻本。

④ 余定邦、黄重言等编《中国古籍中有关新加坡马来西亚资料汇编》，中华书局，2002，第 256～260 页。

⑤ （清）马建忠：《南行记》，（清）王锡祺辑《小方壶斋舆地丛钞》再补编第 10 帙。

⑥ （清）戴鸿慈：《出使九国日记》卷 12，岳麓书社，1986，第 522～525 页。

⑦ （清）黄懋材：《西輶日记》，（清）王锡祺辑《小方壶斋舆地丛钞》第 10 帙。

⑧ 钱德培：《欧游随笔》，（清）王锡祺辑《小方壶斋舆地丛钞》第 11 帙。

后，西方国家的工业品，印度的谷物、麻袋，中国的生丝、陶瓷器与茶叶，南洋各地的锡、胡椒、甘蜜，以及其他地区的土特产，都先运抵新加坡，然后转运各地。在货物交易过程中，华商扮演了中介商的角色，进出口贸易主要由华侨经营。19 世纪 80 年代，清政府派遣出洋的蔡钧在《出洋琐记》一书中记载，新加坡的闽、粤华侨，计约 10 万人。殷实富盛之家，如潮人陈姓、黄姓，闽人佘姓，皆拥资三四百万。而游览各处，所见贸易市廛，负贩于道路者，皆中土人。①

黄遵宪曾任清政府驻新加坡总领事，他在诗中描写了老一辈华侨披荆斩棘、开辟荒林的艰辛情景："华人渡海初，无异凿空凿。团焦始蜗庐，周防渐虎落。蓝缕启山林，丘墟变城郭。"

大多数华侨刚出国时无多少资本，但能够较早地从土地束缚关系中摆脱出来，有的在当地长期经商，有较丰富的国内商业活动和海外贸易活动经验。1840 年鸦片战争前，马来半岛沿海土邦境内约有 2 万名华侨商贩和矿工。其时马来半岛的锡矿还未大规模开发，矿工人数有限，故这约 2 万名华侨应主要是劳工、手工匠及小商贩。新加坡开埠后，各项建设工程及服务行业需要大量劳工、手工匠及小商贩。新加坡开埠后的基础设施建设基本完成后，华侨中仍以小商贩居多。此外，中介商、包买主以及批发商多由华侨充当。华侨小商贩通过这些职业开始进行资本原始积累。部分人有了积蓄后，便开设零售店，而后成为二手商、中介商、批发商。有了较多资本后，再投资矿场、农业种植园乃至兴办近代大型工厂或金融业。

19 世纪新加坡华族领导层中，大部分人来自商人阶层。他们多数出身贫寒，但刻苦节俭，富有干劲，善于经商。② 例如，新加坡侨领陈笃生，早期以贩卖蔬菜、水果和鸡鸭为生，后来才从事地产活

① 吴凤斌主编《东南亚华侨通史》，福建人民出版社，1994，第 347 页。

② 柯木林、吴振强编《新加坡华族史论集》，新加坡：南洋大学毕业生协会，1972，第 37 页。

动。佘有进由汕头南来，初期曾在几家商船上担任书记，后来经营甘蜜和胡椒生意而成为巨富。胡亚基，1830年南来新加坡，当时年仅14岁，先在其父店里当学徒，运送牛肉、面包、蔬菜到船上和城里售卖。其父经营成功，胡亚基也一跃成为当地著名商人。陈志生，曾在廖内、槟城惨淡经营，后来才成为大商人。颜永成，出身贫苦家庭，17岁时在英商牙直利公司当学徒，后来成为地产商兼劳工承包商。[①] 有关例子还有很多，兹不赘举。总之，华侨之所以能够在“海峡殖民地”商业圈扮演重要角色，一个十分重要的因素是“海峡殖民地”华侨工商业的同步发展，建立了华侨商业圈的市场基础。

在“海峡殖民地”，多有华侨投资轮船公司，其中以新加坡较为突出。1819年新加坡作为自由商港开埠后，很快成为东南亚最大的商品集散中心。新加坡华商开始经营亚洲主要口岸的贸易和运输业务，以转口贸易和航运业为主，有些华侨在经营中逐渐成为进出口商。他们拥有自己的船只或建立船务公司并在一些地方设立分行，穿行于新加坡与南洋各地，甚至远至中国沿海各港口。例如，新加坡华裔刘三经常到曼谷经商，拥有汽船“万荣盛号”，运载货物来往于二地。[②] 19世纪60年代，新加坡华侨船务公司已有很大发展。宋旺相《新加坡百年华人史》一书记载，在1869年议会法令下注册的178艘船只中，属华侨所有的就达120艘，其余58艘分属欧洲人、印度人和马来人。一些华侨商人拥有多艘船只，有的甚至拥有一二十艘，如著名的黄敏船务公司下属的船队就有20多艘船。1888年该公司成为新加坡最大的船务公司，穿行于北婆罗洲、菲律宾、荷属东印度群岛及英属马来亚与中国华南各商港；其船队还直接参与中国华侨移民的

① Song One Siang, *One Hundred Year History of the Chinese in Singapore*, London, 1923, pp. 13、273.

② 吴凤斌主编《东南亚华侨通史》，福建人民出版社，1994，第418~420页。

运输，经常穿行于汕头、厦门与香港等地。① 1890 年，新加坡海峡轮船公司创立，名义资本为 1000 万元，在 7 位董事中，华侨有陈若锦和陈恭锡。②

二　潮籍华商与“香叻暹汕贸易体系”

所谓“香叻暹汕贸易体系”指由华侨（主要是潮州华侨）主导的联通香港、新加坡（叻）、暹罗和汕头等地的庞大贸易体系。这些地方是贸易中心，各色货物可以通过这些地方辗转运销其所覆盖的广袤区域，中国内地的货物（包括土特产）也可以辗转运输到这几个中心而远销海外。从广义上说，“香叻暹汕贸易体系”与暹罗的“朝贡贸易”存在一定的依存关系。

“香叻暹汕贸易体系”起源于暹罗与中国之间的大米贸易。早年的大米贸易是暹罗对华贸易的一大特色。暹罗在“香叻暹汕贸易体系”中曾经享有不可忽略的地位。根据光绪朝《大清会典事例》记载，大米贸易正式发轫于康熙六十一年（1722）。当时清政府为了解决东南沿海粮荒，允许暹罗官输大米 30 万石到福建、广东、宁波等地出售，给予免税的优待。事实上，暹罗大米运销中国的现象可能早已断断续续地存在。此后到雍正七年（1729），清政府便允许各省商民到暹罗运输暹米回国贩卖，一时这似乎成了清政府的“国策”。到乾隆十二年（1747），清政府批准福建巡抚陈大受关于“闽商赴暹罗国买米，该国木料甚贱。请听其造船运回，给照查验”的奏请。乾隆十六年（1751），清政府决定对运输暹米 2000 石以上者赏给顶戴。这一系列政策在一定程度上其实也在鼓励其时处于半合法状态下的中国民间海商贸易。这一系列政策所指向的对象国就是暹罗。

---

① 杨进发：《民族资本家林秉祥与和丰公司》，载杨进发《战前星华社会结构与领导层初探》，商洋学会出版，1977，第 104 页。

② 崔贵强：《战前新加坡华族史的特征》，《星洲日报》1973 年 5 月 22 日。

清政府上述一系列政策的最大受惠者是在暹罗已经生根开花的潮州华商。在清政府的政策中，有一项是允许华商在暹罗就地取木造船运米回国（当时潮州人所造的船仍是“红头船”）。清政府有此政策，应是其时华侨在暹罗就地取木造船运米回国已形成风潮。暹罗盛产质优价廉的上好造船木料柚木，在当地造船花费比国内节省得多，因而华侨有此一举。由于有利可图，加上清政府鼓励，越来越多潮州人争先恐后来到暹罗，在当地伐木造船并从事大米贸易。而那些已经身在暹罗的潮商应也会踊跃加入在当地造船并运米回国的行列。暹罗很快成了潮州华侨的海外造船中心，商贾云集。

大米贸易兴起后，作为当时“海上丝绸之路”一个不算显眼的始航港，也是潮州地区重要贸易港的樟林也因潮商贩运暹米而车水马龙。潮商从樟林起航，竞相前往暹罗运米，一时蔚为大观。此后，以暹米为代表的“洋米”便成为通过香港进入中国及转销他地的大宗和重要货物，由此开启了“香叻暹汕”区域多边贸易的先河。

樟林港的季候风自南而来，一年一度，天假以便。潮州华侨便利用季候风，穿行于由一连串港口组成的国际贸易网之间。航行线路分为南北两路，北可航行至厦门、台湾、上海、青岛、烟台、天津等地乃至日本，南可航行至广州、雷州及东南亚各国。东南亚地区则包括越南、柬埔寨、暹罗、马来亚、婆罗洲、印尼群岛的许多港口。南北两线几乎覆盖了东亚的沿海地区。从时间来看，这种贸易常态应始于18世纪中叶，直到19世纪中叶，长达近百年。

这张贸易网的中心是位于这条南来北往的贸易线中间点上的香港。在1841年香港开埠以前，“暹罗在地理上占西洋路线（包括安南、高棉、暹罗及马来半岛）航路贸易的中心地位，成为区域贸易与东西贸易的枢纽”。[①] 许多身为“红头船”船主的潮州商人敏锐地

① 〔泰〕沙拉信·威拉蓬：《清代中暹贸易关系》，徐启恒译，载中外关系史学会、复旦大学历史系编《中外关系史译丛》（第4辑），上海译文出版社，1988。

察觉到香港在国际贸易上的重要地位，先后在香港设立经营转口贸易的南北行。近代的香港是远东国际贸易的转运中心和金融中心，“红头船”贸易兴起后，又逐步成为“香叻暹汕贸易体系”的枢纽，地位和作用大为提升。其一，当香港进入转口贸易时期，以潮州人为主体的暹罗华侨火砻主纷纷来港开设分行，把香港作为“自产运销”暹米的最佳市场；其二，由于二战前暹罗各种土特产、杂货输港有相当的数量和价值，也吸引了不少相关行业的华商来港开设分行。[①]“香叻暹汕贸易体系”是一个多边贸易体系，香港则是这个贸易体系的枢纽。在这个贸易体系中，华北、华东、华南（除汕头外）的土特产和其他货物都先运到香港，再分别输往暹罗、新加坡及越南；而输入新加坡的中国各地土特产和其他货物则有一部分转销马来亚、印尼等地；来自东南亚“三大米市”的“洋米”和南洋土特产、杂货也先运到香港再分批输入中国内地，尤其是运到香港的“洋米”大部分转销中国内地。

这里有必要把暹罗华商在香港设立的中介贸易机构做一简介。香港第一家南北行叫“元发行”，创办者是澄海“红头船”船主高元盛。道光二十三年（1843），即香港开埠不久，元发行正式挂牌营业，行址设于香港南北行街（即今文咸西街）10 号，并在西环拥有可堆放暹米和南北土特产的大货仓。咸丰三年（1853），高元盛因年高，管理生意精力不济，但儿子不务正业，只得把他创立的元发行转让给曼谷的同宗华商高楚香（1820～1882 年），行名不变。高楚香祖籍潮州澄海上华上窖村（清代称“玉窖”），年轻时只身前往暹罗谋生，首创机器动力火砻（碾米厂之旧称）而成巨富。高楚香接手该行后，加以整顿改革，并陆续将大货仓增至 10 间，进出口业务蓬勃发展。一说在这期间，元发行处于华侨商行中的领导地位。同治七年

① 王绵长：《泰国华商：开创南北行及其对香港转口贸易的贡献》，《汕头大学学报》（人文社会科学版）2003 年第 1 期。

(1868)，由高楚香牵头，会同陈宣衣、招雨田、陈殿臣、胡鼎三等人发起成立了香港最早的同业组织——南北行公所，该公所后来影响力至广。①

高楚香生九子，高学修（一名高晖石）居七。高学修年少有为，曾考至秀才，后南渡暹罗经商，高楚香死后，高学修掌管暹罗的家族生意。他经营碾米厂，实施产、供、销一条龙，在所有经销点开设商铺。从1886年开始，在广州、新加坡、香港、东京、汕头等地建起若干高氏商铺，渐而家财万贯、人丁兴旺，富甲潮州，高学修后来也成为泰华社会公认的侨领。②

香港第二家南北行为“乾泰隆”，创建者为饶平县隆都区前美乡（隆都区各乡于1949年以后隶属澄海县）的陈宣衣（陈焕荣）。陈宣衣生于清道光五年（1825），幼家贫，鸦片战争后目睹时艰，不愿株守家乡，乃同陈氏族中青壮年到汕头、香港当船工。道光二十二年(1842)，陈宣衣年近18岁，回乡娶妻成家，1843年，长子慈黉出生。因有妻儿，陈宣衣越发拼搏。后自购船只，自任船主，航行于上海、天津、青岛、汕头和南洋各地，成为当年樟林港著名的“红头船”船主。经济比较宽裕后，陈宣衣经常帮助有困难的乡亲，人称“船主佛”，极言其菩萨心肠。相传他屡遭海寇抢劫和台风袭击，但总能逢凶化吉。不过他也深感行船风险大，有意再谋出路，遂于咸丰元年（1851）在香港创办乾泰隆商行。其时香港已被英国占领并辟为自由港，陈宣衣此举也是顺应了香港成为自由港后所带来的巨大商机。乾泰隆商行主营大米进出口业务，同时兼营中国土特产贸易，远销南洋各地，获利甚丰。

后因家族变故，陈宣衣将陈慈黉带到身边。陈慈黉到香港后，得

---

① 王绵长：《泰国华商：开创南北行及其对香港转口贸易的贡献》，《汕头大学学报》（人文社会科学版）2003年第1期。

② 参见张善德主编《潮商人物》，华文出版社，2008，第55页。

父亲处处言传身教，很快便对航运知识了如指掌，对经商之道熟练于胸，年纪轻轻就接管父业，主持乾泰隆商行。乾泰隆商行不久便成为香港大米进出口业的巨擘。难得的是，陈慈黉脑筋灵活，与时俱进。他目睹蒸汽轮船出现，便预感单靠人力及借助风力的“红头船”必将被取代。这样一来，依靠“红头船”经销南北货贸的优势必将丧失。但放眼南望，暹罗土地肥沃，物产丰饶，又是大米贸易的原产地，于是陈慈黉便建议父亲将实业重心转向暹罗，在此处建立基业，其父深然之。同治十年（1871），29 岁的陈慈黉拜别父亲，离开香港到曼谷吞武里湄南河畔的火船廊创立陈黉利行（“黉利家族”由此得名），专营进出口贸易，尤以运销暹米为大宗，并统一处理暹罗、香港、汕头各项贸易与航运业务。火船廊遂成为黉利家族集团的发祥地，为日后黉利家族企业的总行奠定了基础。不久，陈宣衣将香港乾泰隆商行委任给亲侄陈慈宗管理，回归故里颐养天年，在乡行善甚多，则是后话。陈黉利行的出口货物中，以暹米增长最快，成为“香叻汕”直销暹米的领头羊。其后，陈慈黉于 1874 年在湄南河畔兴建一家火砻，自行加工大米出口外销，为黉利家族向全面经营、区域性经营整体推进的第一步。到 20 世纪中叶，香港南北行的百年老字号中，仅乾泰隆商行一枝独秀，其余都已凋零。

19 世纪 80 年代，陈慈黉与族人在新加坡合资设立一家进出口商行陈生利行。这是陈慈黉开拓区域性经营的又一重大举措。至 19 世纪 90 年代，该行由陈慈黉独资经营，后改称“陈元利行”，实为暹京陈黉利行的分行。陈元利行经营的重点也是暹米运销，在新加坡十八溪畔拥有一排用于堆放暹米及其他进出口货物的栈房。此外，陈元利行还以“九八佣”的形式为曼谷、西贡、仰光的中小火砻主代销其加工生产的暹罗米、安南米和缅甸米。

陈慈黉在香港还设立了专营暹米的分行——陈黉利分行。香港陈黉利分行和乾泰隆商行都位于南北行街。随着火砻业和大米贸易的发展，陈黉利分行在香港近海的西环一带建造了许多栈房，可以同时堆放几十万包大米（每包100千克），成为香港著名的大米进口商和批发商。

“香叻暹汕贸易体系”覆盖东南亚多地，其中包括越南。陈慈黉没有错过“近代东南亚三大米市”之一的西贡。19世纪90年代，陈慈黉亲自到西贡创设“乾元利行”（该行位于堤岸巴黎街37号），以经销安南米和其他进出口货物为主要业务，并拥有一家火砻、一家纸牌厂和许多栈房。安南米也因之销往新加坡、中国香港和上海等地。

此外，在“香叻暹汕贸易体系”另一端的汕头，黉利家族在曼谷创办火砻业之前只设有临时办事机构，但因区域性贸易扩大，便在汕头设立了黉利栈，经营进出口业和钱庄，而以“暹米销汕”为重要业务。①

光绪二十九年（1903），陈慈黉返回故乡隆都前美颐养天年，把统辖黉利各埠生意的家业重任交给次子陈立梅（但精明老练的陈慈黉仍对黉利家族事业起指导作用）。也就是从此时起，曼谷的陈黉利行正式成为黉利家族企业的总行。1921年，陈慈黉在家乡逝世，享寿78岁。光绪二十六年（1900）春，弱冠之年的陈立梅即奉父命赴暹罗体察商情，并试管理黉利各埠商行。经3年的磨炼，陈立梅已对黉利各埠商行的管理得心应手。陈立梅统辖各埠的黉利商行之后不久，为使暹米出口形成产、供、销连贯作业的一条龙优势，即在曼谷另创一家新火砻（砻名“乾兴利”）。到20世纪初，曼谷陈黉利行下辖3家火砻（乾利栈、隆兴利、乾兴利）。后来陈立梅在暹罗发展火砻业，设立汇兑庄，还广置物业。其子陈守明设立暹罗吞武里府第一家银行——黉利栈银行，创办保险公司，在汕头广置物业，与其三弟陈守镇联手在暹京创办鹤芳烟草公司等，事业蒸蒸日上。一战期间，经营大米外销和进出口业的黉利家族实力迅速增长，陈立梅被暹罗华

① 王绵长、陈作畅：《陈黉利家族创业史》，载沈冰虹主编《岭南第一侨宅》，汕头大学出版社，2002。

侨各界公认为“梅座山”（潮汕语，意为“大富翁”）。[①] 在陈守明膺任黉利家族掌门人以后，“黉利模式”的企业多元化格局最终形成，区域性和国际性的营业范围日趋扩展，其家族企业结构也更趋优化和完善。黉利集团在20世纪30年代一跃成为执暹华工商界牛耳的第一财团，位列战前暹罗华侨八大财团之首。

就东亚而言，在将近半个世纪的长时段内，黉利总行辖下中暹轮船公司开辟了沟通南北洋贸易、“香叻暹汕”贸易以及连接“三大米市”（曼谷、西贡、仰光）的航线，不仅进一步扩大了黉利家族集团的区域性经营，而且对促进香港转口贸易、东南亚地区贸易以及东亚地区贸易都做出可贵的贡献。

此外，继高楚香、陈慈黉之后在香港经营南北行的著名暹罗华商，还有暹京潮属金成利行东主张宗煌。为将本行辖下火砻、火锯加工生产的暹米、柚木、什柴等运销香港，并从香港采办中国各省货物输往暹京曼谷，张宗煌于19世纪90年代初亲自到香港创办了资金雄厚的进出口行，行号仍叫“金成利”。从19世纪末至20世纪初，暹罗华商中名流辈出，刘继宾（潮州人）、许必济（潮州人）、伍淼源（客家人）、刘聪敏（福建人）、郑智勇（潮州人）、李竹漪（潮州人）、王晋卿（广府人）、马棠政（广府人）等陆续来香港开设分行。其中，许必济经营土产、伍淼源经营木材、王晋卿经营中药材及丝绸，刘继宾、刘聪敏、郑智勇、李竹漪、马棠政等是这一时期暹罗华侨中的大火砻主。[②]

在“香叻暹汕贸易体系”中，航运业的地位跟商行一样重要。华侨在暹罗航运业也占据主导地位。20世纪初，郑智勇是南洋地区投资航运业的著名华侨。1905年，在郑智勇、张见三（张宗煌之子）

① 王绵长、陈作畅：《陈黉利家族创业史》，载沈冰虹主编《岭南第一侨宅》，汕头大学出版社，2002。

② 王绵长：《泰国华商：开创南北行及其对香港转口贸易的贡献》，《汕头大学学报》（人文社会科学版）2003年第1期。

等人的倡议下，一部分华侨火砻主和进出口商组建了“暹罗华侨通商轮船股份公司”（简称“华暹轮船公司”），集资 300 万铢，在曼谷港建设码头，租赁轮船 8 艘，航行于暹罗、香港、汕头等港口间，航务则委托香港乾泰隆商行代理。可惜后来在与日商、洋商的竞争中亏本甚巨，卒告收盘。[①] 陈立梅接手黉利家族产业后，认识到“红头船”的优势已成明日黄花，要创造优势，唯有组建新型船队。于是，陈立梅租赁轮船数艘，以运载大米和土特产为主，以载客为辅，航行于香港、新加坡、暹罗、越南、汕头之间。

总之，1841 年开埠后，在百余年的发展中，香港的转口贸易带来了“东方之珠”的繁荣。在这一格局中，暹罗华商所起的引领作用是显而易见的。以潮商为主体的各地华商不断组建、接驳、联通和扩大整个区域性商业网，有助于加速香港转口港的形成和发展。在香港南北行中，最先采用直接经营方式开展转口贸易者是暹罗的潮州华商。在香港开埠以前，潮属“红头船”船主已通过采办暹米、南洋土特产运销中国沿海各省，采办中国各省土特产运销南洋各地，开展定期、有序的南北贸易。香港开埠后，他们先以“采办运销”方式开展转口贸易。接办首家南北行元发行的高楚香，“设肆香港，运暹米集中其地，转鬻内地米商”，同时输出中国的土特产。香港乾泰隆商行初期的业务主要也是“采办中国土产运销南洋各地，复以暹米运销港、粤”。其时，暹罗潮商还率先从广州“十三行”引进“代客买卖货物，按货值征收百分之二行佣”（南北行也因此被称为“九八行”）等行规惯例。在 19 世纪 70 年代以前，香港南北行最常见和普遍采用的经营方式依然是间接经营，即“代客买卖”“寄售取佣”的方式。前者以代客买卖货物为主，赚取佣金，客货多，赚钱越多。暹罗潮商“代客买卖”“寄售取佣”方式的进一步发展便是“自产运销”。

① 王绵长：《泰国华商：开创南北行及其对香港转口贸易的贡献》，《汕头大学学报》（人文社会科学版）2003 年第 1 期。

在“代客买卖”方面，以元发行为例，“自开办以来，代客买卖，收到货价后，立即结账，付给货主，从无拖欠，所以信用昭著。声誉良好，是由年月积累而来”。“元发行的生意日盛一日，客货争着托元发行代买，业务繁忙，增加职员人数才可以应付”。在“自产运销”方面，已见上述，典型的例子是大米销售，一般要有丰富的米源，并拥有若干家大火砻，具备日加工生产大米充分能力，才能够“自产运销”。在“采办运销”方面，以香港元发行为例，先后在上海、牛庄、天津等商埠以及越南、新加坡等国开设联号，并经办越南、缅甸、新加坡的土特产转口内地。又在日本神户设文发行，经营南洋与中国土特产生意。①

① 王绵长：《泰国华商：开创南北行及其对香港转口贸易的贡献》，《汕头大学学报》（人文社会科学版）2003 年第 1 期。

第六章　海外华侨经营的特色与特许行业

第一节　从事餐饮业与中医药业的华侨

餐饮业是华侨华人在居住国商业经营的传统强项。历史上，华侨经营的餐饮业大部分为中餐或以中餐为主、以西餐为辅的改良式中餐。纯粹经营西餐（包括当地餐）的华侨非常少，经营中医业则非华侨莫属。中餐业和中医业可谓海外华侨唯一能够以“中”字为基础立身处世的职业了，从事其他职业都需要遵照居住国的行规、标准，而华侨个体或群体则可按照中国人既有的行规、标准经营中餐业和中医业。

中餐业既包括纯中餐，也包括以中餐为主兼杂其他非中餐菜式。其实，中餐菜系本身就多且广博，如粤菜、闽菜、湘菜、川菜、客家菜等。由于历史上华侨多来自广东和福建两省，故传到海外的中餐多是广府菜、潮州菜、客家菜（三者合称“粤菜”）和闽菜。中餐菜式大多讲究色、香、味，还讲究意、形、养。“色”，即用一些食材装点颜色。“香”，即用一些食材增加香味，在这方面，一些通过“海上丝绸之路”传到中国的胡椒、茴香等香辛料便可用于调味和去除腥膻或其他异味。“味”，即通过食材的选择来增强食物的味道，“味”对华侨来说至关重要。“意”，即设计好食材名称、形状，以代表和提升菜肴意境。“形”，即食材的形状，例如对冷盘等。不过在“日求三餐，夜求一宿”的年代，华侨多半不会有多少“意”和“形”的讲究。“养”，即利用一些食材本身的营养价值甚至药用功能。在这方面，有“医食同源”和“食疗”之说，“养”从过去到今天都为华侨华人所秉承。

中医一般指中国汉族人民创造的以传统医学为主的医学，也称“汉医”，研究人体生理、病理以及疾病诊断和防治等。中医承载着中国古人同疾病做斗争的经验和理论，以阴阳五行为基础，将人体看成气、形、神的统一体，通过望、闻、问、切四诊合参方法，探求病因、病性、病位，分析病机及人体内五脏六腑、经络关节、气血津液的变化，判断邪正消长，进而得出病名，归纳出病征，以辨证论治。疗法包括中药、针灸、推拿、按摩、拔罐、气功、食疗等。中医对汉文化圈的国家影响深远，如日本汉方医学、韩国韩医学、朝鲜高丽医学、越南东医学等，都是以中医为基础发展起来的。华侨还把中医带到其他“海上丝绸之路”沿线国家和地区。在过去，就中餐和中医比较而言，前者无疑对华侨居住地的当地民族影响更广泛，中医基本上还只是流行于华侨社会。

一　中餐业

中国人素有“民以食为天”之说，食是放在首位的。饮食本身又孕育了“饮食文化”，源远流长。华侨移民海外，自然也把他们所知晓的中华饮食文化带到居住地。有华侨的地方，都会有中餐馆。中国人走到哪里，中餐馆就开到哪里。当然，中餐馆的开设肯定晚于中餐的落地。因为早期华工在居住地日出而作、日落而息，他们最早带到当地的饮食文化只是解决自身三餐需求，为了果腹而已，而且饮食相对粗糙。因此，当地民族对中华饮食文化的认知也应有一个过程。在华侨已初步满足自身饮食需求的同时，中华饮食文化在居住地的传播也就开始了，潜移默化地影响着当地人的饮食习惯。

中国人的海外事业有“三把刀”之说，“菜刀”便是其中一把，说的是从事中餐业对华侨在海外创业的重要性，其实更蕴含着中餐业作为华侨安身立命之本的职业必然性。早年许许多多华侨创业是从开办中餐馆开始的。虽然不少人后来改换行业，但也有不少人一如既往，几十年风雨不改，坚守自己一手创立的中餐馆老字号，并传给自己的后代。中餐业在海外不仅没有中断，还在发扬光大。不夸张地说，海外中餐业“香火”不断，是最为长盛不衰的中华文化遗产之一。

最早出洋的中国人以广东人居多。广东人对饮食十分讲究，他们在居住地立足的过程中，把粤菜带了过来。作为中国四大菜系之一的粤菜，其实是多个支系的合称，包括广府菜、潮州菜、客家菜等。而随着广东华侨走向海外，中外饮食文化精华又传回岭南，成为粤菜的重要组成部分。海外华侨把东南亚和欧美的烹调技术带回家乡，将西餐的许多烹调技艺融入中餐，“中菜西做”或“西菜中做”或“中西合璧”，饮食中既留下了鲜明的西方烹饪痕迹，也体现了岭南饮食文化得风气之先、中西交融的价值取向，同时使自身更具特色。到清代，广州出现一批名菜，烹调方法已趋多样化与善美化。清代道光年间到广州旗昌洋行任职的美国人威廉·亨德在他所著的《广州番鬼录》中说，当时广州拥有世界一流的厨师，在书中列举了广州各式珍馐佳肴。

一般来说，在异国他乡创业和发展历史上，华侨解决自身的饮食问题大抵经历了以下几个阶段。第一阶段是自我解决。这时候，华侨忙于求生，疲于奔命，餐无定时，吃无所求。第二阶段是合伙分工（一般是亲戚或乡亲之间），轮流为厨。但这时候华侨伙食水平仍然很差，能果腹即已知足，或许逢节假日或特殊日子才稍做改善。在一些大城市华侨居住比较集中的地方，这种情况后来基本上为“唐人街”的中餐馆所取代，但在大部分拉美国家，则没有出现这种情况，而是出现星罗棋布的中式餐馆，满足同胞三餐之需，当然也可满足当地民族对中餐的好奇性食欲。第三阶段是家庭厨房，这是华侨解决自身饮食问题的一种比较完善的情况，前提是华侨已经有较丰厚的收入和积蓄，华侨群体中女性比例上升，并且大部分华侨已经组建家庭。当然，家庭厨房可与华侨居住地的中餐馆相辅相成、相互补充。第四阶段是开中餐馆。一般先在华侨比较多的地方（例如唐人街）开办，面向自己的同胞，也面向当地人，而后逐渐扩散到非华侨社区。

在各色中国菜系向海外传播的历史上，华侨所起的作用是毋庸置疑的。这包括两层意思：一是华侨本身就是各色中国菜系消费者，他们与中国菜系必然是如影随形的，哪里有他们的足迹，哪里就有中国菜；二是当他们定居后，经过一段时间，通过自身的媒介作用将各色中国菜系传播给当地民族。

然而，不同分支的移民各有对应的分支菜系。以粤菜为例，广府地区移民更喜欢广州菜，潮州地区移民更喜欢潮州菜，而客家移民更喜欢客家菜。由于三个粤菜支系具有同源性，三地移民对粤菜的消费偏重于本支系粤菜，同时在不同程度上渗杂另外两个支系的粤菜。这种渗杂的深入程度远超过他们对粤菜之外的其他菜系的渗杂。渗杂本身包含了各支系特色的互相借鉴和融合，再加上粤菜各支系与居住地本土菜的借鉴及融合，成为粤菜本身档次提高和扎根当地的基础。

在东南亚国家，华侨最初从事一些当地人不愿意或不大情愿从事的艰辛行业，虽然后来经过艰苦拼搏在居住国争得立足之地，不少人甚至成为当地著名的企业家，但华侨不会轻易改变在家乡已形成的饮食习惯。更重要的是，饮食习惯是一种不可替代的情感寄托和延伸。漂泊的游子对家乡的事物充满感情，会下意识地美化记忆中的家乡事物。与此同时，他们常常将对家乡和亲人的思念寄托在自己熟悉及习惯的美好事物上。广东人到了异国他乡，感觉自己最熟悉和习惯的美好事物依然是家乡的饮食。他们吃着家乡菜，自觉或不自觉地寄托乡思，因为他们在家乡的饮食习惯已经和故土乡情交织在一起，终身难舍。于是，华侨便热爱起家乡菜，迎合广东人对家乡饮食嗜好的小吃店悄然兴起。当然，这些小吃店也与当时华侨的消费水平息息相关。

据相关资料，在广东民众移民海外最具规模的清代，东南亚地区就已经出现初具规模的粤菜菜馆。清代光绪年间，有个叫潘乃光的商人多年奔波于东南亚一带，光绪二十一年（1895），他写了一组题为《海外竹枝词》的诗，记叙了其出国的见闻，其中有一首描述了去新加坡酒楼的经历："买醉相邀上酒楼，唐人不与老番侔。开厅点菜须庖宰，半是潮州半广州。"[①] 这首诗反映了粤菜登陆新加坡并在那里"安营扎寨"的历史事实，一是包括广东同胞在内的中国人到外国之后，还保留着家乡的饮食习惯、爱好，中国饮食生意做得很大，成行成市；二是粤菜在当地已占有相当大的市场，就诗里提到的潮州菜与广州菜而言，已经可以并驾齐驱。晚清时期，新加坡不仅有广府人和潮州人，而且有大量福建人，还有海南人等，相应的菜系想必也已在当地落户。

今天传统的广东菜出现了礼失而求诸野的状况。即使在潮州菜的起源地潮州和汕头，也难找到传统、正宗的潮州菜，倒是在潮州华侨最集中的东南亚国家，如新加坡、泰国，还可以找到最传统的潮州菜。一说砂拉越古晋的潮州菜最早、最传统，而最正宗的潮菜馆则在马六甲。

东南亚菜肴一方面长期受法国、荷兰、西班牙等国饮食文化的影响，另一方面也受到中国饮食文化的影响，形成了东西方饮食文化和当地习俗融为一体的独具魅力的东南亚饮食文化。

在东海航路沿线，从事餐饮业的朝鲜华侨相当多。他们主要经营

① 林远辉、张应龙编《中文古籍中的马来西亚资料汇编》，马来西亚中华大会堂总会，1998，第628页。

两大菜系，一是北方菜系，以山东、河北菜肴为主，朝鲜华侨中山东省籍居多，所以北方菜系的餐馆也很多，老板多是山东人；二是南方菜系，如广东菜系。为适应当地朝鲜人口味，各菜系在口味上均有一定变化。就饮食店类型来说，主要有三种，即小吃铺、中型餐馆、高级餐厅。小吃铺运营成本低，店铺小，店员不多，食物品种单调，主要有馒头、火烧、鸡蛋饼、芝麻饼、包子、饺子等，顾客主要是华侨工人和朝鲜民众。因实惠价廉，小吃铺生意兴隆。一般来说，华侨大多先从这种小吃铺做起，日积月累，资金渐多，逐渐发展成中型餐馆乃至高级餐厅。当然，对华侨来说，能经营中型餐馆已是梦寐以求，因为中型餐馆规模较大，还要求资金雄厚、菜肴品种多、质量好、味道鲜美，满足朝鲜各阶层需要。例如，山东籍华商徐广彬 1899 年来朝，1900 年在汉城开设“雅叙园”餐馆，菜肴味美，生意兴隆，成为当时汉城十分著名的高级餐厅。[①] 很多华侨从餐饮业起步创业，逐步扩大到与饮食材料供给业、酿酒业乃至农业种植等领域。

传播到拉丁美洲的中华传统文化元素相对单薄，但中国烹调技艺在拉丁美洲享有盛名、独树一帜，中餐业在拉美地区也享有美誉。餐饮业是早年华侨谋生发展的最重要行业之一，许多华侨产业从餐饮业起步。在拉丁美洲大部分国家，广东侨民来得最早，拉美国家的老华侨多，根底较深。那时的华侨文化水平低，经济实力不强，生意难以做大做强。但华侨身上有中华民族吃苦耐劳和不惧艰险的文化基因，能在险恶的环境中生存，逐渐摆脱窘境，一步步发展起来。在拉美地区，中餐馆背后都会有一段不寻常的故事。

在秘鲁，因为中国人移民秘鲁的历史早，加之华侨在该国经济地位较高，故中餐在当地生活中也占有重要地位。当地居民称中国饭馆

① 王淑玲：《韩国华侨历史与现状研究》，社会科学文献出版社，2013，第 69 页。

为“契发”（chifa），一般认为这是广东话“食饭”的谐音[①]，还有“chaulafan”（炒饭）、“sillao”（酱油）、“wantan”（馄饨）等词语也是由粤语转变为当地语言。萝卜、豆芽、生姜、白菜、芋头等蔬菜，豆腐、云吞、虾饺、叉烧包、蛋卷、萝卜糕、煎堆、绿豆沙、寄生鸡蛋茶、鱼生粥、凉粉、凉糕、马拉糕和五加皮酒等食品，都被华侨引进拉美人特别是秘鲁人的日常食谱。[②] 受广东人饮食风格影响，有的秘鲁人还有饭前喝汤的习惯。此外，秘鲁的“契发”也传到厄瓜多尔、哥伦比亚等邻近国家。在巴拿马，酥皮饼、黄油面包、玉米粉圆饼或炸香蕉，再配上炖香肠、白奶酪或黄奶酪、鸡肉或猪肝，成为巴拿马人喜爱的早餐美食。

在巴西，中餐业应也是华侨很早就从事的职业。清末移居巴西的华工基本上是通过民间渠道来到巴西的。早期巴西华侨多为杂工或农业劳工，后来一些人逐渐转向经营饮食店、杂货店、洗衣店等传统小商业。早年的巴西华侨中的广东籍居多，中餐业则以经营“角仔店”为主。角仔最早什么时候在巴西出现还很难说清楚，但过去很多广东人经营角仔店或为角仔店提供服务的面粉店、配料店。做这种生意的一个好处是资金回收快。早上买了面粉，做成食品后即可进行现金交易，晚上便可盘点一天所得。角仔店也不需要很高的葡语能力，店员通常加上一些肢体语言即可与当地食客交流。角仔在巴西算是特殊食品，特别受青睐。慢慢地，中式饭菜在巴西也广受民众欢迎，很多当地民众成为中餐馆的常客。

衣、食、住、行中，食是第一位的生存需求。最初，华侨只是期求果腹，对饮食质量则不大讲究。但随着生活逐渐安定和有序，人们便慢慢开始讲究饮食质量，特别是追寻年深日久、习以为常的家乡风

---

① 〔美〕瓦特·斯图尔特：《秘鲁华工史（1849～1874）》，张铠、沈桓译，海洋出版社，1985，第193页。

② 张铠：《十九世纪华工与华人对拉丁美洲的历史贡献》，《近代史研究》1984年第6期，第176页。

味，一则满足口味习惯，二则满足思乡的心理需求。拉美各国华侨中人数比较多的广东人对饮食质量的需求更加迫切一些。不过，大多数中餐业艰难成长。尽管如此，不少老华侨仍然坚持经营中餐，持之以恒，保持中餐馆的老字号，不管风吹雨打，砥砺奋进。也有少数中餐馆做大做强，发展为著名华侨企业。

应指出，在一些“海上丝绸之路”沿线国家和地区，华侨餐饮业不一定就是地道的中餐。在一些地方，华侨在经营中餐菜式的同时，也经营一些当地的菜式，或者以不同方式将传统的中餐菜式与当地菜式融合，形成一种新菜式。有的餐馆虽名曰中餐，但经营者着意融入一些当地元素，迎合当地人口味。这类中餐馆已在一定程度上当地化了。

二　中医药业

过去闽、粤一带华侨出国都会带上一批保佑平安健康的佛道神祇和一门作为“看家本领”的技艺。前者便是宗教民俗上的“移神移鬼”，即将在家乡信仰和崇拜的一整套神鬼带到海外居住地；后者则主要指救死扶伤、祛病止痛的中医。中医历来存在于海外华侨社会，原因就是华侨对中医的认可，而且在海外看西医较贵，医患间语言沟通也存在问题。不过就目前所知，并非所有“海上丝绸之路”沿线国家和地区都曾经传入中医。较为完整且比较系统地传入中医（包括中医理论）的是日本、泰国、越南、古巴及新马等国家和地区。一些国家可能有零散的传入，少数中医师偶尔在华侨群体中小范围行医，但很少向当地民族传播，中医理论典籍更难以传入。

隋唐时期，日本的归化汉人后裔在医学上就卓有成就。推古天皇十六年（608），归化汉人后裔倭汉直福被派遣随同遣隋使入隋学医。10 年后倭汉直福回国，在日本传播中国医学，对日本的医药学发展产生了较大影响。984 年，归化汉人后裔御医丹波康赖编撰了《医心方》30 卷，这是日本现存最早、最大部头的古代医学文献。陈顺祖原是元朝太医院的医生，明朝初年移居日本，在九州博多津行医。他的孙子月海常佑医术精湛，被当地日本人视为神医，推动中医文化在日本发扬光大。①

在长崎以名医起家者有原籍福建的陈冲一、高玄岱、卢草硕，浙江人陈明德等。

陈冲一，原为“皇明大医官”，来到日本后，先在鹿儿岛担任萨摩藩侯侍医，并娶日本名将之孙女为妻。其后，他携子陈道隆到长崎行医。1640 年后陈道隆出任唐大通事，其子孙世袭此职。

高超方（日名“渤海久兵卫”），从 1643 年起任唐大通事，达 16 年之久。他的次子高玄岱（1636～1710 年），日名“高见玄岱”，13 岁起随黄檗宗僧人学习医道，尽通其术，后来被聘为岛津侯侍医。延宝年间（1673～1681 年），高玄岱曾到京都朝见日本太上皇，太上皇问他“养生保命之道”，他呈上《养生篇》一卷。他还是一个学者，曾被幕府聘为儒官。

陈明德，浙江金华府人，精于小儿科，于庆安年间到达日本长崎，医术高明，深孚众望，被挽留定居，改名颍川入德，在长崎行医，著作有《心医录》。②

德川吉宗任幕府将军期间经常发给清朝商人临时信牌，聘请中国良医以及马医、长于骑射的人来到日本，其中最著名的是陈振先和朱子章二人。

陈振先，苏州医师，日本享保六年（1721）六月来到日本。他来到长崎后，跋涉邻近山野，采集草药 162 种，著成《功能书》，并由向井元成加上和名旁注，这就是《陈振先药草功能书》。③

① 陈尚胜：《五千年中外文化交流史》（第 1 卷），世界知识出版社，2002，第 489 页。

② 林延清、李梦芝等：《五千年中外文化交流史》（第 2 卷），世界知识出版社，2002，第 529 页。

③ 〔日〕木宫泰彦：《日中文化交流史》，胡锡年译，商务印书馆，1980，第 708 页。

朱子章，福建汀州府医师，享保十年（1725）二月来到日本，寄居于彭城宣义家中，后病逝。他是来日医道最杰出的人。幕府曾发出通告，如对医书有疑义者，可向其请教。幕府的医官今大路道三、栗本瑞见都曾经先后向他致书请教一些有关医疗的问题。[①]

历史上中国医师赴日，不少人逗留数年。例如，周岐来，苏州医师，享保十年六月来到日本，奉命寓居柳屋治左卫门家里，享保十二年（1727）五月回中国；赵淞阳，苏州医师，享保十一年（1726）十月来到日本，奉命寓居河间八平治家中，享保十四年（1729）八月回国；刘经光，苏州马医，接受幕府的招聘，于享保十二年（1727）六月东渡日本，享保十六年（1731）四月回国。[②]

享保之后，中国医师来日者很少。享和三年（1803）胡兆新来到日本。大田南亩奉幕府之命向他学习药方。小川汶庵、千贺道隆、吉田长祯等人也向他学习，后成为杰出的幕府医官。[③] 有些华侨在日本其他城市行医。例如，王鞬南，福建人，于宽永十年（1633）东渡日本，住在京都，因行医而闻名。[④] 王宁宇，山西太原人，生卒年、籍贯不详，他在庆安年间（1648～1651年）来到日本，在江户白金町开业行医，医术高明。当时日本向他学医者极多，有门人学成后出任幕府医官。

明朝灭亡后，一些中国医师不满清朝统治，纷纷东渡日本。例如，陈明德、戴曼公、许仪明等人渡日后，在日本行医治病。戴曼公在万历年间曾随名医龚廷贤学医，明末隐居山林，后东渡日本，以治痘禁方书传授给日本人池田嵩山，名闻天下。江右人许仪明，定居日

---

① 〔日〕木宫泰彦：《日中文化交流史》，胡锡年译，商务印书馆，1980，第708页。

② 〔日〕木宫泰彦：《日中文化交流史》，胡锡年译，商务印书馆，1980，第707页。

③ 林延清、李梦芝等：《五千年中外文化交流史》（第2卷），世界知识出版社，2002，第530页。

④ 林延清、李梦芝等：《五千年中外文化交流史》（第2卷），世界知识出版社，2002，第529页。

本萨摩，以行医、讲学为业。[①]

渡日侨僧为日本医学发展做出贡献，他们精通医术，并传授给日本人，如池田正直、高天漪、北山道长等。传授给池田正直的内容有生理、病理图7种，医书6部9卷，以解说痘科的《痘科键》最为有名，池田正直因此名声大振，后来其孙子池田瑞仙充任幕府医官，负责痘科。此外，化外将医术传授给北山道长，心越将医术传授给石原学鲁，澄一将医术传授给石原学鲁、国立贞、今井引济等日本人。[②]

再看泰国。在素可泰时期，中医药就由华侨传入暹罗。在阿瑜陀耶王朝时代，文献记载最受尊敬的医师是中医，皇家御医中就有中医。泰医使用的药物中有30%是中药，而且采用中医的望、闻、问、切诊治方法。[③] 甚至包括医队长在内的国王医生中都有华侨。广东省澄海县东里乡旅泰华侨李松青是有名有姓可考的第一个代客煎药、赠医施诊的华侨医生，他在曼谷创办了李天顺堂药材店，世代相传。阿瑜陀耶王朝时，都城中有华侨出售中药材。

至明永乐时，在暹罗许多城乡，中医诊所及中药店鳞次栉比，十分兴旺。到清代，清政府开始向暹罗大量出口人参、黄芪、甘草等中药材，并给予暹罗药商优惠政策，暹罗中医药得到初步发展。

清代华侨社团“广肇医局”对泰国中医药发展在一定程度上发挥了承前启后的作用。在此之前，暹罗中医药基本上是以个人（医生）、民间传入和施治为主，还没有中医院之说。虽然现在还不能断言广肇医局是不是暹罗第一家中医院，但至少可以说是最早的中医院之一。1904年伍森源等人集资创办“天华医院”，1905年开业，暹皇曾亲临主持典礼，御批曰：“为病黎造福，永垂不朽”。该医院设

① 陈梧桐主编《中国文化通史（明代卷）》，北京师范大学出版社，2009，第133页。

② 〔日〕木宫泰彦：《日中文化交流史》，胡锡年译，商务印书馆，1980，第698页。

③ 陈小二、陈宇锋：《泰国华人对泰国社会的贡献》，《云南教育学院学报》1995年第4期。

在曼谷唐人街中心，为贫苦大众治病，诊治、药物、住食均免费。同时，该医院还从中国国内聘请中医和购买药材，在各地成立赠医所，免费为病人治疗。中华民国成立后，泰国中医的发展更是风生水起，此处不赘。

越南文化在历史上与中华文化血脉相通，中医药对越南影响很深。清代，有华侨在越南经营药材生意。越南人称中医为“东医”，称中药为“东药”。中国输入越南的药材中川芎、白术、当归、茯苓、生地、甘草、白芍最多。19 世纪法国占领越南之前，越南每年进口药材约 10 万担，值百万元。到 20 世纪初每年仍进口药材约 2 万担，约值 30 万元。①

法国人统治越南后，西医逐渐传入，但西医人员十分缺乏，在越南年深日久、声誉素著的中医仍占有重要地位。大多数中药店聘请常驻医生诊病，病人看完病随即在药店取药，十分方便。因此，看中医、取中药治病的越南人不少，特别是劳苦大众。药材大部分来自中国，许多药店挂上“地道国产药材”一类字匾，小部分药材则为越南当地产品。②

中医也随着华侨的足迹传播到新加坡和马来半岛，在当地，华侨赖以为防病治病之主要手段。后来，中医逐渐为马来半岛其他民族所喜爱和信赖，慢慢推广开来，出现了中医师及从事中药材贸易的药材商，不过当时从业者应该不多。自近代以降，随着南迁马来半岛的华侨增多，中医师及从事中药材贸易的华商大为增加，中医药在马来半岛的影响也越来越大。

在遥远的拉丁美洲地区，华工中有的懂医术或原本行医，对于传播中华医术起到了积极作用，傅云龙《游历秘鲁图经》记载：“华医之术，

---

① （清）严璩：《越南游历记》，此据福建师范大学历史系华侨史资料选辑组编《晚清海外笔记选》，海洋出版社，1983，第 56～72 页。

② 朱桂莲：《近代越南经济的发展与华侨》，《武汉教育学院学报》（哲学社会科学版）1992 年第 4 期。

颇行于彼”。以古巴为例，广东台山县陈黄阳1858年赴古巴，在哈瓦那行医，用中医药为华侨及当地人治病，成为远近闻名的中国医生。新会县华侨李锦泉，原行医澳门，1873年被拐卖到古巴。他在哈瓦那行医，并把自己的医药知识传授给古巴人。[①] 古巴人H. D. 孔斯塔还根据一位中医的口述，详记其医疗方法，编辑成书，书名为《中国医生：天朝医学概论》，颇有影响。[②] 1868年参加古巴第一次独立解放战争起义军的华工王森也是有名的中医大夫。这位身怀医术的战士功勋卓著，受到古巴共和国领导人和古巴人民高度赞扬。[③]

第二节　从事特许包税业与金融业的华侨

从本质上看，承包税收是一种特殊、风险较高的投资。在东南亚，承包税收原叫“饷码”。历史上有机会参与包税业的华商只出现在东南亚个别国家。这是东南亚当地经济与华侨经济同时发展到一定历史阶段的产物。实际上，那时候“海上丝绸之路”沿线其他国家和地区的当地经济与华侨经济还没有发展到这样的水平，也就不可能让当地华侨拥有这样的机会。另外，承包税收是东南亚一些华侨完成资本快速积累的一条重要途径。

东南亚的承包税收制度在荷属殖民地广泛实行，在英属殖民地也十分流行。荷属殖民地的承包税收广泛实行主要是在荷兰东印度公司时代，一直持续到20世纪前。在东南亚一些国家，当时有能力包税的华侨都是在此之前通过不同途径（主要是不同形式的原始积累过程）先富裕起来者。总的来看，南洋少数华侨在承包税收中的收益较高，这主要是由风险投资本身的特性决定的。后人所看到的华侨在

① 参见梅伟强、张国雄主编《五邑华侨华人史》，广东高等教育出版社，2001。

② 李春辉、杨生茂主编《美洲华侨华人史》，东方出版社，1990，第597页。

③ 参见林被甸《跨越太平洋：中国与拉丁美洲的文化交流》，拉丁美洲现代化进程研究学术讨论会，2007年10月。

承包税收中获得高收益，既是因为他们本身的聪颖，也有制度设计所蕴含的风险成本明显较低的因素，承包人可从中得益。

一　华侨在荷印的承包饷码活动

17 世纪后，荷兰东印度公司对殖民地人民课以各种税收，诸如鸦片税、酒税、典当税、赌博税、屠宰税等，名目繁多。殖民政府采取招标方式，将各种税收承包给出价最高的投标人。概括来说，承包活动大概可分为三类。一为税收承包，为殖民政府对当地人民及华侨实行的税收（如人头税、屠宰税、米税、鱼税、市场税），通过招标由出价高者承包；二为专卖承包（如鸦片、酒、烟、赌、盐及典当），这些项目或经投标承包，或由西方殖民政府委托华侨官员（如甲必丹、雷珍兰）、华侨商人专卖或专营；三为村社承包，这是由承包人承包某一村社的各种捐税（主要在荷印殖民统治时期的爪哇地区）。殖民者采用承包方式征税，大多每年招标一次，也有二三年招标一次。这样做有利于西方殖民者，因为商人在投标中相互竞争，有些项目的投标甚至比原税收还高，这就增加了殖民政府的收入，而承包者也能获得一定的利润。

南洋地区的税收承包制是一种商业活动，西方殖民者和当地统治者采取公开招标方式，谁愿付出最多的租金，谁即可中标承包税收。故承包人大部分是华侨的中上层人物，其中不少担任过玛腰、甲必丹或雷珍兰等职务，也有许多人是华侨秘密会社的领袖或华侨商人。例如，张弼士，字振勋，道光二十年（1840）生于广东大埔，在家乡时贫困潦倒。17 岁时，张弼士前往巴达维亚谋生，他凭借自身勤奋与机智（当然也加上运气），短期内便在巴达维亚建立了经济基业，后来将经济实业扩展至苏门答腊、槟榔屿和彭亨等地，成为著名的种植业家、金融业主和矿业主。他曾经向荷印殖民政府领得一大片荒地以及所需要的资金、工具、种子等，率领当地华侨、工人和国内乡亲开垦种植，不出数年，即将丛林沼泽之地开发成一片肥沃美丽的农园。荷兰殖民者把当地烟、酒、赌、典当等税收专利承包给他，张弼士获利倍增，事业逐渐发展至其他地区，成为当时印尼和马来亚二地的巨富。①

华侨拥有一定的承包税收专利的条件。华侨中不少人担任甲必丹、玛腰或雷珍兰等职务，熟悉当地社会环境，懂当地语言。在爪哇，诸如贩卖鸦片、管理轮渡、经营当铺和管理赌场等活动，西方殖民者都必须借重中国人。另外，西方殖民者和当地政府的某些税收承包项目是针对华侨设立的，如鸦片税、赌博税、烟税、酒税。因为绝大多数劳工单身外出，在极度寂寞的情况下，会接触鸦片、酒、赌博等非健康活动，而殖民政府昧着良心，利用华侨对当地情况不了解以及语言不通，将赌、烟、酒等税收交由华侨富商承包。殖民政府由此增加了庞大的税收，承包者也从中获取巨利。② 当然，深受其害的还是广大华侨同胞。

应指出，在荷属东印度群岛，华侨的经济活动是向多元化发展的，对银行业的投资便是一个重要标志。在荷属东印度群岛，华侨经营的银行当以黄仲涵光绪三十二年（1906）创办的“黄仲涵银行”为最早，创办资本为400万荷盾，总行设于三宝垅，在泗水设有分行。该行的设立主要是为了满足建源公司在东爪哇、中爪哇制糖业发展和其他企业发展的需要。③

几个世纪以来，华侨对印尼经济发展的贡献是有目共睹的。在荷兰殖民时代，人们就说“没有华侨，巴达维亚就不可能存在”。但是，长期以来，华侨对印尼的经济贡献在政治上没有得到应有的承认和公平的待遇，相反还受到压迫、排挤和歧视。在这方面，华侨既对荷兰殖民者存在仇恨和抗争，也与当地世居民族有所不睦。在多种矛盾的交织中，华侨与荷兰殖民者的矛盾是主要矛盾。在荷兰殖民统治

① 参见吴凤斌主编《东南亚华侨通史》，福建人民出版社，1994，第386页。

② 参见吴凤斌主编《东南亚华侨通史》，福建人民出版社，1994，第390页。

③ 参见吴凤斌主编《东南亚华侨通史》，福建人民出版社，1994，第422页。

时期，殖民者为了推行及巩固殖民统治，采取了种族歧视政策，把印尼各族民众分为三等。欧洲人（主要是荷兰人）为一等，外来东方人（主要是华侨、印度人）为二等，印尼世居民族为三等。在种族歧视政策下，不同族群之间的差距不断扩大，关系不断疏远。特别是由于世居民族被列为第三等居民，处于社会最底层，怨恨最多，反抗殖民统治的民族情绪亦无时不在。殖民政府虽然把华侨列为第二等居民，实际上也是居心不良，主要是企图把华侨当作其控制当地社会经济的工具，利用华侨能够深入农村各地从事经济活动的特长，使之成为联结殖民政府与世居民族的桥梁，帮殖民者做他们做不到的事。华侨不仅可从事各种中介业、工商业，部分上层华侨还通过承包税收和垄断专卖获得巨额利润，经济状况确实明显优于当地民族。另外，荷兰人又极力通过“分而治之”的手段，离间华侨与当地民族，尤其是防范华侨与当地民族联合起来共同反对殖民统治。与此同时，殖民当局又不时散布华侨掠夺当地民族的论调，把殖民制度下当地民族的贫困归咎于华侨，以转移反殖民斗争的视线。在殖民统治高压下，华侨只能采取“远离政治，亲近经济”的生存之策，因此，历史上，印尼华侨只有相对的“经济优势”，而存在严重的“政治劣势”。

二　新马地区的华侨税收承包与早期金融业

19 世纪，新加坡 10 多名显赫的华侨领袖中，就有 2 名是烟酒承包商：一为福建籍章芳琳，承办鸦片和烟饷，经营房地产和航运业务；一为潮州籍陈成宝，兼营鸦片及烟草的专卖生意。①

章芳琳，原籍福建长泰，在新加坡出生。父章三潮，原经营鸦片、烟、酒等专利致富后，设店于新加坡大坡直落亚逸街，名“长越号”。章芳琳继承父业，改“长越”为“章芳琳公司”，后又改名“苑生号”，专

---

① 杨进发：《十九世纪新加坡华族领导层》，载柯木林、吴振强编《新加坡华族史论集》，新加坡：南洋大学毕业生协会，1979，第 36 页。

为新加坡政府承包烟酒专利权，获巨利，成为当地富商大贾。[①] 章芳琳发家后，对华侨社会公益事业极为热心，为新加坡社会做出贡献。

陈成宝，原籍广东潮安，霹雳甲必丹陈阿汉之子，新加坡华侨领袖佘有进之妻舅。陈成宝在新加坡经商，因承包税收而发家，成为新加坡潮侨四大富（即佘有进、陈旭年、陈成宝、黄金炎）之一，筑巨厦于新加坡陆佑街，这座建筑成为新加坡"四大厝"之一。陈成宝曾任新加坡市政委员会委员，1875 年任该委员会主席，又荣任太平局绅士及名誉推事。[②]

华侨包税是马来半岛内陆一大特色。在"马来联邦"，很多华侨中因承包税收而发财致富。柔佛的"港主制"实际上就是一种税收承包。著名的承包商有吉隆坡的叶亚来与陆佑，霹雳的陈亚炎与郑景贵，柔佛的林亚相等。

叶亚来对开辟吉隆坡做出巨大贡献，税收承包是他积累资本的主要来源。叶亚来于道光十七年（1837）出生于广东惠阳县淡水镇周田乡，1854 年抵马六甲谋生，先后做过杂货店伙计、矿工、厨师，也开过小店铺，经营生猪、收买锡米生意，后来在甲必丹盛明利部下当副总巡。1860 年，叶亚来帮助雪兰莪苏丹平定内讧有功，苏丹"拟以吉隆坡与之，使治其地"。叶亚来不肯受，声称"只要求矿区一大段，为其管理，及自收矿税，苏丹不再重征而已，苏丹允之"。叶亚来承包矿区税收后，矿区之内，纵横数十里，所有税收，如鸦片、烟、赌、典押之类，皆为其管理。[③] 叶亚来因此致富，成为双溪乌戎华侨甲必丹。1869 年，他又担任吉隆坡华侨甲必丹。在他的治理下，地方秩序井然，矿业与商业得到发展，为吉隆坡的繁荣奠定了基础。

陆佑也是承包税收而发家致富的典型代表。陆佑原籍广东新会，

① 苏孝先编《漳州十属旅星同乡录》，新加坡，1948，第 61 页。

② 参见吴凤斌主编《东南亚华侨通史》，福建人民出版社，1994，第 384 页。

③ 温雄飞：《南洋华侨通史》，东方印书馆，1929，第 251 ~ 252 页；杨庆南：《世界华侨名人传》（第 1 册），华侨工商职业学校基金会，1984，第 53 ~ 58 页。

道光二十五年（1845）出生，13 岁赴新加坡，为人雇工。越四年，积银 99 块，自营小商店兴隆号于新市场街，经营情况一般。后至霹雳拿律经营锡矿，为期 15 年，稍富裕。而后，承办霹雳政府饷码之事，一跃为百万富翁。[①] 他在霹雳承包税收前后 6 年，利益丰盈，溢息无算。[②] 承包地区初为霹雳一州，后来扩展至“马来联邦”各州；承包税收的种类包括酒、典当、烟、赌数项。陆佑与黄福（台山人）、张弼士并称“三大码王”。

除新加坡的兴隆号老铺外，陆佑在马来亚各地先后开设了 10 多家东兴隆分店，统称“七州府庄口”，总公司设在吉隆坡。吉隆坡整条茨厂街的店铺都是他个人的产业。1913 年陆佑做大股东的广益银行在吉隆坡创办，在经营的全盛时期，当地政府批准东兴隆庄发行银票，各地流通，与政府发行的钞票具有同等效力。此种银票用英文印上“东兴隆陆佑”、“东兴隆第 X 号银毫伍圆，任随时兑换”以及“光绪 X 年 X 月 X 日发单”等字样。这种情况在南洋并不多见，足见陆佑的地位与实力非同一般。据说，陆佑去世后，这种银票仍一直流通，直到第二次世界大战日军占领马来亚时才被日本军票所取代。

早期华侨对南洋金融业的投资，以新加坡较为突出。早在 1819 年新加坡开埠后，英国有利银行、渣打银行、汇丰银行以及荷兰小公银行已相继设立。从传统上看，金融业较其他行业占有先天优势。这也是新加坡独立后金融（银行）企业集团占有优势的主要起因。

但 19 世纪初期与中期南洋各地的金融业几乎被外国垄断资本独占和控制。20 世纪初，由于新马通货制度确立，华侨经济快速发展，加上后来币制更换，原本流通的墨西哥货币、英镑等皆被废除，海峡货币（叻币）成为法定通货，华侨企业家迫切需要成立自己的金融机构。

---

① 温雄飞：《南洋华侨通史》，东方印书馆，1929，第 251～252 页；杨庆南：《世界华侨名人传》（第 1 册），华侨工商职业学校基金会，1984，第 53～58 页。

② 温雄飞：《南洋华侨通史》，东方印书馆，1929，第 275～276 页。

自1903年，华侨银行一家家创办起来。1903年新加坡第一家华侨银行广益银行成立，1906年四海通银行成立，1912年华商银行成立，1917年和丰银行成立，1919年华侨银行成立，1920年利华银行成立。华裔三大私人银行——华侨银行有限公司、大华银行有限公司、华联银行有限公司也陆续设立。华侨银行的设立标志着华侨资本的发展进入了一个新阶段。

19世纪末开始，已经富起来的新加坡华侨开始投资农林产品加工厂。19世纪末20世纪初，由于欧美汽车工业兴起，不少华商转向投资橡胶种植与加工业。殖民时期的华侨企业中，橡胶、贸易等事业由家族经营，而金融（银行）业则一般由已获得事业成功、拥有一定企业规模的华侨企业家作为一种共同事业来经营。

后来发迹的新加坡企业集团的最早一批创业者中，大多数人曾是马来亚联邦时期的劳工。华侨劳工在新马定居后，一部分人依靠辛勤劳动，节衣缩食，白手起家，逐渐发展为小商贩。新加坡的华侨资本是在殖民经济统治下的“移民资本”，只能在殖民经济各种限制的夹缝中生存，无论在生产领域还是在流通领域，均难以与占垄断地位的英国资本展开竞争。因此，独立前的新加坡华侨资本不得不从属于拥有庞大经济势力、经营大规模企业的英国资本。

三　暹罗华侨包税业与华侨侨批业

19世纪后半叶，暹罗鸦片、酒、彩票、赌博4个项目的税收承包额占政府财政收入的40%～50%。[①] 暹罗华侨中因承包税收而致富的有曼谷的郑智勇等人。[②] 郑智勇原籍广东潮安县凤塘区，原名义丰，别名“二哥丰”，咸丰元年（1851）出生于贫农家庭。父早逝，与其母、兄沦为乞丐，也放过牛。同治二年（1863）到暹罗，同治

① 参见吴凤斌主编《东南亚华侨通史》，福建人民出版社，1994，第383页。

② 参见吴凤斌主编《东南亚华侨通史》，福建人民出版社，1994，第382～384页。

五年（1866）加入洪门，不久被推为二哥，坐上暹罗天地会第三把交椅。[①] 20世纪初，暹罗政府举办"花会"（彩票），承包给郑智勇。郑智勇每年盈利数十万株，不几年就成为百万富翁。[②] 郑智勇又将资本投入航运业、进出口业、碾米业、钱庄、典押、报社、印务局等，成为20世纪初南洋潮侨中的首富。[③] 郑智勇也是19世纪末至20世纪第二次世界大战爆发前暹罗华侨秘密会社的著名领袖、暹罗华侨近代公益事业的主要开拓者。

暹罗第一家金融企业是1904年华侨创办的尧盛兴钱庄。1908年，尧盛兴钱庄改组为正式银行，拥有资本300万铢。1905年，规模较小的源发利华侨银行成立。1908年，华通银行成立，以雄厚的碾米厂商为后盾，为新开办的华侨航运业提供资金，也为孙中山的革命活动提供经费。[④] 1908年，顺福成银行在曼谷成立，由潮侨郑大孝、郑舜之合办，资本100万铢。[⑤]

潮汕华侨心系家乡亲人，就出现了"侨批"（俗称"番批"）的侨汇方式。实际上，这是一种由华侨汇集成批，由专人带回国内、以汇款为本的家庭书信，是一种自发的民间金融邮政方式。当时办理华侨附有信件汇款业务的私人金融机构称侨批局、民信局、汇兑庄、批局等。在现代银行业尚未出现的时候，侨批业有着相当丰厚的利润收入。据说1891～1894年，曼谷约有批局20处。到1911年，批局增加到58处，每年寄批银780万元。如果按照每个回国者随身携带40元来计算，则1911年回国60797人，总数约240万元。[⑥] 后来暹罗侨

---

① 《泰国华侨志》，华侨志编纂委员会，1959，第189页。

② 参见吴凤斌主编《东南亚华侨通史》，福建人民出版社，1994，第382～384页。

③ 《泰国华侨志》，华侨志编纂委员会，1959，第189页。

④ Arnold Wright，Oiover T. Breakspear，eds.，*Twentieth Century Impressions of Siam：Its History，People，Commerce，Industries and Resources*，London：Lioyd's，1908，p. 118.

⑤ 参见吴凤斌主编《东南亚华侨通史》，福建人民出版社，1994，第422～423页。

⑥ 《侨团：漂泊华人的一艘船》，《南方日报》2006年11月21日。

批业的发展形式，大抵与此无二，这里就不赘言了。

综上所述，18 世纪以后，世界资本主义商品市场扩大，东西方贸易日益发展，南洋各国的商品经济迅速发展。南洋当地人习惯于自然经济的生产方式，主要从事粮食生产。早期采矿业（特别是金矿、锡矿）、种植业（丁香、胡椒、烟草、橡胶）几乎全依靠华侨的劳力和资金。华侨的内部开发管理较为完善，但依然服从当地统治者的意旨。当地统治者常用招徕、承包等方式，鼓励华侨开辟荒野、采掘矿物。对于统治者来说，当地的蛮荒土地得到开发，有益于当地民生且自己坐收其利；对于华侨来说，承包也是一个资本积累的过程。后来，承包制发展到税收承包。直到 20 世纪前，南洋各地仍然广泛实行税收承包制度。

不难看出，在东南亚地区，华侨移民后发展起来的华侨经济圈中，马来半岛是较为成熟、更加多样化和深度发展的地区。作为后期发展的前提和潜能，华侨在马来半岛有较为悠久的居住与生存历史，有较为广泛的地域开发基础。尽管在马来半岛大规模开发之前，这一基础仍然是十分薄弱的、粗放的、零散的。在英国人到来后的大开发时期，马来半岛的华侨已经形成的潜能得到有效而迅速的释放。在短短的百来年内，华侨与当地民族一道，通过自身的艰难创业，筚路蓝缕，使马来半岛得到空前发展，其发展水平和速度超过了其他也有华侨参与开发的地域。随着经济发展，马来半岛出现了少数规模较大的城镇。包括马六甲、槟榔屿和新加坡在内的“海峡殖民地”是这一地区的经济、社会、文化重镇，华侨对这些地方的发展进步也做出了不可磨灭的贡献。

马来半岛华侨经济圈有别于其他地域华侨经济圈，首先是种植经济因应当时全球化的资本主义经济分工需求，进行了多轮遍及全半岛的更新。第一轮种植经济的主角是胡椒、甘蜜，配角是甘蔗、丁香、豆蔻等；第二轮种植经济的主角是甘蔗，配角是木薯、咖啡、可可、椰子等；第三轮种植经济的主角是橡胶，配角是菠萝、硕莪、油棕等。从时间上看，第一轮种植经济持续了七八十年，第二轮持续了约40年，第三轮则持续到清代以后，也有数十年之久。从种植的多种作物来看，每一轮种植经济都有一两种可以引领半岛发展的主要经济作物。每一轮种植经济都在深化整个半岛的经济发展，使整个半岛的经济跃上了新的层次。同时，由于作物种植多样化，整个马来半岛的发展就在很大程度上避免了单一经济所带来的诸多弊端。财富的积聚、集约化程度的提高、生产关系的变革等，都是马来半岛经济发展和社会进步的重要表现。当然，发展也带来贫富差距的出现和扩大，以及其他各种负面因素的出现和增长。

包税制在马来半岛经济发展中实行得最为彻底，成效也最为显著。可以说，在马来半岛这一时期的跨越式发展中，包税制所起的作用是巨大的。但包税制没有在整个马来半岛推行。这个制度并非只在某一个经济领域实施，也并非起始于和终结于某个特定时期。实际上，马来半岛的包税制发展分为原始开发时期和经济起飞时期，原始开发时期的包税制指柔佛地区的包税制。包税制的实施使柔佛从马来半岛最落后、最荒蛮的地区成为半岛发展最迅速的地区，成为连接马来半岛的经济桥梁，即连接新加坡与半岛内地。是故，后来整个马来半岛经济相对均衡的发展，离不开柔佛的开发，也离不开华侨的贡献，特别是离不开华侨包税主的贡献。

没有多少原始资本积蓄的华侨包税主与后来经济起飞后的包税主不同。前者的包税更像一场“豪赌”，更需破釜沉舟，因而他们的成功也使其形象被后来人涂上一层“暴发户”色彩。包税主在享受成功喜悦的同时，也承受着当代人给予他们的“贪酷无情”骂名。在原始开发过程中，大自然强加给开发者的牛马不如的遭际，都毫无例外地转化为包税主高烈度的开发风险。这些通过包税迅速跨越原始积累门槛的包税主，在后来的经济起飞时期，又成为新时期的包税主和开发商。到经济起飞时期，华侨包税主已是富人，有经济基础、政治地位，这时候他们的包税也更具有“投资”性质。经济发展使他们得到了丰厚的回报。不管如何，以包税主面目出现的投资商的投入是马来半岛经济发展水平迅速提高的重要条件之一。

第三节　近代华侨其他特色投资

近代华侨投资主要指华侨向其传统经营行业如杂货业、餐饮业、农业和采矿业以外的其他特色行业进行投资。

投资是一种风险行为，但投资收益对投资主体和投资对象双方都是互惠互利的。与华侨经营的一般商业（例如杂货业、餐饮业）可以每天盘点盈亏的操作不同，投资需要充足的资金储备，投入产出之比所产生的盈亏结果往往需要一个相对长的周期才可能了解清楚。历史上，华侨在一些地方的小规模商品交易可直接使用现金，店铺就是他们的“银行”，流通过程无须经过真正的银行，但投资行为就不可能不通过银行进行资金转账。所以，近代的华侨投资，除了一地存在投资机会外，还需要投资者拥有较雄厚的资金。历史上在“海上丝绸之路”沿线国家和地区，拥有雄厚资金的华侨并不多。有些人拥有较多资金，却时刻准备着“落叶归根”，不打算对风险高、收益周期长的行业进行投资。但19世纪中叶前，在居住国生活时间较久的华侨及其后代中，有一部分人已积累了较多资本，并且有较牢固的投资意识，善于发现和抓住投资机会。确切地说，在“海上丝绸之路”沿线国家和地区，近代似只有东南亚和东北亚的华侨中出现过较大规模的投资行为。在拉丁美洲的华侨中，这方面的例子很少。

历史上，东南亚除了务农、开矿、经商的华侨外，还有华侨经营工业、金融业和木材业、碾米业等行业。但华侨经营后几种行业的时间较晚，东南亚国家的华侨也不是都有条件经营，一般是在前辈经过数十年乃至上百年的艰苦奋斗，才由少数华侨顺应时代发展潮流进行经营，很多行业还有地域特色。

一　华侨在制糖业与酿酒业的投资

从17世纪至19世纪末，荷属东印度公司曾利用华侨经营各种专利承包制，华侨在从事各种承包制以及商品贸易特别是中小商业等方面的经济实力都获得一定的发展。到19世纪末20世纪初，由于华侨忍苦耐劳，从事茶叶、烟草、胡椒、水稻、橡胶、甘蔗等作物种植，锡矿、金矿的开发，以及开办制糖厂等各种民生工业企业，华侨在农、矿等领域的经济力量有所发展。

制糖业是华侨在东南亚较早涉足的工业，也是印尼华侨较早从事的农产品加工业。17~18世纪，华侨曾一度独占经营爪哇的制糖作坊。其时殖民者初到印尼，主要垄断香料（如胡椒、丁香、豆蔻等）贸易。华侨从事的甘蔗制糖业和酿酒业没有危害到殖民者的专卖行业，因而没有受到限制。殖民者不是对制糖业毫无兴趣，他们插手蔗糖贸易，同样从中获取巨利。华侨可以在巴达维亚承包制糖作坊，条件是华侨要按照规定的价格把生产的蔗糖卖给规定的公司，然后转运到殖民者在欧洲独占的食糖市场。其时华侨的制糖方法也较为先进。他们使用牛拉动石磨或水力推动石磨来压榨甘蔗，产量大为增加。但华侨制糖业使用木材作为燃料，这在当时历史条件下虽属正常，但无疑也受到大自然的极大限制。

19世纪中叶以前，由于历史条件的限制，华侨资本还没有完全转化为产业资本，只能加工当地农民的农产品和出口经济作物，经营一些工场手工业和小工厂。18世纪末食糖的国外市场扩大，爪哇的荷兰商人从荷印殖民政府那里得到某种特权，开始排挤华侨制糖业，扩展荷兰人的制糖业，再加上燃料短缺，华侨制糖业开始走下坡路。到19世纪后半期，华侨制糖业已逐步被荷兰资本所取代。

华侨除经营制糖业，也从事酿酒业。在荷兰殖民者入侵爪哇以前，万丹和巴达维亚的华侨早已从事酿酒活动。由于糖浆是酿酒的主要原料，酿酒业与制糖业密切相关。一方面，制糖业的发展使酿酒业获得主要原料来源。另一方面，人们对酒的消费量增加了。荷兰殖民者侵占巴达维亚之后，一时间还曾鼓励华侨发展制糖业，因而华侨的酿酒业也得到进一步发展。酒成了荷兰东印度公司获得专利的重要商品之一。

酒的种类繁多，按照中国人的习惯，通常分为黄酒、果酒、啤酒、白酒、配制酒及国外蒸馏酒六大类。当时华侨酿什么酒？由于没有资料记载，今已难以详察，但根据酿酒知识判断，华侨很可能酿制果酒。果酒是以葡萄、柑橘、荔枝、甘蔗、山楂、杨梅等水果为原料，采用发酵法制成的各种低度饮料酒，可分为发酵果酒和蒸馏果酒两大类。一般认为中国人发酵酿制果酒是在汉代葡萄从西域传入后就已经出现，到清代，民间酿酒工艺已经十分成熟。华侨将之带到东南亚居住地再正常不过。

二　华侨对碾米业的投资——以暹罗为例

暹罗盛产大米，国内商业中，大米贸易占了很大比重，华商则在其中占据绝对优势。暹罗华侨称碾米为“绞米”，碾米厂则称为“火砻”。在南洋各地工业部门中，碾米业是华侨资本最普遍的投资对象。暹罗是南洋主要产米国之一，也是南洋华侨在碾米业中投资最早和最多的国家。1855 年暹罗门户开放前，大米已是该国主要出口商品。19 世纪 60 年代后，中介商人数增多，特别是大米初级加工（即碾米）和出口的发展，吸引更多的华侨商人加入收购大米、碾米、储藏和销售的行列。

1858 年，美资公司在暹罗建立使用蒸汽动力的碾米厂，至 1864 年，已有 3 家机器碾米厂。1867 年，有 5 家欧美资本经营的机器碾米厂。暹罗人和中国人在农村经营的手工业式碾米业受到机器碾米厂的冲击。

从 19 世纪 70 年代中期开始，暹罗碾米业的重心逐步由洋商转至华商。原因是洋商经营的火砻仅限于代人碾米且收费过高。于是，曼谷一些经营大米出口的华商纷纷向欧美订购火砻机器，自行设厂碾磨，产米多供外销。1870年，高楚香在曼谷创设暹罗华侨第一家近代化机器碾米厂，砻号“元盛”。不久，高楚香又在曼谷创设暹罗华侨第二家机器碾米厂（砻号“元发盛”）。这两家火砻加工生产的暹米全部销往中国香港及内地，这是暹罗潮州籍华侨火砻主向香港直销暹米的先声。

1874年，陈慈黉在曼谷创设一家机器碾米厂（砻号“隆兴利”）。不久，陈慈黉又在曼谷创设另一家机器碾米厂（砻号“乾利栈”）。这两家火砻加工生产的暹米也都运销中国香港及内地。两家火砻的砻号第一个字分别为“隆”“乾”，应非巧合，其志不可小觑。到1889年，暹罗的华侨机器碾米厂已有17家；1895年有23家，1912年已达到50多家。几乎全为潮州籍华侨所经营，外国人的碾米厂只剩下3家。①

暹罗华侨碾米业的发展，首先与华侨对碾米机的改造与修理直接相关，资料记载有两宗事件是标志性的。一是1890年有华侨最早发明一种加工法，能碾出比装运出口米更令人满意的白米。几年之内，西方人的碾米厂也效仿华侨碾米厂的加工法。1905年，曼谷几乎所有碾米厂都安装了这种机器，生产的净白米在国外市场能卖到较高的价格。二是19世纪末台山籍华侨马棠政仿造英、德等国碾米机器，制造出一整套包括铸件在内的碾米机，成为有名的机械师。而在此之前，碾米厂要雇用西方工程师开动机器。马棠政生于台山白沙上朗村，8岁只身来暹罗谋生，聪明好学，刻苦求知，积数年学徒经验，成为暹罗火砻机械技师，后为暹罗培养了数以百计火砻机械技术人才。当年曼谷的大火砻多由他设计承建。以后自创振盛火砻，日产大

① 参见吴凤斌主编《东南亚华侨通史》，福建人民出版社，1994，第394页。

米500吨，居全暹罗同行大米日产量之冠。[①]

与此同时，整个暹罗的米业（包括收买谷子、碾米、出口）主要操于华侨之手。暹罗大米的国外市场主要为新加坡、中国香港和华南等地，大米输入商大部分也是华侨。1880年，有的华侨碾米厂已直接向海外输出大米。1907年，曼谷有一家中泰碾米公司，开始通过伦敦将大米直接销售至欧洲市场。[②]

另外，在荷属东印度群岛，大米虽是主要输入商品，但在爪哇的一些产米中心，印尼华侨经营的碾米业比重也很大，55%～60%为华侨所经营。当时经营碾米厂的多为祖籍福建漳泉的土生华侨。[③]

三　华侨对木材业的投资

暹罗重要的出口商品还有木材，因此暹罗的锯木业（华侨称"火锯业"）也很发达，仅次于碾米业。19世纪末，正值东南亚各地建筑业迅速发展，对木材的需求量激增。华侨抓住商机，纷纷投资木材加工、伐木或锯木等业，其中暹罗华侨资本势力最大。19世纪七八十年代，英商拥有在暹罗砍伐森林的专利权，设厂伐木制板供出口，获取巨利。及后，华侨也投资火锯厂。最先创设火锯厂的华侨已不知何人，所知海南籍华侨林公记创办于19世纪末的火锯厂规模较大。其后创办的不同规模火锯厂有数十家，大多数也为海南人所经营。1894年，外国人的火锯业与华侨的火锯业比例为3∶1，1908年为7∶4。[④]

在荷属东印度群岛，早期华侨木材业的兴起与新加坡经济发展紧

① 〔美〕G. W. 史金纳：《泰国华侨社会：史的分析》（续），《南洋问题资料译丛》1964年第2期，第125页。

② 参见吴凤斌主编《东南亚华侨通史》，福建人民出版社，1994，第393～394页。

③ 吴凤斌主编《东南亚华侨通史》，福建人民出版社，1994，第400页。

④ 吴凤斌主编《东南亚华侨通史》，福建人民出版社，1994，第397页。

密相关。苏门答腊森林资源丰富，距新加坡又近，因此为华侨发展木材业（苏门答腊华侨称为“榔垄”）及向新加坡出口木材提供了有利条件。早在1880年前后，在苏门答腊岛东岸的一些小岛如凌加、新及和孟加丽，华侨就创办了木材加工厂。加工的木材主要供给新加坡的造船厂、锯木厂和家具厂等工厂。①

四　华侨对地产与建筑业的投资

新加坡华侨自开埠之初就已经投资当地的地产与建筑业。例如，中介商与工程承包商陈浩盛被委任为甲必丹，他的名字最早出现于《海峡殖民地档案》第L6卷，其中记录了道光二年（1822）五月十日的数张地产买卖交易文件。在第一张文件里，提及华侨甲必丹处理这宗交易。②

19世纪，新加坡是自由港和新兴城市，华商多投资地产与建筑业。早期投资的佼佼者是张利（张永福之父）。他拥有许多地皮，有“土地之子”之称。其他如章芳琳、陈笃生、颜永成等也是拥有众多房地产的资本家。③

受西方传教士传教的影响，朝鲜各地纷纷兴建基督教教堂，由于朝鲜国内还没有掌握烧红砖技术的工人，传教士就从邻近的中国引进了烧砖技术工人。华侨兴建了烧红砖的工厂，1898年完成建设的汉城明洞圣堂和1901年建造的大邱桂山教堂均使用了大量华侨生产的红砖，并雇用了大量的华侨工人。据文献记载，1906年，华侨在延禧洞附近兴建了最初的3个红砖厂。来自大邱的华侨姜意宽是著名的建筑师，他建造了桂山教堂等多座著名宗教建筑物，为韩国的宗教建筑发展做出贡献。

① 吴凤斌主编《东南亚华侨通史》，福建人民出版社，1994，第399页。

② 庄钦永：《新加坡华人甲必丹》，（新加坡）《亚洲研究》1987年第9期。

③ 宋旺相：《新加坡华人百年史》，新加坡中华总商会，1967，第33页。

黄月亭，生于浙江，后随父亲到上海浦东定居。1872 年，18 岁的黄月亭学了一门木工手艺，乘船前往南洋，因帆船遇风暴，漂流到仁川，后辗转来到朝鲜首都汉城。他在汉城开设木工作坊，生意兴隆。1888 年 2 月 13 日，朝鲜政府在景福宫修建观文阁，黄月亭作为主要工头参与了该建筑的施工。在建造观文阁的过程中，黄月亭精湛的手艺和出色的组织能力得到发挥，日后与皇室建立密切关系，被宫内府工程所聘为工程师，对宫殿的修缮做出了贡献，高宗皇帝在庆云宫（今德寿宫）附近赏赐他一处房产。1910 年日本吞并朝鲜后，黄月亭被解雇，此后继续做木工及从事营造业，还置产出租，开始经营公共浴场。1919 年 1 月 22 日，高宗皇帝去世，黄月亭带着 5 个儿子和女儿凤珠归国，定居上海浦东徐家汇。[①]

五　华侨对纺织业的投资

华侨对纺织业的投资主要是对东南亚当地民族传统棉织品的投资，这似乎是华侨投资中极少出现的对非中国人擅长的行业的投资。其实，其时东南亚的纺织业由于外国棉织品的廉价进口，已大量出现倾销。与此同时，南洋各国存在生产当地棉织品（如纱笼）的手工业和工厂。华侨则通过销售（收购）这类产品或投资建立自己的工厂在这一生产领域发挥作用。荷属东印度群岛华侨主要投资花裙生产。花裙是一种裹身长裙，布面印有各种图案和色彩，当地人最喜爱穿着，尤其是当地女性的喜好物。最初由印尼人用土布制作，质量粗糙，价格便宜，适合当地人的生活水平及购买力。19 世纪末之后，华侨逐渐主导了花裙手工业，土布也逐步为进口棉布所代替。不少华侨开设了花裙作坊和花裙厂。巴达维亚附近的加烈、红牌及巴由兰区为花裙厂的集中地，厂主多为闽籍华侨。同时，一些华商

① 孙科志：《近代中韩关系史上的传奇人物——黄月亭》，《当代韩国》2008 年第 2 期。

为荷属东印度花裙生产者提供原料，并购买其成品，到本国各地销售或输出国外。但印尼当地商人不甘示弱，他们通过组建合作社等方式与华侨花裙商展开激烈竞争，不过华侨在其他地区的影响并没有减弱。

六　华侨对其他大众生活消费品的投资

东南亚华侨投资的产业还有罐头制造业、肥皂工业、木棉工业、椰油工业，以及咖啡厂、卷烟厂、冰厂、饼干厂等，主要是大众生活消费品，下面举若干个例子。

19世纪新加坡的黄梨罐头厂几乎全由华侨创办。先是林癸荣（章芳琳的女婿）以自南公司商号经营黄梨罐头厂，获利甚巨。[①] 陈大喜的德发号黄梨罐头一度名闻全球。佘连城（佘有进之子）与友人合资创办振春黄梨罐头厂，生产的品牌黄梨罐头畅销曼谷。1901年，由佘连城之子应泰等人大力发展，雇用工人250名，每周生产4万箱，名闻欧洲和东南亚市场。[②]

1898年，吴文光与吴文灿兄弟在新加坡创设和和饼干厂，使用机器生产，日产约4000磅，主要销往爪哇及马来各邦。1902年，因产品优良，在越南河内展览会上获奖，声名远扬。[③]

在荷属东印度群岛，荷兰及西方资本创设的烟草种植园附设大型出口制烟厂，当地民族及华侨大多开办中小型或家庭手工业式的卷烟厂。华侨卷烟厂生产的香烟主要在中爪哇的北加浪岸、文池兰、巴突、马吉冷、新埠头一带销售。在香烟业中心古突士，华侨商人与印尼当地商人展开竞争，并后来居上，甚至超过了爪哇“丁香业大王”尼迪塞米多。到20世纪30年代中期，在丁香烟大规模生产方面，华

---

① 宋旺相：《新加坡华人百年史》，新加坡中华总商会，1967，第204页。

② 宋旺相：《新加坡华人百年史》，新加坡中华总商会，1967，第204页；吴凤斌主编《东南亚华侨通史》，福建人民出版社，1994，第400页。

③ 宋旺相：《新加坡华人百年史》，新加坡中华总商会，1967，第321～322页。

侨仍占有优势地位。

一些华侨还在荷属东印度群岛投资爆竹厂，如三宝垅、巴达维亚、井里波的爆竹厂。[①]

华侨在新加坡开设制冰厂始于1854年，创始人为胡亚基。1830年，胡亚基从广州南来，帮助其父管理黄埔公司，专营牛肉、面包、蔬菜业务。为了保持肉类新鲜，遂设冰厂，但日耗量不多，旋告关闭。[②] 到1900，因社会需要，华商徐垂青再筹资设立制冰厂。[③]

到20世纪初，华侨投资南洋各地工业的情况日益增加，资本规模也不小。例如，新加坡林秉祥和丰公司下属的“和丰油厂”，大量产品销往东南亚和欧美各地，1908年和丰油厂有雇员75人。[④]

总之，华侨在东南亚一些地方的实物投资和资本投资是清代落幕前华侨开展的为数不多的具有近代资本主义色彩的投资活动。就目前所看到的材料而言，如上所见，除了新马地区和荷属东印度地区以福建籍为主体的华侨对多个领域的投资风生水起之外，以广东潮州籍为主体的暹罗华侨的投资表现也十分突出，投资行业也较广，以民生日用行业为主。清代潮州籍暹罗华侨经营或投资的行业包括锯木业，还有制糖、榨油、酿酒、砖瓦、织造、家具、陶瓷、五金等加工制造业，以及经营畜牧业和渔业等。[⑤] 所有华侨投资的行业都成为其在居住国庞大商业网的组成部分，既推动了居住国商品市场繁荣发展，也满足了民众的基本生活需求。到了中华民国时期，华侨的投资向更高层次发展，如珠宝首饰、土产、橡胶等行业，商业、加工业、航运业、金融业等领域都有华侨涉足。

不可否认，由于历史的局限，那个时代华侨的投资受到来自当地

---

① 吴凤斌主编《东南亚华侨通史》，福建人民出版社，1994，第400页。

② 宋旺相：《新加坡华人百年史》，新加坡中华总商会，1967，第5页。

③ 宋旺相：《新加坡华人百年史》，新加坡中华总商会，1967，第406页。

④ 吴凤斌主编《东南亚华侨通史》，福建人民出版社，1994，第401页。

⑤ 杨锡铭主编《海外潮人史话》，中国文史出版社，2009，第63页。

社会的人为因素（例如东南亚“酋长势力”的高度影响力）、华侨本身因素（例如帮会力量）的影响。后者当然要服从前者，但在两者为了达到共同目的进行“博弈”的过程中，华侨投资者本身的主观能动性是十分重要的。在这方面，华侨不仅仅要遵守投资规则，更重要的投入是个人智慧和集思广益，还需要根植于中华传统文化的智慧。有一点可以肯定，作为中国人群体，华侨在海外的投资是一种新的经济行为，相对于农业、矿业和小商贩等传统华侨经营领域和职业而言，华侨在各个领域的投资是以当时、当地的规则为基础的，一些经济领域和运行模式对于华侨来说是十分新颖的。“海上丝绸之路”沿线华侨的投资也推动华侨社会在不断的磨合和适应中步入近代化，给后人留下了不少值得深思的印记。

第四节　零散的华侨杂工

传统华人时代华侨所从事的职业是多方位的，实际上，过去只要是能够糊口谋生的工作，华侨就愿意去做。只不过那个时候一些职业的华侨从业人数少，有的职业不是常态性的，而是昙花一现，因而留存下来的记载不多。本节对一些华侨杂工做一拾遗性描述。“海上丝绸之路”沿线各地各种类型的华侨杂工肯定还有不少，还有待不断发掘。从事零散职业的华侨杂工，工作可能是不持续的，有的可能是短暂的。另外，不是所有国家的华侨都存在一个相同的“职业清单”，有的杂工应只在某些国家存在，而在另一些国家不存在。有一点可以肯定，大部分华侨杂工的出现是因为雇主的招聘。他们在工种、受雇期限、劳动强度、工薪高低等方面都受雇主支配。由于学术界历来忽略对华侨杂工的研究，今天对这个问题进行深入探讨的难度很大。下面所述，在一定程度上也是为了引起人们对历史上这一类华侨的关注。

一　东南亚女佣：以新加坡为例

历史上的华侨女佣以新加坡“妹仔”最为有名。新加坡华侨女佣较多，她们的出现在一定程度上促进了20世纪三四十年代后中国女性大批“下南洋”，从而较大地缓解了华侨群体中长时期存在的男女比例严重失衡现象。这种情况只发生在东南亚（特别是新加坡）。

新加坡“妹仔”最早是以“猪花”的名目出现的。“猪花”本指清朝末年至民国初年被贩卖到美国、南洋等地的女子。“花”常用来借指女子，称“猪花”是对应于“猪仔”而言。但将“花”字与“猪”连在一起，令人有无尽的辛酸感。从清末到民初，中国南方部分地区的女性被贩卖至新加坡的现象十分普遍，其中广东最为严重。南洋“猪花”中，有很小一部分被卖给“猪仔”为妻，大部分女性被卖到妓院，还有一部分女性被卖到有钱人家里做女佣。1932年，新加坡制定法律，禁止买卖“妹仔”，废除奴婢等级身份。

从19世纪末开始，新加坡华侨女性持续增加。这是因为新加坡华侨经过长期的艰苦拼搏，已在新加坡立足，并有所积蓄，因而有能力将自己的妻室接来团聚。当时中国国内反封建礼教思想迅速传播，清政府也废除了禁止女性出洋法令，于是大批女性开始下南洋。女性移民大量增加，使新加坡华侨社会男女比例差距缩小。进入20世纪，每年随夫前往新加坡定居的华侨妇女都有2万名之多。①

清末民初的东南亚女性移民中，有一个特殊的群体叫“自梳女”，也是在新加坡人数居多。“自梳女”产生于清朝后期，主要来自珠江三角洲地区，以南海、番禺和顺德为主，极少数来自中山、肇庆地区。她们在东南亚打工挣钱，被称为“妈姐”或“姑婆”，其中

① 吴藜：《新加坡华人妇女社会、家庭地位的变迁》，《华侨华人历史研究》1994年第1期。

一些人为新加坡的白领阶层做用人。她们渴望自由，却被工作束缚，情愿终身不嫁。“自梳女”的形象一般是穿着立领斜襟、宽松长裤，黑发成髻。辛亥革命以后，封建制度和习俗被破除，新的“自梳女”不再出现。但作为一个不婚群体，“自梳女”至少在辛亥革命后的华侨群体中还存在。

新加坡的“自梳女”一般从事家政行业，负责照看孩子、做饭，整天忙碌。她们聪敏勤快，奉行独身主义，容易赢得主人青睐，故薪资相对丰厚，比普通女佣高出不少，所以只有较为富裕的人家才雇得起“自梳女”。她们平时外出有司机开车陪同，很少有机会接触外面的人。因此，有人将“自梳女”视为历史上南洋家政行业的知名品牌。有的“自梳女”晚年回到中国，并恢复了中国国籍。

另外，还有来自三水县的女子，人称“三水婆”，因头戴鲜红头巾，在异域谋生，俗称“红头巾”。她们主要在新加坡建筑工地工作，以吃苦耐劳著称。她们多聚居在新加坡牛车水区的豆腐街。由于来自农村，没有文化，她们中除部分人到胶厂当杂工外，大多数人戴上红头巾在建筑工地做些和洋灰、挑砖块、搬木料之类的粗活。每天早出晚归，日工资很少。还有一种在船上工作的女工，戴“蓝头巾”。

二　洗衣业者

洗衣业基本上属华侨夕阳职业。今天虽还存在少量华人洗衣店，但均用机器洗衣。洗衣业是从家庭服务中剥离出来的，成为一个专门职业。当然，洗衣业的出现也反映出以城市化为标志的社会文明程度的提高、社会分工的发展、人们社会交往的频繁。尤其是由于“上流社会”各种各样宴聚活动十分普及，家庭中妇女的地位也相应提高。

拉美的华侨洗衣业可能起步于19世纪最后二三十年。按照笔者的采访推测，历史上拉美曾经存在过华侨洗衣业的国家，最先是加勒比海地区的主要岛国，如古巴、牙买加、特立尼达和多巴哥等。如果进一步溯源，则拉美的华侨洗衣业应起源于北美大陆。北美洲的经济发展较早，洗衣业开始得也比较早。加勒比地区洗衣业开始发展后，一部分从事洗衣业的华侨（一般以个体为单位）因应南美洲发展的需要，加之加勒比地区竞争激烈的缘故，转移到委内瑞拉、哥伦比亚、秘鲁、巴西等国，后来则遍及南美洲各国。但今天还难以一一探明各国华侨洗衣业的起始时间。

一些南美国家的华侨将洗衣业作为初到异国他乡的第一份职业。特别是那些初到目的地还没有找到工作的华侨，更是将之作为第一谋生手段。例如，1875 年，特立尼达、巴拿马等地的华侨来到委内瑞拉，这可能是从加勒比地区来到该国的第一批华侨，不排除带来了洗衣技术。虽然委内瑞拉早期华侨洗衣业的历史已经了无踪迹，但洗衣业应是华侨在委内瑞拉最早从事的职业之一，也应是当初委内瑞拉华侨所从事的最重要职业。再如，巴西早年的华侨洗衣业主要集中在东海岸一些经济较为发达的城市。里约热内卢最晚在 20 世纪 20 年代就应有华侨洗衣业。一些原先来到巴西的华侨，在脱离了“契约华工”身份后从事洗衣业。此外，从业者中也可能有少数刚从中国来的自由华工。

早年从事洗衣业者都背着一个布袋或箩筐上门逐户收取脏衣。他们的工作和生活条件极差。洗衣业的工作时间长，但洗衣业几乎不需要启动资金。洗衣业者工作时只需要一个洗衣池、一些肥皂及一个熨斗。这就是一个华侨洗衣夫的全部“家当”。总的来说，经营洗衣业这一行虽然收入不高，但胜在细水长流，工作稳定。所以，早期从事洗衣业的华侨人数还是甚多。

洗衣夫肩挑箩筐，上门收脏衣或送回洗干净的衣服，时间长了，便成为城里一个独特的群体。洗衣夫处境艰辛，上无片瓦，下无立锥之地，甚至风餐露宿，拿洗衣板当床睡。每到一个地方，找到一个简陋铺位甚至一个土石、高台，就可以开张营业了。当然，洗衣夫都渴望有一个自己的洗衣店，但这谈何容易！

早年华侨选择经营洗衣业的另一个原因是他们普遍未掌握当地语言。他们刚从农村来，本来受教育水平就低，更不会葡萄牙语或西班牙语。来到拉美居住地后日夜工作，更没有时间学习外语。洗衣业可以让他们扬长避短。虽然他们的服务对象大多是欧裔、阿拉伯裔人和当地富人，但洗衣业不需要太复杂的外语，除了数字以外，只需掌握三五个单词即可。大部分洗衣夫领悟外国人的意思还是靠面对面交流的手势、眼神和其他肢体语言。洗衣工作简单而规范，听不懂顾客说什么也不要紧，洗衣便是。

华侨开设的洗衣店不仅集中在唐人街（或华侨集中居住的地方），还散布在城镇的其他街区，可以为当地市民就近提供便捷的服务。

一般来说，华侨洗衣店的分布比较分散，似乎是一个不成文的行业规则，实际上也是华侨洗衣业适应城市发展的结果。洗衣店先是集中于市内有华侨聚居的地方，服务于附近的当地人。随着城市空间不断向外延展，为满足顾客所需，洗衣店也随之扩展，城市建到哪里，洗衣店就设到哪里，店随人驻，散落各地。随着城市规模扩大和城市空间外延，在靠近服务对象的同时，还可以减少同行之间的竞争。

当然，在顾客比较集中的地方（尤其是市镇），洗衣店的工作便比较稳定。洗衣店一般有很多熨斗，工作间里也设有煤炉，可以烧水，也可以把变凉的熨斗放回炉子加热，换另一个热熨斗继续干活。一个熨斗八磅之重，工作间里又热又闷。洗衣工作十分艰苦，洗一件衬衣收费却很少，从侧面也说明洗衣夫身无分文、白手起家的艰难。

不过，可能也有夫妻洗衣店，但目前只是猜测。如果是夫妻店，则应是固定的（例如租房），在小有积蓄之后，会雇上一两个工人。总之，洗衣业十分适合那些需要通过原始积累来获取前期发展资金的“低端人口”来经营。可以肯定，早期华侨洗衣业在本质上仍是一个门槛要求低（包括资本投入少、技术要求低）、本小利微的职业。洗衣业者只要勤快肯做，耐得了洗衣工作的单调、沉闷和寂寞，就可以胜任。

到1858年，匹兹堡的美国技师汉密尔顿·史密斯制成了世界上第一台洗衣机，机洗才逐渐普及。美国先进的洗衣技术在本土传播开，向南传到拉美地区应该是19世纪七八十年代以后的事。那时候，拉美很多地方已经有不少自由华工。可以相信，即使出现了洗衣机，华侨洗衣店也还是喜欢手洗（一般是手工搓洗，晾干后用熨斗烫平），因为手洗可以保障衣服干净且不易损坏，更好地保护衣料及颜色，这当然非常讨当地家庭主妇的喜欢。那时不管是机洗还是手洗，都不能保证即洗即取。这样的话，顾客也就乐得选择价格低、洗衣手艺好的华侨手洗店。

三　烟火华工

从情理上看，中国是烟花重要起源国，华侨把这项技术带到其居住地并不难。有关华工制作火药与烟火，这里以巴西巴纳纳尔的华侨烟火制造者为例。1835年1月16日，巴纳纳尔镇议会上书圣保罗州议会，要求派中国人到该镇协助当地奴隶种植茶树、靛蓝植物和制造火药。显然，当时要求圣保罗州议会派来的中国人包括好几类，其中包括火药制造者，但实际上来的都是种茶人。巴纳纳尔镇议会上书后不久，一批中国茶农即从里约热内卢的里贝拉湾港口抵达巴纳纳尔。这批茶农人数不详，但肯定不只寥寥数人。

上述这批华侨抵达巴纳纳尔之后，先种茶树，后来到卢西亚诺·若泽·德阿尔梅达（Luciano José de Almeida）的美景庄园（Fazenda da Boa Vista）碳酸钾工厂干活。由茶农变成碳酸钾制造者，以中国人的聪明能干，没什么不可思议的。据1854年《巴西农业生产者》（*Agricultor Brasileiro*）杂志发表的若泽·托马斯·纳布科·德阿劳若（José Tomas Nabuco de Araújo）的报告，在巴纳纳尔开办的这家工厂，两年中共生产了100金塔尔（quintal）碳酸钾，1金塔尔约合60千克，即共6000千克碳酸钾，质量可同美国最好的同类产品相媲美。

这些碳酸钾全部卖给了里约热内卢火药厂。该报告指出："这个新的重要工业所使用的原料是迄今为止被认为无价值或无用的东西，值得你们保护，应在进行必要的调查之后给予保护。"[①] 这批华侨后来留在当地当商贩，有的人还开了烟火作坊。由此看来，在巴纳纳尔制作烟火的华侨原先是在当地与别人一起制造火药的。制造火药与制造烟火的技术有密切的相关性，烟火更容易制造。制造烟火的华侨在火药厂工作一段时间后自己出来独立制造烟火是大概率的事情。这类华侨在家乡的时候应该懂得制造烟火的技术，出国后就把这一技术带到居住地了。

据说制作烟火的华侨举止文雅，待人有礼貌，受到当地人的喜爱。巴纳纳尔镇有一条"华盛顿·路易斯总统街"，街上 36 号与 40 号为两所 19 世纪华侨住的房子，被称为"中国人故居"。华侨在这里生产烟火，故这两座房屋也是烟火作坊，当地居民称这条街为"火街"。烟火作坊的老板叫张亚敬，原是 1835 年抵达巴纳纳尔的中国茶农，即最早到巴纳纳尔来的中国人之一。是故，张亚敬也应是烟火作坊第一代老板。至于烟火作坊后来有没有换老板，则需继续探讨。现在只知道张亚敬烟火作坊经营有方，后来雇用了五六个中国人，还买了不少地皮。[②]

四　其他务工者：巴西的案例

务工者是个宽泛的概念，包括很多非专业或低专业水准，一般以轻重体力劳动为基础的工业或工程建设等领域的工作。务工者的工作性质不以部门的性质为转移。换言之，不管在政府部门，还是公共机构，或大小庄园，"打工者"或"务工者"的身份都一以贯之；即使

① 陈太荣、刘正勤：《19 世纪中国人移民巴西史》，中国华侨出版社，2017，第 171、185 页。

② 陈太荣、刘正勤：《19 世纪中国人移民巴西史》，中国华侨出版社，2017，第 182 页。

务工者从这个部门转换到那个部门，身份仍不变，其共同特征就是只需付出自身拥有的时间和劳力。在传统华人时代，巴西务工者一般应招募而来，来之前都要签订“契约”，他们的身份更接近中国过去的“杂役”或“杂工”。有趣的是，在晚清时期，澳门葡萄牙当局对派员到巴西充当务工者的态度十分积极。

在所有巴西的务工行业中，中国人在巴西海军造船厂务工应是最早的。这个海军造船厂位于里约热内卢。葡萄牙王室 1808 年迁到里约热内卢后，曾经从里约热内卢州和圣埃斯皮里托州招募一些印第安人到这个海军造船厂从事划桨手、码头装卸工等工作。1808 年，有一个名叫若昂·安东尼奥的中国人在马卡库地区博尼托河（离里约热内卢 83 公里）分厂干活。到 1815 年，有 10 名中国人在这里工作，1855 年有 303 人。这样加起来，19 世纪就有 314 名中国人在海军造船厂工作过。考虑到这 3 个年份间隔很久，故这个总数应该没有重复计算，但可能有遗漏，不知道其他年份有没有中国人在造船厂工作过。

澳葡当局民政长官阿里亚加多次向海军和海外领地大臣等巴西官员谈及向巴西的海军造船厂派遣中国木工，时间在 1813～1815 年。在 1815 年海军造船厂有关中国务工者的记载中，记录 1815 年 2 月 4 日派出木工。阿里亚加致函海军和海外领地大臣，说他已经通知将随“乌利塞斯号”轮船运送 10 名中国木工去里约热内卢海军造船厂干活；原已招募 20 人，但船上仅能容纳 10 人，这 10 个人免船资。10 名中国木工每人月工资 10 块西班牙银圆，每人在澳门已预付 30 圆，共 300 圆预付金。10 个人都立字为据，并分别签名。①

1855 年 2 月 9 日，303 名中国劳工从新加坡乘美国“埃莉萨·安娜号”轮船抵达巴西里约热内卢萨普卡亚港。这批中国劳工的合同

① 参见陈太荣、刘正勤《19 世纪中国人移民巴西史》，中国华侨出版社，2017，第 161～164 页。

期为两年。根据巴西帝国公有土地总管马诺埃尔·费利扎尔多·德索萨－梅洛的报告，他对中国劳工印象很好，说他们体格健壮，完全适合巴西农业劳动。根据巴西学者玛利亚·若泽·埃利亚斯 1971 年 9 月 8 日发表的《关于 19 世纪中国劳工与巴西劳动力问题的辩论》一文，巴西土地总管德索萨将这批中国劳工全部送往里约热内卢皇家海军造船厂干活，但因为他们什么也“干不了”，不久便予以遣散。[①]

上述务工者具有“契约华工”的性质，他们在巴西按约务工，到期解约，只是都不知合同到期后的下落。如果按照“契约华工”的一般习惯，他们在合同期满后应在巴西居留一段时间，作为自由劳工赚一笔钱后再考虑是否回家乡。

1853 年以前，在圣克拉拉港的穆库里河码头已有中国人居住，并修建了造船厂、锯木厂、石砌码头等。1856 年 6 月 2 日，第一批德国人、葡萄牙人、法国人、比利时人、荷兰人、中国人移民抵达圣克拉拉港和菲拉德尔菲亚地区，但只有德国人在菲拉德尔菲亚定居。1858 年底，菲拉德尔菲亚有外国垦民 2091 人。据此消息，华侨很可能是在造船厂、锯木厂、石砌码头里当“杂工”，也可能有一小部分人当了垦民。

到了 1893 年，里约热内卢州州长下令成立的“大巴西国京都大公司”在澳门的代理人卑拿威地士（Julio Benevides）通过巴西人开办的“华利栈”和“万生栈”两家招工馆招募了 475 名中国劳工。这些劳工于 10 月 16 日乘“地打杜士号”轮船离开澳门，1893 年 12 月 6 日到达里约热内卢，原计划是派往米纳斯吉拉斯州的燕卑泰巴（可能是乌拉贝拉）务工，但后来被分到里约热内卢州务工。据说里约热内卢州州长称他们是“该州最好的劳工”。[②] 他们应是分散到不

---

① 参见陈太荣、刘正勤《19 世纪中国人移民巴西史》，中国华侨出版社，2017，第 164 页。

② 参见陈太荣、刘正勤《19 世纪中国人移民巴西史》，中国华侨出版社，2017，第 46 页。

同的地方（可能都是庄园）干活，例如有25人被分到“喜马拉雅山庄园”。不过令巴西方面想不到的是，这次在中国招工引起了清政府对巴西招工的“关门风波”，两广总督李翰章据此禁止巴西商人在澳招工。清政府从此封堵了巴西继续非法招募华工的途径。此后，中国对巴西的东方移民输出大国的地位为日本所取代。

虽然清政府禁止巴西从中国引进劳工，但通过非法途径引进的现象依然存在。2018年7月10日上午，陈太荣、刘正勤夫妇到圣保罗州移民博物馆参观，发现了圣保罗“移民客栈”1900年的4批华工信息。陈太荣、刘正勤夫妇经过两个多月的深入查询，4批人加起来共120人。1900年，巴西圣保罗州派人在澳门私自招募120名中国劳工运到里斯本，再转乘“Vapor Malange号”轮船来到巴西。虽然不知道所有人员来巴西所务何业，但第1、2批109人的信息说明，他们全部为男性、单身、无家眷，中国国籍，年龄为21~46岁，招募这些人的保利诺·卡洛斯（Paulino Carlos）上校是当时圣保罗州圣卡洛斯镇（São Carlos）国民卫队驻军司令。保利诺·卡洛斯有兄弟姐妹9人，他排行第7。他们兄弟全都是圣保罗州种植咖啡的大庄园主，也是地方政权的实力派人物。特别是他们家四兄弟与当地大庄园主、实力派人物弗鲁克·托索·若泽·科埃略（Fructuoso José Coelho）4个女儿分别联姻后，两大家族的经济与政治实力大增，在地方上无人能与之匹敌。他们自筹资金，于1880年成立铁路公司，自行修建一条通到他们咖啡种植园的铁路。1889年将此铁路卖给英资圣保罗铁路公司后，在圣保罗州开设“圣保罗银行”等数家银行。保利诺·卡洛斯上校共有23个子女，其中有6对双胞胎，是个庞大的家族。很明显，他招募这批中国劳工很可能是为这个大家族服务的，但有一部分可能会去种植园干活。①

① 参见陈太荣、刘正勤《19世纪中国人移民巴西史》，中国华侨出版社，2017，第46页。

总体上看，务工者或为公共机构工作或为庄园主服务。有理由相信，传统华侨中的务工一族，多是通过“非正常移民渠道”到达居住国的。这类人员在历史上只留下很少的记载，今天也不可能知道他们在“海上丝绸之路”沿线国家和地区的人数多少。他们的历史印记和遗存已随风而去。不过可以相信，由于他们身处社会底层，对生活的要求不高，又勤劳肯干，不怕脏、不怕苦、不怕累，因而可能比其他阶层的华侨赚钱多且更容易有满足感。从这一点看来，他们应更容易在一定时间买棹回乡而不至于终老在居住国。

至于在漫长的传统华人时代被临时招募或临时被召唤改行做杂务的华工，就更难统计了。但这种情况无疑是存在的，例如，1856 年，巴西的博姆雷蒂男爵策划修建一条从里约热内卢植物园到蒂茹卡国家公园博阿维斯塔山顶的马车道，承包人托马斯·科克伦让一批原被招募种水稻的中国劳工修建此路。据说，这批筑路工人在今天“中国观景亭”所在之处安营扎寨，居住工棚被称作“中国人工棚”。[①] 这条马车道不算大建筑工程，所雇用的中国人也不需要多少技术，他们的身份更接近务工者。

有时候，一些“契约华工”被招募后一时没有确定的工作目的地，只有一个大体的工作目标。来到目的地后，如果遇上不测，在当地没有工作，又无法马上回乡，就会陷入十分尴尬的境地。例如，1866 年 10 月，巴西马诺埃尔·德阿尔梅达·卡多佐的“君主号”（Soberano）轮船将 312 名中国劳工从中国运到巴西，合同期为 5 年。这批中国劳工在里约热内卢港口等了 3 个月，因为在农业和工业部门找不到工作，他们被里约热内卢市一个公共工程企业家雇用干活。[②] 对他们来说，这应算是不幸中的万幸了。

---

① 陈太荣、刘正勤：《19 世纪中国人移民巴西史》，中国华侨出版社，2017，第 159 页。

② 陈太荣、刘正勤：《19 世纪中国人移民巴西史》，中国华侨出版社，2017，第 23 页。

卷后语

古代“海上丝绸之路”与“陆上丝绸之路”是一对“姐妹篇”。从时间来说，“海上丝绸之路”形成于秦汉、发展于晋隋、繁荣于唐宋、式微于明清。为了研究方便，本书将其终结的时间确定为与清朝落幕同步。“海上丝绸之路”的主要商品始于丝绸，后来不只有丝绸，而是扩展到陶瓷、茶叶等大宗商品，主宰了“海上丝绸之路”的商品交易，还有其他各种各样的大小商品。各种商品贸易首先在中国与“海上丝绸之路”沿线国家和地区间开展，然后在沿线国家和地区间交叉开展，同时在一国内部交叉开展。得益于中国商品的首轮“启动式”交易，沿线国家当地各种商品其后的一轮轮交易便开始了，形成了各种商品的交易回环，中国商人也从回环中得到了国内市场所需的商品。中国商人在首轮交易过程中的主导作用是至关重要的，介入首轮交易的也有外国商人，常住沿线国家当地的华商则介入了当地的一轮轮交易。当然，介入沿线国家和地区之间以及一国内部市场交易的，也有常住当地国家的外国商人。一轮轮异彩纷呈的商品交易推动了“海上丝绸之路”人员的穿梭往来，绘制了一幅幅“天下熙熙，皆为利来；天下攘攘，皆为利往”的精彩国际画面，是为古代背景下国际商品循环与国内商品循环的良性交叉。

就中国人群体来说，除了在“海上丝绸之路”上辗转往还开展商品交易的流动商人，以及驻在各国为流动商人提供商品保障和后勤服务的人员（后者中一部分人久而久之便永居当地），还有到沿线国家从事各种职业的中国人。一部分人后来“落叶归根”，回到家乡；一些人则“落地生根”，在当地居留下来，成为当地华人并繁衍子孙。大部分华侨华人虽然不直接服务于“海上丝绸之路”，但他们通过“海上丝绸之路”给居住国带去了多种多样的商品以及博大精深的中华文明，包括中国的儒、道、释宗教，中国民间节日、民俗、中餐、中医、家乡曲艺、武术，等等。为了后代的未来，他们还在居住地兴办华文教育；为了维护同胞的权益和增进与居住国民族的交往，成立了不同功能的社团。更重要的是，为了自身生存发展，华侨华人在居住地从事各种各样的农业开发和商业经营，为居住国的经济发展和社会进步做出不可磨灭的贡献，也给祖籍国和家乡带回了居住地的物质文化和精神文化。所有这一切在浩如烟海的历史文献中留下了斑斑点点的记载，也在沿线国家和地区留下了不同的印记和遗迹。历史证明，“海上丝绸之路”是一条中外经济文化交流之路，给中国和沿线国家的经济社会发展进步留下了十分深刻的影响。由于篇幅所限，有关中国人在“海上丝绸之路”的文化贡献且待后述。

随着历史上“海上丝绸之路”的不断扩展，迁居海外的中国人越来越多，接触范围越来越广，受惠民众越来越多，商品种类和数量越来越丰富。但所有发生在“海上丝绸之路”沿线国家和地区的故事不可能整齐划一地同步演变。例如，有的国家输入这一类商品较多、输入那一类商品较少是最正常不过的事情。由于“海上丝绸之路”各条航路沿线地域的巨大差异、历史资料缺失等原因，本书对历史上中外物质文化交流的梳理和阐述肯定是不平衡的。笔者无意追求沿线国家和地区物质交流画面的“整齐”与“平衡”，只希望通过对“海上丝绸之路”的多角度阐述，对沿线国家和地区交通线和土地上曾经发生过的“中国故事”有较清晰的了解。笔者不才，只能力所能及，以勤补拙，期望后来者不断补充完善和更正。

图书在版编目（CIP）数据

海上丝绸之路：航线、华商与华工／高伟浓著. --北京：社会科学文献出版社，2023.4（2023.11 重印）
ISBN 978-7-5228-1636-4

Ⅰ.①海… Ⅱ.①高… Ⅲ.①海上运输-丝绸之路-研究 Ⅳ.①K203

中国国家版本馆 CIP 数据核字（2023）第 056399 号

海上丝绸之路：航线、华商与华工

著　　者／高伟浓

出 版 人／冀祥德
责任编辑／郭红婷
责任印制／王京美

出　　版／社会科学文献出版社·当代世界出版分社（010）59367004
　　　　地址：北京市北三环中路甲 29 号院华龙大厦　邮编：100029
　　　　网址：www. ssap. com. cn
发　　行／社会科学文献出版社（010）59367028
印　　装／天津千鹤文化传播有限公司

规　　格／开　本：787mm×1092mm　1/16
　　　　印　张：31.25　字　数：436 千字
版　　次／2023 年 4 月第 1 版　2023 年 11 月第 2 次印刷
书　　号／ISBN 978-7-5228-1636-4
定　　价／188.00 元

读者服务电话：4008918866